Für Rainer.

Du hast geschrieben:
"Erst nachmachen, dann lachen"

jetzt darf gelacht werden!

Hannes

Hannes Alpheis

Kontextanalyse

Die Wirkung des sozialen Umfeldes, untersucht am Beispiel der Eingliederung von Ausländern

 **Deutscher Universitäts Verlag**
GABLER · VIEWEG · WESTDEUTSCHER VERLAG

CIP-Titelaufnahme der Deutschen Bibliothek

Alpheis, Hannes:
Kontextanalyse : d. Wirkung d. sozialen Umfeldes am Beispiel
d. Eingliederung von Ausländern / Hannes Alpheis. –
Wiesbaden : Dt. Univ.-Verl., 1988
Zugl.: Hamburg, Univ., Diss., 1987
ISBN 3-8244-4006-7

Der Deutsche Universitäts-Verlag ist ein Unternehmen der Verlagsgruppe Bertelsmann

© Deutscher Universitäts-Verlag GmbH, Wiesbaden 1988

Druck und Buchbinder: Lengericher Handelsdruckerei, Lengerich
Printed in Germany

ISBN 3-8244-4006-7

Inhalt

Teil I: Zur Theorie der Kontextanalyse

TEIL II: Empirische Analysen

Dank

Diese Arbeit wurde in starkem Maße durch meine Mitarbeit am Forschungsvorhaben "Kulturelle und ethnische Identität bei Arbeitsmigranten im internationalen, intergenerationalen und interkontextuellen Vergleich" begünstigt. Das Projekt wurde von der Deutschen Forschungsgemeinschaft gefördert und an der Universität - Gesamthochschule - Essen unter der Leitung von Hartmut Esser, sowie an der Universität Hamburg unter der Leitung von Jürgen Friedrichs durchgeführt. Mein Dank gilt den Essener Kollegen Paul B. Hill, Elke Korte, Ingo Kurosch, Rainer Schnell, sowie Elke Esser und Renate Prust für die freundschaftliche Zusammenarbeit und ihre Bereitschaft, einen Außenseiter zu integrieren.

Hartmut Esser und Jürgen Friedrichs haben mein Interesse an Kontextanalysen geweckt und mir viele Möglichkeiten geboten, etwas zu lernen. Besonderer Dank gebührt ihnen für ihre Art, Forschung zu betreiben, Wissen zu vermitteln und Mitarbeiter zu führen. So macht die Arbeit Spaß!

In diesem Zusammenhang sei auch den Kollegen der Forschungsstelle Vergleichende Stadtforschung der Universität Hamburg gedankt. Der Gesellschaft für Sozialwissenschaftliche Stadtforschung e.V. danke ich dafür, ihre Maschinen und Software benutzen zu dürfen, Margrit Menck, Jorge Seca Gil, Helga Kliche und Dürten Grabow danke ich für Unterstützung beim Schreiben des Textes.

Für kritische Hinweise danke ich Matthias Klupp, Ferenc Moksony und Rainer Schnell.

Die Mitwirkung des direkten sozialen Umfeldes spielt eine wichtige Rolle bei der Entstehung dieser Arbeit. Bettina, Matthias, Ruth und vor allem Dürten sind für ein Klima der Harmonie und Toleranz verantwortlich, das es mir ermöglichte, mich auf diese Arbeit zu konzentrieren.

Vor allen anderen aber danke ich meinen Eltern, ohne die diese Arbeit - in mehrfacher Hinsicht - nicht möglich gewesen wäre.

TEIL I

Zur Theorie der Kontextanalyse

Kapitel 1: Einleitung

KONTEXTANALYSE ist als Begriff unscharf. Als Übersetzung des englischen 'contextual analysis' müßte es "kontextuelle Analyse" heißen.

Der Begriff "Kontextanalyse" suggeriert, daß Kontexte - als Explanandum - analysiert werden. Das ist nicht der Fall. Im Rahmen dessen, was unter die Bezeichnung Kontextanalyse fällt, wird vielmehr versucht, Eigenschaften von Individuen zu erklären. Als Individuen werden im allgemeinen Menschen verstanden, formal können aber auch andere soziale Einheiten (z.B. Gruppen) als kleinste Einheiten und damit im lateinischen Wortsinne als "unteilbar" angesehen werden (vgl. Falter 1978: 853). In die Analyse werden neben individuellen Faktoren auch Kontexte, also die jeweiligen Umgebungen, als Explanans einbezogen. Kontextanalyse kann aber mehr leisten als nur den Vergleich zwischen Kontexten: auch die Eigenschaften von Kontexten werden zur Erklärung individueller Eigenschaften herangezogen.

Somit läuft der Versuch, den Begriff der Kontextanalyse zu präzisieren und zu verbessern, auf eine Festlegung (oder Definition) hinaus, die folgende Elemente enthalten muß:

Explanandum der Analyse ist:

- ein Merkmal bzw. eine Eigenschaft von Individuen,

Explanans der Analyse sind:

- Merkmale bzw. Eigenschaften von Individuen (sog. Individualmerkmale)

- Merkmale bzw. Eigenschaften von Kontexten (sog. Kontextmerkmale)

Kontextanalyse ist demnach Mehrebenenanalyse, da Eigenschaften von Individuen und von Kontexten, also Einheiten unterschiedlicher hierarchischer Ordnung, in die Analyse eingehen. (Zu einer Typologie von Analysen nach Ebenen der Analyse vgl. Riley 1964: 1015ff. und darauf aufbauend Clar 1981: 118f.). Die griffigste Bestimmung dessen, was Kontextanalyse ist, dürfte sein: Erklärung der Eigenschaften von Individuen im Rahmen von Mehrebenenanalyse.

Da Kontextanalyse als Terminus Technicus für derartige Analysen eingeführt ist, soll dieser Begriff aber im folgenden beibehalten werden.

Nach dieser Bestimmung des Begriffes der Kontextanalyse soll anhand von Begriffsbestimmungen aus der Literatur gezeigt werden, daß über die Verwendung des Begriffes weitgehend Einigkeit besteht:

"The basic idea of contextual analysis is that in addition to such individual attributes as age or certain attitudinal structures, individual behavior is also influenced by the characteristics of the environment." (Falter 1978: 853)

"The term 'contextual effect' describes variation in political behavior that depends, systematically, on properties of the environment within which that behavior is embedded."   (Sprague 1982: 99)

"Contextual analysis attempts to explain an individual behavior pattern in terms of the social context or milieu in which the individual lives when certain of his own social or other personal attributes are held constant."   (Cox 1969: 158)

Zu weiteren Definitionen vgl. Blau 1957: 64; Lazarsfeld 1959: 69; Scheuch 1969: 142; Boyd 1971 zit. nach Falter 1978: 853; Hummell & Opp 1971: 68; Selvin 1972: 389; Hummel 1972: 20f, 55; Boyd & Iversen 1979: ix, 12; Sprague 1982: 100 und Blalock 1984: 353.

Kontextanalyse ist also als Mehrebenenanalyse darauf angelegt, die Kluft zwischen Mikro- und Makro-Soziologie zu überbrücken (vgl. Allardt 1969). Das Explanandum der Kontextanalyse - die individuelle Eigenschaft - ist dabei explizit mikro-soziologisch zu nennen.

Kontextanalyse ist weder neu noch ungewöhnlich. Jede Replikation einer mikrosoziologischen Untersuchung - sei es innerhalb oder außerhalb des ursprünglichen Untersuchungsrahmens - ist nichts anderes als die Variation bestimmter sozialräumlicher (oder zeitlicher) Kontexte (vgl. Selvin 1972: 394). Replikationen mikrosoziologischer Untersuchungen sind also auch Kontextanalysen; Boudon (1969: 18) nennt die Vergleiche mehrerer ähnlicher Untersuchungen "pseudocontextual studies" (s.a. Valkonen 1969b oder Hanushek 1974: 66). Kontextanalysen sind aber auch immer interne Replikationen: Es wird geprüft, ob sich ein postulierter (mikrosoziologischer) Zusammenhang zwischen Individualmerkmalen in verschiedenen Stichproben in gleicher Weise beobachten läßt (vgl. z.B. Muller & Opp 1986: 480). Kontextanalysen stellen also strengere Tests von Individualtheorien dar als eine Überprüfung an nur einer (undifferenzierten) Stichprobe. Da strenge Tests von Theorien zum Erkenntnisfortschritt beitragen, ist die Durchführung von Kontextanalysen allein aus diesem Grunde zu begrüßen.

Nun ist das Universum der Kontexte, die in die Analyse einbezogen werden können, prinzipiell unendlich. In der Absicht, eine (individual-)theoretische Überlegung einer möglichst strengen Prüfung zu unterziehen, wird der Forscher versuchen, möglichst unterschiedliche Populationen zu analysieren. Die Unterschiedlichkeit der Populationen muß sich auf sogenannte relevante Merkmale beziehen. Diese (vermeintlich oder wahrscheinlich) relevanten Merkmale sind Merkmale (der Population), von denen angenommen werden kann, daß sie in einem Zusammenhang mit dem Explanandum stehen (vgl. Opp 1976: 403f.). Replikationen stellen von daher nichts anderes als eine Kontrolle von Drittvariablen dar. Diese Drittvariablen sind sogenannte relevante Merkmale von Populationen bzw. von ... Kontexten.

Die Auswahl von (Replikations-) Kontexten nach Unterschiedlichkeit in relevanten Merkmalen setzt zumindest eine implizite Alltagstheorie über die Wirkung von Kontextmerkmalen auf Eigenschaften von Individuen voraus. Bei der Auswahl der Populationen bzw. der Kontexte für den strengen Test einer Individualtheorie werden demnach Kontexthypothesen angewandt.

Die Durchführung von Kontextanalysen bedeutet also neben dem strengeren Test von Individualhypothesen auch eine empirische Überprüfung von Kontext-Hypothesen.

Kontexthypothesen ließen sich entsprechend einer strengeren Prüfung unterziehen, wenn Replikationen der Kontextanalysen in verschiedenen Kontexten höherer Ordnung erfolgten, die sich hinsichtlich relevanter Merkmale unterscheiden. Die Auswahl dieser Kontexte beruht dann auf Kontexthypothesen höherer Ordnung. Dem entspräche dann eine Wandlung des Untersuchungsdesigns von der Zwei-Ebenen- zur Drei-und-mehr-Ebenen-Analyse.

Eine Anwendung der Kontextanalyse in Form von Replikationen (oder zumindest die Forderung danach) ist demnach kein soziologisches Neuland; innovativ sind hingegen die Versuche in den letzten Jahren, die Auswahl der relevanten Merkmale der Kontexte zu systematisieren, indem mehr Wert darauf gelegt wurde, implizite Kontexthypothesen zu explizieren und an allgemeine Theorien anzubinden. Auf diese Versuche der Systematisierung beziehen sich die Einschätzungen von Allardt (1968: 164): "The introduction of contextual analysis has been one of the most important developments in sociology since World War II" und Eulau (1980: 216): "Now 'context' threatens to become king."

Wenn Kontextanalyse unter dem Blickwinkel der Replikation von Individualhypothesen betrachtet wird, zeigt sich, daß die vermeintliche Kluft zwischen Mikro- und Makro-Soziologie relativ schnell unbedeutend wird. In der "guten" mikro-soziologischen Praxis existiert diese Kluft nicht, da strenge Tests die Anwendung von Kontexthypothesen verlangen. Es darf dort lediglich ein Ungleichgewicht zwischen dem Aufwand, der zur Generierung, Fundierung und Überprüfung von Individualhypothesen einerseits und Kontexthypothesen andererseits eingesetzt wird, festgestellt werden (in Kontexthypothesen wird weniger Arbeit investiert).

Für individualtheoretisch orientierte Soziologen bedeuten Kontextanalysen also wünschenswerte (interne) Replikationen. Auf der anderen Seite hat sich eine Tradition des Denkens entwickelt (z.B. Blau & Schwartz 1984: 213), nach der es trivial oder im negativen Sinne unsoziologisch ist, Individualhypothesen aufzustellen und zu überprüfen. Wenn hingegen - oftmals abstraktere - Eigenschaften von Einheiten höherer Ordnung (also Gruppen, Kollektiven, Strukturen etc.) analysiert werden, so erscheint das irgendwie (!) als interessanter (vgl. auch Allardt 1969: 47 und Scheuch 1969: 133).

Entsprechend scheint Kontextanalyse attraktiv, weil sie besonders 'soziologisch' ist: "This is a type of proposition which deserves particular attention because it has an especially strong sociological flavour." (Lazarsfeld 1959: 72). "There is ... one ... connection which, from the sociological point of view is possibly the most interesting one. There is no reason why unit data cannot be used to characterize individuals in the unit." (Kendall & Lazarsfeld 1955: 296; zuerst 1950: 195). "... forms of theory and strategies of analysis having an empathically sociological flavour." (Sprague 1982: 99).

Durch die Beschäftigung mit Kontextanalyse wird also ein "spezifisch soziologisches" Element in die Diskussion einbezogen. Diese Einbeziehung leistet einen Beitrag zur Integration der Soziologie. "In a more integrated future of social science, interdisciplinary work will probably consist not only in doing both, but of achieving some kind of unity in the schemes of analysis, that uses a combination of personality and structural variables and takes into account the interaction between them." (Galtung 1969: 397).

Möglicherweise kann die Kontextanalyse dazu beitragen, die Kluft zwischen Mikro- und Makro-Soziologie zu verringern oder zu überbrücken, da sich zumindest im Explanans Eigenschaften von Einheiten höherer Ordnung finden. Der Beitrag von makrotheoretisch orientierten Soziologen zur Kontextanalyse könnte in der Operationalisierung und vor allem theoretischen Einbettung vor Kontexteigenschaften bestehen. Damit wären Kontextmerkmale wesentlich besser zu handhaben.

Diese Arbeit soll dadurch einen Beitrag zur Integration der Mikro- und Makroansätze leisten, daß sie sich mit einigen Problemen der Bestimmung von relevanten Kontexteigenschaften und Kontexteffekten beschäftigt und Kontext- und Individualeffekte in empirischen Beispielen gleichzeitig analysiert.

Kapitel 2: Entwicklung der Kontextanalyse

Kontextanalyse ist - wie bereits dargestellt - nichts Neues. Der Begriff wurde zwar erst in den fünfziger Jahren geprägt, Kontextanalysen wurden aber schon durchgeführt, als man noch nicht wußte, daß sie eines Tages so heißen würden. Dabei gilt es, den Unterschied zwischen 'etwas tun' und 'etwas tun und verstehen' im Blick zu behalten (vgl. Kuhn 1976: 67f.).

Die beiden klassischen Beispiele für Kontextanalysen sind Durkheims Arbeit über den "Selbstmord" (erschienen 1897, hier zitiert nach der dt. Ausgabe von 1973) und die Studie "The American Soldier" von Stouffer et al. (1949). (Zu Durkheim vgl. Hummell 1972: 55-59; Selvin 1972; zu Stouffer et al. vgl. u.a. Merton & Kitt 1950 und Kendall & Lazarsfeld 1955, zuerst 1950.)

Durkheim führt eine Vielzahl von interkontextuellen Vergleichen durch, um Beziehungen zwischen Individualvariablen einer strengeren Prüfung zu unterziehen. So wird z.B. der Zusammenhang von Alter, Familienstand, Geschlecht und Selbstmord einmal für das Großherzogtum Oldenburg und einmal für Frankreich dargestellt (1973: 193-197). Das Ergebnis eines derartigen interkontextuellen Vergleichs ist die Feststellung interkontextueller Unterschiede. Wenn keine Kontextunterschiede zu finden sind, wird die Beziehung als bestätigt angesehen: "... wie man auch beim Großherzogtum Oldenburg ... ersehen kann, ist es unwahrscheinlich, daß hier ein Zufall vorliegt" (1973: 193). Das Vorliegen unterschiedlicher Ergebnisse wird dann lediglich festgestellt, nicht jedoch erklärt: "Wir behaupten also, daß je nach Gesellschaft das eine oder das andere Geschlecht durch den Ehestand begünstigt wird" (1973: 196). An dieser Stelle wird noch keine Aussage darüber gemacht, welche Merkmale der Gesellschaften für die Unterschiede verantwortlich sind. Es handelt sich hier also um einen interkontextuellen Vergleich, den man als Kontextanalyse mit nur nominalen Kontextmerkmalen bezeichnen kann.

An anderer Stelle beschreibt Durkheim (1973: 296-310) nicht nur kontextuelle Unterschiede, sondern geht auch auf ein Kontextmerkmal (die Scheidungshäufigkeit) ein, das für diese Unterschiede verantwortlich sein soll: "Der Ehestand begünstigt die Frau unter dem Aspekt des Selbstmordes um so mehr, je häufiger Scheidungen auftreten, und umgekehrt" (1973: 308; es handelt sich hier - präzise ausgedrückt - um einen Interaktionseffekt von Kontextmerkmal Scheidungshäufigkeit und Individualmerkmal Ehestand). Dahinter steht eine allgemeine(re) Hypothese: "Die Einrichtung der Ehescheidung verstärkt die Bereitschaft zum Selbstmord, durch die Wirkung, die sie auf die Ehe hat" (1973: 310). Eine Scheidung verstärkt speziell bei Männern Anomie, bzw. hebt die der Anomie gegenwirkenden Kräfte der Ehe zum Teil wieder auf (vgl. genauer, auch zur Wirkung nach Geschlechtern: 310-318). So finden sich schon bei Durkheim interkontextuelle

Vergleiche und sogar Analysen, in die die Wirkungen spezifizierter und quanti-
fizierbarer Kontexteigenschaften einbezogen werden.

Das zweite gern zitierte Beispiel früher Kontextanalysen stammt aus dem
"American Soldier" (vgl. hierzu Kendall & Lazarsfeld 1950: 194-196, s.a. Davis
1966a: 11). In der Arbeit von *Stouffer et al.* (1949) wird u.a. festgestellt, daß die
Zufriedenheit der Soldaten mit dem System der Beförderung (promotion) nicht
nur von den individuell erfahrenen Beförderungen, sondern auch von der Beförderungsrate in der militärischen Einheit abhängt, in der der jeweilige Befragte
diente. In einer Einheit, in der wenig Soldaten befördert wurden, ist der Soldat,
der nicht befördert wurde, zufriedener, als in einer Einheit in der viele Soldaten
befördert wurden. "Without reference to the theory that such opinions by soldiers
represent a relationship between their expectations and their achievements relative
to others *in the same boat with them*, such a finding would be paradoxical indeed"
(1949: 251).

Es sind also gegenläufige Effekte von Individual- und Gruppeneffekt zu beobachten: Mit zunehmender Anzahl an persönlich erfahrenen Beförderungen wächst
beim Individuum die Zufriedenheit mit dem System, mit zunehmender Beförderungsrate innerhalb der Einheit sinkt dagegen die Zufriedenheit mit dem System.
Dahinter steht als allgemeine Überlegung die Theorie der relativen Deprivation
(vgl. Merton & Kitt 1950: 42ff.), von Davis (1966b: 30) als "Frog-Pond"-
Theorem aufgenommen.

Es sind weitere Beispiele von bedeutenden Studien zu nennen, in denen Kontextanalysen (bzw. Vorläufer davon) durchgeführt und Kontexteffekte festgestellt
wurden:

Faris und Dunham (zuerst 1939) fanden in Chicago, daß die Schizophrenierate
bei Farbigen in einem überwiegend weißen Milieu stärker war als in einem überwiegend farbigen Milieu und umgekehrt (1967: 56). Sie interpretieren den Umstand mit der individualtheoretischen Hypothese, daß "extended isolation of the
person produces the abnormal traits of behavior and mentality" (1967: 173).
Dunham (zuerst 1937) stellt fest, daß das Auftreten von Schizophrenie von Bedingungen der Umgebung beeinflußt sei, das Auftreten von manisch-depressiven Stö-
rungen hingegen nicht (1961: 70). Er vermutet, daß der Effekt der ökologischen
Einheit entweder von der "extremen Desorganisation" (1961: 71) herrühre, die für
Faris (1944: 744) mit dem Verlust von sozialer Kontrolle im Gebiet gleichzusetzen ist. Andererseits wird von diesen Autoren aber auch die Erklärungsmög-
lichkeit der selektiven Migration ("drifting") erwogen (Dunham 1961: 71). (Hinweise auf diese Studie finden sich bei Davis 1966a: 11 und Boudon 1976: 465).

Shaw und McKay (1960, zuerst 1942) untersuchen "Juvenile Delinquency" auf
Aggregatdatenebene. Indizes des ökonomischen Status eines Gebietes werden von
ihnen in Beziehung zu den Kriminalitätsraten dieses Gebietes (S. 146-162) gesetzt. Damit wird zwar noch kein individuelles Verhalten erklärt, sondern nur versucht, relevante Umweltbedingungen zu identifizieren. Die Schwächen der ökologischen Analyse werden hier deutlich: "The fact that the population of an area is
decreasing does not impel a boy to become delinquent. ... decreasing population is

usually related to industrial invasion of an area and contributes to the development of a general situation conducive to delinquency" (S. 145). Genauere Aussagen darüber, welche Eigenschaften der Situation auf welche Weise dazu beitragen, daß Jugendliche kriminelle Handlungen begehen, können Shaw und McKay also noch nicht machen.

Die Arbeit von *Festinger, Schachter und Back* (1950) untersucht am Beispiel von studentischen Wohnanlagen ("The Ecological Basis for Formation of Groups", S. 57) die Entstehung von Gruppen und deren Einflußmechanismen auf ihre Mitglieder. "In a community of people who are homogeneous with respect to many of the factors which determine the development of friendships, the physical factors arising from the arrangement of houses are major determinants of what friendships will develop and what social groupings will be formed. These social groupings create channels of communication for the flow of information and opinions" (S. 151). Über diese Kommunikation und die daraus resultierende soziale Kohäsion wird ein Konformitätsdruck erzeugt, der unter Androhung des Ausschlusses aus der Gruppe Einfluß auf "Einstellungen und Verhalten" ausübt. Festinger et al. (1950: 151-177) stellen eine "Theorie der Gruppenstruktur und der Gruppenstandards" vor, die die wichtige Rolle der Kommunikation zwischen Gruppenmitgliedern in den Kalkülen betont, die Individuen anstellen, wenn sie überlegen, ob sie den Gruppennormen folgen sollen oder nicht.

Diese Arbeit hat wenig Eingang in die Literatur zur Kontextanalyse gefunden. Das mag daran liegen, daß sie nicht die klassischen ökologischen Einheiten (wie z.B. Stadtteil) in die Analyse einbezieht, sondern eher sozialpsychologische Erklärungen sucht. Es wird hier aber eines der Basisprobleme der Kontextanalyse angesprochen, nämlich die Frage nach dem Verständnis der Wirkungsmechanismen der Kontexteffekte.

Nach dem Ort der Datenerhebung als Elmira-Studie ist die Analyse des "Voting" von *Berelson, Lazarsfeld & McPhee* (1954) bekannt geworden (s.a. Merton 1957: 333; Davis et al. 1961: 216 oder Davis 1966a: 10). Neben dem Einfluß der besten Freunde wird auch der Einfluß der politischen Orientierung der Gemeinde auf die politische Meinungsbildung von Individuen untersucht: "The impact of the larger community is thus most evident among voters with discordant or disagreeing primary groups. When the voters close associates do not provide him with a single clear political direction - when instead they offer an alternative - then the wider associations in the surrounding community reinforce one position over the other" (S. 100). Dieser Mechanismus wirkt letztendlich also nur bei wenigen Individuen, dennoch mag er sich über die Zeit zu erheblichen Wirkungen aufsummieren. Mit dieser Diskussion des "Breakage-Effektes" sprechen die Autoren das auch heute noch diskutierte Problem der absoluten und relativen Stärke von Kontexteffekten an. Es finden sich bei Berelson et al. aber keine Erklärungen, warum Individuen sich nach ihrer primären oder sekundären Umwelt richten.

Lipset, Trow und Coleman (1956) stellen (Kontext-) Effekte fest, die von der Größe und der politischen Homogenität (S. 190) von Druckereibetrieben auf das gewerkschaftliche Engagement der Arbeiter wirken: "large shop men are more likely to be involved and interested in union politics than small shop men, *independently* of whether they participate in the printer's occupational community (...) this relationship persists when tested in a variety of ways for spuriousness (e.g. age, religion, education)" (1956: 171). Dieser Effekt beruht nach ihrer Interpretation auf der Nähe und Intensität des persönlichen Kontaktes zwischen Arbeiter und dem Druckereibesitzer, der in kleinen Betrieben oftmals ebenfalls die Tätigkeit von Arbeitern verrichtet. (Zu dieser Arbeit s.a. Lazarsfeld 1959: 70 und Davis 1966a: 10).

Bell und Force (1956) haben in einer wenig beachteten Arbeit eine Kontextanalyse durchgeführt (und das Verfahren expliziert), in der sie die Wirkung des Nachbarschaftstyps auf die Mitgliedschaft in formalen Organisation untersuchten. Dabei wurden Personen aus vier Stadtteilen verglichen, die sich nach der bekannten Shevky und Bell Typologie (1961) nach Urbanismus und sozialem Status unterschieden: Auch unter Kontrolle von Individualvariablen haben Nachbarschaften mit hohem sozialem Status höhere Partizipationsraten in formalen Organisationen (1956: 31).

Lazarsfeld und Thielens (1958) haben "The Academic Mind" auch in Abhängigkeit von Eigenschaften des Kontextes untersucht (s.a. Lazarsfeld 1959: 71). Es wurde u.a. festgestellt, daß ein konservatives College (Kontext) dazu führt, daß Konservatismus sich mit zunehmendem Alter stärker entwickelt als an weniger konservativen Colleges. Auch andere Kontexteigenschaften (z.B. Anzahl der Angriffe auf die akademische Freiheit) wurden in Beziehung zu Eigenschaften individueller Lehrkräfte gesetzt. Es kann aber nicht davon gesprochen werden, daß die Einbeziehung dieser Kontextmerkmale systematisch oder theoriegeleitet erfolgt sei.

Davis (1966a) untersuchte den Einfluß bestimmter Eigenschaften von Bildungsvereinen auf die Aktivitäten der Mitglieder (Individualebene) und die Drop-Out-Rate der Vereine (Aggregatebene). Er kommt zu dem Ergebnis, daß von Gruppenvariablen wie (dem Durchschnitt an) lokalem Interesse oder Kontaktfreudigkeit ("outside contact", "joining") Effekte auf die Aktivität von Mitgliedern ausgehen (1966a: 76f.). Davis und seinen Mitarbeitern ist auch ein wesentlicher Beitrag zum Verfahren der Kontextanalyse zu verdanken (1966a: 12-25), der später dargestellt werden soll (vgl. Davis et al. 1961).

Soweit die kurze Darstellung einiger Vorläufer der Kontextanalyse in klassischen Studien. Erst gegen Ende der 50er Jahre wird die logische Struktur der Kontextanalyse zunehmend expliziert. Als entscheidende Schritte auf dem Weg von der bloßen Durchführung von Kontextanalysen zur konzeptuellen Durchdringung des Verfahrens sind die Arbeit von Stouffer et al. (1949) und vor allem das Buch "Continuities in Social Research, Studies in the Scope and Method of 'The American Soldier'" (Merton & Lazarsfeld 1950) anzusehen. Nach Boudon ist es ein Anliegen von ökologischer Analyse und von Kontextanalyse, "... die Surveys von ihrem atomistischen Charakter (zu) befreien und ihnen eine im strengeren Sinne soziologische Dimension (zu) verleihen." (1976: 498). Die Anstöße hierzu kamen nicht zuletzt aus einer - durch das Erstarken mikrosoziologischer Positionen - neu belebten Mikro-Makro-Diskussion (vgl. hierzu Homans 1964: Bringing Men Back In). Der Soziologie wurde vorgeworfen, sie trage mit ihren Interview-Erhebungen wenig dazu bei, das Wissen über die Effekte struktureller Rahmenbedingungen zu vermehren, da sie nur isolierte Individuen betrachte (vgl. Blau 1960: 179). So war es Blaus Anliegen, das spezifisch Soziologische in soziologischen Analysen herauszuheben, indem er "strukturelle Effekte" isolierte. (Campbell und Alexander halten "to oppose a reductionist tendency" für ein Ziel der Kontextanalyse; 1965: 284.)

2.1 Methodische Entwicklung

Kendall und Lazarsfeld (1955, zuerst 1950) werden als die ersten angesehen, die das Verfahren der Kontextanalyse unter systematischen Gesichtspunkten betrachtet haben. Ihr Interesse lag darin, den Merkmalsbereich soziologischer Forschung zu systematisieren und zu klassifizieren. An dem schon erwähnten Beispiel aus der 'American-Soldier' Studie führten sie ihre Überlegungen zur Kontextanalyse aus. Der auf Lazarsfeld zurückgehende Begriff des kontextuellen Effektes ist auch unter anderen Bezeichnungen diskutiert worden: strukturelle (Blau 1960), Kompositions- (Davis et al. 1966) oder relationale Effekte (Coleman 1961; vgl. Boudon (1976: 499).

Blau (1957, 1960) wandte das von Lazarsfeld (1955, zuerst 1946, vgl. Opp 1976: 158ff.) zuerst kodifizierte Verfahren der mehrdimensionalen Analyse an, um "strukturelle Effekte" nachzuweisen. Er konnte zeigen, daß Gruppennormen auch bei Kontrolle bzw. Konstanthaltung von individuellen Orientierungen einen Effekt auf die Einstellung von Sozialarbeitern gegenüber ihren Klienten haben.

Blau ging dabei davon aus, daß es zweifellos individuelle Effekte gebe (1960: 179). Später hat er dann die These vertreten, allein die Analyse struktureller Effekte (bzw. Kontext- und Aggregatanalyse) sei Aufgabe der Soziologie (vgl. hierzu Kap. 5). Anhand seines Materials konnte Blau sowohl direkte als auch inverse strukturelle Effekte demonstrieren: direkte strukturelle Effekte wirken in der gleichen Richtung wie die entsprechenden Individualeffekte, inverse Effekte wirken gegenläufig. Darüber hinaus werden auch "Kontingenzeffekte" dargestellt (1960: 191): "... are those, in which the distribution of a value in a group influences the correlation between the individuals value orientation and a third variable". (Üblicherweise - und so in dieser Arbeit - wird ein derartiger Effekt als Interaktionseffekt bezeichnet; so auch von Blau 1960: 184).

Aus methodologischer Sicht ist zu kritisieren, daß Blau die von ihm präsentierten Kontexteffekte über ex-post-Interpretationen in Theorien einzubinden sucht: Gruppenvariablen werden relativ untheoretisch als Aggregatentsprechung von Individualvariablen gebildet und in die Analyse einbezogen. Die "findings" werden dann mehr oder weniger ad hoc interpretiert. "Blau shows only that this analytic variable, the distribution of X, *may* influence the behaviors of the individual independently of his own value of X; he does not provide a rationale for predic-

ting the direction or nature of differences nor specify when and under what conditions these effects are likely to occur. The question of how it comes about ... is
unexplored." (Campbell & Alexander 1965: 285)

Es muß aber der wichtige Beitrag Blaus anerkannt werden, zuerst systematisch
Kontexteffekte analysiert und dargestellt zu haben. Alle weiteren Überlegungen
zum Verfahren basieren auf der Idee der dreidimensionalen Tabelle mit einer dichotomen Individualvariablen und einer dichotomen Gruppenvariablen als unabhängiger Variablen. Obwohl weder das Verfahren der dreidimensionalen Tabellenanalyse noch dessen Anwendung auf kontextanalytische Fragestellungen neu
waren, hat Blau mit seiner Darstellung (1960) erst den Grundstein für systematische Kontextanalysen gelegt. Auch die Demonstration der möglichen Effektrich-
tungen (direkter oder inverser struktureller Effekt, Kontingenz- oder Interaktionseffekt) erfolgt hier, wenn auch nicht theoriegeleitet, zum ersten Mal.

Die Arbeit von Davis, Spaeth und Huson (1961, dt. 1976) hat neben den Arbeiten von Blau den zweiten entscheidenden Impuls zur Entwicklung der Kontextanalyse gegeben. Auf eine umfassende Darstellung kann hier verzichtet werden,
da sie in einer Reihe von Arbeiten vorgenommen wird (Hummell 1972: 63-70;
Boudon 1976: 498-504; Boyd & Iversen 1979: 16-19; Van den Eeden & Hüttner
1982: 32-38).

Die besondere Leistung der Arbeit besteht in:

a) der Öffnung der Kontextanalyse für die Verwendung kontinuierlicher Variablen (gegenüber der ausschließlichen Verwendung dichotomer unabhängiger Merkmale bei Blau),

b) der Typologisierung der Arten von Effekten, also der möglichen Kombi-
   nationen von Individual-, Gruppen- und Interaktionseffekt,

aber vor allem in

c) der Präsentation dieser Typologisierung, also der graphischen Darstellung
   von Individual-, Gruppen- und Interaktionseffekten und ihren Kombina-
   tionen.

Diese graphische Präsentation der Kontextanalyse wird später in dieser Arbeit
aufgegriffen, um den Ansatz von Boyd und Iversen (1979: 34ff.) darzustellen.

In dem Ansatz von Davis et al. ist die unabhängige individuelle Variable ein
dichotomes Merkmal (z.B. Protestant/Katholik), die unabhängige Gruppen- oder
Kontextvariable hingegen kontinuierlich (z.B. Anteil der Protestanten in einer
Stadt). Für jede Ausprägung der individuellen unabhängigen Variablen wird die
abhängige individuelle Variable als Funktion der unabhängigen (kontinuierlichen)
Gruppenvariablen gezeichnet (Regressionsgerade).

Eine von Null unterschiedene Steigung der Regressionsgeraden deutet auf das
Vorliegen eines Gruppeneffektes, unterschiedliche Verläufe der beiden Regressionsgeraden (im Beispiel für Protestanten und Katholiken) zeigen einen Individualeffekt an. Bei unterschiedlichen Steigungsmaßen der beiden Regressionsgeraden (also Abweichungen von der Parallelität) liegt ein Interaktionseffekt vor (vgl.
Davis, Spaeth & Huson 1961: 219 bzw. dt. 1976: 458).

Abbildung 2.1: Klassifikation der Beziehungen
nach Davis, Spaeth und Huson 1961

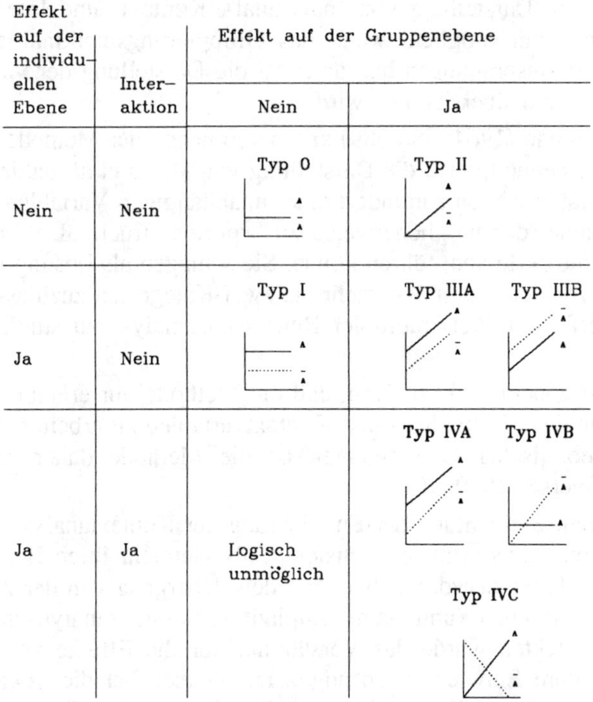

Effekt auf der individuellen Ebene	Interaktion	Effekt auf der Gruppenebene	
		Nein	Ja
Nein	Nein	Typ 0	Typ II
Ja	Nein	Typ I	Typ IIIA Typ IIIB
Ja	Ja	Logisch unmöglich	Typ IVA Typ IVB / Typ IVC

Die Darstellung von Individual-, Kontext- und Interaktionseffekten ist entsprechend auch möglich, wenn die unabhängige Individualvariable ein kontinuierliches Merkmal (z.B. Ausmaß an Religiosität) und die unabhängige Kontextvariable ein nominal skaliertes Merkmal (z.B. Stadt) ist. In diesem Falle wird dann für jeden Kontext (z.B. für jede Stadt) die abhängige Individualvariable als Funktion der unabhängigen Individualvariablen dargestellt.

Es muß hier darauf hingewiesen werden, daß nur bei Verwendung eines dichotomen nominalen Kontextmerkmals (z.B. evangelisch vs. katholisch dominierte Stadt) von einem Kontexteffekt im Sinne eines Effektes einer spezifizierten Kontextvariablen gesprochen werden kann. Werden nominale Klassifikationskriterien mit mehr als zwei Ausprägungen angewandt (z.B. Stadt: Hamburg, München, Essen), so können nur interkontextuelle Unterschiede, für die dann nicht spezifizierte Kontexteigenschaften verantwortlich sind, festgestellt werden. Ein derartiges Vorgehen unter Kontrolle eines relevanten individuellen Merkmals entspricht dem Ansatz der Kovarianzanalyse. Diese Analyse hat den Vorteil, daß sie andere Variablen als Kovariate berücksichtigen kann und mathematisch formalisiert ist (vgl. Boyd & Iversen 1979: 19). Was die Kovarianzanalyse nicht leisten kann, ist die Berücksichtigung spezifizierter Eigenschaften von Kontexten (vgl. Firebaugh 1979).

Die Darstellung mit Hilfe von kontext-spezifischen Funktionen (within- regression) hat sich als die geeignete Form der Darstellung von Kontexteffekten (besser: interkontextuellen Unterschieden) erwiesen (vgl. Boyd & Iversen 1979: 34ff.; sowie die Erläuterung dieses Ansatzes im Anhang dieser Arbeit). Eine von Null verschiedene Steigung der Regressionsgeraden kennzeichnet hier einen Individualeffekt, und unterschiedliche kontext-spezifische Regressiongeraden zeigen einen Kontexteffekt. Unterschiedliche Steigungsmaße der Regressionsgeraden weisen bei diesem Darstellungstyp auf das Vorliegen von Interaktionseffekten hin.

Die Arbeit von Davis, Spaeth und Huson zeigt, daß eine Kontextanalyse prinzipiell auch mit kontinuierlichen Individual- und Kontextmerkmalen möglich ist. Die gemeinsame graphische Darstellung von Individual-, Kontext- und Interaktionseffekten ist allerdings nur möglich, wenn das Gruppierungsmerkmal eine überschaubare Anzahl von Ausprägungen hat, da sonst die Darstellung der vielen (within-) Regressionsgeraden unübersichtlich wird.

Tannenbaum und Bachman (1964: 586-589) kritisieren neben der Methode der Tabellenanalyse, die Blau benutzt, auch die Darstellung von Davis et al. dahingehend, daß durch das Dichotomisieren zumindest einer unabhängigen Variablen ein Informationsverlust entstehe, der möglicherweise zu "spurios structural effects" (S. 588), also Schein-Kontexteffekten, führen könne. Sie schlagen als Lösung vor, bei den unabhängigen Variablen zumindest mehr als zwei Kategorien zuzulassen, und langfristig Kontexteffekte mittels multipler Regressionsanalyse zu studieren (S. 591).

Aus heutiger Sicht ist zudem zu kritisieren, daß die Methode nur erlaubt, mit maximal je einer unabhängigen Individual- und Kontextvariablen zu arbeiten. Für den Test komplexer theoretischer Überlegungen ist die Methode daher nicht brauchbar (vgl. Boyd & Iversen 1979: 19).

Bei einer nachträglichen Betrachtung der Entwicklung der Kontextanalyse gilt es weniger, die Arbeit von Davis et al. zu kritisieren, als vielmehr ihren Beitrag zur Entwicklung des Verfahrens hervorzuheben. Mit dem Übergang von der 2x2-Tabellen-Analyse zur graphischen (und damit implizit regressionsanalytischen) Darstellung von Kontexteffekten wurde das Verständnis für die Effekte vertieft und die Richtung für weitere Entwicklungen angezeigt. Iversen hat die Lektüre des Artikels von Davis, Spaeth und Huson als zentrales Erlebnis seiner Beschäftigung mit Kontextanalyse bezeichnet (auf dem ZUMA-Workshop, Mannheim, September 1986).

Die weitere methodische Entwicklung der Kontextanalyse kann nicht losgelöst von den methodischen Entwicklungen betrachtet werden, die durch die Fortschritte in der elektronischen Datenverarbeitung möglich wurden (vgl. Scheuch 1967: 655). Die formale mathematische Darstellung von Modellen entwickelte sich parallel zur Möglichkeit der empirischen Überprüfung komplizierterer Modelle an größeren Datensätzen (partielle Korrelation, multiple Korrelation).

Die von Tannenbaum und Bachman angeregte Umsetzung der kontextanalytischen Fragestellungen in die "Sprache" der multiplen Regressionsanalyse wurde zunehmend aufgegriffen. Valkonen (1969: 56) führt (als erster?) eine Formalisierung der Methode von Davis, Spaeth und Huson (1961) in Form einer Regressionsgleichung ein. Im Anschluß an ihre Berechnung werden die Regressionskoeffizienten interpretiert: Je nachdem, ob die Parameter der Individualvariablen und der Gruppenvariablen ungleich Null sind, liegt ein Individual- und ein Gruppeneffekt vor. Eine ähnliche Formalisierung des "structural-effects or contextual-effects model" findet sich auch bei Hannan (1971a: 96). Farkas (1974: 341ff.) spezifiziert ein Modell, das der Formalisierung Valkonens gleicht, ähnlich gehen auch Harder und Pappi vor (1976: 512, zuerst 1969).

An der Arbeit von Sewell und Armer (1966) lassen sich die Entwicklungsschritte der Kontextanalyse in den 60er Jahren nachzeichnen: 1.) Das Feststellen von Kontexteffekten (trichotomes Merkmal, somit eher von Kontextunterschieden), 2.) die Einführung eines individuellen Testfaktors, 3.) die Einführung mehrerer individueller Testfaktoren gleichzeitig, 4.) eine Analyse der - zusätzlich zu den individuellen "traditional variables" (1966: 167) - durch das Kontextmerkmal erklärten Varianz (s.a. Turner 1966).

In der Debatte zwischen Hauser und Barton (1970-1974) wird die Forderung erhoben, multivariate Analysen durchzuführen (Barton 1970: 514; Hauser 1970b: 519). Hauser berichtet über Ergebnisse von Regressionsanalysen (1970b: 519), in denen Individual- und Kontextvariablen getrennt und gemeinsam berücksichtigt wurden. (Da es sich jedoch nur um einen Diskussionsbeitrag handelt, wird nur die erklärte Varianz berichtet; es wird aber weder die Spezifizierung des Modells formal dargestellt, noch werden weitere Parameterschätzungen mitgeteilt.) Wegner und Sewell führen Regressionsanalysen durch, in denen der College-Typ als Kontextvariable berücksichtigt wird. Die acht nominalen Kategorien gehen als Dummy-Variablen in die Regression ein (1970: 673).

Die Formalisierung, die Interaktionseffekte in einer Gleichung mit Individual- und Gruppeneffekten berücksichtigt, findet sich erst in den 70er Jahren bei einer Reihe von Autoren:

$$y_{ik} = a + b_1 I_{ik} + b_2 K_k + b_3 I_{ik} K_k + e_{ik}$$

wobei I das Individualmerkmal (die Eigenschaft des i-ten Individuums in der k-ten Gruppe), K das Kontextmerkmal (der k-ten Gruppe) und das Produkt IK den Interaktionsterm darstellt. Die Regressionskoeffizienten b_1, b_2 und b_3 zeigen die Stärke des Effektes der jeweiligen Variablen an. Hummell (1972: 104,144) ist einer der ersten, bei dem sich eine derartige Formalisierung finden läßt.

Bezeichnet man die Individualvariable I_{ik} als x_{ik} und nimmt man den kontextspezifischen Mittelwert der Individualvariablen, also $\bar{x}_k$ als Kontextmerkmal, so ergibt sich:

$$y_{ik} = a + b_1 x_{ik} + b_2 \bar{x}_k + b_3 x_{ik} \bar{x}_k + e_{ik}$$

Dieses Modell kann als das "Basismodell der Kontextanalyse mit kontinuierlichen Individual- und Gruppenvariablen" aufgefaßt werden (Boyd & Iversen 1979: 19). Boyd und Iversen (a.a.O.) führen verschiedene Autoren an, bei denen eine derartige Formulierung auftaucht: Boyd (1970), Przeworski (1974), Alwin (1976) und Firebaugh (1978).

Es ist nicht zwingend, daß die Kontextvariable durch den Kontext-Mittelwert der Individualvariablen operationalisiert wird, nur wird üblicherweise diese Operationalisierung gewählt (vgl. z.B. schon Meltzer 1963). Boyd und Iversen führen als Begründung an, "that the means frequently have a direct interpretation as a context variable" (1979: 37). Selvin und Hagstrom (1963: 409) betonen, daß Mittelwerte mehr Information beinhalten als Parameter höherer Ordnung, die letztendliche Entscheidung aber auf theoretischen Erwägungen beruhen müsse. Auch Sprague gibt keine überzeugende inhaltliche Begründung für die Verwendung des Mittelwertes, wenn er die übliche Strategie zur Bildung der Kontextvariablen als "some composition, typically a mean, of x in the jth context" (1982: 101) bezeichnet.

An dieser Stelle soll die Diskussion über die Operationalisierung von Kontextvariablen mit dem Hinweis beendet werden, daß Gruppenmittelwerte aussagekräftiger sind als nominale Kontextvariablen und von daher eher geeignet sind, die Ursachen interkontextueller Unterschiede deutlich zu machen (vgl. Blalock 1984b: 359; Firebaugh 1979: 389). Im Kapitel über Konzeptualisierung (Kap. 5) wird diese Diskussion fortgeführt werden.

Selvin und Hagstrom (1963: 402) äußern den Gedanken, daß es möglich sein müsse, *eine* Klassifikation zu entwickeln, die sich auf *alle* Arten von Gruppen und somit Kontexten anwenden lasse. Sie schlagen ein faktorenanalytisches Verfahren vor, das aus 61 (analytischen) Aggregatmerkmalen fünf Faktoren extrahiert. Diese Faktoren scheinen dann aber doch sehr spezifisch (für die in ihrer Analyse untersuchten "women's residence groups" an Hochschulen) zu sein. Bei Eirmbter findet sich ein Katalog von Kontexteigenschaften aus der amtlichen Statistik (1982: 247). Insgesamt sind diese Versuche der Bestimmung relevanter Kontexteigenschaften als untheoretisch zu bezeichnen. Sie beziehen ihre Legitimation eher aus dem Vorliegen der entsprechenden Daten.

2.2   *Theoretische Entwicklung*

Die Entwicklung der Formalisierung der Modelle der Kontextanalyse ging mit der technischen Entwicklung einher, so daß gegen Ende der 70er Jahre sowohl die statistischen Verfahren als auch die Möglichkeit ihrer praktischen Anwendung (über elektronische Datenverarbeitung) einem breiten Kreis von Nutzern zugänglich waren.

Daneben haben sich bis zu diesem Zeitpunkt nur relativ unbedeutende Entwicklungen im Bereich der Konzeptdiskussion vollzogen. "Issues of method frequently dominate discussions" (Sprague 1982: 100), Boudon spricht von einem "technological bias" (1969: 14). Es ist auch heute noch eine Asymmetrie zwischen der Entwicklung von "concepts" einerseits und "statistical techniques" andererseits festzustellen (vgl. Van den Eeden 1986: 2). "Because of this emphasis on the technical aspect of the methodology of multilevel research, the theoretical aspect has been ignored to some extent" (Van den Eeden & Hüttner 1982: 15).

Das Problem der "cross-level"-Inferenz hat demgegenüber mehr Aufmerksamkeit erfahren. Robinson (1950) hat die in den Sozialwissenschaften verbreitete Methode kritisiert, von Aggregatdatenbeziehungen auf Individualdaten-beziehungen zu schließen. Neben Menzels (1950) Hinweis, daß nichts gegen die Untersuchung von Aggregatdatenbeziehungen an sich spricht, gibt es eine Reihe von Arbeiten, die sich mit dem Inferenz-Problem beschäftigen (unter den wichtigsten: Duncan & Davis 1953; Goodman 1953, 1959; Blalock 1964: 97-143; Shively 1969; Iversen 1973; Firebaugh 1978; Moorman 1979; vgl. im Überblick Van den Eeden & Hüttner 1982: 106-112 oder Langbein & Lichtman 1978).

Beiträge zur Entwicklung der Kontextanalyse lieferten zwei Kontroversen, die Debatte im Anschluß an Sewell und Armer 1966 (Sewell 1964; Sewell & Armer 1966a; Turner 1966; Michael 1966; Boyle 1966; Sewell & Armer 1966b; Smith 1972) und die sogenannte Barton-Hauser-Debatte (Homans 1964b; Barton 1968; Hauser 1970a; Barton 1970; Hauser 1970b; Farkas 1974; Hauser 1974).

In beiden Kontroversen ging es um die Frage, ob es *sinnvoll* sei, Kontextanalysen durchzuführen. Während Sewell und Armer auf die geringe Erklärungskraft von Kontextmerkmalen bei gleichzeitiger Kontrolle von Individualvariablen hinweisen ("importance ... considerably overstated"; 1966a: 169), hält Hauser den ganzen Ansatz für zwecklos ("the procedure is useless"; 1974: 374).

In derartigen Debatten überlagern sich üblicherweise gekränkte Eitelkeiten einerseits und verschiedene Argumentationsebenen andererseits. In diesem Überblick über die Entwicklung der Kontextanalyse wird nur auf die für die Entwicklung der Kontextanalyse wichtigsten Fragen dieser Kontroversen eingegangen. Blalock bemerkt zu recht, daß ein großer Teil der Argumente sich nicht ausschließlich auf Kontext- oder, im erweiterten Sinne, Mehrebenen-Analyse beziehe, sondern allgemeiner methodologischer Art sei (1984b: 355). So ist der Beitrag dieser Debatten vor allem in dem Hinweis auf die Notwendigkeit der Berücksichtigung wichtiger methodologischer Prinzipien auch in der Kontextanalyse zu sehen. Scheuch konstatiert schon 1967 die Entwicklung einer Art "Spezialliteratur innerhalb der Methodologie", hält es aber für den "Verdienst dieser Literatur, ... Begrenzungen ... und ... Fehlschlüsse ... transparent zu machen" (1967: 673).

Sewell und Armer (1966a; vgl. Sewell 1964 und Wegner & Sewell 1970; Smith 1972, s.a. Hauser 1969) untersuchten den Einfluß von Eigenschaften der Nachbarschaft (sozio-ökonomischer Status) auf die College-Pläne von Oberschülern. Ziel der Untersuchung war die empirische Überprüfung von Hypothesen zur Wirkung sozialer residentieller Segregation. Während im ersten Teil der Analyse Kontexteffekte festgestellt werden, wird im zweiten Teil der Analyse gezeigt, daß die Kontextvariable nur zu einem geringen Zuwachs an erklärter Varianz gegenüber einem reinen Individualmodell, in das Geschlecht, Intelligenz und individueller sozio-ökonomischer Status als unabhängige Variablen eingehen, beiträgt (1966a: 167). Gleichzeitig betonen die Autoren aber, daß trotz eines derartigen Resultats nicht auf die Einbeziehung von Kontextvariablen verzichtet werden kann. "Even the small amount of variance accounted for by neighborhood status over and above that accounted for by sex, socio-economic status, and intelligence makes some contribution to the understanding of educational aspirations" (1966a:

167; vgl. auch Meyer 1970: 60: "such studies may help to show how socializing organizations affect their members").

Eine Ursache für den geringen Beitrag der Kontextvariablen zur erklärten Varianz liegt für Sewell und Armer darin, daß die "normative climates" durch "socioeconomic level of the neighborhood or school" nicht direkt genug gemessen werden (1966a: 168).

Die Kritik von Turner (1966), Michael (1966) und Boyle (1966) an dieser Arbeit bezieht sich zum einen darauf, daß zusätzlich zu Individualvariablen erklärte Varianz als Kriterium für die Stärke von Kontexteffekten herangezogen wird. Zum anderen wird bemängelt, daß auf mögliche kausale Verknüpfungen zwischen den unabhängigen Variablen nicht eingegangen wird. (Wenn der Status der Nachbarschaft auf Intelligenz und Intelligenz auf College-Pläne wirkt, so führt die Kontrolle von Intelligenz zu einer Reduzierung der Stärke der Beziehung zwischen Status der Nachbarschaft und College-Plänen.) Weiterhin wird Sewell und Armer vorgeworfen, keine expliziten theoretischen Annahmen vorzulegen.

Sewell und Armer weisen in ihrer Replik auf ihr generelles Anliegen hin, das auch später in der Barton-Hauser-Debatte wieder aufgegriffen wird: "to ask if a variable pays its freight in terms of predictive power" (1966b: 709), die Frage also, ob sich die Beschäftigung mit Kontexteffekten lohne. Dabei geben sie eine Warnung von Gouldner (1959) wieder: "If a variable can be shown to control even the smallest proportion of the variance in a problematic pattern, it is all to readily regarded as a memorable contribution to sociology and all too ceremoniously ushered into its theoretical hall of fame" (Sewell & Armer 1966b: 709). Dabei gestehen Wegner und Sewell (1970: 674) zu, daß die primäre Berücksichtigung von Individualvariablen in der Analyse der Beiträge zur erklärten Varianz zu einer konservativen oder vorsichtigen Schätzung des Kontexteffektes führe.

Der Beitrag von Sewell und Armer besteht also nicht darin, daß sie Kontextanalyse grundsätzlich in Frage stellen; sie weisen nur darauf hin, daß sich in ihrer Untersuchung gezeigt habe, daß die Wichtigkeit des Nachbarschaftskontextes "zumeist bemerkenswert überschätzt" werde. (Diese Wertung läßt sich auch nach den Sekundäranalysen von Smith 1972 aufrecht erhalten, in denen mit Hilfe einer ordinalen Pfadanalyse ein geringfügig höherer Varianzanteil durch die Einführung von Kontextvariablen erklärt werden kann als in der Primärstudie von Sewell und Armer.)

Wenn Kontextanalyse erweisen sollte, daß es keine nennenswerten Kontexteffekte gibt, so spricht das weder für noch gegen die Durchführung von Kontextanalysen. Wenn es gleichzeitig allgemein anerkannter theoretischer Standard ist, daß Kontexteffekte keine Rolle spielen, so dürfte die Durchführung von Kontextanalysen, die dieses Ergebnis immer wieder bestätigen, auf Dauer langweilig werden. Da aber, wie Sewell und Armer (1966a: 160f.) zeigen, eine Reihe von Autoren das Vorliegen von Kontexteffekten postulieren, ist die Konfrontation dieser Hypothesen mit (ihnen entgegenstehenden) empirischen Befunden aus Kontextanalysen durchaus als interessant zu bezeichnen.

Ein weiterer Diskussionsgegenstand, der sich durch alle Debatten über Kontextanalyse zieht, ist der Vorwurf, bestimmte Beziehungen nicht untersucht zu haben. Sewell und Armer wird vorgeworfen, kausale Beziehungen zwischen den unabhängigen Variablen nicht berücksichtigt zu haben und dadurch eine Kontextwirkung auf die (im Modell) unabhängige Individualvariable nicht feststellen zu können (Turner 1966: 703; Michael 1966: 703; Boyle 1966: 707). Diese Vorwürfe werden von Sewell und Armer mit dem Hinweis auf die mangelnde theoretische Plausibilität der angesprochenen Beziehung und der Unmöglichkeit der Überprüfung in einer Querschnitts- Untersuchung beantwortet.

Die Debatte behandelt - zusammengefaßt - vier Themenkomplexe:

    a) Erklärungskraft von Kontextvariablen

    b) Operationalisierung von Kontextmerkmalen

    c) Spezifikation des Modells:

    d) explizite theoretische Erwägungen zum "Warum" der Kontexteffekte.

Es läßt sich feststellen, daß die einzelnen Diskussionsgegenstände in einem hierarchischen Verhältnis zueinander stehen: Ohne fundierte theoretische Überlegungen keine angemessene Spezifikation des Modells und keine angemessene Operationalisierung der Kontexteigenschaften; ohne angemessene Spezifikation und Operationalisierung keine valide Feststellung von Kontexteffekten. Dies gilt nicht nur für die Kontextanalyse, sondern für alle anderen Bereiche empirisch orientierter Sozialforschung.

Der Vorwurf der Fehlspezifikation des Modells ist auch Gegenstand der Debatte im Anschluß an die Arbeit von Bidwell und Kasarda (Bidwell & Kasarda 1975, 1976; Alexander & Griffin 1976; Hannan, Freeman & Meyer 1976). Neben der Frage, ob alle relevanten Merkmale in die Untersuchung einbezogen seien, wird diskutiert, inwieweit die von Bidwell und Kasarda durchgeführte reine Aggregatdatenanalyse einer Analyse der Wirkungen organisatorischer Effizienz gerecht wird, oder ob bei diesem Gegenstand nicht eine Kontextanalyse angebrachter gewesen wäre.

Die zweite Kontroverse um die Kontextanalyse wird als Barton-Hauser-Debatte bezeichnet (vgl. die Darstellungen bei Falter 1978: 854f.; Van den Eeden & Hüttner 1982: 91ff.; Blalock 1984b: 355,359 und Wiese 1986: 188f.).

Hauser (1970a+b, 1974) hat die bislang schärfste Kritik an der Kontextanalyse formuliert: "such exercises are fruitless, and the sociological literature would benefit from their absence" (1970a: 662). Seiner Meinung nach wird üblicherweise (so etwa bei Blau 1957, 1960; Davis et al. 1961; Tannenbaum & Bachmann 1964) bei der Einbeziehung der Kontextebene, also bei Kontextanalysen, ein "kontextueller Fehlschluß" (1970a: 658) begangen. Es handelt sich dabei jedoch nicht um einen kontextuellen Fehlschluß nach der Typologie von Alker (1969: 81f; s.a. Hummel 1972: 84-90). Nach Alker liegt dann ein kontextueller Fehlschluß vor, wenn aus der Gültigkeit einer Individualbeziehung in einem Kontext abgeleitet wird, daß diese Beziehung auch in anderen Kontexten gelte.

Hausers kontextueller Fehlschluß fällt unter das, was Galtung (1967: 45) als "fallacy of the wrong level" bezeichnet (s.a. Hannan 1971b: 475). Dieser kontextuelle Fehlschluß besteht nach Hauser darin, daß eine empirisch beobachtbare Beziehung zwischen Kontextmerkmal und Individualvariable (unter Kontrolle anderer Individualvariablen) als Kontexteffekt interpretiert wird, während in Wahrheit Individualvariablen, die im Modell nicht spezifiziert wurden, für diesen Effekt verantwortlich sind. "The contextual fallacy is based on a failure to generate adequate multivariate explanations of social processes from measurements on individuals. It is possible to generate 'contextual effects' at will" (Hauser 1970b: 632; s.a. Hauser 1969: 607).

In den darauf folgenden Diskussionsbeiträgen werden eine Reihe von Problemen angesprochen: Barton (1970: 517) weist darauf hin, daß ohne Varianz in der Kontextvariablen keine große Erklärungskraft zu erwarten sei, und daß komplexere Analyseverfahren als "dichotome Tabellenanalyse" nötig seien. Hauser (1970b: 519) besteht darauf, daß die direkte Operationalisierung von Kontexteigenschaften immer über Eigenschaften von Individuen geschehen solle ("operationalized directly"). Auch hier wird wieder aus dem Befund, daß eine Kontextvariable (in der Beispielsanalyse) nur ca. ein Prozent Varianz (zusätzlich zum reinen Individualmodell) erklärt, gefolgert, daß der Kontexteffekt trivial und uninteressant sei (Hauser 1970b: 519).

Hauser konzentriert seine Kritik auf fünf Punkte, an denen sich Kontextanalyse messen lassen müsse (hier nach Falter 1978: 854):

"a) the meaning of the effects and the underlying mechanisms

b) the size of the effect and its predictive value

c) alternative explanations especially by means of individual properties not considered so far

d) the control of measurement error connected with the testvariables introduced

e) the control of placement effects in combination with the dependent variable"

Die Bestandsaufnahme von Farkas (1974) weist auf Schwächen und Stärken der Argumentation Hausers hin.

Schwächen:

- Die Tatsache, daß keine starken Kontexteffekte beobachtet werden, spricht nicht gegen das Verfahren an sich (S. 357).
- Eine mangelhafte Spezifikation kann nicht nur in der fehlenden Berücksichtigung von Individualvariablen, sondern auch im Fehlen von Kontextvariablen bestehen (S. 354).

- Das Kriterium der (durch Kontextvariablen) zusätzlich erklärten Varianz (gegenüber Individualvariablen) bleibt unbefriedigend, da ebenso umgekehrt berechnet werden könne, (so lange keine theoretischen Erwägungen dagegen sprächen), welchen zusätzlichen Beitrag zur Erklärung Individualvariablen gegenüber Kontextvariablen leisteten (S. 348).

Stärken:

- Der Hinweis auf die mangelnden theoretischen Erwägungen, auf das Fehlen von expliziten Wirkungsmechanismen; diese "vagueness with which causal mechanisms are usually specified" (S. 357) scheint für kontextuelle Fehlschlüsse (im Sinne von Hauser) verantwortlich zu sein.

- Der Hinweis auf die zu wenig problematisierte Operationalisierung von Kontexteigenschaften, z.B. durch Aggregatmittelwerte von Individuen.

- Der Hinweis, daß Aggregatvariablen als Stellvertreter bzw. Annäherungen ("Proxies") für die (möglicherweise relevanten aber nicht spezifizierten) Individualmerkmale angesehen werden können.

- Das Abwägen zwischen Wünschenswertem und Machbarem in der Kontextanalyse: "Certainly an aggregate variable ... may inadequate measure an individuals perception of global climate ... " aber " it is still of use ... in the absence of better measures" (356).

Hauser vertritt in seiner Argumentation einen rigiden methodologischen Individualismus (Falter 1978: 856). Opp beurteilt einen derartigen "Theorienmonismus" negativ und hält ihn nicht für einen notwendigen Bestandteil des u.a. von ihm vertretenen individualistischen Programms (1979: 98f.). Blalock weist darauf hin (1984b: 355), daß die Kritikpunkte Hausers keine neuen methodologischen Erwägungen seien, sondern sich auch gegen andere Arten von Modellen und deren Überprüfung richten können. Somit bleibt die Kritik an der gegenwärtigen Forschung zwar richtig, die Folgerung, auf Kontextanalysen ganz zu verzichten, aber nicht zwingend. Auch Blalock sieht individuelle Merkmale als die handlungsrelevanten Parameter an. Die Funktion von Kontextanalysen besteht für ihn darin, auf im Modell nicht spezifizierte Variablen, bzw. Fälle von selektiver Migration hinzuweisen (1984b: 360).

So ist Farkas in seiner Zusammenfassung zuzustimmen: "My conclusion (that contextual effects cannot be dismissed) in no way implies that I am an 'advocate of contextual analysis'. Models which include contextual variables neither require special advocacy nor bear any special burden of proof ... In no sense does a weak direct effect of context argue for 'the abandonment of a worthless method'" (Farkas 1974: 357).

Hauser's Beitrag besteht vor allem in einer "objection to unsophisticated contextual analysis" (Blalock 1984b: 359), also darin, daß er das bestehende Theoriedefizit der Kontextanalyse herausgearbeitet hat: "almost all of them concentrate on the prediction of individual behavior through contextual properties without specifying the underlying transfer process" (Falter 1978: 856).

Auf das Problem der theoretischen Erklärung von Kontexteffekten (bzw. Struktureffekten) hat schon Homans (1964: 971, vgl. auch 1978: 58) hingewiesen. Auch Hannan äußert sich in dieser Richtung: "There is a conspicuous lack of theoretical models available to provide guidelines in such analysis. Substantial theoretical as well as methodological advance will be required for the satisfactory resolution. (...) The crucial issue here is the question of the independent causal status of macrovariables in micromodels" (Hannan 1971a: 106; s.a. Hannan 1971b: 503, 506; ähnlich auch Campbell & Alexander 1965: 285; Rigsby & McDill 1972: 317; Prysby 1976: 195).

Ein großer Teil der hier dargestellten Debatte ist heute noch aktuell. Vielfach geht es jedoch den Diskutierenden nicht um eine möglichst gute Erklärung, sondern um die Verteidigung ihres wissenschaftlichen Paradigmas ("at least some of these disputes seem to stem from intellectual predilections for either a micro- or a macrolevel explanatory theory"; Blalock 1984b: 356).

Der hier dargestellte Überblick über die Entwicklung der Kontextanalyse zeigt zum einen, daß systematische methodische und methodologische Überlegungen seit ca. 30 Jahren angestellt werden und es von daher gerechtfertigt erscheint, von einem jungen Verfahren zu sprechen. Knoke und Kuklinski betonen (1982: 83): "the analysis of structural correlates is still in the preliminary stage and the years ahead will likely see a rapid proliferation of new approaches."

An dieser Stelle soll ein vielleicht ketzerischer Gedanke geäußert werden: Wie ist es denn nur möglich, daß selbst in den 70er Jahren des 20. Jahrhunderts, also 75 Jahre nach Durkheim und 25 Jahre nach dem 'American Soldier' festgestellt werden kann, daß kaum Überlegungen zu den Wirkungsmechanismen von Kontexteigenschaften auf individuelles Verhalten bestehen? Überlegungen zu derartigen Effekten sind schon angestellt worden, bevor es Soziologie gab, sie gehören zu den Alltagserwägungen von Menschen.

Wenn also betont wird, es seien noch theoretische Entwicklungen nötig, so handelt es sich dabei möglicherweise um eine Immunisierungsstrategie der Befürworter der Existenz von Kontexteffekten: Es gebe zwar Kontexteffekte, die theoretischen Überlegungen zur Wirkungsweise der Effekte seien aber noch nicht ausreichend entwickelt, um die Kontextvariablen angemessen operationalisieren zu können. Daher habe man bisher nur schwache Kontexteffekte feststellen können (obwohl sie in Wahrheit stark seien).

Man könnte aber auch den andauernden Mangel an theoretischen Formulierungen als Indiz dafür sehen, daß Kontexteffekte in der Art eines Vorurteils existieren, das sich nur so lange halten kann, als es nicht eingehender auf seine theoretische Plausibilität und empirische Relevanz hin untersucht wird.

Die beiden zentralen Fragen der Kontextanalyse: 1.) Was sind Kontexte, und lassen sich deren Eigenschaften operationalisieren?, sowie 2.) Auf welchen Wirkungsmechanismen beruhen Kontexteffekte? sollen in folgenden Abschnitten einer genaueren Untersuchung unterzogen werden.

Kapitel 3:   Was ist ein Kontext?

"A striking fact about the literature on contextual analysis is that nowhere is there any attempt to define a context." (Elesh 1968: Vorwort).

Falter hat dargelegt, daß Kontextanalyse nur ein Spezialfall der Mehrebenen-analyse ist (1978: 852). Dabei ist es nicht zwingend, daß es sich bei der zu erklä-renden Eigenschaft um eine individuelle Eigenschaft handelt. So ist z.B. denkbar, daß Eigenschaften von (Sub-)Gruppen mit Hilfe der Eigenschaften von größeren Aggregaten (Kollektive, deren Elemente die betrachteten Einheiten sind; vgl. Hummell 1972: 55) erklärt werden sollen; auch dies wäre (ein Sonderfall der) Kontextanalyse (s. z.B. Atkins & Glick 1976 oder Burstein, Fischer & Miller 1980). Üblicherweise werden aber Eigenschaften von Individuen erklärt (vgl. die Definitionen in Kap.1).

Die Definitionen von Kontextanalyse, die im ersten Kapitel angeführt wurden, weisen implizite Annahmen darüber auf, was als Kontext anzusehen sei. Anstelle des Begriffs (sozialer) Kontext finden sich auch folgende Begriffe:

- Kollektiv (Lazarsfeld 1959, Scheuch 1969, Hummell 1972)
- Gruppe (Blau 1957, Selvin 1972, Boyd & Iversen 1979, Barton 1981, Blalock 1984b,
- Umgebung/Umwelt (engl. environment) (Falter 1978, Sprague 1982)
- Milieu (Cox 1969)
- Aggregat (z.B. Gruppen, Verwaltungsbezirke, auch Nationen) (Davis et al. 1961)
- Einheit (die Elemente enthält: 'social unit') (Kendall & Lazarsfeld 1950, Falter 1978)

Vielfach benutzen Autoren eine Reihe von Begriffen synonym. Dazu erfolgt meist ein Zusatz, der darauf hinweist, daß das betrachtete Individuum Mitglied des Kollektivs oder Gruppe ist, bzw. in die Umwelt eingebettet, im Milieu lebt, oder Bestandteil des Aggregats ist. Die semantische Bedeutung des Wortes Kontext verweist darauf, daß ein Zusammenhang besteht. Dieser Zusammenhang besteht zwischen dem Individuum und der Umgebung. In diesem Sinne ist Kontext ein Aggregat, das in Beziehung zum Element steht. Opp (1976: 39) führt aus, daß Kontext nicht nur die Umgebung bezeichnet, sondern eine Beziehung zwischen Umgebung und Individuum. Genauere Bestimmungen des Kontextbegriffes finden sich jedoch in der Literatur, die sich mit Kontextanalyse befaßt, nicht. In dieser Ungenauigkeit scheint ein generelles Manko der Kontextanalyse zu liegen.

Es besteht nicht einmal Einigkeit darüber, daß Kontexte Aggregate von Men-schen sein sollen. Die Begriffe Kollektiv und Gruppe beziehen sich auf diese Komponente, Begriffe wie Umwelt oder Milieu können sich jedoch genauso auf physikalische wie auf soziale Gegebenheiten beziehen. Ein Kontext könnte also neben einer Gruppe von Menschen auch ein Territorium bzw. einen Raum oder eine Zeit bezeichnen. Wenn Davis, Spaeth und Huson von Aggregaten z.B. als "groups, counties, nations" (1961: 215) sprechen, so zeigt sich die Vielschichtigkeit des Kontextbegriffs. Ähnliche Schwierigkeiten birgt der Begriff des Sozialraums (social area) in sich: Nachbarschaften sind z.B. räumlich und/oder sozial definierte Kontexte.

Soziale Kollektive bestehen aus Personen bzw. Individuen ("Konstituierungsthese: Kollektive bestehen (letztlich) aus Individuen oder deren Merkmalen" Opp 1979: 133). Hier soll nicht diskutiert werden, ob das Ganze mehr ist als die Summe seiner Teile; die Teile des Ganzen "soziales Kollektiv" sind also Individuen. Als physikalischer Kontext sei dagegen eine Menge von Sachen oder Gegenständen bezeichnet, die die Umwelt des betrachteten Individuums ausmachen.

Kontext bezeichnet im exakten Wortsinn nicht eine Menge von Gegenständen oder Personen, sondern die Beziehung zwischen einem (dem betrachteten) Individuum und einer Menge von Gegenständen oder Personen; einer Menge, zu der die betrachtete Person in einer angebbaren Beziehung, einem Zusammenhang steht. (So gesehen stellt der Begriff Kontexteffekt einen Pleonasmus dar.) Zu unterscheiden ist in diesem Zusammenhang zwischen der definitorischen Frage, welche Merkmale die Kontextmitgliedschaft bestimmen sollen und der empirischen Frage, ob diese Merkmale bei den Personen, die dem Kontext zugerechnet werden, tatsächlich vorliegen.

Die Soziologie konzentriert sich eher auf soziale Kontexte, also auf die Beziehung zwischen Individuum und einer Menge von Personen, die man auch als soziale Gruppe oder soziales Kollektiv bezeichnen kann.

Es gibt aber keinen logischen Grund, räumlich-physikalische Umgebungen nicht als Kontexte zu betrachten und sich auf die Analyse von sozialen Kontexten, also menschlichen Kollektiven zu beschränken. Eigenschaften der räumlich-physikalischen Umgebung, wie z.B. Klima oder Nahrungsmittelreichtum (so auch Valkonen 1969: 62) können für Individuen theoretisch ebenso handlungsrelevant sein wie Eigenschaften von sozialen Umgebungen. Auf die möglichen Effekte physikalischer Variablen wie Klima oder Bodenbeschaffenheit weist Montesquieu schon 1748 hin (vgl. Konau 1977: 63). Die Beschränkung auf die Analyse der Effekte sozialer Umgebungen wäre willkürlich, denn das Argument, daß Soziologen nur derartige Analysen angehen sollten, ist ein rein pragmatisches, auf Arbeitsteilung und Spezialisierung zielendes Argument. Opp weist (1976: 35) darauf hin, daß auch Sachen und Gegenstände sozialwissenschaftliche Objekte sind. Dennoch sollen hier zunächst die sozialen Kontexte behandelt werden.

"Da die Soziologie *soziale* Kollektive untersucht (also z.B. nicht eine Menge von Steinen), müßten die Elemente dieser sozialen Kollektive Personen sein, genauer: Personen mit bestimmten Merkmalen, z.B. Personen, die relativ häufig miteinander interagieren" (Hummell & Opp 1971: 35). Hummell und Opp (1971: 36) sprechen von einem sozialen Kollektiv als "Menge von Individuen, die bestimmte Eigenschaften haben, auf Grund derer wir die Gesamtmenge als 'Kollektiv' bezeichnen". Als nächstes stellt sich die Frage, welche Personen einem bestimmten Kollektiv zuzurechnen sind, und welche nicht. Es stellt sich also die Frage nach den "bestimmten Merkmalen", die die Mitgliedschaft in einem bestimmten Kollektiv ausmachen. "... the problem of criteria of 'membership' in a group ... cannot be allowed to remain implicit. Yet they largely have remained implicit" (Merton 1957: 284).

Homans (1978: 100; zuerst 1950) hat eine Gruppe "durch die Interaktion ihrer Mitglieder" definiert. Die tatsächlichen Interaktionen sollen nach Homans auch herangezogen werden, um die Grenzen zwischen Gruppen im engeren Sinne zu ziehen: "Auf welcher Ebene wir auch immer das Gewebe der Interaktionen betrachten, es zeigt immer gewisse dünne Stellen und hier sind die Grenzen zwischen den Gruppen zu ziehen." (Homans 1978: 103). Aufgegriffen wird diese Definition von Opp (1976: 43): "Unter einer Gruppe werde eine Menge von Personen verstanden, die (mit bestimmter Häufigkeit) miteinander interagieren." Dabei wird 'Interaktion' von Homans (1978: 103) alltagssprachlich als "häufig sehen", "zusammen gehen", "zusammen arbeiten" oder "miteinander Umgang haben" erläutert. Merton (1957: 285f.) nimmt daneben noch die Selbst- und Fremddefinition der Gruppenzugehörigkeit als Kriterium für tatsächliche Mitgliedschaft.

Nach den Erläuterungen von Homans bleibt die inhaltliche Bestimmung des Begriffes 'Interaktion' relativ beliebig. Das Spezifische an der Interaktion wird nicht herausgearbeitet, es wird nicht deutlich, was Interaktion von Nicht-Interaktion unterscheidet. Interaktion kann z.B. auch bedeuten: "sich sehen", "in der gleichen Stadt wohnen" oder "in der gleichen Fabrik arbeiten". Das letzte Beispiel impliziert zwar die Möglichkeit, nicht jedoch die Notwendigkeit, daß zwei Individuen in visuellen oder akustischen Kontakt treten. Homans selbst läßt "in der gleichen Fabrik arbeiten" zwar als Interaktion zu, schließt diesen Fall aber in seiner Untersuchung aus, da er sich für " jene Gruppen - die ältere Soziologengeneration nannte sie Primärgruppen - interessiert, bei denen jedes Mitglied mit jedem anderen in Interaktion treten *kann*." (Homans 1978: 103, Hervorhebung von mir, H.A.) "A group of people ... who interact with each other, form a unit, but an aggregate of people who serve in a regiment together or who live in the same census tract will also be called a unit, irrespective of wether they are in contact with each other" (Kendall & Lazarsfeld 1950: 188). Hier zeigt sich, daß das Kriterium der Interaktion bis zur gemeinsamen Zugehörigkeit zu einer militärischen oder geographischen Einheit hin dehnbar ist und damit an analytischem Wert verliert.

Opp berücksichtigt diese Beliebigkeit in der Definition: "Mit 'Kollektiven' meinen wir Gruppen *in einem weiten Sinne*, z.B. Familien, Gesellschaften, Wirtschaftsbetriebe, Parlamente, Staaten etc." (1979: 112; Hervorhebung von mir, H.A.). Die Schwierigkeit einer eindeutigen Zuordnung sieht auch Merton (1957: 286): "the sociological observer detects 'group formations' which are not necessarily experienced as such by those involved in them".

Wenn eine derartige Beliebigkeit bei der Definition von Gruppen oder Kollektiven zugelassen wird, so bedeutet das, daß praktisch jedes beliebige Individualmerkmal dazu herangezogen werden kann, Individuen einer bestimmten Gruppe oder einem Kollektiv zuzuordnen. Nicht nur Staatsangehörigkeit kann so herangezogen werden, sondern z.B. auch Merkmale wie Einkommenshöhe oder im extremen Fall sogar Körpergröße. (Demnach gehörten dann alle Menschen mit einer Körpergröße von 180 cm zu einer Gruppe.) Es sei dahingestellt, ob von allen diesen Gruppierungen erwartet werden kann, daß sie einen Einfluß auf individuelle Merkmale haben. (S. dazu aber auch Sprague 1982: 104: "one should, on reflection, recognize that many of the common individual-level measures used in research on political behavior appear as precipitates of the contexts within which they were acquired.")

Das Problem der Beliebigkeit beruht offensichtlich darauf, daß Homans den Begriff der Interaktion nicht eng genug faßt (bzw. nur intuitiv eingrenzt). Hummell und Opp halten das "Merkmal der Mitgliedschaft" in folgender Weise für darstellbar: "Person x, y, z ... sind Mitglieder dann und nur dann, wenn ihre Interaktionshäufigkeit einen bestimmten Wert überschreitet und wenn sich ihr Verhalten gegenüber anderen Personen unterscheidet, in welcher unterschiedlichen Behandlung sich die Eigen- und Fremddefinition ausdrückt." Diese Darstellung, die sich an Mertons Definition von Gruppe (1957: 285f.) anlehnt, betont die Dimension des tatsächlich beobachtbaren Verhaltens und die Wichtigkeit der Häufigkeit.

Harré bietet eine Unterscheidung von Kollektiven an: taxonomische Kollektive werden durch ein gleichartiges Merkmal konstituiert. Die Mitglieder stehen in keiner "wirklichen" Beziehung zueinander, die Kollektiven existieren "in the mind of the classifyer" (Harré 1981: 147). Dem stehen relationale bzw. strukturierte Kollektive gegenüber, die durch wirkliche Beziehungen ihrer Mitglieder untereinander gekennzeichnet sind.

Die Klassifikation von Harré bezeichnet eher die Endpole eines Kontinuums als zwei voneinander verschiedene Arten, Kollektive zu bilden; die Grenzen sind fließend. Das Kontinuum wird von Ausmaß und Intensität der Beziehungen bestimmt. An einem Ende sind Gruppen im 'engeren Sinn' wie Familien oder Netzwerke angesiedelt, am anderen Ende "Gruppen im 'weiteren Sinne'". Die Dichotomie hat offensichtlich mehr didaktischen als inhaltlichen Wert. Die konkreten Inhalte der bestimmten Eigenschaften, die die Gruppen- oder Kollektivzugehörigkeit definieren, sind demnach in jeder Analyse zu explizieren und zu begründen. (Vgl. hierzu auch Mertons "Concepts of groups, collectivities, and social categories"; 1957: 299ff.)

Es ist gerade das Verhalten innerhalb von Gruppen, das in vielen Fällen unerwähnt gelassen wird und doch implizit unterstellt wird. Stillschweigend wird davon ausgegangen, daß Personen mit gleichen Merkmalen auch eine Gruppe im engeren Sinne, also ein relationales Kollektiv bilden. Ob dies tatsächlich der Fall ist, wird selten geprüft.

Was hier wirkt, ist ein klassischer Vorurteils-Mechanismus: Personen mit *einem* gleichen Merkmal werden als echte Gruppe (also relationales oder strukturiertes Kollektiv) gedacht. Demnach wird von "den Ausländern", "den Fremden" oder "den Bewohnern des Ghettos" angenommen, daß sie sich gegenseitig kennen und miteinander verkehren (und somit: einander beeinflussen). Die Quelle für diese Annahme ist die Unkenntnis der tatsächlichen Lebensbedingungen der betreffenden Personen (vgl. hierzu die empirischen Befunde bei Nauck 1988). Mit zunehmender Kenntnis der Personen wird ein Gruppieren, das mehr bedeutet als die Zusammenfassung nach *einem* Merkmal, schwieriger. Es wird dann z.B. deutlich, daß "die Ausländer" ebensowenig eine Gruppe darstellen wie "die Deutschen".

Ähnlichkeit in einem Merkmal ist weder als hinreichende Voraussetzung dafür anzusehen, daß sich Personen insgesamt ähnlich sind, noch dafür, daß Personen sich kennen oder miteinander verkehren. Probleme der praktischen Kontextanalyse beruhen möglicherweise auf folgender Verkürzung: Alle Personen, mit denen ego verkehrt, haben die Eigenschaft A (z.B. Ausländer oder Akademiker), aber nicht alle Personen mit der Eigenschaft A sind Mitglieder des Netzwerkes oder der reference group von ego. Daneben sind noch Eigenschaften B, C, D ... K... X nötig. Kontextanalyse beruht aber auf der Zusammenfassung von Personen nach nur einem, max. zwei Merkmalen zu Kontexten. Wenn versucht wird, mehrere Eigenschaften zur Klassifikation heranzuziehen, dann sind nicht mehr konventionelle Kontexte, sondern Netzwerke mit allen dazu gehörenden Schwierigkeiten der Datenerhebung Gegenstand der Analyse (vgl. den folgenden Exkurs 2 zur Netzwerkanalyse).

Die Bestimmung der Gruppengrenzen setzt die Kenntnis der Interaktionsstrukturen der Individuen voraus. In der Praxis wird diese Kenntnis oftmals nicht aus Beobachtungen, sondern aus Annahmen (bzw. Vorurteilen) gewonnen. Dazu kommt das Problem, daß "group boundaries ... are dynamically changing in response to specifiable situational contexts" (Merton 1957: 286). "Analysts using aggregate data can hope, at best, that an individual has interacted with some of the other individuals who make up the aggregate" (Eulau & Rothenberg 1986: 133). Daneben stehen aber auch oft Zwänge des Datenmaterials, die dazu führen, daß eine Menge von Personen, die in unerheblicher Interaktion miteinander verbunden sind, als sozialer Kontext angesehen werden.

Die obigen Überlegungen lassen sich auf einen Sonderfall der Gruppierung von Individuen zu Kollektiven beziehen: In sozialökologischen Arbeiten werden Menschen nach Wohnort zu Kollektiven zusammengefaßt. Hier wird auf räumliche Kriterien Bezug genommen, wenn die Bewohner eines Stadtteils zu einer Gruppe zusammengefaßt werden (zur Bedeutung der geographischen Basis für die Gruppenbildung bei Durkheim, vgl. Selvin 1972: 393f, 401).

Dahinter steht wieder die Überlegung, daß "zusammen wohnen" etwas wie Interaktion bedeutet und von daher ein Kollektiv konstituiert. Die Fragen nach dem Vorhandensein und den Bedeutungen der Interaktionen wird gerade im Falle sozial-ökologischer Analysen zu stellen sein (vgl. hierzu Elesh 1968: 78-80).

Eulau und Rothenberg halten den Gebrauch von "aggregate demographic data or electoral statistics" für eine Notlösung: "The data on areal units thus serve as surrogates for direct, individual-level information about dyadic, triadic, or more complex social interactions" (1986: 131).

Die Frage nach der Definition eines physikalischen Kontextes läßt sich analog zum sozialen Kontext beantworten. Ein physikalischer Kontext konstituiert sich aus der Menge der Gegenstände oder sonstiger physikalischer Gegebenheiten, die für das betrachtete Individuum relevant sind, mit denen es also im weitesten Sinne interagiert (vgl. z.B. Wollin & Montagne 1981). Auch hier bleibt wieder unklar, ob die tatsächlich beobachtete Interaktion oder die mehr oder weniger ausgeprägte Möglichkeit zur Interaktion als Grundlage für die Zugehörigkeitsdefintion angesehen werden soll und welche Inhalte die Interaktion hat. Daneben wird in der empirischen Analyse die Annahme einzuführen sein, daß ähnliche Personen auch durch ähnliche physikalische Kontexte beeinflußt werden. So wird man annehmen, daß die Bewohner der gleichen Nachbarschaft auch den gleichen physikalischen Umwelteinflüssen ausgesetzt sind. (Dies ist eines der Probleme der Epidemiologie, wie es z.B. Weißker 1983: 171 darstellt.)

Subjektiv stellt sich jedoch der Kontext, sei es ein sozialer oder physikalischer Kontext, jeweils anders dar. Das ist ein Argument dafür, Kontexte letztlich als Individualmerkmale zu betrachten. Aggregatmerkmale können immer nur eine Annäherung an die jeweiligen (vom Individuum perzipierten) spezifischen Kontexte sein. Von daher ist mit Meßfehlern in der Analyse von Kontexteffekten zu rechnen, die die beobachteten Korrelationen im Vergleich zu den wirklichen Beziehungen schwächen.

Ziel der vorangehenden Betrachtung war es, auf die zentrale Bedeutung hinzuweisen, die der tatsächlichen Interaktion zwischen Menschen im Sinne von häufigem und beobachtbarem Verhalten zukommt, wenn soziale Gruppen oder Kollektive bestimmt werden sollen. Wie sich gezeigt hat, ist in den folgenden Überlegungen zur Kontextanalyse die Frage, ob die Kontexte durch eher taxonomische oder eher relationale Kollektive gebildet werden, immer zu berücksichtigen.

Exkurs 1: Sozialökologie und Sozialraum

Im Rahmen der Sozialökologie werden u.a. "Aussagen über die Reaktion eines Organismus auf ein Aggregatmerkmal der Umwelt" (Friedrichs 1977: 28) getroffen. "Ecologists are interested in the nature of the interactions between man and other species, and man and the physical environment" (Hollingshead 1961: 109, zuerst 1947). (Daneben werden "Aussagen über die Reaktion eines Aggregats von Individuen" behandelt; Friedrichs 1977: 88). Friedrichs weist darauf hin, daß bei Erklärungen, die die Sozialökologie formuliert, Probleme der Mehrebenen- und Kontextanalyse auftreten. Wenn hier die Bedeutung der Sozialökologie für kontextanalytische Fragestellungen behandelt wird, so muß darauf verwiesen werden, daß ein Teil der Fragestellungen der Sozialökologie eindeutig kontextanalytische Fragestellungen sind.

Für die Kontextanalyse ist die orientierende Annahme der Sozialökologie von Bedeutung, "daß ein Zusammenhang zwischen der sozialen und der räumlichen Organisation einer Gesellschaft besteht" (Friedrichs 1977: 50). "In der Gesellschaft lebt man nicht nur zusammen, sondern lebt gleichzeitig auch getrennt, und menschliche Beziehungen können immer mit mehr oder weniger großer Genauigkeit auch durch den Begriff der Distanz bestimmt werden" (Park 1974: 90, zuerst 1925). "Es ist eine Tatsache, daß soziale Beziehungen häufig und unvermeidlich mit räumlichen Beziehungen korrelieren" (a.a.O.: 100). Ebenso drückt Alihan die grundlegende Annahme der Sozialökologie aus: "Every action or phenomenon or move of living beings is territorially based" (Alihan 1961: 93, zuerst 1938).

Das theoretische Gefüge der Sozialökologie enthält an sich wesentlich mehr Elemente als nur den Raumbezug sozialen Handelns (vgl. Friedrichs 1977: 24-47; vgl. auch die Arbeiten, die im Reader von Theodorson 1961: 3-126 gesammelt sind, wie z.B. Alihan, zuerst 1938; Gettys, zuerst 1940; oder Hollingshead, zuerst 1947), in der Rezeption wird aber vielfach nichts anderes berücksichtigt. Das hat dazu geführt, daß Forschungen mit Raumbezug das Etikett "Sozialökologie" aufgedrückt wird, auch wenn es sich nicht bei allen Arbeiten um sozialökologisch fundierte Ansätze handelt (vgl. dazu die kritischen Anmerkungen von Hawley 1974: 118, zuerst 1944; Bley 1987). Viele dieser Arbeiten sind z.B. rein deskriptiv sozialgeographisch orientiert. Meier (1985: 120ff.) kritisiert diese Arbeiten mit Welz (1979) als "bloße 'Ökologie als Methode'" (S. 160).

Die Einbeziehung physikalischer Umweltaspekte in die Erklärung menschlichen Verhaltens ging aber von der Sozialökologie aus. (Vgl. die verwandten Ansätze der ökologischen Psychologie, z.B. Proshansky et al. 1970; oder auch der sozialökologischen Bildungsforschung, z.B. Vaskovics 1982b, mit ausführlicher Bibliographie.)

Die Sozialökologie ist nicht notwendig an die Untersuchung von städtischen Teilgebieten und ihren Effekten gebunden. So gibt es eine Reihe von Arbeiten, die sich mit dem Effekt des städtischen Lebens oder des Großstadtlebens auf den Einzelnen beschäftigen. Diese Arbeiten basieren auf den Überlegungen von Simmel (1957, zuerst 1905), Wirth (1938) und Milgram (1970; ein guter Überblick bei Fischer 1973: 324 oder Korte, Ypma & Toppen 1975: 996f.). In diesen Arbeiten (s.a. Holahan 1977; House & Wolf 1978) werden Stadt-Land Unterschiede in individuellem Verhalten untersucht. Typische Variablen, mit denen Urbanismus oder großstädtische Kontexte beschrieben werden, sind Größe der Stadt, Einwohnerdichte, Bevölkerungsheterogenität oder Kriminalitätsrate (House & Wolf 1978: 1037; Holahan 1977: 379) oder ein physikalischer Reiz-Input-Level (Lärm und Stärke von Auto- und Passantenaufkommen, s. Korte, Ypma & Toppen 1975: 998). In diesen Arbeiten werden die Kontexte relativ einfach als städtische oder ländliche Kontexte abgegrenzt.

In der Frage nach der Bestimmung bzw. Abgrenzung von relevanten Kontexten innerhalb von Städten hat die Sozialökologie eine interessante Überlegung zu bieten: In der Stadt (als dem bevorzugten Untersuchungsgebiet) entwickele sich eine soziale und räumliche Differenzierung, die zu bestimmten Beziehungen zwischen Variablen der sozialen und räumlichen Organisation führe (vgl. Friedrichs 1977: 183). Die Forschungsrichtung der Sozialraumanalyse richtet sich auf die "Klassifikation städtischer Teilgebiete, also das seit den Arbeiten der klassischen Sozialökologie bestehende Problem, in welchem Ausmaß und durch welche Merkmale beschreibbar in der Großstadt homogene Subgebiete, 'natural areas', bestehen" (Friedrichs 1977: 197; vgl. dazu z.B. Manhart 1977).

Dem Konzept der "natural areas" (Park 1925: 1; s.a. Hamm 1973: 22) liegt wiederum die Idee zugrunde, daß sich gewisse (klein)räumige Einheiten durch Homogenität ihrer Bewohner auszeichnen, daß sich also eine geringe Binnen-Varianz und eine relativ große Zwischen-Gebietsvarianz hinsichtlich der sozialen Merkmale der Bewohner feststellen lasse (vgl. dazu Timms 1971: 41f.). "Natural areas and natural cultural groups tend to coincide (...). A natural area is a geographical area characterized by a physical individuality and the (...) characteristics, attitudes, sentiments, and interests of people segregated within it" (Zorbaugh 1961: 47, zuerst 1936).

Auf der Basis dieser Überlegungen kann dann u.a. ein Anspruch der Sozialraumanalyse erhoben werden: "Die Typen von Teilgebieten können als unabhängige Variablen verwendet werden, in Abhängigkeit davon Variablen des Verhaltens der Bewohner untersucht werden, wie z.B. Wahlverhalten, Kontakte zu Nachbarn, Kriminalität" (Friedrichs 1977: 199; Ergebnisse dazu a.a.O.: 210). Diesem Anspruch nach ist Sozialraumanalyse nichts anderes als ein (Spezialfall von) Kontextanalyse.

Es soll hier darauf hingewiesen werden, daß die räumliche Verteilung von Individuen als Gruppierungsgrundlage herangezogen wird. Das Argument, das dem zugrunde liegt, könnte man folgendermaßen explizieren: Es ist anzunehmen, daß Personen, die in einem Gebiet wohnen, sich auch in anderen Merkmalen ähnlich sind. Weiterhin wird angenommen, daß die Personen, die die soziale und hier auch räumliche Umwelt konstituieren, handlungsrelevant sind. Offenbar bedeutet das entweder, daß ähnliche Merkmale von alter und ego zu Ähnlichkeit in weiteren Merkmalen führt, und (bzw. oder) daß räumliche Nähe von alter zu Ähnlichkeit mit ego führt.

Wenn Ergebnisse berichtet werden wie: In Teilgebieten mit niedrigem Urbanismus seien mehr nachbarliche Kontakte von Hausfrauen zu beobachten als in Teilgebieten mit hohem Urbanismusgrad (Bell 1961: 249, zuerst 1958, im Original steht familiärer Status für Urbanismusgrad), so ließe sich dieser Befund kontextanalytisch wie folgt explizieren: Wenn sich eine Person (Hausfrau) in räumlicher Nähe vieler Personen aufhält, die

- in Mehrfamilienhäusern wohnen,

- in Ein-Personen-Haushalten leben,

- kinderlos sind,

dann hat sie relativ wenig Kontakte zu ihren Nachbarn.

Zurückstellen muß man an dieser Stelle die Überlegung, daß sich das hier Dargestellte auf der Mikroebene abspielt und entsprechend theoretisch viel besser auf dieser Ebene zu erklären ist. Bell bietet folgende Erklärung an: Über das Spiel der Kinder stellen sich Kontakte zwischen Erwachsenen her und die mit der Kindererziehung beschäftigten weiblichen Personen halten sich auch tagsüber im Hause auf (1961: 249). Hier wird deutlich, daß die ökologischen Daten als Surrogate für Informationen über Individuen gebraucht werden. Die Theorie sagt ja nicht mehr, als daß nicht berufstätige Mütter mehr Kontakte in der Nachbarschaft (untereinander) haben als z.B. berufstätige oder kinderlose Frauen.

Wenn ökologische Hypothesen derartig präzisiert werden, kommen wir relativ nahe an die üblichen kontextanalytischen Überlegungen. Gegenstand dieser Arbeit ist u.a. die weitere theoretische Anbindung derartig präzisierter Hypothesen, also die Antwort auf die Frage, warum sich z.B. a) räumliche Nähe und b) Urbanismus von Personen im Explanans finden.

Dem Kriterium der Nachbarschaft liegt die Überlegung zugrunde, daß die Nachbarschaft "either as the smallest of locally groups or as the largest of the primary groups" anzusehen sei (Caplow & Foreman 1950: 357). Auf diesen Bezug zwischen Nachbarschaft und sozialem Kollektiv soll hier besonders hingewiesen werden. "Implicit in much of the work using the contextual model is the assumption that the individual who is being affected by the context via an influence process confines his friends and associational contacts to the ecological unit chosen for analysis" (Cox 1969: 159).

Cox arbeitet an dieser Position zwei Kritikpunkte heraus: je kleiner die ökologische Einheit, desto größer wird die Zahl der externen Kontakte sein und je größer die Zahl der externen Kontakte, desto kleiner wird der Einfluß aus dem Kontext sein (1969: 160; vgl. auch Przeworski 1974: 34 und die kritischen Überlegungen zum Konzept der 'natural areas' von Hatt 1961: 108, zuerst 1946).

Sewell und Armer (1966a: 160) beschäftigen sich mit den Effekten von Nachbarschafts-Kontexten und zitieren eine Hypothese von Rogoff (Ramsoy) (1961: 242f.) als eine explizite "community context thesis":

"let it be granted that the various social classes are not randomly distributed among the diverse sizes and types of communities in the United States today ... It follows that each of the social classes will be more heavily concentrated in some kinds of community environments than others, and that communities will vary in the predominant or average social-class affiliation of their residents. Such structural differences may set in motion both formal arrangements - such as school, library, and general cultural facilities in the community - and informal mechanisms, such as normative climates or model levels of social aspiration, which are likely to affect *all* members of the community to some extent".

Die Überlegungen zu den Effekten sozialräumlicher Kontexte basieren also auf zwei nicht unbedingt verbundenen Prämissen: zum einen wird angenommen, daß sich einander ähnliche Personen auch räumlich konzentrieren, und zum anderen wird davon ausgegangen, daß räumliche Nähe bzw. soziale Ähnlichkeit von Personen dazu führt, daß Personen auch in anderen Merkmalen einander ähnlicher werden (Homogenisierungstendenz).

An dieser Stelle sollen nur einige kritische Anmerkungen zur Bedeutung der räumlichen Komponente angeführt werden, die sich innerhalb des Bereiches der sozialökologischen Betrachtungen bewegen, sich also nicht mit präzisierten und an allgemeine (individual-)theoretische Überlegungen angebundenen Hypothesen auseinandersetzen. Schon Durkheim wies auf die schwindende Bedeutung kleinräumiger Gebietseinheiten hin (1977: 67, zuerst 1893): "Wir werden in der Tat feststellen, daß die Organisation, die die örtliche Gruppierung (Dorf oder Stadt, Distrikt, Provinz usw.) zur Grundlage haben, in dem Maße, wie wir in der Geschichte fortschreiten, immer mehr verschwindet. (...) Unsere Tätigkeit reicht meist über diese für sie zu engen Grenzen hinaus. Andererseits berührt uns ein großer Teil dessen, was dort geschieht, überhaupt nicht mehr." Im Zusammenhang mit dem Wachstum und Wandel der Städte können 'natural areas' in ihren Angrenzungen nur relativ stabil bleiben (vgl. Zorbaugh 1961: 48, zuerst 1926).

Pfeil stellt vor über 20 Jahren fest (1965: 11f.): "Der Traum von der Nachbarschaftseinheit, einem visuell begrenzten, in sich zentrierten, überschaubaren, erlebbaren Stadtbezirk, der die Großstädter beheimaten sollte, ist vor der Realität des Großstadt-Soziallebens zusammengefallen. (...) Anstelle einer nachbarschaftszentrierten Gesellschaft tritt eine familienzentrierte. Die Familie, weder wurzellos dem Chaos preisgegeben, noch im Sozialraum des eigenen Wohnviertels gebunden, sondern lokale wie extralokale, urbane Sozialbeziehungen aufnehmend, hat zwar ihren Schwerpunkt im Wohngebiet, ist aber der Gesamtstadt zugewandt." (vgl. auch S. 69f.). Auch Bahrdt fragt, ob Wohnumgebungen in der modernen Stadt noch als Determinanten des Handelns anzusehen seien, da "urbane Kommunikation ausgezeichnet ist durch Anonymität, Flüchtigkeit, hohes Sublimierungsniveau" (1971: 275, zit. nach Konau 1977: 148).

Der Bedeutungsverlust der Eigenschaften des Wohnquartiers ist auch anzunehmen, weil viele Bewohner einen Großteil ihrer Zeit außerhalb ihres Wohngebietes verbringen. So ergab eine Studie zum Zeitbudget und Aktionsraum von Stadtbewohnern (SAS 1979: 106) in drei Hamburger Siedlungen, daß die Bewohner täglich im Mittel zwischen 0,4 und 1,5 Stunden außerhäuslicher Aktivitäten innerhalb der Wohnsiedlung aufweisen (vgl. auch Elliot & Clark 1978). Eulau und Rothenberg vermuten (1986: 133) aus ähnlichen Gründen, daß die Bedeutung des Wohngebiets für 'political behavior' gering sei.

Die Reduzierung des Lebensraumes Stadt auf die räumliche Perspektive wird von Strauss kritisiert: "The important thing about any given urban world is not that it is rooted in space. That is merely what strikes the eye first, just as it attracted the attention of the nineteenth-century journalists and the twentieth-century sociologists. What is important about a social world is that its members are linked by ... some effective channel of communication" (1970: 311). Strauss stellt fest, daß z.B. Einrichtungen im Innenstadtbereich Mitglieder aus dem ganzen Stadtbereich anziehen können und somit kein Produkt der Nachbarschaft sind. Bei einer Untersuchung ethnischer Vereine in Hamburg zeigte sich ebenfalls, daß diese Organisationen überwiegend nicht auf räumlich abgegrenzten Gebieten wie Nachbarschaften oder Stadtteilen basieren: Es fanden sich zwar relativ viele Organisationen in den Stadtteilen, die den höchsten Ausländeranteil aufwiesen, die Mitgliedschaft dieser Organisationen war hingegen keineswegs stadtteilspezifisch zusammengesetzt (vgl. Alpheis, Grabow, Fahrenkrug & Klupp 1984: 28). Die Ursache für die Ansiedlung dieser Organisationen dürfte eher in der relativ guten Erreichbarkeit der Stadtteile mit hohem Ausländeranteil (Innenstadtbereich) liegen.

Lee formuliert das Problem, das nicht nur Sozialökologen beschäftigt: "The major difficulty for the social scientist seems to be the evasiveness of neighborhood. (...) If he isolates it as a piece of territory, he often finds little or no correspondence with human behavior; if he concentrates instead on social relationships he finds that these do not synchronize with geography" (1970: 349). Der Verzicht auf das gut eingeführte räumliche Konzept der Nachbarschaft erscheint Lee jedoch nicht sinnvoll. Er begründet das u.a. mit der Erfahrung, daß ein Begriff wie "nice neighborhood" im Alltag durchaus seine Bedeutung habe und daß Forscher bei der Analyse sozialer Beziehungen doch zumeist mit räumlichen Beschränkungen arbeiten. Lee fordert, die Kriterien, die der Definition von Nachbarschaft, aber auch der räumlichen Restriktion der Analyse sozialer Beziehungen zugrunde liegen, zu explizieren.

Damit soll der Exkurs über die Bedeutung der Sozialökologie und Sozialraumanalyse für die Kontextanalyse beendet werden. Der Zweck dieses Exkurses bestand darin, auf die Möglichkeit zu verweisen, räumliche, bzw. territoriale Attribute zur Bestimmung sozialer Kontexte heranzuziehen. Gleichzeitig sollte dargelegt werden, daß dieses Vorgehen auf einer Reihe von teilweise impliziten und/oder teilweise problematischen Annahmen beruht.

Die Probleme der Vorgehensweise bestehen erstens im Bedeutungsverlust der räumlichen Einheiten, der einerseits durch die externe Orientierung ihrer Bewohner, und andererseits durch deren zunehmende Individualisierung bewirkt wird (siehe hierzu explizit Beck 1986: 126). Das zweite Problem besteht darin, daß sich Nachbarschaften oder 'natural areas' und ihre Grenzen laufend verändern. Diese räumliche Instabilität ist ein Grund für das dritte Problem, die Schwierigkeit, Daten zu erheben, die räumliche Einheiten ausreichend charakterisieren; der Hauptgrund dieser Schwierigkeit dürfte aber in der theoretischen Unbestimmtheit des Konzepts der sozialräumlichen Einheit liegen.

Abschließend sei darauf hingewiesen, daß zwar das Programm der Sozialökologie kontextanalytische Überlegungen ausdrücklich beinhaltet, in der Praxis aber zumeist reine Aggregatdaten-Analysen durchgeführt werden. So kann Friedrichs im Rahmen der Behandlung der Ergebnisse der Sozialraumanalyse (1977: 210) und der Mehrebenenanalyse (1977: 350-361) in seiner sehr materialreichen Sammlung auf keine zehn kontextanalytisch orientierte Studien verweisen.

Exkurs 2: Netzwerkanalyse

Mit der Netzwerkanalyse wird hier ein anderer Ansatz aufgenommen, der einen Spezialfall der Kontextanalyse darstellt (vgl. z.B. Knoke & Kuklinski 1982; Fischer 1982; Burt & Minor 1983; im Zusammenhang mit Stadtsoziologie s. den Überblick bei Pappi & Melbeck 1988). Hummell behandelt (1972: 28ff.) Netzwerke als "das an sich naheliegende Eingehen auf Fragestellungen der Gruppendynamik und die sich daraus ergebende Notwendigkeit der Berücksichtigung sozialer Relationen innerhalb der Umfrageforschung". Auch in der Netzwerkanalyse wird der Zusammenhang zwischen Eigenschaften der Umgebung und Eigenschaften des Individuums untersucht: "What are the ... consequences of social structure for actors? (...) Attribute Data could be combined with relational measures..." (Knoke & Kuklinski 1982: 82). Dabei wird unter Umgebung aber zum einen ausschließlich soziale Umgebung verstanden. Zum anderen werden wesentlich strengere Maßstäbe angelegt, wenn es um die Frage geht, welche Personen zur sozialen Umgebung "Netzwerk" zu rechnen seien. So geht man davon aus, daß eine Person zu allen Angehörigen ihres Netzwerkes in einer zu spezifizierenden (relativ intensiven) Beziehung stehe. Es kann sich um eine direkte oder eine indirekte, also über eine andere Person vermittelte Beziehung handeln: "A social network is a specified set of links among social actors. (...) Since everyone is ultimately related, directly or indirectly, to everyone else, we must 'specify' which links we are interested in for any given network analysis" (Fischer 1977: 33). Nicht notwendig ist hingegen, daß alle Angehörigen eines Netzwerkes mit allen anderen Angehörigen dieses Netzwerkes in Beziehung stehen. Es muß sich beim Netzwerk also nicht um eine 'primary group' handeln (vgl. die Unterscheidung von Primär-Zone und Primär-Gruppe bei Eulau & Rothenberg 1986: 141). Ebenso wenig wird Ähnlichkeit der Netzwerk-Mitglieder vorausgesetzt (vgl. Fischer 1977: 26).

Ein (in empirischen Analysen häufig anzutreffender) Sonderfall ist das egozentrierte Netzwerk, das durch die - zu spezifizierenden - direkten Beziehungen von ego definiert wird (auch "action set" oder "primary zone" genannt, vgl. Eulau & Rothenberg 1986: 132,141). Eulau und Rothenberg zeigen aber auch, daß bei der empirischen Bestimmung von Netzwerken zumeist Aggregate den Rahmen setzen. So wird die Spezifikation der Beziehungen ("ties") oftmals ein Gruppenkriterium enthalten: "particular neighbors" sind a) mit ego befreundet, sind aber b) dadurch gekennzeichnet, daß sie dem gleichen Kollektiv "Nachbarschaft" angehören wie ego.

Der Unterschied zur bisher dargestellten Kontextanalyse ist deutlich: Netzwerke sind je nach Befragtem (möglicherweise) unterschiedlich umrissen, sie werden also je nach Befragtem auch unterschiedliche Eigenschaften aufweisen. In der konventionellen Kontextanalyse wird hingegen für alle Angehörigen einer Gruppe eine - bezogen auf dieses Umfeld - identische Struktur der Umgebung angenommen. Es liegt auf der Hand, daß ein derartiges konventionelles Konzept von

Kontextanalyse mit Hinblick auf die Schwierigkeiten der Datenerhebung wesentlich leichter zu handhaben ist als ein Netzwerk-Ansatz.

Der Unterschied zwischen Netzwerk-Ansatz und konventioneller Kontextanalyse beruht auf dem Definitionskriterium, das zur Bestimmung des Kontextes herangezogen wird: In der Netzwerkanalyse werden die sozialen Beziehungen von ego zu alter explizit zur Grundlage genommen, um die Zugehörigkeit von alter zum Netzwerk von ego zu beurteilen. Dieser Umstand bedeutet dann auch, daß die Art der Beziehungen deutlich gemacht werden muß (vgl. z.B. Mitchell 1973: 23). "The domain of network analysis is the attributes of interpersonal relations" (Fischer 1977: 20). Im bereits dargestellten konventionellen Ansatz der Kontextanalyse wird angenommen, daß ego und alter (bzw. genauer: alii), die bestimmte gleiche Merkmale aufweisen, eine Gruppe bilden, also sämtlich miteinander interagieren. In diesem Fall wird also das Vorliegen von sozialen Beziehungen von ego zu alter implizit auf der Basis von gleichen Merkmalen angenommen. Diese Annahme steht z.B. in Einklang mit einer Hypothese von Homans: "Personen interagieren dann miteinander, wenn sie die Interaktion als belohnend empfinden. Da empirisch die meisten Personen Interaktionen mit Personen, die ihnen sehr unähnlich sind, nicht als belohnend empfinden, folgt, daß ähnliche Personen häufiger miteinander interagieren als unähnliche Personen" (hier nach Hummell & Opp 1971: 60; zur Annahme, daß räumliche Nähe zwangsläufig - "inescapable" - zu Interaktion führe vgl. Huckfeldt 1980: 250, s.a. Valkonen 1969b: 35).

Ein weiterer Unterschied läßt sich aus der unterschiedlichen Definition der sozialen Umwelt ableiten: "A network approach is more consistent with a model of individuals as actors who perceive, assess, select, and behave (within limits posed by their circumstances). Networks, unlike categorial groups such as lineages and classes, are visibly constructed and manipulated" (Fischer 1977: 29). Der Netzwerk-Ansatz ist also stärker akteursbezogen und trägt damit der Tatsache Rechnung, daß Personen die Möglichkeit haben, ihren Umgang innerhalb bestimmter Grenzen frei zu wählen.

Der Unterschied zwischen Netzwerkanalyse und Kontextanalyse besteht also darin, daß in der Netzwerkanalyse soziale Beziehungen zur Grundlage für die Zugehörigkeit genommen werden und somit für jede Person eine eigene Meßoperation zur Bestimmung der Eigenschaften der sozialen Umgebung durchgeführt werden muß. (Zum Unterschied zwischen Netzwerken und Gruppen, s.a. Mitchell 1973: 19,34). Darüber hinaus gibt es aber eine Reihe von Gemeinsamkeiten zwischen beiden Ansätzen.

Auch die Netzwerkanalyse versucht, Mikro- und Makro-Ansätze miteinander zu verbinden, die Wirkung makroskopischer auf mikroskopische Variablen zu bestimmen und zu erklären (Fischer 1977: 31). Auch die Felder, in denen der Netzwerk-Ansatz hauptsächlich zur Anwendung gelangte, gleichen in weiten Teilen denen der Kontextanalyse: Innovations- und Wahlforschung. Daneben gibt es aber auch eigene Schwerpunkte: Netzwerkanalyse: Kleingruppenforschung, Urban Anthropology; Kontextanalyse: Schuleffekte.

Unter sozialtechnologischen Gesichtspunkten sind Kontexte interessanter, da sich mit der Manipulation eines Kontextes die Einflußfaktoren für alle Mitglieder des Kontextes ändern, während sich bei einer Manipulation des Netzwerkes nur die Einflußfaktoren auf ego in angebbarer Weise verändern (zur sozialtechnologischen Relevanz von Interaktionseffekten, s. Astin 1970: 240).

Das Problem der Abgrenzung der sozialen Kontexte stellt sich für beide Ansätze: Die von Laumann, Marsden und Prensky (1983: 20) dargestellten Kategorien der Grenzziehung auf Grund "realistischer" Kriterien einerseits oder "nominalistischer" Kriterien andererseits entsprechen den bereits dargestellten (vgl. Harré 1981) Kategorien der "relationalen" oder "taxonomischen" Kollektive in der Kontextanalyse (vgl. zum Problem der Abgrenzung u.a. Blalock 1984a).

Der Exkurs über Netzwerkanalyse soll Ähnlichkeiten und Unterschiede dieses Konzepts gegenüber der konventionellen Kontextanalyse darstellen (vgl. zu diesem Problem die Überlegungen von Eulau & Rothenberg 1986). Im weiteren Verlauf dieser Arbeit möchte ich mich auf die herkömmliche Kontextanalyse konzentrieren. Das Potential, das die Netzwerkanalyse zweifellos birgt, soll hier nur zur Beurteilung einzelner Stärken und Schwächen der herkömmlichen Kontextanalyse herangezogen werden.

Kapitel 4: Was ist ein Kontextmerkmal?

Ein (sozialer) Kontext stellt den Zusammenhang zwischen einem Individuum und einem sozialen Kollektiv dar, in dem das Individuum Mitglied ist. Oftmals wird - auch in dieser Arbeit - der Begriff des Kontextes mit dem des Kollektivs oder Aggregats gleichgesetzt. Das ist zwar sprachlich nicht ganz exakt, es läßt sich aber unter der Bedingung hinnehmen, daß die Fragestellung, also die Beziehung zwischen Individuum und seinem (dem dazugehörigen) Aggregat bewußt bleibt.

In ähnlicher Weise läßt sich auch eine Kontexteigenschaft zweifach bestimmen: Opp bezeichnet als "Kontextmerkmal jedes mehrstellige Merkmal, in dem eine Beziehung zwischen mindestens einer Person und mindestens einem Kollektiv hergestellt wird" (1976: 39). Wichtig ist in diesem Zusammenhang die Unterscheidung von ein- und mehrstelligen Merkmalen, bzw. die zwischen nicht-relationalen und relationalen Merkmalen (vgl. Opp 1979: 113): Nicht-relationale Merkmale charakterisieren ein Individuum, "ohne daß dabei auf andere Individuen oder Gegenstände explizit Bezug genommen wird." Es sei hier nicht erörtert, inwieweit dabei implizit auf andere Personen oder Gegenstände Bezug genommen wird; z.B. bei Körpergröße auf den Ur-Meter, bei Konfession auf eine Religionsgemeinschaft. "Für Sozialwissenschaftler sind Merkmale interessanter, in denen eine *Beziehung* zwischen Individuen zum Ausdruck kommt" (Opp 1979: 113). "In Aussagen, in denen das Verhalten von Personen zutreffend erklärt werden soll, dürfen nicht nur einstellige Merkmale ... sondern es müssen auch Relationen (Person a hat Kontakt mit Person b ...) vorkommen" (Opp 1976: 35).

Das Kontextmerkmal beschreibt nicht die Relation zwischen zwei Individuen, sondern die Relation zwischen einem Individuum und (s)einem Kollektiv. "Bei der Erklärung des Verhaltens von Personen sind auch Merkmale von Kollektiven, in denen Personen Mitglieder sind, von Bedeutung. (...) Es ist jedoch oft nicht nur von Interesse, den Namen eines Kollektivs zu kennen, in dem eine Person Mitglied ist, sondern häufig will man das Kollektiv selbst wiederum durch Merkmale beschreiben. (...) Man schreibt also Individuen Merkmale von Kollektiven zu, genauer man bildet die folgende Relation: Person a ist Mitglied in Kollektiv b und Kollektiv b hat das Merkmal k. (...) Derartige Relationen werden als *Kontextmerkmale* bezeichnet" (Opp 1976: 37f.). "An individual ... can be described 'contextually' by the characteristics of larger groups to which it belongs" (Selvin & Hagstrom 1963: 404).

Vielfach - und so auch in dieser Arbeit - wird verkürzend das Kollektivmerkmal als Kontextmerkmal bezeichnet. Dies kann auch hier (s.o.) dann akzeptiert werden, wenn deutlich bleibt, daß das Kollektivmerkmal erst durch seine Relation zum Individuum ein Kontextmerkmal wird.

Die Ausführungen von Opp zeigen im übrigen, daß der Vorwurf, im Rahmen des methodologischen Individualismus werde ausschließlich das aus seinen

Zusammenhängen gelöste Individuum betrachtet (der sogenannte Psychologismus-
oder Atomismus-Vorwurf), nicht zutrifft. Im Prinzip sind Individuen auch im
Zusammenhang mit ihrer Umwelt zu betrachten, tendenziell mag hingegen der
Vorwurf die Praxis der Umfrageforschung in weiten Teilen treffen (vgl. hierzu
Kaase 1986: 215).

Zur Bestimmung eines Kontextmerkmals ist es notwendig, genauer zu klären,
was unter der Eigenschaft eines Kollektivs, bzw. eines Aggregates oder einer
Gruppe zu verstehen ist. Dabei wird in den folgenden Ausführungen von dem bekannten Schema von Lazarsfeld und Menzel (1961, verfaßt 1956) ausgegangen
(ein Vorläufer in Kendall & Lazarsfeld 1950: 191 und in Lazarsfeld und Barton
1951: 187ff.; s.a. Hummell 1972: 21f. oder Falter 1978: 849f.).

Generell werden zwei Arten von Kontextmerkmalen unterschieden: Eigenschaften, die nicht aus den Eigenschaften der Mitglieder hergestellt werden können, werden *globale* Kollektivmerkmale genannt. Merkmale, die auf den Eigenschaften der Mitglieder des Kollektivs basieren, heißen *konstruierte* Kollektivmerkmale. (Selvin & Hagstrom 1963: 402 unterscheiden in "integral" und "aggre-
gative properties").

Globale Merkmale

Wie Hummell und Opp (1971: 35) gezeigt haben, ist es prinzipiell auch möglich, globale Kollektivmerkmale über individuelle Merkmale zu rekonstruieren.
Aber allein die Möglichkeit (die Gültigkeit der Rekonstruktionsthese; vgl. Opp
1979: 139ff.) bedeutet noch nicht die Notwendigkeit einer solchen Rekonstruktion
(Rekonstruktionspostulat folgt nicht aus Rekonstruktionsthese; vgl. Opp 1979:
143ff.). Von daher seien globale Merkmale von Kollektiven solche, die ohne expliziten Bezug auf die Mitglieder des Kollektivs gebildet werden (vgl. die oben
erwähnte Definition von nicht- relationalen Merkmalen durch Opp 1979: 133).
Als Beispiele für globale Kollektivmerkmale seien die Staatsform oder das Schul-
system einer Nation oder die Gesetze einer Institution genannt.

Es fragt sich, ob unter globalen Merkmalen von Kollektiven nicht auch physikalische Umweltmerkmale eines Kollektivs zu fassen sind. Hierbei handelte es
sich dann um relationale globale Eigenschaften (Hummell 1972: 22): Ein Kollektiv b ist angesiedelt in einer Gegend c mit der Eigenschaft k (in diesem Sinne
auch Opp 1976: 51f.).

Als nicht konstruierte Eigenschaften sind globale Merkmale nur über die
direkte Beobachtung des Kollektivs zu ermitteln.

Konstruierte Merkmale

Anders dagegen die konstruierten Merkmale: Sie basieren auf der Beobachtung der einzelnen Mitglieder des Kollektivs. Aus den Eigenschaften der Individu-
en wird dann mittels logisch-mathematischer Operationen eine Eigenschaft des
Kollektivs gebildet.

Wenn die grundlegende Individualeigenschaft ein absolutes (auch: nicht- relationales oder einstelliges) Merkmal ist, so wird daraus eine *analytische* (bzw. distributive, vgl. Falter 1978: 849) Gruppeneigenschaft. Beispiele hierfür sind Durchschnittsalter, Arbeiteranteil oder religiöse Homogenität (letztere z.B. über die Standardabweichung operationalisiert). Es muß darauf hingewiesen werden, daß ein analytisches Gruppenmerkmal und sein konstituierendes absolutes Individualmerkmal durchaus unterschiedliche Bedeutungen haben können. So kann ein Gremium, das sich aus sehr entschiedenen Mitgliedern zusammensetzt, durchaus sehr unentschieden sein (vgl. Lazarsfeld & Menzel 1961: 430). Aus der semantischen Ähnlichkeit (Kendall & Lazarsfeld 1950: 189 nennen dies "psychological similarity") bei gleichzeitiger theoretischer Unabhängigkeit von Individualmerkmal und daraus konstruiertem Kollektivmerkmal rühren nicht nur viele Probleme der Aggregatdaten-Analyse her (vgl. zur Problematik des ökologischen Fehlschluß: Nagel 1934, Robinson 1950, Menzel 1950), sondern auch einige Schwierigkeiten in der Interpretation von Kontextanalysen (vgl. hierzu Kendall & Lazarsfeld 1955: 292).

Wenn die Ausgangsbasis für die Konstruktion des Kollektivmerkmals dagegen aus relationalen (d.h. mehrstelligen) Individualmerkmalen besteht, werden die daraus gewonnenen Merkmale *strukturelle* Kollektiveigenschaften genannt. Als Beispiel lassen sich die Autoritätsstruktur oder die Interaktionsstruktur einer Gruppe nennen.

Die Struktur von Kontextmerkmalen kann also einen mehrfachen Ebenenwechsel enthalten: Der Zusammenhang von Individualmerkmal auf der einen und Kollektivmerkmal auf der anderen Seite wird durch die Tatsache komplexer, daß das Kollektivmerkmal wiederum aus individuellen (relationalen und nicht- relationalen) Merkmalen konstruiert sein kann.

In der praktischen Durchführung von Kontextanalysen werden Kontextmerkmale als Individualmerkmale behandelt. Van den Eeden & Hüttner (1981: 563) bemerken, daß die empirische Überprüfung von Kontexthypothesen üblicherweise als reines Individualmodell konzipiert wird (s.a. Coleman 1958/59). Farkas (1981: 572) hat dem entgegengehalten, daß durchaus ein Unterschied zwischen dem theoretischen Problem der Verknüpfung von Mikro- und Makrovariablen und dem mathematisch-statistischen Problem der empirischen Überprüfung besteht (siehe auch Van den Eeden 1986: 5).

In Kontextanalysen werden also mehrstellige Merkmale, die ein Individuum und Eigenschaften seiner sozialen Umgebung bezeichnen, betrachtet. Die Eigenschaften des Kollektivs lassen sich vielfach - möglicherweise auch immer - durch ein- oder mehrstellige Prädikate von Individuen rekonstruieren. Für die praktische Durchführung von Kontextanalysen ist die Frage der Rekonstruierbarkeit unerheblich, da in den Analysen immer mit Kollektivmerkmalen gearbeitet wird. Für die theoretische Erklärung von Kontexteffekten kann eine Präzisierung von Kollektiveigenschaften mittels einer Rekonstruktion durch Individualbegriffe erforderlich oder hilfreich sein (vgl. hierzu Hummell & Opp 1971: 52; Opp 1976: 50; Opp 1979: 131f.).

Kapitel 5: Die Erklärung von Kontexteffekten

Wir sprechen von einem Kontexteffekt, wenn ein unabhängiges Kontextmerkmal in einer signifikanten Beziehung zu einem (davon) abhängigen Individualmerkmal steht, auch wenn andere relevante Individual- und Kontextmerkmale kontrolliert werden.

Theoretisch gesehen, kann jedoch die "Erklärung" des abhängigen Individualmerkmals durch das unabhängige Kollektivmerkmal nicht befriedigen. Blau hat den ersten Anspruch der Kontextanalyse formuliert: nachzuweisen, ob, bzw. daß es Kontexteffekte gibt (1960: 180). An seiner Behauptung, daß diese "strukturellen Effekte" unabhängig von Eigenschaften von Individuen seien, ist aber Kritik angemeldet worden. Homans zeigt auf, daß ein Unterschied zwischen der *Benennung* von Ursachen einerseits und einer *Erklärung* andererseits besteht: "Ich halte es für völlig legitim, Anomie eine Ursache für Selbstmord zu nennen, aber wir sind nicht nur an Ursachen, sondern an Erklärungen interessiert", und er fährt fort: "und hätten wir ein deduktives System zu entwikeln, das erklärt *warum* (Hervorhebung von mir, H.A.) Anomie eine Ursache für Selbstmord ist, so würde dieses System meiner Ansicht nach psychologische Hypothesen beinhalten." (1964: 971, bzw. 1978: 35). So macht Homans im weiteren Verlauf seiner Ausführungen deutlich, daß der von Blau diskutierte strukturelle Effekt des autoritären Klimas durchaus mit Hilfe der Individualvariablen "Wertschätzung sozialer Anerkennung" zu erklären sei. Homans wendet sich ebenso wie Opp nicht gegen die Verwendung von Kollektivbegriffen, sondern nur gegen deren ausschließliche Verwendung. Außerdem behauptet er, daß es keine strukturellen Effekte gebe, "die von den Werten der Individuen unabhängig sind" (1964: 971, bzw. 1978: 36; s.a. Hannan, Freeman & Meyer 1976: 137: "We know of no propositions linking achievement to social structure which do not involve individual level mediating mechanisms"). Homans schlägt vor, anstelle von 'strukturellen Effekten' von 'kollektiven Effekten' zu sprechen (1978: 36), da 'Struktur' ein sehr unpräziser Begriff sei: "Ich schätze in diesem Zusammenhang Boudons ... Bemerkung, daß die zur Definition von 'Struktur' benutzten Begriffe zumindest so obskur sind wie das von ihnen definierte" (1978: 58; Boudon 1976: 466, spricht auch von "Mißbrauch" des Begriffs).

Bei einem Interesse an weitergehender Erklärung wird man immer wieder darauf verwiesen, "daß es keinen anderen Weg zum Verständnis der sozialen Erscheinung gibt, als über das Verständnis des sozialen Handelns des Einzelnen, das sich nach den Nebenmenschen richtet und von deren zu erwartendem Verhalten bestimmt wird" (Hayek 1952: 15). Diese Darlegung liest sich wie ein Programm der Kontextanalyse. Opp zeigt auf, daß Kontextanalyse und individualistische Sozialwissenschaft in keinerlei Widerspruch zueinander stehen: "Bei der Erklärung des Verhaltens der 'Elemente' eines Systems in mehr oder weniger komplexen Situationen (z.B. in mehr oder weniger großen Systemen bzw. Gruppen) wird eine

Individualtheorie auf jedes Individuum angewendet, wobei die Situation - also u.a. (relationale und nicht-relationale) Merkmale der übrigen Individuen - zu den Anfangsbedingungen der Theorie gehört" (1979: 91).

Ein derartig (richtig) verstandener methodologischer Individualismus schließt also keine Analyseebene aus, von daher treffen ihn weder der Vorwurf des Psychologismus noch der Vorwurf des Soziologismus (vgl. dazu auch Riley 1964: 1019). Während Blau in früheren Arbeiten (1957, 1960) individualistische Erklärungen zumindest neben strukturellen Erklärungen zugelassen hat, wenn nicht sogar Kontexteffekte aus der Sicht des Individuums diskutiert hat, so wendet er sich später gegen eine 'Schmalspur- Psychologie': "As long as sociology tries to explain the behavior of individuals in terms of their own attributes and experiences, it is no more than wholesale psychology, as it has been sarcastically called, and its principles are ultimately rooted in psychological theory as Homans insists. The distinctive objective of sociology is quite different. It is to explain patterns of social relations, not the individual motives and behavior underlying them, in terms of population structure that sets limits to the influences of cultural values and psychological preferences" (Blau & Schwartz 1984: 213).

Die bisherige Darstellung hat gezeigt, daß sich Kontextanalyse nicht darauf beschränkt, das Verhalten von Individuen durch deren *eigene* Attribute zu erklären, sondern gerade das gemeinsame Wirken von "Bevölkerungsstruktur" und "psychologischen Einstellungen" in *einer* Analyse untersucht. Darüber hinaus kann man sich darüber streiten, ob die Soziologie ein "distinctive objective" hat oder haben muß: "The search for the 'right' level of explanation is therefore a fictious problem for the empirical scientist whose only criterion of a 'good' explanation is a formal and not a material one" (Falter 1978: 848).

In den folgenden Überlegungen soll also über die Feststellung hinausgegangen werden, daß ein Kollektivmerkmal die Ursache für individuelles Verhalten sein kann. Überlegungen zur Wirkungsweise bzw. zum Wirkungsmechanismus von Kontexteffekten tragen zur Präzision von theoretischen Argumenten bei. Derartig präzisierte Argumente erleichtern wiederum die Operationalisierung und empirische Überprüfung dieser Argumente. Die obigen Ausführungen haben gezeigt, daß es eine Reihe von Argumenten dafür gibt, bei der Erklärung der Wirkungsmechanismen von Kontexteffekten auf der Ebene von Individuen anzusetzen.

5.1 Die Forderung nach theoriegeleitetem Vorgehen bei der Analyse von Kontexteffekten.

"We know that contextual effects occur, but not a great deal about *how* and *why* they occur. The great need of contextual analysis is to understand the *processes* involved in contextual influences on individuals. To date, theoretical formulations often have been incomplete, fragmented, overly narrow, and ad hoc. While this is to be expected in a relatively new field, it is time now to be more thorough and comprehensive"
(Prysby & Books 1987: 226).

Die Forderung nach (einer) Theorie gehört zum Standardrepertoire von Arbeiten über Kontextanalyse: "Structural variables should be choosen first on the basis of their theoretical meaningfulness" (Tannenbaum & Bachman 1964: 594; vgl. a. Campbell & Alexander 1965: 285 oder Hannan 1971a: 106). Sowohl Scheuch (1969: 143), als auch Rigsby und McDill (1972: 317) weisen darauf hin, daß die Entscheidung über Operationalisierung und Messung von Kontexteffekten wesentlich einfacher wird, wenn die Analyse auf fundierten theoretischen Überlegungen beruht. Es ist sicherlich nicht falsch, diese Forderung zu erheben, und es sicher auch richtig, daß auf dem Gebiet der theoretischen Erklärung oder Begründung von Kontexteffekten weniger Fortschritte erzielt wurden als auf dem Gebiet der Methoden der Kontextanalyse. Seit Hummells "Versuchen der Erklärung von Kontexteffekten" (1972: 122-148) ist keine darüber weit hinausgehende Zusammenschau oder Systematisierung erschienen.

Das generelle Problem bei den vorliegenden Kontext-Studien ist, daß die Wirkungsmechanismen nur äußerst selten benannt werden. Selbst in diesen seltenen Fällen ist der Wirkungsmechanismus aber nur sehr indirekt operationalisiert worden. Ob die Annäherung der jeweiligen Indikatoren ("Proxies") an das theoretische Konzept dann hinreichend oder plausibel ist, wird vom jeweiligen Forscher oder Kritiker entschieden. Ein Beispiel soll das verdeutlichen. Erbring und Young (1979: 400-402) benennen abwertend einen Mechanismus, der ihnen nicht plausibel erscheint "soziale Telepathie": Sie sehen es in einem Beispiel als unplausibel an, daß die Fähigkeiten von alter (einer anderen Person) den Leistungsstand von ego beeinflussen (außer im Fall des Abschreibens bei Prüfungen). In der Diskussion von Faktoren des sozialen Klimas halten sie es hingegen für plausibel, daß alters Fähigkeiten sich auf den Enthusiasmus des Lehrers auswirken (S. 402) und diese Eigenschaft des Lehrers sich wiederum auf die Leistungen von ego auswirkt (S. 403). Es bleibt zu fragen, wer die Plausibilität der vorgeschlagenen Effekte beurteilt. Hannan (1971b: 506) sieht z.B. generell Effekte von Makrovariablen auf Mikrovariablen als plausibel an. Im Beispiel von Erbring und Young wird einmal der Einfluß von der Eigenschaft alters auf eine andere Eigenschaft egos als unplausibel und "action at a distance" bezeichnet, zum anderen der Einfluß von der Eigenschaft alters auf eine Eigenschaft des Lehrers (ego in einer zweiten Analyse) und der Effekt von der Lehrereigenschaft (alter) auf egos Eigenschaft (in einem dritten Teilmodell) als plausibel bezeichnet. Der Vorschlag, bei der Bestimmung von Umgebungseffekten die intervenierenden Variablen zu benennen und direkt zu messen (Erbring & Young 1979: 403), kann dies Problem der Plausibilität nur teilweise lösen. Auch die Annahme der Plausibilität eines Effektes des Lehrer-Enthusiasmus auf egos Leistungen beruht wieder auf impliziten Annahmen über intervenierende Merkmale und Prozesse. Die Benennung und Messung der intervenierenden Merkmale könnte also theoretisch bis ins Unendliche fortgesetzt werden.

Aus diesen Überlegungen heraus ist das Kriterium der Plausibilität mit Vorsicht zu behandeln. Die (immer vorhandenen) intervenierenden Merkmale und Prozesse sind so zu explizieren, daß die Beurteilung, ob ein Effekt plausibel sei, erleichtert wird. Bei der Datenlage in den vorliegenden Untersuchungen, auf die sich die Überlegungen zu einer Theorie der Kontexteffekte stützen müssen, ist es nicht möglich, von direkt gemessenen Wirkungsvorgängen auszugehen; es verbleibt nur, auf die Kontextvariablen zurückzugreifen, die als "proxies" (S. 403) für die intervenierenden Variablen anzusehen sind. Erbring und Young bleibt zuzustimmen, wenn sie kritisieren: "the specifications usually employed to model these effects are inaccurate representations of the manner in which group structure may affect individual outcomes" (1979: 398).

Seit Hummells (1972) Überlegungen sind einige neue Ideen zu diesem Problem aufgetaucht. Es bietet sich an, diese Gedanken neu zu ordnen und einige Strukturen herauszuarbeiten. Dazu soll zuerst zusammengetragen werden, was von einer Theorie der Kontextanalyse zu leisten wäre.

5.2 Anforderungen an eine Theorie der Kontexteffekte

Zu Beginn einer Kontextanalyse muß festgelegt werden, auf welchen Kriterien die Kontextabgrenzung basiert und warum diese Kriterien gewählt wurden: "First one must specify the factors operating in the usually rather vague aggregate criterion (e.g. physical propinquity)" (Hannan 1971b: 506). In der Wahl des "grouping criterion" verdeutlicht sich also zum einen, welche Definition dem Kontext zugrunde liegt. Zum anderen beinhaltet diese Wahl auch immer implizite Annahmen über den Wirkungsmechanismus von Kontexteffekten (in diesem Sinne äußert sich auch Clar 1982: 14f.).

In einem anderen Schritt muß bestimmt werden, warum die Kontextvariable auf die abhängige Variable wirkt: "Second one must be able to specify the relationship of these factors to the variables in the model" (Hannan 1971b: 506; s.a. Prysby 1976: 195).

Da das Abgrenzungskriterium von den Vorstellungen über die Wirkungsweise der Kontexteigenschaften bestimmt ist, soll im folgenden zuerst die Frage der Wirkungsmechanismen und, darauf aufbauend, die Frage der Bestimmung und Abgrenzung von Kontexten behandelt werden.

Eine weitere Anforderung an eine allgemeine Theorie der Kontexteffekte ist, daß sie in der Lage sein sollte, alle logisch und empirisch möglichen Arten von Kontexteffekten zu erklären: also direkte Effekte der Kontexteigenschaft (gleiche Richtung wie entsprechende Individualvariable) und inverse (negative) Effekte (vgl. Blau 1960 und Davis, Spaeth & Huson 1961).

Darüber hinaus sollte sich eine Theorie auch auf das schwierige Konzept des statistischen Interaktionseffektes von Individual- und Kontextmerkmal anwenden lassen.

Eine Theorie muß also folgende Bereiche abdecken können:

> *Gruppierungskriterium* -welche Personen werden zu Kontexten zusammengefaßt (und warum)?

Wirkungsmechanismus - wie kommt die Wirkung dieses sozialen Kontextes auf das Individuum zustande?

Effektrichtung - welche Art von Effekten (positiv oder negativ) ist zu erwarten (und warum)?

Interaktionseffekte - inwieweit wird die Stärke der Kontexteffekte (zusätzlich) durch individuelle Merkmale beeinflußt (und umgekehrt)?

Es ist anzustreben, eine allgemeine Theorie der Kontexteffekte zu formulieren, die sich dann - mit jeweils anderen Randbedingungen - auf alle Fälle anwenden läßt. Auf der anderen Seite kann eine derartige allgemeine Theorie bei der Erklärung von speziellen Problemen nur den Rahmen für die Untersuchung bereitstellen. Das Problem besteht dann jeweils darin, die relevanten Randbedingungen zu benennen. Wenn man z.B. in einem 'rational- choice'-Modell von der allgemeinen Gesetzesaussage ausgeht, daß Menschen danach trachten, ihren Nutzen zu maximieren und sich dementsprechend verhalten werden, so hat das einen geringeren Informationsgehalt als die Bestimmung der Bedingungen, die von Menschen als belohnend angesehen werden.

Ausgehend von einer allgemeinen Theorie menschlichen Verhaltens wird eine spezifische Theorie des Kontexteinflusses auf menschliches Verhalten gesucht. Im konkreten Fall einer Kontextanalyse sind also z.B. jeweils die konkreten Belohnungen und Bestrafungen zu benennen, die vom Kontext ausgehen können. Und diese Konkretisierung, also die spezifische Theorie des Gruppeneinflusses in der konkreten Situation ist dann zum einen wesentlich interessanter als die allgemeine Aussage, daß Menschen Nutzenmaximierer sind. Und zum anderen bieten diese singulären Aussagen erst das Material für Generalisierungen zu allgemeineren, abstrakteren, aber immer noch konkreten Theorien mittlerer Reichweite, wie z.B. einer Theorie des Nachbarschafts- oder des "Ethgroup"-Einflusses.

In den folgenden Überlegungen wird versucht, einer solchen Theorie der Kontexteffekte näher zu kommen. Dazu werden zum einen die konkreten Beispiele (auch sprachlich) auf eine allgemeine Theorie menschlichen Handelns (das rational-choice Modell) bezogen, zum anderen wird von den in der Literatur aufgeführten Beispielen ausgegangen werden, um dann - darauf aufbauend - Gemeinsamkeiten und somit Bausteine einer allgemeinen Theorie zu entdecken. Die Aussagen einer solchen allgemeineren Theorie müßten dann auch im Einklang mit den Ergebnissen weiterer Untersuchungen (aus anderen Bereichen) stehen. Somit sollte es langfristig möglich sein, Hausers Forderung zu erfüllen, die Mechanismen des "group-effect" in jeder Forschungssituation neu zu spezifizieren (1970: 661, vgl. Prysby 1976: 195), ohne jeweils von Neuem zu beginnen.

Wie bereits dargestellt, ist nicht einfach zu entscheiden, ob in theoretischen Überlegungen zuerst auf Wirkungsmechanismen (von Kontexteffekten) oder Gruppierungskriterien (zur Bildung der Kontexte) eingegangen werden soll. Die Annahme bestimmter Wirkungsmechanismen führt zu bestimmten Gruppierungskriterien, die Anwendung bestimmter Gruppierungskriterien (evtl. geleitet durch implizite Hypothesen über Wirkungsmechanismen) bedeutet wiederum, daß bestimmte Wirkungsmechanismen wahrscheinlicher werden. Ein sozialtechnologisches Interesse kann z.B. erfordern, bei gegebenen Gruppierungen zuerst die Gruppierungskriterien zu explizieren und dann die zughörigen Mechanismen zu benennen. Hier sollen jetzt aber zuerst die Wirkungsmechanismen diskutiert werden und im zweiten Schritt die zugehörigen Kontexte.

Im folgenden sollen theoretische Überlegungen in ein rational-choice Modell eingebunden werden. Das gewählte Modell ist als Modell der subjective expected utility (SEU), bzw. als Wert-Erwartungs-Theorie (WET) bekannt. Dieses Modell wird von Opp (1978: Kap.4) dargestellt. (Vgl. auch Opp 1979b oder Esser 1980: 182-197; praktische Anwendungen z.b. Muller & Opp 1986 oder Esser 1985b).

Das Modell besagt, daß ein Individuum unter den Handlungsmöglichkeiten, die es wahrnimmt (perzipiert), diejenige wählt (also ausführt), von der es sich (im Endergebnis) die positivsten Auswirkungen, also den größten Nettonutzen erwartet. Der Nettonutzen einer Handlungsmöglichkeit ist die Summe der Valenzen, mit denen die jeweiligen Konsequenzen einer Handlungsmöglichkeit besetzt sind. Die Valenz einer Handlungskonsequenz ist die Summe der für das Individuum mit den Konsequenzen verbundenen Belohnungen oder Kosten (=negative Belohnungen), die jeweils mit ihrer jeweils (subjektiv erwarteten) Eintrittswahrscheinlichkeit gewichtet werden.

Die zentrale Annahme, die in diesem Kapitel verfolgt wird, ist folgende: Die Wirkung von Kontexten beruht (im Rahmen von SEU- oder WET-Konzepten) auf zwei Dimensionen, Opportunitäten und Kosten.

*1) Kontexte können die Zahl der wahrgenommenen Handlungsmöglichkeiten beeinflussen, sie können **Handlungsopportunitäten** bereitstellen.*

Dabei können Kontexte sowohl die Zahl der *objektiv* vorhandenen als auch die Zahl der *subjektiv* wahrgenommenen Handlungsmöglichkeiten beeinflussen (vgl. zum Problem der constraints: Frey & Foppa 1986).

*2) Kontexte können Quellen oder Ursachen von **Kosten oder Belohnungen** sein.*

Dabei ist - auch im folgenden - die Eintrittswahrscheinlichkeit von Belohnungen oder Kosten, soweit sie nicht ausdrücklich erwähnt ist, immer mitzudenken.

An zwei Beispielen sollen die prinzipiellen Funktionen von Kontexten im Rahmen von SEU-Konzepten demonstriert werden:

Handlungsopportunitäten (perzipierte), auch "possibility set".

Wenn ego in einer Gegend lebt, in der ausländische Geschäfte vorhanden sind, wird es eher auf die Idee kommen, auch spezielle ausländische Nahrung zu kaufen.

Im strengen Sinne davon zu trennen ist die Situation, in der ego (z.B. als Ausländer) unabhängig vom Angebot seines Stadtteils erwägt, sich spezielle ausländische Nahrungsmittel zu besorgen (und dann feststellen muß, daß die Möglichkeit hierzu mehr oder weniger günstig ist). Wenn zwar die Handlungsmöglichkeit in Betracht gezogen wird, dann aber festgestellt wird, daß im Stadtteil keine entsprechenden Geschäfte vorhanden sind, so beeinflußt diese Tatsache nicht die wahrgenommenen Handlungsmöglichkeiten sondern egos perzipierte Kosten: Der Einkauf ist ja unter ungleich höheren Kosten in einem anderen Stadtteil oder einer anderen Stadt durchzuführen. Hier wird deutlich, wie sich die Konzepte der perzipierten Handlungsmöglichkeiten und perzipierten Belohnungen/Kosten berühren: Heißt die Handlungsmöglichkeit "Einkaufen", dann wird die räumliche Komponente in die Kosten-Dimension verlagert; wird als Handlungsmöglichkeit hingegen "Einkaufen im Stadtteil" spezifiziert, so fällt das Vorhandensein ethnischer Geschäfte nicht mehr unter die Kostendimension. Ein extremes SEU- Konzept könnte das Wahrnehmen von unrealistischen oder abwegigen Handlungsmöglichkeiten wiederum als Handlungsmöglichkeit klassifizieren, die aufgrund der mit ihr verbundenen Kosten bzw. geringen Gewinnerwartung nicht perzipiert, bzw. nicht ernsthaft erwogen wird.

Belohnungen

Ego sei Mitglied einer ethnischen Gruppe mit bestimmten Nahrungsvorschriften (z.B. hinsichtlich Schweinefleisch). Wenn viele Angehörige der gleichen Gruppe im Stadtteil leben, wird ego weniger häufig Geschäfte aufsuchen, in denen die verpönten Lebensmittel verarbeitet und angeboten werden, da ego mit negativen Sanktionen der Landsleute rechnen muß.

Im ersten Schritt haben wir also Kontexteffekte an die Begrifflichkeit der WET angebunden: Kontexte können Handlungsmöglichkeiten oder deren Perzeption beeinflussen und Kontexte können die (erwartete) Valenz von Handlungskonsequenzen beeinflussen. Im nächsten Schritt soll jetzt versucht werden, mit spezifischen Überlegungen zur Wirkungsweise von Kontexten diese allgemeinen Bestimmungen mit Inhalt zu füllen.

5.3 Kontext und Elemente einer Handlungstheorie
5.3.1 Kontext und perzipierte Handlungsmöglichkeiten

Kontexte werden in der Literatur relativ wenig unter dem Aspekt betrachtet, daß sie Einfluß auf die perzipierten Handlungsmöglichkeiten des Individuums nehmen. Eine Ausnahme stellt Cox (1969: 16) dar, der Kontexteigenschaften u.a. im Zusammenhang sieht mit "the existence of opportunities, not the probability of particular kinds of individuals making use of them". Wenn Valkonen (1969: 62) darauf hinweist, daß geographische und klimatische Faktoren viel an soziologischen Unterschieden zwischen regionalen Kontexten erklären können, so bezieht sich das auch auf das Vorliegen unterschiedlicher Möglichkeiten. "Kontexte als Opportunitätsstrukturen" werden von Hummell (1972: 132-138) behandelt (s.a. die "options hypothesis" bei Scheuch 1969: 144 bzw. Falter 1978: 857). Merton (1957: 284) sieht auch die Möglichkeit, Individuen nur als Teil der Umwelt bzw. von Kontexten zu sehen, "whose members constitute merely conditions for the action of individuals". So wird z.B. in Theorien abweichenden Verhaltens die

Frage einbezogen, ob in der sozialen Umwelt der Person die (illegitimen) Mittel zur Ausübung abweichenden Verhaltens vorhanden sind.

Es ist möglich, daß die Wahrnehmung objektiver Opportunitäten von der Beschaffenheit des jeweiligen sozialen Kontextes abhängt. Die Innovationsforschung hat gezeigt, daß z.b. ein Arzneimittel, das objektiv gesehen auf "dem Markt" ist, in Abhängigkeit vom sozialen Kontext perzipiert wird. Verkehrt eine Person in einem Kontext, in dem viele Fachzeitschriften gelesen und Fortbildungsveranstaltungen besucht werden, wird sie eher Kenntnisse über neue Mittel haben, als wenn sie nicht in derartige Kontexte eingebunden ist.

Objektive Opportunitäten sind nur dann handlungsrelevant, wenn sie subjektiv perzipiert werden (vgl. Stinchcomb 1968: 209ff., zu Opportunitäten und S. 237ff. zu "Attention"). Die subjektiv perzipierten Opportunitäten hängen einerseits von den objektiven Gegebenheiten, andererseits aber auch von der Wahrnehmung(sstörung) einer Person ab. Die unterschiedliche Wahrnehmung der Gegebenheiten wird nicht nur von individuellen Merkmalen, sondern auch von Merkmalen des sozialen Kontextes beeinflußt. Es ist anzunehmen, daß diese kontextuelle Beeinflussung in erster Linie über soziale Interaktion zwischen Kontextmitgliedern und Individuum geschieht. Andererseits werden sowohl Eigenschaften von Netzwerken (Pappi & Wolf 1984: 284) als auch von Nachbarschaften (Loo & Mar 1982: 104) von Individuen unterschiedlich wahrgenommen bzw. anders, als sie 'objektiv' existieren.

In ausgesprochenen Kontextanalysen wird wenig mit der Idee "Kontexte als Opportunitätsstrukturen" gearbeitet, eher wird in methodologischen Betrachtungen darauf hingewiesen. Allein Sewell (1964: 25) bezieht sich in seiner Analyse von Stadt-Land-Unterschieden in den beruflichen Aspirationen auf diese These. Demnach entwickeln städtische Jugendliche aufgrund ihrer besseren Möglichkeiten höhere berufliche Aspirationen als ihre ländlichen Altersgenossen. Es kann an diesem Beispiel gezeigt werden, daß sich die Opportunitäten-These genauer spezifizieren läßt: "Educational and cultural facilities, as well as occupational opportunities for those in rural communities are clearly more restricted than for those in urban communities" (Sewell 1964: 23). Zum einen geht Sewell davon aus, daß die Kontexte unterschiedliche *Mittel* bereitstellen, um berufliche Ziele zu erreichen. Die "restricted educational facilities" vermindern also die objektive Wahrscheinlichkeit, daß eine Person eine gewünschte hohe Position auch erreicht und die damit verbundenen Belohnungen erlangt. Die "restricted occupational opportunities" vermindern zum anderen die von der Person subjektiv perzipierten *Handlungsmöglichkeiten*.

So wird deutlich, daß die Mechanismen der Opportunitäten-These vielfach darauf beruhen, daß die subjektiv wahrgenommenen Wahrscheinlichkeiten, Ziele (und damit Belohnungen) zu erreichen, beeinflußt werden. Sewell deutet dann auch an (1964: 36), daß die besonders beschränkten beruflichen Möglichkeiten bei ländlichen Mädchen dazu führen, daß sie sich an städtischen Berufen orientieren und somit in ihren Aspirationen nicht von städtischen Mädchen unterscheiden.

Hier wird eine Schwäche der WET deutlich: Der Begriff der Handlungsmöglichkeiten ist nicht eindeutig, da die Frage, ob eine Handlung möglich sei, meist in Zusammenhang mit den bei der Ausübung der Handlung zu erwartenden Kosten und Belohnungen entschieden wird. Diese Schwierigkeit können auch Frey und Foppa (1986) nicht überwinden, wenn sie die Einschränkungen im "possibility set" als zentrales Element einer Entscheidungstheorie diskutieren. Die von ihnen hervorgehobenen Einschränkungen lassen sich in den meisten Fällen auf Kosten/Nutzen-Erwägungen zurückführen (Einhaltung von Normen etc.). Die Bedeutung des 'Können' im Begriff "possibility" zeigt diese Schwierigkeit: Können ist objektiv *und* subjektiv definiert.

Der Berufswunsch "Kaiser von China" ist eben logisch möglich, die bei der Verfolgung dieses Wunsches mit hoher Wahrscheinlichkeit entstehenden Kosten würden aber in keinem Verhältnis zu den möglicherweise eintretenden Belohnungen stehen, so daß eine Person dieses Berufsziel nicht wählen wird. An diesem Beispiel erweist wieder sich die Mehrdeutigkeit des Begriffes der Handlungsmöglichkeit. Man könnte ebenso gut argumentieren, daß der Beruf "Kaiser von China" zur Zeit nicht möglich ist und von daher nicht unter die vom Individuum zu erwägenden Handlungsmöglichkeiten falle.

Andererseits wird aber auch deutlich, daß eine Auswirkung des Kontextes auf die Anzahl und Inhalte der erwogenen Handlungsmöglichkeiten so vorstellbar ist, daß er das Wissen des Individuums beeinflußt. Wenn eine Person nicht weiß, daß es China gibt, so wird sie auch den Berufswunsch "Kaiser von China" nicht erwägen. In diesem Sinne könnten auch die "educational constraints" auf die ländliche Jugend wirken: Die Jugendlichen erfahren in der Schule weniger über die Palette möglicher Berufe und sind von daher in ihrer Berufswahl eingeschränkt.

Der u.a. von Hummell erwähnte kontextabhängige Zugang zu illegitimen Mitteln (als Voraussetzung für abweichendes Verhalten) kann ebenso diskutiert werden. Zum einen ist möglich, daß die *Information über das Vorhandensein* der Mittel kontextabhängig variiert, zum anderen ist es aber auch möglich, daß die kontextabhängige Einschätzung der mit den Konsequenzen des Einsatzes dieser Mittel verbundenen Valenz zu einer interkontextuell unterschiedlichen Entscheidung über den Einsatz dieser Mittel führt.

Auch die von Esser (1982a: 291) angewandte Opportunitäten-These ist im strengen Sinne eine Hypothese über Erfolgswahrscheinlichkeiten, d.h. über Wahrscheinlichkeit von Belohnungen. Nach dieser These lernen z.B. Ausländer in Gebieten mit niedrigem Ausländeranteil schneller Deutsch, da sie weniger *Möglichkeiten* zur Anwendung der Muttersprache haben. Expliziert man dieses Argument entsprechend den obigen Überlegungen, so hat ein Ausländer (soweit er seine Muttersprache beherrscht) durchaus die Möglichkeit, auch in Gebieten mit niedrigem Ausländeranteil durchgängig die Muttersprache zu benutzen und kein Deutsch zu lernen. Es stellt sich nur die Frage, welche Kosten dabei auf ihn zukommen.

Ein Effekt des Kontextes auf die Wahrnehmung der *Möglichkeiten*, entweder auf Deutsch oder muttersprachlich zu kommunizieren, ist nach dieser Deutung für

Ausländer in Deutschland nicht denkbar. Der Kontext kann dagegen beispielsweise beeinflussen, ob ein Türke in der Bundesrepublik die Möglichkeit in Erwägung zieht, sich auf Sinhala zu verständigen. Dieser Effekt ließe sich wieder als *Vermittlung von Informationen über die Existenz von Handlungsmöglichkeiten* (wie abwegig sie auch sein mögen) bezeichnen.

Auch die Opportunitätsstrukturen, die Blau und Schwarz (1984: 213) der Bevölkerungsverteilung in Bezug auf Inter- und Intragruppen-Heiraten zuschreiben, sind eher als Erfolgswahrscheinlichkeiten von Wünschen denn als Beschränkung von Wünschen anzusehen.

Es sollte deutlich geworden sein, daß die erste Dimension des Konzeptes der WET, also die Dimension, die die (Anzahl der) perzipierten Handlungsmöglichkeiten zum Inhalt hat, in Kontextanalysen in sehr eingeschränktem Maße mit dem in der Literatur zu findenden Konzept der Opportunitätsstruktur von Kontexten zu vereinbaren ist. Es hat sich gezeigt, daß eine - wenn auch bescheidene - Explikation dieser Überlegungen vor dem individualtheoretischen Konzept einer Nutzentheorie zur Verdeutlichung der impliziten Annahmen der sogenannten Opportunitäten-These beigetragen hat: Da im Prinzip alles möglich ist, ist auch die Zahl der objektiven Handlungsmöglichkeiten unbegrenzt. Eine Beschränkung ergibt sich nur aus der *begrenzten Wahrnehmung dieser Möglichkeiten*. Und auf diese Wahrnehmung kann der jeweilige Kontext einen Einfluß haben.

Die erste Dimension von Kontexteffekten, die in der Vermittlung von Informationen über die Existenz von Handlungsmöglichkeiten besteht, soll *Informationsdimension* heißen. Diese Dimension von Kontexteffekten wurde in theoretischen und praktischen Kontextanalyse bisher wenig berücksichtigt.

5.3.2 Kontext und (erwartete) Valenz

Wenden wir uns damit der zweiten Dimension von Kontexteffekten zu: der möglichen kontextuellen Beeinflussung der erwarteten Valenzen von Handlungskonsequenzen. Wir hatten gesehen, daß die Handlungsmöglichkeiten (Handlungsopportunitäten) kaum von den, mit den jeweiligen Konsequenzen dieser Handlungen verbundenen Valenzen zu trennen sind: etwas wird als "unmöglich" angesehen, da erwartete (mit großer Wahrscheinlichkeit eintretende) Kosten in keinem Verhältnis zu erwarteten (mit geringer Wahrscheinlichkeit eintretenden) Belohnungen stehen. "Unmöglich" ist aber in diesem Fall die Entscheidung für diese doch andererseits "mögliche", *denkbare* Handlung.

Betrachten wir die Valenzen genauer: Sie setzen sich aus positiven Belohnungen oder negativen Belohnungen (Kosten) und deren erwarteten Eintrittswahrscheinlichkeiten zusammen. Wenn also Kontexte auf das Verhalten von Individuen wirken, wirken sie jeweils mit einer gewissen Wahrscheinlichkeit belohnend oder bestrafend.

Das Argument, das im folgenden ausgearbeitet werden soll, lautet: *Der zentrale Prozeß, über den sich Belohnungen und Bestrafungen aus dem Kontext vermitteln, ist die soziale Interaktion zwischen den Mitgliedern des Kontextes und ego. Die Wahrscheinlichkeit des Eintretens von Belohnungen und/oder Kosten ist mit der Wahrscheinlichkeit des Zustandekommens entsprechend als belohnend oder bestrafend empfundener sozialer Interaktion gleichzusetzen* (vgl. in diesem Zusammenhang auch die Diskussion "holistische versus individualistische Interpretationen" bei Hummell 1972: 122-133).

Dieses Konzept fußt auf sozialpsychologischen Erwägungen wie der Balance-Theorie (vgl. Heider 1946, Cartwright & Harary 1956, Davis 1966c; eine kurze Zusammenfassung in Meier 1985: 33-42). Demnach wird ego Interaktionen mit Menschen, die gleiche Ansichten wie ego vertreten, als belohnend ansehen, Interaktionen mit Menschen, die andere Ansichten vertreten, hingegen als bestrafend. Ego wird versuchen, einen belohnenden Zustand herzustellen, indem es

a) die gleichen Ansichten annimmt wie seine Interaktionspartner,

b) versucht, die Ansichten seiner Interaktionspartner zu ändern, und wenn das nicht gelingt,

c) versucht, Interaktion mit Trägern anderer Ansichten abzubrechen bzw. zu unterbinden.

Umgekehrt werden natürlich auch die Mitglieder des Kontextes versuchen, ego dazu zu bringen, seine Ansichten den ihren anzugleichen, andernfalls sie den Kontakt möglicherweise abbrechen. "In a sense we may say that the individual is in an exchange relationship with the group, exchanging a degree of conformity to group norms for status or other possible positive or negative sanctions" (Blalock & Wilken 1979: 302; s.a. Przeworski 1974: 33f.). Diese Überlegung ist das Herz der Gedanken zu den Effekten sozialer Kontexte.

5.3.3 Kontexte und soziale Interaktion

Erklärungen von Kontexteffekten, die auf der sozialen Interaktion zwischen ego und den Individuen, die diesen Kontext konstituieren, aufbauen, finden sich in der Literatur in größerer Zahl. Darauf weisen auch Prysby und Books (1987) in ihrer Diskussion verschiedener Modellierungen von Kontexteffekten hin. Schon Blau (1957: 64) stellt fest, daß Kontexteffekte "are entirely due to or transmitted by the process of social interaction".

Aufgegriffen wurde der Gedanke, daß Kontexteffekte sich über Interaktion vermitteln, von Campbell und Alexander (1965: 284): "We must keep in mind the fact that the actor responds to that segment of the total system which, for him, is perceptually important and salient; rarely does he (inter-)act with reference to the system as a whole". Da sie annehmen, daß sich Kontexteffekte mit Hilfe von Annahmen aus der Balance-Theorie erklären lassen (S. 285), konzipieren sie Kontexteffekte als interpersonelle Einflüsse. Unter Berücksichtigung der Wirkung dieser unmittelbaren Kontakte läßt sich in ihrer Untersuchung kein Effekt des "gesamten Kollektivs" mehr feststellen (S. 288). (Vgl. zu der Arbeit von Campbell & Alexander die Analyse von Clar 1982: 12-16, in der das Beispiel herangezogen wird, um auf die Problematik von Gruppierungskriterien hinzuweisen; siehe auch Hummell 1972: 123-131.)

Fischer kritisiert gerade an den klassischen sozialökologischen Studien, die sich mit Kontexteffekten befassen, daß die Wirkungsmechanismen, "the actual chain of events" (1977: 31) nicht berücksichtigt werden. Der Ansatz der auch von Fischer vertretenen Netzwerk-Analyse basiert hingegen darauf, daß diese Kette von Ereignissen durch reale Beziehungen (Interaktionen) zwischen Individuen zustande kommt. Hummell hat bereits auf die "Relevanz der Relationsanalyse zur Erklärung von Hypothesen über Wirkungen des sozialen Kontextes" (1972: 133) hingewiesen.

In dieser Richtung argumentieren auch Autoren, die nicht unbedingt dem Netzwerk-Ansatz verbunden sind. So betonen Segal und Meyer, daß es innerhalb eines Kontextes "primary and secondary groupings" (1969: 217) seien, die einen normativen Einfluß auf das Indiviuum ausübten. Putnam (1966: 641) hält ebenfalls soziale Interaktion für einen möglichen Übertragungsmechanismus von Wirkungen. Bei Putnam taucht auch zum erstenmal eine Überlegung auf, die geeignet ist, Kontexte, die nicht durch gegenwärtige gegenseitige Interaktion gekennzeichnet sind (z.B. Nachbarschaften), theoretisch mit Freundesgruppen, und damit Interaktionsbeziehungen zu verbinden: Wenn Freundeskreise durch *Zufallsauswahl* aus den Nachbarn entstehen, dann sind sie sozial ebenso zusammengesetzt wie Nachbarschaften. Von daher ist die soziale Zusammensetzung von Nachbarschaften als Indikator für die soziale Zusammensetzung von Freundeskreisen geeignet (vgl. Putnam 1966: 649,653). Dieser Hinweis von Putnam, daß der Kontext als Proxi für die Gruppe angesehen werden könne, wird auch von Rigsby und McDill aufgenommen (s. dazu auch Prysby 1976: 192f.). Auch sie halten "interpersonelle Prozesse für den intervenierenden Mechanismus zwischen dem Kollektiv und dem Individuum" (1972: 309, Übers. H.A.).

Wright kommt zu dem gleichen Ergebnis: "Context does not influence behavior directly but does so through intervening social and attitudinal processes" (1977: 507). Unter Kontrolle von Eigenschaften des Freundeskreises geht in seiner Untersuchung die Stärke von Kontexteffekten drastisch zurück. Und auch hier findet sich wieder die Annahme, daß sich die Freundeswahl über "**random-choice**" aus den Mitgliedern von Kontexten ergebe (1977: 505).

Einen genauer formulierten Ansatz, der zudem für die Zwecke einer Einbindung der Erklärungen in ein WET-Modell besser geeignet ist, hat Przeworski (1974) vorgelegt: Auch er hält soziale Interaktion für ein zentrales Element von Kontextwirkungen. Er hebt aber zwei Notwendigkeiten deutlicher heraus: erstens müsse soziale Interaktion stattfinden, und zweitens müsse diese Interaktion eine Verhaltensänderung bei einem der Interaktionspartner bewirken (1974: 29). Beides sei aber nicht mit Sicherheit gegeben: "contextual hypotheses assert that the effect of context on an individual is a product of the probability of meeting a member of a particular group (z.B. Parteianhänger, H.A.) and the probability that such an encounter will result in conversion (z.B. Wechsel der Parteipräferenz, H.A.)" (1974: 31).

Przeworski arbeitet auch mit der Annahme, daß soziale Interaktion für die Kontexteffekte verantwortlich sei und daß das Zustandekommen der Interaktionen auf einer Zufallsauswahl aus dem Kontext basiert (1974: 36). Er abstrahiert aber von der Annahme, daß die Interaktionen mit Mitgliedern von peer-groups, Primärgruppen oder Freundeskreisen stattfinden. Die Tatsache, daß ein Interaktionspartner dem Individuum nahe steht, kann dazu beitragen, die "probability of conversion" zu erhöhen. Es sind aber durchaus auch andere Faktoren denkbar, die diese Wahrscheinlichkeit beeinflussen können. Daher ist die Überlegung von Przeworski als geeigneter Ausgangspunkt allgemeiner theoretischer Überlegungen anzusehen.

Zwei weitere Arbeiten sprechen dafür, nicht von vornherein davon auszugehen, daß Kontexteffekte auf sozialen Prozessen zwischen einander sehr nahestehenden Personen (Freunde) beruhen. Granovetter (1973, 1982) hat in einer ebenso einfachen wie genialen Überlegung darauf hingewiesen, daß wichtige, verhaltensrelevante Stimuli (z.B. in den Bereichen Information und Innovation) nicht von egos besten Freunden ausgehen, sondern von Personen, mit denen ego nur durch lose Beziehungen verbunden ist. Dieses Phänomen der "strength of weak ties" rührt daher, daß die besten Freunde im allgemeinen über die gleichen Ansichten und Informationen verfügen wie ego, da sie in den gleichen Kreisen verkehren (entsprechend den Hypothesen der Balance-Theorie). Egos lose Bekannte haben jedoch Zugang zu Kreisen, in die ego nicht gelangt und verfügen daher über anders strukturierte Informationen. Dieses - auch empirisch nachgewiesene - Phänomen ist ein Argument dafür, Kontexte nicht als bloße Surrogate von Freundesgruppen aufzufassen, da die Mitglieder des Kontextes alle als lose verbundene potentielle Interaktionspartner von ego anzusehen sind (s. hierzu auch Wegener 1987).

Huckfeldt argumentiert in der ähnlichen Richtung: Kontextuelle Beeinflussung könne nicht nur durch persönliche Interaktion sondern auch durch die sogenannten unpersönlichen Interaktionen bewirkt werden: "Impersonal interaction subsumes the nameless social encounters which occur on an everyday basis as individuals shop in the supermarket, buy stamps at the post office, wait in line at the gas pumps, and take walks in neighborhood streets" (1980: 250). Und auch diese zwangsläufigen Begegnungen (im "inescapable environment", S. 253), können nach Huckfeldts Überlegungen Auswirkungen auf das Verhalten eines Individuums haben (s. kritisch hierzu Eulau & Rothenberg 1986; zur Annahme des **"random encounter"** bzw. der **"random choice"** von Interaktionspartnern aus dem Kontext s.a. Rigsby & McDill 1972: 315; Farkas 1974: 356; Apple & O'Brien 1983: 77; Prysby & Brooks 1987: 231: "almost never will we find that the interaction is random").

Die (bereits angeschnittene) Frage, welche Konsequenzen die Wichtigkeit - wie auch immer gearteter - sozialer Interaktion bei Kontexteffekten für die Definition von Kontexten hat, soll später behandelt werden. An dieser Stelle soll festgehalten werden, daß *soziale Interaktion wahrscheinlich das wichtigste Medium ist, über das sich Kontexteffekte realisieren.* Wir hatten gesehen, daß Interaktion nur eine notwendige, nicht jedoch hinreichende Bedingung für Kontexteffekte ist. Im nächsten Schritt soll jetzt betrachtet werden, welche Inhalte der Interaktion es sind, die einen Effekt auf das Verhalten des Individuums haben.

Zuvor soll allerdings die Literatur noch daraufhin betrachtet werden, ob Wirkungsmechanismen benannt werden, die unabhängig von direkter sozialer Interaktion sind. In den Beispielen von Granovetter (1973) und Huckfeldt (1980) war nur auf die unterschiedliche *Intensität* sozialer Beziehungen hingewiesen worden, in beiden Fällen sind jedoch interpersonelle Kontakte - zumindest implizit - berücksichtigt worden. So sollen im folgenden zwei weitere in der Literatur zu findende Mechanismen der Kontexteffekte, die indirekte oder über Symbole vermittelte soziale Interaktion und die sogenannte Identifikationsthese daraufhin betrachtet werden, ob sie völlig ohne soziale Interaktion auskommen.

Treinen deutet die hier zentrale Frage an: "Die perzipierten Gemeinsamkeiten (einer Gruppe, H.A.) brauchen ... nicht durch direkte ('face to face') Interaktion vermittelt zu werden, sondern können durch jede Art indirekter Kommunikation ... vermittelt werden" (1965: 83). Prysby und Books (1987: 231) weisen explizit auf "media effects" als "contextual mechanism" hin, der sich von den Effekten sozialer Interaktion unterscheide. Man wird sich fragen müssen, inwieweit indirekte Kommunikation noch mit sozialer Interaktion gleichzusetzen sei. Wenn mit indirekter Kommunikation gemeint ist, daß Mitglieder eines Kontextes mit intervenierenden Personen interagieren, die ihrerseits mit dem in der Kontextanalyse betrachteten Individuum interagieren, so handelt es sich zweifellos um eine Aufeinanderfolge von Prozessen sozialer Interaktion. Auch die Kommunikation mit Hilfe von Gegenständen oder Geschriebenem etc. ließe sich unter dem Terminus "soziale Interaktion" fassen. Es ist also anzunehmen, daß auch Prozesse indirekter Kommunikation unter den Begriff der sozialen Interaktion subsummiert werden können.

Auch Rigsby und McDill (1972: 315f.) vermuten explizit, daß es außer direkter interpersonaler Kommunikation noch andere Vermittlungsmechanismen von Kontexteffekten gibt. Als Beispiel wird die "Inspiration" genannt, die der junge motivierte Sportler durch den Anblick der Pokalsammlung in der Eingangshalle seiner High-School erhält.

Dieses Beispiel läßt sich durchaus als ein Fall von (wenn auch indirekter) sozialer Interaktion deuten: Die Mitglieder der Schulgemeinschaft bedeuten dem Athleten durch das Aufstellen der Pokale an exponierter Stelle, daß es süß und ehrenvoll sei, Pokale für die Schule zu erringen, daß damit also Gratifikationen wie Ruhm und Anerkennung durch die Mitglieder der Schulgemeinschaft zu erreichen seien. So befindet sich z.B. auch heute noch eine Tafel mit den Namen der Gefallenen der Jahre 1870/71 in der Ehrenhalle der Gelehrtenschule des Johanneums zu Hamburg. Und damit keine Zweifel über den Inhalt dieser Botschaft aufkommen, bedeutet die lateinische Inschrift dem Schüler, daß es süß und ehrenvoll sei, für das Vaterland zu sterben.

Putnam hat (Campbell 1958 folgend) einen weiteren Ansatz in die Diskussion eingebracht (1966: 641): demnach wäre die Identifikation des Mitglieds mit seinem Kontext (auch "psychological attachement") ein Mechanismus, der die Wirkung von Kontexteffekten erklären kann (vgl. Falter 1978: 856) Auch Hummell beschreibt den "Grad der Identifikation" als möglichen Wirkungs-mechanismus: "Arbeiter werden in Kollektiven, in denen sie sich zur Majorität ge-hörend perzipieren, ihre Zugehörigkeit zur Kategorie der Arbeiter anders erfahren als in den Fällen, in denen sie glauben, relativ isoliert zu sein" (1972: 136). Von Arbeitern, die sich mit ihrem Arbeiterstatus identifizieren, weil sie im Kontext zur Majorität gehören, wird dann erwartet, daß sie eher " alle die Normen ... akzeptie-ren, die üblicherweise an ihre kategoriale Zugehörigkeit geknüpft sind" (a.a.O.). Entsprechend müßte von Arbeitern, die im Kontext in der Minderzahl sind, geringe Identifikation mit der Rolle des Arbeiters erwartet werden, die dann dazu führt, daß sie die Normen nicht akzeptieren.

Ähnlich ist die Struktur von Campbells These, die von Putnam aufgegriffen wird: Wenn ein Kollektiv klare und deutliche Ziele vertritt, dann identifizieren sich die Mitglieder mit dem Kollektiv (und nicht wie bei Hummell mit ihrer Kate-gorie bzw. Rolle). Das bedeutet, sie bewerten das Kollektiv positiv.

Die Identifikationsthese besagt also, daß ein Individuum, das sich mit dem Kontext identifiziert, dem Kontext bejahend gegenübersteht. Aus dieser positiven Haltung heraus wird es auch den kontextuellen Normen entsprechen wollen, auch wenn keine direkte oder indirekte soziale Interaktion die Einhaltung dieser Vorga-ben kontrolliert. Das Individuum gehört dem Kontext gern an und verhält sich aus eigenem Antrieb so wie die anderen Mitglieder des Kontextes. Derartige Hypothe-sen zur "nature of peer group processes" lassen sich aus den Überlegungen zur Balance-Theorie ableiten (vgl. Rigsby & McDill 1972: 306f.).

Die Operationalisierungen der Identifikationsthese verdeutlichen diesen Me-chanismus: Bei Putnam (1966: 644) wird Identifikation mit dem Kontext über Hausbesitz, eigene Kinder in örtlichen Schulen und Länge der Wohndauer im Kontext, bei Esser (1982a: 291) über Wohn- und Wohnungsqualität gemessen. Je mehr Lebensqualität im Kontext erfahren wird, desto eher werden Individuen sich mit dem Kontext identifizieren, (d.h. ihn als Bestandteil seines Ichs positiv zu be-werten). Es fragt sich nur, woher, wenn nicht über Prozesse sozialer Interaktion, Individuen über die geltenden Normen im Kontext informiert sind. Vor allem muß aber gefragt werden, *warum* Individuen, die sich mit dem Kontext identifizieren, sich auch dann konform verhalten, wenn sie für ihr Verhalten nicht in Prozessen sozialer Interaktion belohnt oder bestraft werden.

Zweifellos wird dieses Verhalten nicht durch extrinsische, sondern durch in-trinsische Motivationen gesteuert. Intrinsische Motivation entsteht aber als *Verin-nerlichung der Verhaltenserwartung anderer*. Am Beginn dieses Prozesses der Verinnerlichung steht extrinsische Motivation, die sich auf den Wunsch nach so-zialer Anerkennung in Prozessen sozialer Interaktion bezieht. Einfacher gesagt, ein Verhalten wird gern ausgeübt, weil es in der Vergangenheit belohnt worden ist.

So ist auch die Identifikationsthese nicht ohne Prozesse sozialer Interaktion zu denken. Darüber hinaus wird in der These nicht erklärt, wie es zur Identifikation mit dem Kontext kommt. Wahrscheinlich basieren auch diese Prozesse auf sozialer Interaktion.

Im folgenden wird davon ausgegangen, daß die Identifikationsthese einen sekundären Mechnanismus beinhaltet. Der vorangehende primäre Wirkungsmechanismus von Kontexteffekten kommt über soziale Interaktion und die damit transportierten Belohnungen und Kosten zustande. Die Identifikationsthese wird im folgenden nicht weiter berücksichtigt, da der primäre Mechanismus genauer erklärt werden soll. Nicht zuletzt ist gegen die Identifikations-These einzuwenden, daß sie sich in Untersuchungen, in denen sie explizit getestet wurde, nicht bestätigt hat (Putnam 1966, Esser 1982a und b).

Auch nach der Diskussion von einigen anderen Vorschlägen zur Wirkungsweise von Kontexteffekten bleibt die Annahme bestehen, daß die soziale Interaktion zwischen Mitgliedern des Kontextes und dem betrachteten Individuum der Basisprozeß ist, über den sich Kontexteffekte vermitteln. Dieser Basisprozeß mag sich relativ einfach, aber auch relativ kompliziert darstellen. Neben direkter 'face-to-face' Kommunikation ist auch beiläufige oder über Symbole oder Medien vermittelte Kommunikation vorstellbar, vielfach wird nur noch das Resultat dieser sozialisierenden Prozesse, nämlich eine Einstellung, Attitüde, Identifikation oder dergleichen zu beobachten sein.

Daher soll im folgenden versucht werden, den Prozeß der sozialen Interaktion, der zu Verhaltensänderungen führt, im Rahmen von kontextanalytischen Überlegungen mit Inhalt zu füllen. Im Anschluß an diese Betrachtungen wird es dann möglich sein, sowohl Wirkungsmechanismen, als auch die Gruppierungskriterien für Kontexte präziser zu beschreiben.

5.4 Wirkungsmechanismen und Inhalte sozialer Interaktion

Es war schon deutlich geworden, daß das individualtheoretische Konzept einer Nutzentheorie herangezogen werden soll, um den Wirkungsmechanismus von Kontexteffekten zu erklären. Die Überlegungen im vorangehenden Abschnitt hatten gezeigt, daß soziale Interaktion der Basisprozeß sein dürfte, über den sich Kontexteffekte vermitteln. Nun stellt de Vos (1986: 9) in einer Kritik an dem von Erbring und Young (1979) vorgestellten Modell des 'endogenen Feed Back' zu Recht fest, daß soziale Interaktion allein noch keine Kontexteffekte erklärt. Der von Erbring und Young propagierte Mechanismus der "sozialen Anstekung" ("social contagion", 1979: 408f.) muß genauer bestimmt werden. De Vos spricht von einer "a priori implausibility". Er fragt: "How can direct interactions raise achievements? What does social contagion theoretically mean in the context of achievement?" (1986: 9). In den folgenden Überlegungen soll ein Vorschlag ausgeführt werden, der das "Wie" des Zusammenspiels zwischen Eigenschaften des Kontextes und Eigenschaften des Individuums über das "Was" der sozialen Interaktion genauer beleuchtet. Die Ausführungen basieren auf einem Papier von de Vos (1986).

De Vos stellt zuerst seine Überlegungen an einem einfachen Beispiel von Effekten des schulischen Kontextes auf Leistungen eines Schülers dar. Dieser Ansatz wird soll zunächst wiedergegeben; dann wird geprüft, ob sich dieser Ansatz generell auf die Analyse von Kontexteffekten anwenden läßt.

Die Prüfung wird folgendermaßen aussehen: In der Literatur werden zum einen Vorschläge gemacht, auf welchen Mechanismen Kontexteffekte beruhen könnten. Zum anderen wird (teilweise ohne weitergehende theoretische Überlegungen) über eine breite Palette empirisch nachgewiesener Kontexteffekte berichtet. Es soll versucht werden, sowohl die verschiedenartigen Erklärungsansätze in der Sprache des Ansatzes von de Vos auszudrücken, als auch die unterschiedlichen Ergebnisse mit Hilfe dieses Ansatzes zu erklären. Sollte das gelingen, so hätte sich der Ansatz als geeigneter allgemeiner theoretischer Rahmen für Kontextanalysen erwiesen.

5.4.1 Die Erklärung eines Kontexteffektes mittels der Theorie rationalen Handelns (nach de Vos) = Das SESA-Modell

De Vos (1986) entwickelt, aufbauend auf dem SEU-Konzept (subjective expected utility), ein Modell, das in der Lage ist, den positiven Effekt des durchschnittlichen Leistungsstandes in einer Schulklasse auf die individuellen Leistungen eines Schülers zu erklären. Diese Modell geht davon aus, daß das Streben nach sozialer Anerkennung der Mechanismus ist, über den sich die Effekte sozialer Kontexte erklären lassen. Daher soll das Modell im folgenden kurz SESA-Modell heißen (subjektiv erwartete soziale Anerkennung, bzw. subjective expected social approval).

Ausgangspunkt der Überlegungen ist das *System der Interaktion* in dem gewählten Kontext (Schulklasse). Akteure in dem gewählten Beispiel sind der Schüler, der Lehrer und die Mitschüler. Angenommen wird, daß die Schüler ein Ziel anstreben: *soziale Anerkennung.* "Personen stellen sich ... in einer gegebenen Situation auf der Grundlage gewisser, durchaus variabler Bedürfnisse (wie das nach personaler Identität, sozialer Anerkennung, materiellem Wohlergehen oder ewigem Heil) Ziel-Situationen vor, die sie unterschiedlich bewerten" (Esser 1986b: 321f.). Es wird deutlich, daß soziale Anerkennung nur ein Bedürfnis ist. Es kann aber angenommen werden, daß dieses Bedürfnis in sozialen Interaktionen immer zum Tragen kommt (s.a. Sprague 1982: 113). Diese soziale Anerkennung erhalten Schüler im Beispiel bei steigender Leistung vom Lehrer. Auf der anderen Seite sind Leistungssteigerungen aber auch mit Kosten wie vermehrten Hausarbeiten etc. verbunden.

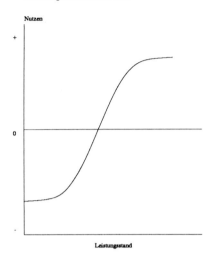

Abbildung 5.1: Nutzenfunktion

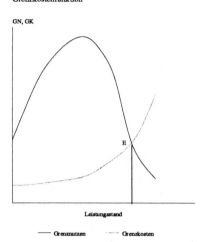

Abbildung 5.2: Grenznutzen- und Grenzkostenfunktion

Es ist anzunehmen, daß die Nutzenkurve der Leistungssteigerung, die dem Ausmaß an sozialer Anerkennung durch den Lehrer entspricht, S-förmig verläuft (s. Abb. 5.1). Der höchste Leistungsstand bringt auch die höchste Anerkennung durch den Lehrer, die stärksten Zuwächse an sozialer Anerkennung durch den Lehrer sind aber im mittleren Leistungsbereich zu verzeichnen (s. die Kurve der Grenznutzen in Abb. 5.2). Weiterhin kann angenommen werden, daß die Grenzkosten mit zunehmender Leistung steigen, so daß sich die Grenzkostenfunktion in Abbildung 5.2 gibt. Bei der gegebenen Situation maximiert ein Individuum seinen Nutzen (im Gleichgewichtspunkt E), in dem der Grenznutzen gleich den Grenzkosten ist; dies ist bei einer Leistung von P gegeben. (Zur generellen Form von Kosten- und Nutzenfunktionen im Rahmen sozialwissenschaftlicher SEU-Konzepte vgl. Blalock & Wilken 1979: 566ff.).

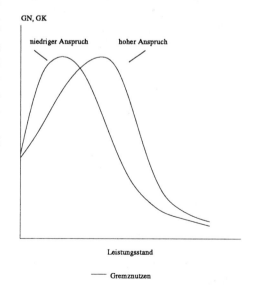

Abbildung 5.3: Unterschiedliche Anspruchsniveaus

Die Grenznutzenkurve des Schülers wird vom Anspruch des Lehrers bestimmt: Ein Lehrer mit hohen Ansprüchen bewertet eine gegebene Leistung geringer als ein Lehrer mit niedrigen Ansprüchen. Ein Lehrer mit niedrigen Ansprüchen ist wesentlich eher zufrieden:

hat der Schüler ein bestimmtes Leistungsniveau erreicht, wird die Stärke der mit weiteren Leistungssteigerungen verbundenen zusätzlichen Belohnungen nachlassen, da sich der Lehrer anderen Schülern zuwendet, die seiner Meinung nach dringender der Förderung bedürfen. In Abbildung 5.3 wird gezeigt, wie sich die Grenznutzenkurven des Schülers in Abhängigkeit vom Anspruch des Lehrers verändern: ein niedriger Anspruch führt eher, d.h. bei niedrigerem Niveau, zu einer Maximierung des Grenznutzens als ein höherer Anspruch des Lehrers. Das Maximum des Grenznutzens kennzeichnet das Anspruchsniveau des Lehrers, bei Überschreiten dieses Niveaus läßt der Grenznutzen nach. Dabei wird der Grenznutzen bei Lehrern mit hohem Anspruch stärker fallen, da er sein Augenmerk darauf richten muß, daß andere Schüler dem Anspruchsniveau entsprechen und er nur über eine begrenzte Menge an Zuwendungsmöglichkeiten verfügt. Der Lehrer mit niedrigem Anspruchsniveau wird hingegen die Fortschritte der Schüler, die das Niveau übersteigen, stärker würdigen können.

Die Verbindung zwischen durchschnittlichem Leistungsniveau der Schüler und dem Anspruchsniveau des Lehrers ist jetzt dadurch gegeben, daß für den Lehrer bei der Wahl des Anspruchsniveaus auch Kosten/Nutzen-Kalkulationen den Ausschlag geben: Ein hohes Anspruchsniveau erbringt mehr Prestigegewinn als ein niedriges, gleichzeitig sind aber je nach Leistungsstand der Klasse unterschiedliche Kosten damit verbunden, den Anspruch auch einzulösen (vgl. de Vos 1986: 5). Von daher wird ein Lehrer in einer guten Klasse ein höheres Anspruchsniveau haben als in einer schlechten Klasse: "good classes will elicit higher standards" (de Vos 1986: 7).

Führt man jetzt die Überlegungen, die in den Abbildungen 5.2 und 5.3 dargestellt sind, zusammen, so kann man erklären, warum bei gegebenen Fähigkeiten eines Schülers (nur eine Grenzkostenkurve in allen Kontexten) in der Klasse mit höherem Anspruchsniveau des Lehrers (das ja vom Leistungs-niveau der Klasse abhängt), der Schüler zu einem höheren Leistungsstand gelangt als in einer Klasse mit niedrigem Niveau (vgl. Abb. 5.4).

Es zeigt sich also, daß de Vos den klassischen Kontexteffekt sehr schön modelliert. Dieser Ansatz wird in ähnlicher Weise von Blalock und Wilken (1979:

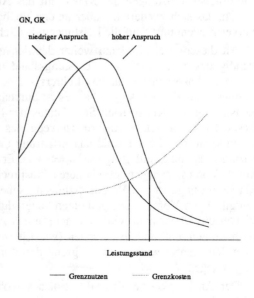

Abbildung 5.4: Darstellung des 'klassischen' Kontexteffektes

GN, GK

niedriger Anspruch   hoher Anspruch

Leistungsstand

―― Grenznutzen   ········ Grenzkosten

546) verfolgt: "Macro or contextual variables will enter the picture as factors that may affect the shapes and levels of the reward and cost functions."

Die Überlegungen lassen sich noch vereinfachen. Nicht nur der Lehrer, sondern auch die Mitschüler entwickeln ein Anspruchsniveau, vor dessen Hintergrund sie die Leistungssteigerungen eines Schülers bewerten und ihm entsprechend Anerkennung zuteil werden lassen. Im einfachsten Fall deckt sich dieses Anspruchsniveau mit dem des Lehrers, realistischerweise muß jedoch eine andere Form der von den Mitschülern bestimmten Grenznutzenfunktion angenommen werden: im allgemeinen wird ein niedrigeres Niveau gewählt werden und der Abfall nach dem Maximum wird steiler verlaufen ("Streber" können nicht mit großer Beliebtheit rechnen). Zum anderen stellen schulische Leistungen nur einen Aspekt dar, der von den Mitschülern bewertet wird. Möglicherweise sind den Mitschülern die schulischen Leistungen eines Schülers völlig gleichgültig und z.B. sportliche Leistungen sehr wichtig.

Unter der Annahme, daß Mitschüler schulisches Versagen negativ, schulische Erfolge hingegen eher positiv bewerten und daß die Bewertungsstandards vom Leistungsniveau der Klasse abhängen, ist also ein direkter Kontexteffekt von den durchschnittlichen Leistungen einer Klasse auf die Leistungen eines Schülers erklärbar.

Es ist an dem (etwas komplexeren) Beispiel von de Vos hervorzuheben, daß es deutlich macht, daß intervenierende Faktoren für den Kontexteffekt verantwortlich sein können: Auch unter der Annahme, daß den Mitschülern die schulischen Leistungen des Schülers gleichgültig sind, ist doch ein Kontexteffekt von den durchschnittlichen Leistungen der Klasse auf das Anspruchsniveau des Lehrers zu erwarten, das sich wiederum - über unterschiedliche Ausmaße an positiver oder negativer Zuwendung - auf die Leistungen des Schülers auswirkt.

An diesem Beispiel kann weiter deutlich gemacht werden, daß es nicht notwendig der durchschnittliche Leistungsstand der Klasse k ($\bar{y}_k$) sein muß, der - über das Anspruchsniveau des Lehrers - eine Wirkung auf die Leistungen des Schülers i im Kontext k (y_{ik}) hat. Es ist durchaus vorstellbar, daß z.B. die Zusammensetzung der Klasse nach Sozialstatus der Eltern ($\bar{x}_k$) einen Effekt auf das in dieser Klasse geltende Anspruchsniveau des Lehrers (aber auch der Schüler) haben kann. Der Lehrer weiß aus Erfahrung um die kausale Beziehung zwischen Sozialstatus und Schulerfolg (x_{ik} ===> y_{ik}). Er wird also in einer Klasse mit günstigen Voraussetzungen ein höheres Anspruchsniveau entwickeln als in einer Klasse mit ungünstigen Voraussetzungen. Neben der Tatsache, daß er bei gegebenen günstigen Voraussetzungen einen hohen durchschnittlichen Leistungsstand für leichter erreichbar hält, wird zu einem hohen Anspruchsniveau auch die Erkenntnis beitragen, daß andere Personen (wie Eltern oder Schulleiter), deren Anerkennung dem Lehrer wichtig ist, aufgrund der Voraussetzungen ähnlich hohe Erwartungen hegen.

Der Ansatz von de Vos erklärt also sowohl direkte Kontexteffekte als auch solche, die über andere Variablen vermittelt werden. Darüber hinaus ermöglicht er es, sowohl mit exogenen ($\bar{x}_k$) als auch mit endogenen ($\bar{y}_k$) Kontextvariablen zu arbeiten. Hervorgehoben werden muß an dieser Stelle noch einmal die zentrale Annahme des Modells: Menschen trachten nach sozialer Anerkennung ("to obtain social approval", de Vos 1986: 4), die ihnen in Prozessen sozialer Interaktion vermittelt wird.

Wie Erbring und Young scheint sich auch de Vos wohler zu fühlen, wenn er den Kontexteffekt auf die Leistungen des Schülers über eine intervenierende Variable ("Lehrer") erklärt. Da dann aber zumindest ein direkter Kontexteffekt von den Eigenschaften der Klasse auf die Eigenschaften des Lehrers angenommen wird, sollten auch die Mechanismen benannt werden, die für *diesen* Effekt verantwortlich sind. Da ich der Meinung bin, daß diese Mechanismen die gleichen sind, wie in direkten Kontexteffekten auf die Eigenschaften von Schülern, werde ich im folgenden bei dem einfachsten Modell des Einflusses der Klasse auf den Leistungsstand des einzelnen Schülers bleiben.

De Vos muß bei der Entwicklung seines Beispieles auf einige vereinfachende Annahmen zurückgreifen, die jedoch den generellen Erklärungswert des Ansatzes nicht schwächen. Im weiteren Verlauf seiner Ausführungen zeigt er, wie einige dieser Einschränkungen aufgehoben werden und weitere Möglichkeiten (z.B. Schule schwänzen) in das Modell eingebaut werden können. Zu den vereinfachenden Annahmen gehört auch, daß nur der Effekt von - durch soziale Interaktion vermittelten - extrinsischen Belohnungen betrachtet wird. Das Vorhandensein und der Effekt intrinsischer Motivation wird von de Vos zum Zwecke der Erklärung explizit ausgeschlossen. Intrinsische Gefühlslagen sind aber als individuelle Eigenschaften zu deuten, die möglicherweise wiederum kontextabhängig geprägt worden sind oder geprägt werden können (s. die Diskussion der Identifikationsthese in Abschnitt 5.3.3).

Für die Zwecke der folgenden Analysen soll herausgearbeitet werden, was Grenznutzen- und Grenzkostenfunktionen (z.B. in Abb. 5.4) in einem allgemeinen Modell der Kontextanalyse bedeuten.

In verschiedenen Kontexten wird sich eine Person *unterschiedlichen* Grenznutzenkurven gegenübersehen, da die Anspruchsniveaus, vor deren Hintergrund die Mitglieder des Kontextes positive oder negative Zuwendungen geben, differieren. Die Grenznutzenkurve zeigt also den im jeweiligen Kontext herrschenden Standard an. Es ist anzunehmen, daß sie eine Funktion bestimmter Kontexteigenschaften ist.

In verschiedenen Kontexten wird sich eine Person mit gegebenen Fähigkeiten der *gleichen* Grenzkostenkurve gegenübersehen, da es sich beim Konzept der Kosten nicht um ein relatives, sondern um ein absolutes Konzept handelt. (Jedenfalls sei hier erst einmal angenommen, daß das Lernen von 100 Vokabeln unabhängig vom Kontext immer gleich viel Zeit kostet.) Demnach sind unterschiedliche Grenzkostenkurven nur bei Personen mit unterschiedlichen individuellen Eigenschaften (im Beispiel: begabte/unbegabte Schüler) vorstellbar. Es ist also anzunehmen, daß die Grenzkostenkurve eine Funktion bestimmter Individualeigenschaften ist.

Vor dem Ansatz der unterschiedlichen Determination der beiden Kurven durch Kontext und Individuum ist auch eine Trennung von Nutzen und Kosten plausibel: eigentlich messen beide dasselbe. Eine Einbuße an Nutzen wird ebenso erfahren wie eine Steigerung der Kosten, eine Verringerung der Kosten ist einem Gewinn an Nutzen gleichzusetzen. (Hier wird dagegen alles, was kontextabhängig ist und damit relativ ist, der Nutzenfunktion, und alles was absolut ist, der Kostenfunktion zugeschlagen).

Es ist auch möglich, die Variation der Grenzkostenkurve als abhängig von den Standards des Kontextes zu sehen: in einer Klasse mit hoher Arbeitsbelastung wird ein gegebenes Pensum als nicht so deprivierend empfunden wie in einer Klasse mit niedriger Arbeitsbelastung: eine Stunde Arbeit ist eben doch nicht in allen Kontexten gleich einer Stunde Arbeit, jedenfalls nicht von der Beurteilung der Kosten her. Hier wird die subjektive Komponente in den Begriffen 'Nutzen' und 'Kosten' deutlich.

Ebenso ist die Variation der Grenznutzenkurve unabhängig von den Kontexten, bzw. deren Eigenschaften denkbar (ein bestimmtes Wissen macht sich in allen Kontexten in gleicher Weise

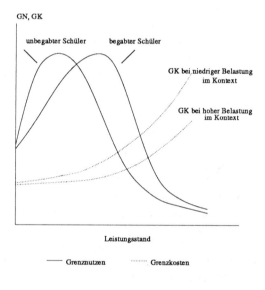

Abbildung 5.5: Alternative Deutung der Bestimmungsfaktoren der Grenznutzen- und Grenzkostenfunktion

bezahlt). Die Variation ließe sich dagegen auch in Abhängigkeit von individuellen Eigenschaften sehen (der begabte Schüler hat ein höheres Anspruchsniveau als der unbegabte Schüler). Abbildung 5.5 zeigt eine kontextuelle Interpretation der *Grenzkosten*kurve und eine individualistische Interpretation der *Grenznutzen*kurve (und somit eine entgegegesetzte Interpretation als Abbildung 5.4).

Auch in diesem Fall wirkt ein Kontext bei gegebenen Schülereigenschaften. Es ist anzunehmen, daß eine umfassende Modellierung von Kontexteffekten auch diesen Aspekt berücksichtigen muß. Im folgenden soll aber von der vereinfachenden Annahme ausgegangen werden, daß die Form der Grenznutzenkurve vom Kontext und die Form der Grenzkostenkurve vom Individuum geprägt ist.

Die Erweiterungen, die de Vos in seiner Arbeit vornimmt, zeigen, daß sich aus dem Modell Hypothesen über Kontexteffekte ableiten lassen, die in der Lage sind, bekannte Forschungsergebnisse zu erklären (so z.B. die unterschiedlichen Effekte privater katholischer und staatlicher Schulen; vgl. Coleman, Hoffer & Kilgore

1982, sowie die anschließende Diskussion, die vorwiegend in der Zeitschrift 'Sociology of Education' geführt wurde).

De Vos (1986: 15) ist in seinem Fazit zuzustimmen: "It seems that rational choice models could very well provide the 'plausible generating' (Erbring & Young 1979) or underlying 'causal mechanisms' (Blalock 1984) this field is in want of".

De Vos hat gezeigt, daß sein Ansatz geeignet ist, den 'klassischen' Kontexteffekt, der darin besteht, daß die Aggregatentsprechung relevanter unabhängiger Individualvariablen, bzw. der abhängigen Individualvariablen auf abhängige Individualvariable unter Kontrolle von relevanten unabhängigen Individualvariablen wirkt zu erklären. Direkte (positive) Effekte sind also im Rahmen eines Modells erklärbar, das von Menschen als Nutzenmaximierern ausgeht. Die spezielle Annahme des Modells ist dabei, daß sie darauf aus sind, soziale Anerkennung von anderen Mitgliedern ihres Kontextes zu erhalten und daß sie diese Anerkennung über soziale Interaktion erhalten.

Im folgenden soll geprüft werden, ob es auch möglich ist, andere aus der Literatur bekannte Arten von Kontexteffekten mit diesem Ansatz zu erklären (d.h. auch: abzubilden). Folgende Effekte sollen herangezogen werden:

    1.) Inverse Effekte (der sogenannte Frog-Pond-Effekt)

    2.) Effekte, in denen anscheinend keine direkte soziale Interaktion im Spiel ist, sowie andere komplizierte Fälle wie out-group-Effekte und nicht lineare Effekte

    3.) Statistische Interaktionseffekte.

5.4.2 Das SESA-Modell und inverse Effekte

Kendall und Lazarsfeld (1950: 155) diskutieren an dem klassischen Beispiel aus dem 'American Soldier' (geringere persönliche Zufriedenheit mit der Beförderung in Einheiten mit hoher Beförderungsrate; s. Kap. 2 dieser Arbeit) den "inversen Effekt" des Kontextes. Blau nimmt diesen Begriff in seiner Systematisierung struktureller Effekte auf (1960: 182). "Solche möglichen, paradox anmutenden Resultate machen den besonderen Reiz aus, den die Beschäftigung mit Kontexteffekten (...) hat" (Hummell 1972: 67). Weitere Popularität hat das Konzept durch die Arbeit von Davis (1966b) erlangt, in der es als Frog Pond Effekt (Froschteich) betitelt wurde. Das Konzept bezieht sich auf die Theorie der relativen Deprivation (vgl. im Zusammenhang mit Kontextanalysen Merton & Kitt 1959): So fühlt sich ein durchschnittlicher Frosch als großer Frosch in einem kleinen Teich oder als kleiner Frosch in einem großen Teich (vgl. Merton 1957: 313). Davis führt dieses Phänomen am Beispiel von Berufsplänen von Studenten aus: "The theory of relative deprivation suggests a plausible explanation, that students career decisions are affected by their self-judgements regarding their academic abilities, and that, like soldiers, students tend to judge themselves by comparison with others in their unit" (1966b: 29). Die Konsequenz für das Individuum lautete dann: lieber ein großer Frosch im kleinen Teich als ein kleiner Frosch im großen Teich; ein Student mit gegebenen Fähigkeiten setzt sich als relativ guter Student im leistungsschwächeren Kontext ehrgeizigere Ziele als der gleiche Student, wenn er im leistungsstärkeren Kontext relativ schwach erscheint. Erklärt wird dieses Phänomen durch "the key psychological principle ... that success is judged by relative standing in the social group, not by standing in the total population" (Davis 1966b: 25).

Eine Konsequenz relativer Deprivation ist demzufolge die Wahl einer Referenzgruppe (vgl. Merton 1957), die den Betrag der relativen Deprivation möglichst gering hält. Das Konzept der "ethnic mobility trap" von Wiley (1970) basiert auf genau diesem Mechanismus: Angehörige von (ethnischen) Minoritäten sind vielfach vor die Wahl gestellt, ob sie sich um sozialen Aufstieg innerhalb ihres Kollektivs oder um Aufstieg im Rahmen der gesamten Gesellschaft bemühen sollen. Das Verbleiben und der Aufstieg innerhalb der Minorität bedeuten kurzfristig weniger relative Deprivation als der Versuch, sich gesamtgesellschaftlichen Maßstäben zu stellen. Daher wird in vielen Fällen die Karriere innerhalb der Minorität gewählt werden. Da aber der Aufstieg innerhalb des eigenen Kollektivs Mittel erfordert (z.B. Aufbau eines Systems gegenseitiger Verpflichtungen), die beim Aufstieg zum und im nächsthöheren Segment der Gesellschaft nichts nutzen (Wiley 1970: 401), wird der Aufstieg innerhalb der eigenen Minorität zur "Mobilitätsfalle".

Bassis (1976) hat den Überlegungen von Davis ein Modell entgegengestellt, das von anderen Grundlagen ausgeht: "The model assumes that a freshman has sufficient knowledge of relative selectivity of his college to make across-college comparisons and that he employs this knowledge in addition to knowledge about his own college performance when evaluating his academic competence" (1976: 1322). Bassis weist darauf hin, daß Frog Pond Effekte nur dann zu erwarten seien, wenn Individuen nicht antizipierten, ihren Kontext einmal verlassen zu müssen (S. 1326). Dies ist entweder bei kurzfristigen Planungen gegeben oder in dem Fall, in dem der Kontext - anders als ein College - kein temporärer Kontext ist (z.B. ethnische Kolonie).

An den Überlegungen von Bassis und von Wiley wird deutlich, daß das Auftreten von Frog Pond Effekten davon abhängt, daß Individuen bei der Einschätzung ihrer Fähigkeiten/Möglichkeiten einen kontextspezifischen Bewertungsmaßstab zugrunde legen. Es wird aber auch deutlich, daß Individuen ebenso einen allgemeingültigen kontextübergreifenden Bewertungsmaßstab anlegen können.

Meyer (1970) hat gezeigt, daß beide Maßstäbe gleichzeitig angelegt werden können, daß also positive und inverse Kontexteffekte gleichzeitig auftreten können: "The small observed effect of school status upon college intentions masks two contrasting forces. There is a supportive effect of school status that has usually been reported. But there is a negative effect also" (1970: 68). Meyer weist auch darauf hin, daß die Frog Pond Effekte auf starkem Lokalismus des Bildungssystems basieren. Das in den USA in den 60er Jahren zunehmend ausgeweitete

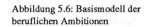

Abbildung 5.6: Basismodell der
beruflichen Ambitionen

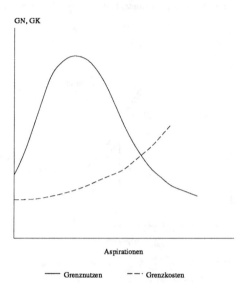

GN, GK

Aspirationen

——— Grenznutzen   — — · Grenzkosten

"nationwide testing" werde aber dazu beitragen, derartig partikularistische Orientierungen abzubauen (vgl. 1970: 63).

Einen ähnlichen Gedanken wie Meyer entwickelt Firebaugh (1980), wenn er darauf hinweist, daß der Frog Pond Effekt den positiven Kontexteffekt in vielen Fällen ausgleiche, so daß unter dem Strich kein Kontexteffekt zu beobachten sei (1980: 49). Firebaugh weist auch auf die Problematik hin, daß beide Effekte mit Hilfe der herkömmlichen Techniken (Varianz- und Reggressionsanalyse) nicht gleichzeitig zu schätzen seien.

Ist der Ansatz von de Vos (1986), Kontexteffekte im Rahmen eines SEU- Modells zu erklären, auch in der Lage, Frog Pond Effekte zu erklären? Wir hatten gesehen, daß positive (direkte) Effekte mit dem Ansatz erklärt werden können. Sollte sich zeigen, daß auch inverse Effekte - auf die de Vos nicht eingeht - mit diesem theoretischen Gerüst zu erklären sind, dann hat das Konzept einen weiteren Test auf seine allgemeine Anwendbarkeit in Kontextanalysen bestanden.

Es sollen also die beruflichen Ambitionen von Schülern in Abhängigkeit von ihrer relativen Stellung im Kontext erklärt werden. Dazu gehe ich vom einfachsten ökonomischen Modell aus: es bestehe ein absoluter Standard an Belohnungen, die mit dem Erreichen von bestimmten beruflichen Zielen verbunden sind (z.B. entspreche die soziale Anerkennung dem mit einem bestimmten Beruf verbundenen Gehalt). Der Schüler kann bei steigenden Aspirationen auch mit steigenden Grenzkosten rechnen, die ihm bei der Verfolgung dieser Berufsziele entstehen werden. Abbildung 5.6 zeigt (analog zu Abbildung 5.2 oben) das Basismodell.

Abbildung 5.4 zeigt den klassischen positiven Kontexteffekt und läßt sich auf das hier gewählte Beispiel übertragen: bei gegebenen individuellen Eigenschaften wird der Schüler im Kontext mit höherem Leistungsstand ein höheres Berufsziel wählen als in einem Kontext mit niedrigerem Leistungsstand.

Die Logik des Frog Pond Effektes besagt nun, daß sich Personen bei der Einschätzung ihrer eigenen Fähigkeiten nicht von absoluten, sondern vor allem von relativen Maßstäben leiten lassen. In der Sprache des Modells würde also ein Schüler je nach Stellung im Kontext unterschiedliche Erwartungen über die mit der Verfolgung von Berufszielen entstehenden Kosten haben: ein relativ guter

Schüler wird dazu tendieren, die entstehenden Mühen zu unterschätzen, ein relativ schlechter Schüler dazu, sie zu überschätzen. Unterschiedlich gestellte Schüler erwarten also unterschiedliche Grenzkostenkurven, wie in Abbildung 5.7 zu sehen ist.

Das Resultat ist, daß der (relativ gute) Schüler aus dem schlechten Kontext ('big frog') höhere Ambitionen hegt, als der (relativ schlechte) Schüler aus dem guten Kontext ('small frog').

(Anmerkung: Hier und im folgenden wird von einem Schüler mit gegebenen Fähigkeiten ausgegangen, der sich in jeweils anderen Kontexten wiederfindet: 'small frog': relativ schlechte Stellung im Kontext, 'big frog': relativ gute Stellung im Kontext.)

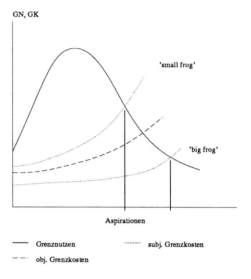

Abbildung 5.7: Unterschiedliche erwartete Grenzkostenfunktion je nach Stellung im Kontext

Folgt man dieser Logik der Darstellung, so ist der inverse Kontexteffekt letztendlich auf unterschiedliche kontextuell geprägte individuelle Eigenschaften zurückzuführen. Im Beispiel wären dies unterschiedliche Ausprägungen einer Individualvariablen wie etwa Selbsteinschätzung, Kontrollerwartung oder Selbstvertrauen: relativ gut gestellte Schüler erwerben mehr Selbstvertrauen und schätzen daher entstehende Kosten geringer ein. Es ist möglich, derartige intervenierende Individualvariablen zu operationalisieren, zu messen und in Modelle einzubringen, um die obige Erklärung zu überprüfen (vgl. Firebaugh 1980: 48).

Der angedeutete intervenierende Mechanismus erklärt jedoch nur zum Teil den Effekt der relativen Stellung im Kontext. Denn die obige Erklärung basiert darauf, daß die intervenierende Variable ihrerseits vom Kontext geprägt ist: ein Schüler mit gegebenen Fähigkeiten wird demnach als "kleiner Frosch im großen Teich" weniger Selbstvertrauen entwickeln und höhere Kosten erwarten als der gleiche Schüler, der in einem relativ leistungsschwachen Kontext eine gute relative Position einnimmt. Dieser spezielle Kontexteffekt auf die Selbsteinschätzung soll im folgenden nicht weiter erklärt werden. Es soll vielmehr anhand der abhängigen Variablen "Aspirationen" gezeigt werden, daß inverse Kontexteffekte auch bei konstanten Grenzkostenerwartungen zu erklären sind.

Zu diesem Zweck muß jetzt die Annahme aufgegeben werden, daß es einen absoluten gesellschaftlichen Standard bezüglich der Berufswahl gäbe. Es wird dafür wieder - wie schon im Ausgangsmodell - angenommen, daß der Standard, also das Anspruchsniveau, nach dem soziale Anerkennung bemessen wird,

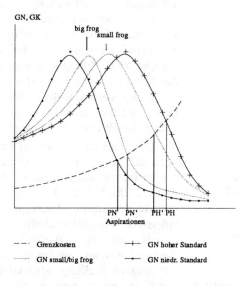

Abbildung 5.8: Berücksichtigung der relativen Stellung im Kontext bei der Festlegung der Standards

GN, GK

big frog
small frog

PN PN'   PH' PH
Aspirationen

— — — Grenzkosten   —+— GN hoher Standard

·········· GN small/big frog   —•— GN niedr. Standard

kontextabhängig sei. In einer leistungsstarken Klasse werden von einem Schüler demnach höhere Berufsambitionen erwartet als in einer schwächeren Klasse. Das Resultat ist der klassische Kontexteffekt, wie er in Abbildung 5.4 dargestellt wurde.

Die jeweiligen Grenznutzenkurven bezeichnen die Standards, die für einen *durchschnittlichen* Schüler gelten, man kann also von einem *durchschnitt lichen* Anspruchsniveau sprechen. Nun ist es durchaus realistisch, davon auszugehen, daß Mitschüler (oder auch Lehrer) in der Lage sind, ihr Anspruchsniveau je nach Fähigkeiten des Schülers zu differenzieren: sie werden vom Klassenbesten mehr Ambitionen erwarten als vom Klassenletzten. So wird sich also die Grenznutzenkurve für einen relativ schlechten Schüler (im leistungsstarken Kontext) nach links und für einen relativ guten Schüler (im leistungsschwachen Kontext) nach rechts verschieben. In Abbildung 5.8 wird diese Abweichung vom durchschnittlichen Anspruchsniveau als gestrichelte Kurve dargestellt.

"In sum, group values on X can affect the individual in two ways: 'by setting and enforcing standards for the person' (Kelley 1952: 412) and by functioning as 'comparison points against which the person can evaluate himself' (413)" (Firebaugh 1980: 47; vgl. auch Merton 1957: 283 zur normativen und komparativen Referenzgruppe).

(H bezeichnet auch im folgenden den Kontext mit hohem Standard, N den Kontext mit niedrigem Standard.)

Durch die Berücksichtigung der relativen Stellung im Kontext relativiert sich der ursprüngliche positive Kontexteffekt (ausgedrückt als Differenz in den Berufszielen $P_H - P_N$) erheblich (auf die Differenz $P'_H - P'_N$). Je näher nun die durchschnittlichen Kurven beieinander liegen und je weiter die Belohnungskurven, die auf der relativen Stellung des Schülers basieren, von den Durchschnittskurven abweichen, desto eher kann es dazu kommen, daß der positive Kontexteffekt durch einen inversen Effekt egalisiert wird (Abb. 5.9) oder dazu, daß der inverse Effekt die Überhand gewinnt (Abb. 5.10).

Es zeigt sich also, daß inverse Kontexteffekte auch unter der Annahme konstanter individueller Eigenschaften erklärbar sind. Die Kurve des durchschnittlichen Standards steht für die durchschnittlichen Erwartungen bzw. die Erwartungen

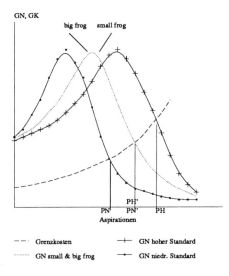

Abbildung 5.9: Egalisierung positiver
und negativer Effekte

an den durchschnittlichen Schüler. Im Falle des Schülers, der vom Durchschnitt abweicht, wird seine Umgebung die Erwartungen entsprechend der relativen Stelung korrigieren. Je nachdem, ob diese Korrektur zu schwach oder zu stark ausfällt, drückt sich aus, ob die Mitglieder des Kontextes den Effekt des Kontextes überschätzen (z.B. bei Eliteschulen) oder in lokalistischer Weise unterschätzen.

Abschließend soll gezeigt werden, daß beide Herangehensweisen an inverse Effekte auch kombinierbar sind: Danach ist die zu erwartende soziale Anerkennung einerseits vom durchschnittlichen (N, H) und vom (korrigierten) Anspruchsniveau abhängig, das die relative Stellung berücksichtigt, andererseits verschieben sich die individuellen Kostenerwartungen in Abhängigkeit von der relativen Stellung im Kontext. Der Kontext wirkt also sowohl direkt, über die soziale Anerkennung, die er der Person für das Erreichen von Standards zollt, als auch indirekt darüber, daß relevante individuelle (wie z.B. Selbstbewußtsein) Eigenschaften beeinflußt werden (vgl. Abb. 5.11).

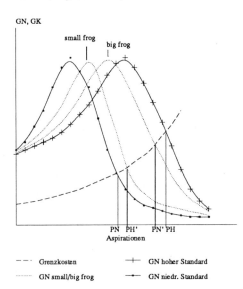

Abbildung 5.10: Überwiegen inverser
Effekte (Frog Pond Effekt)

Es sollte deutlich geworden sein, daß der SEU-Ansatz in der Lage ist, das Phänomen des inversen Kontexteffektes abzubilden und zu erklären. Die in der Literatur dargestellten zentralen Fragen (s.o.), inwieweit positive und negative Kontexteffekte gleichzeitig wirken und sich evtl. gegenseitig verdecken, bzw. inwieweit individuelles Handeln auf kurz- oder längerfristiger, lokalistischer oder übergreifender Perspektive basiert, sind im Modell enthalten.

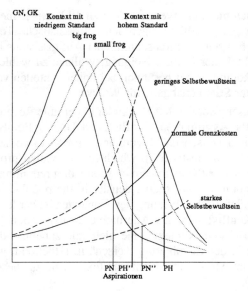

Abbildung 5.11: Inverser Effekt durch
direkte und indirekte Kontextwirkung

Die Eignung des Ansatzes zeigt sich auch darin, daß er sich relativ einfach auf konkrete schulpolitische Probleme anwenden läßt. Die Diskussion um die Vor- und Nachteile des dreigliedrigen Schulsystems gegenüber der Gesamtschule ist hierfür ein gutes Beispiel. Inwieweit wirken sich gruppenspezifische Standards auf die Leistungsentwicklung eines Schülers aus? Entwickelt sich ein schlechter Gymnasiast schlechter als ein guter Realschüler? Entwickelt ein Schüler mit gegebenem Potential auf der Gesamtschule geringere Aspirationen als auf dem Gymnasium? Orientieren sich Schüler evtl. nur an gesamtgesellschaftlichen und nicht an schultypenspezifischen Standards? Die Antworten auf diese zentralen Fragen lassen sich mit Hilfe des Modells so explizieren, daß die wesentlichen Annahmen deutlich werden. Und erst in dieser Deutlichkeit sind die einzelnen Überlegungen empirisch überprüfbar.

5.4.3 Das SESA-Modell und nicht-lineare Kontexteffekte, sowie Kontexteffekte ohne direkte soziale Interaktion

Die Prüfung, ob auch das Phänomen der Frog Pond Effekte mit Hilfe des Ansatzes von de Vos (1986) erklärbar sei, muß also als bestanden bezeichnet werden. Zur weiteren Vertiefung und Überprüfung der Überlegungen von de Vos sollen noch zwei kompliziertere Fälle aufgegriffen werden: das empirische Beispiel von Wright (1977) und das darauf aufbauende theoretische Konzept von Huckfeldt (1980).

Wright (1977) präsentiert folgendes Ergebnis: Der 1940er Kontext (Anteile an Farbigen) erklärt besser als der 1970er Kontext das Ausmaß, in dem weiße Südstaatler in den USA 1968 ihre Stimme für Wallace abgaben: je stärker die Konzentration an Farbigen, desto höher die Stimmenanteile für den rassistisch orientierten Politiker Wallace.

Dies ist unter zwei Aspekten als merkürdig zu betrachten: einmal scheinen die unmittelbaren Bedingungen einen geringeren Effekt auszuüben, als die Bedingungen, die vor fast 30 Jahren im regionalen Kontext geherrscht haben. Gerade eingedenk der hohen regionalen Mobilität in den USA muß dieser Effekt überraschen. Damit ist hier die Basisüberlegung, daß Kontexteffekte durch soziale Interaktion vermittelt seien, in Frage gestellt.

Auf der anderen Seite bleibt auch hier ein inverser Effekt zu erklären: je mehr Schwarze im Kontext leben, desto stärker sollten eigentlich antirassistische Tendenzen im Kontext verbreitet sein. Ein starker durchschnittlicher Antirassismus im Kontext müßte auch die weißen Mitglieder in ihrer Neigung, Wallace zu wählen, negativ beeinflussen. Statt dessen kommt es bei bei ihnen bei hohen Anteilen von Schwarzen im Kontext zu vermehrter Stimmenabgabe für Wallace.

Eine weitere Entwicklung in diesem Bereich hat Huckfeldt ("Variable Responses to Neighborhood Social Contexts: Assimilation, Conflict, and Tipping Points", 1980) beigetragen: "Assimilation is a consensual, favorable response to context which can be empirically identified as an instance in which the individual probability of engaging in a behavior sympathetic toward a group or predominant within a group, *increases* as a function of that group's density in the population" (Huckfeldt 1980: 232). Diese assimilatorische Wirkung des Kontextes ist der klassische Fall des Kontexteffektes. Konflikt wird als Alternative dazu gesehen (S. 233): eine "dissonante Reaktion auf den Kontext", die sich mit zunehmender Dichte der entsprechenden Gruppe in der Bevölkerung verschärft. (Huckfeldt gebraucht den Begriff der 'Dichte' im Sinne von 'Konzentration'; vgl. zu diesen Konzepten Friedrichs 1977: 50, 34).

Huckfeldt zeigt, daß übliche Annahmen zu Kontexteffekten ("no influence, assimilation, and conflict") auf der Annahme der Linearität der Einflüsse beruhen. Er führt das Konzept des "Tipping points" (in anderer Bedeutung als Schelling 1972) ein, das besagt, "that individuals are assimilated by outgroups up to a critical out-group density. Once that density is attained, individuals react negatively to increased out-group concentrations. The politics of assimilation is replaced by a politics of conflict" (Huckfeldt 1980: 236).

Als typisches Beispiel für ein derartiges Umschlagen von Orientierungen werden unterschiedliche Reaktionen von Weißen auf den Anteil an Farbigen in der Gemeinde herangezogen (s.o.), aber auch Huckfeldt stellt ein solches Phänomen fest: Mit steigendem Anteil an Arbeitern in der Nachbarschaft wächst auch die Neigung von "professional-managerial individuals", sich mit der Demokratischen Partei zu identifizieren; über einen bestimmten Punkt (im Beispiel ca. 50% Arbeiteranteil) nimmt die Neigung aber mit weiter steigendem Arbeiteranteil wieder ab (Huckfeldt 1980: 239). Huckfeldt erklärt das damit, daß die andere Gruppe (Out-Group) ab einer bestimmten (prozentualen) Stärke auf das Individuum, das der Gruppe nicht angehört, bedrohlich wirkt, so daß das Individuum seine Identität in Gefahr sieht (1980: 236, 250).

Die Phänomene, über die Huckfeldt und auch Wright berichten, sollen jetzt so formuliert werden, daß eine Darstellung im Rahmen des SEU-Konzeptes erleichtert wird. Erklärt werden soll ein bestimmtes Verhalten, hier z.B. das Ausmaß antirassistischen Verhaltens bei Weißen. Angenommen wird, daß ein zunehmender Grad an Antirassismus mit zunehmenden Kosten behaftet sei (Gewohnheiten sind zu ändern, neue Freunde zu suchen etc.). Wie zuvor werden steigende Grenzkosten angenommen.

Das Ausmaß antirassistischen Verhaltens soll kontextabhängig sein. Nicht notwendig ist hier die Trennung von In- und Out-Group. Es wird vielmehr vorläufig davon ausgegangen, daß alle Bewohner der regionalen Einheit, gleich welcher Hautfarbe, Mitglieder des Kontextes, also des gleichen Kollektivs sind. Out-Group bedeutet in den Beispielen vor allem, daß deren Mitglieder andere Standards oder Wertvorstellungen verfolgen als die Mitglieder der In-Group. Je stärker der Anteil an Farbigen im Kontext, desto größer dürfte der Anteil an Mitgliedern mit antirassistischen Einstellungen sein. Mit steigendem Farbigenanteil steigt also der durchschnittliche Antirassismus im Kontext ebenso, wie mit steigendem Arbeiteranteil die durchschnittliche Neigung, sich mit der Demokratischen Parei zu identifizieren, zunehmen wird.

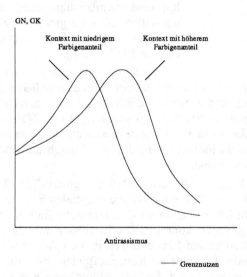

Abbildung 5.12: Unterschiedliche Standards in Kontexten mit unterschiedlichem Farbigenanteil

GN, GK

Kontext mit niedrigem Farbigenanteil

Kontext mit höherem Farbigenanteil

Antirassismus

— Grenznutzen

Entsprechend der vorgeschlagenen Erklärung werden sich aus der Sicht des Individuums je nach Kontext unterschiedliche Belohnungserwartungen entwickeln: In einem Kontext mit höherem Farbigenanteil herrscht ein antirassistischeres Anspruchsniveau als in einem Kontext mit niedrigerem Farbigenanteil, die jeweiligen Grenznutzenkurven verlaufen also unterschiedlich (vgl. Abb. 5.12).

Soweit entspricht das Modell den bisher dargestellten Überlegungen. Jetzt wird aber (vgl. de Vos 1986: 10) in dieser Darstellung berücksichtigt, daß unter gewissen Umständen die Grenzkostenkurve deutlich von dem bisher angedeuteten Verlauf abweichen kann: Für Weiße, die im Geiste des Rassismus erzogen wurden und die aus dem Rassismus evtl. auch ökonomische Vorteile ziehen, sind antirassistische Einstellungen mit sehr starken Kosten verbunden. Die entsprechende Grenzkostenkurve unter Konstanthaltung anderer Individualmerkmale (vgl. Abb 5.13) wird relativ früh steil ansteigen (vgl. auch Blalock & Wilken 1979: 569f.).

Das bedeutet, die Weißen in den Südstaaten sind (wie sehr schwache Schüler in den vorigen Beispielen) nicht in der Lage, den Standards zu entsprechen. Der Gleichgewichtspunkt für ein Individuum wird sich unterhalb des durchschnittlichen kontextuellen Standards einstellen und zusätzlich wird sich ein inverser Kontexteffekt beobachten lassen.

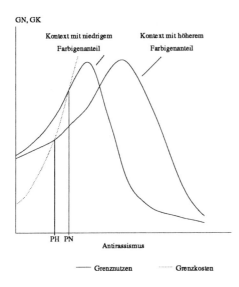

Abbildung 5.13: Besondere Form der
Grenzkostenkurve bei Überforderung

GN, GK

Kontext mit niedrigem   Kontext mit höherem
Farbigenanteil   Farbigenanteil

PH PN
            Antirassismus

——— Grenznutzen   ······· Grenzkosten

An dieser Stelle kann nun darüber spekuliert werden, welche Auswirkungen die Tatsache hat, daß ein Individuum nicht in der Lage ist, dem kontextuellen Anspruchsniveau zu entsprechen. Möglicherweise wird es dazu kommen, daß sich die Zugehörigkeitsdefinitionen des Individuums ändern: es wird dann nicht mehr alle Bewohner der regionalen Einheit zum Kontext rechnen, sondern sich nur noch am Anspruchsniveau der Weißen (In-Group) orientieren. Der regionale Kontext bleibt dann zwar weiterhin eine membership-group, die normative reference-group besteht aber nur noch aus Weißen (vgl. Merton 1957: 282ff.).

Nachdem nun erklärt worden ist, wie der 1940er Kontext auf den Rassismus der weißen Kontextmitglieder in dieser Zeit gewirkt hat, soll auch versucht werden, den Effekt auf die Einstellungen der Weißen im Jahre 1968 im empirischen Beispiel von Wright (1977) zu erklären. Dabei sollen die Effekte in den Vordergrund gestellt werden, die nicht auf die Determination der Konzentration an Farbigen im Jahre 1968 durch die Konzentration im Jahre 1940 zurückzuführen sind.

Ein Ansatz wäre, mit Wright darauf hinzuweisen, daß der größte Teil der stimmberechtigten Wähler von 1968 in der Zeit um 1940 die prägenden Erfahrungen der frühen Sozialisation gemacht hat und in dieser Zeit politische Einstellungen erworben hat, die später nur geringen kontextuellen Einflüssen ausgesetzt waren. Demnach wären Kontextwirkungen auf Einstellungen je nach Alter unterschiedlich stark, ein Aspekt der in der Literatur zu Kontexteffekten sonst nicht diskutiert wird. Dieser Ansatz geht aber nicht auf die hohe Migrationsrate in den USA ein.

Ein anderer Ansatz schließt sich an die obigen Spekulationen an: Denkbar wäre, daß einmal - z.B. aus ökonomischen Vorteilen - entstandene rassistische Einstellungen in Verbindung mit den relativ zu hohen (psychischen) Kosten einer Einstellungsänderung dazu führen, daß ein Individuum das im gesamten (regionalen) Kontext herrschende Anspruchsniveau nicht mehr akzeptiert und sich nur noch um soziale Anerkennung durch Weiße durch Orientierung an deren Standards bemüht. Der so entstehende Kontext umfaßt also nur noch Weiße. Gemäß den obigen Annahmen dürften Weiße in Gegenden mit höherem Farbigenanteil rassistischer eingestellt sein als in Gegenden mit niedrigerem Farbigenanteil. Die

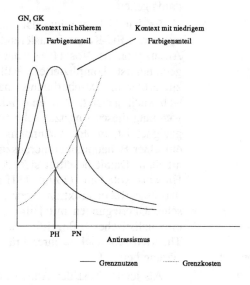

Abbildung 5.14: Rassistische Standards von "weißen" Kollektiven in "schwarzen" Umgebungen

Grenznutzenkurven stellen sich also anders dar, die Anspruchsniveaus sind insgesamt deutlich rassistischer, wenn nur Weiße als Bezugspersonen genommen werden (vgl. Abb. 5.14).

Treten jetzt neue Personen (Weiße) in den Kontext ein, so kommt die sozialisatorische Wirkung des Kontextes zur Geltung: Wenn die neuen Mitglieder Schwarze und Weiße als Mitglieder ihres Kontextes akzeptieren (bzw. ihnen die soziale Anerkennung sowohl von Schwarzen als auch von Weißen wichtig ist), und wenn sie sich bei der Ausübung antirassistischen Verhaltens nicht unüberwindlichen Kosten gegenübersehen, so werden sie mit steigendem Farbigenanteil zu antirassistischen Einstellungen gelangen; wenn sie hingegen nur Weiße als Bezugspersonen wählen, an deren sozialer Anerkennung sie interessiert sind (bzw. Vermeidung sozialer Mißbilligung), so werden sie mit steigendem Farbigenanteil zu rassistischeren Einstellungen kommen. Im Beispiel von Wright dürfte also mindestens einer der folgenden Faktoren dazu beigetragen haben, daß weiße Immigranten sich einem einmal unter Weißen entstandenen rassistischen Klima assimilieren: Die Kosten des Antirassismus waren zu hoch oder Schwarze wurden von vornerein nicht als Quelle von sozialer Anerkenung oder Mißbilligung angesehen.

An dieser Stelle sollen die Überlegungen zur dynamischen Modellierung von Kontexteffekten abgebrochen werden. Es hat sich gezeigt, daß auch eine längere "chain of events" im Rahmen des SEU-Modells darstellbar ist. Soziale Interaktion bleibt auch in den hier vorgeschlagenen Erklärungsansätzen der Mechanismus, über den sich die soziale Anerkennung, nach der die Menschen streben, vermittelt.

Das Konzept der nicht-linearen Wirkung von Kontexten läßt sich ebenso am gewählten Beispiel darstellen. Für Weiße entstehen im Rahmen von Kontexten mit unterschiedlichen Farbigenanteilen unterschiedliche antirassistische Anspruchsniveaus. Geht der Farbigenanteil gegen Null, so wird kaum ein antirassistischer Standard bestehen, ist der Farbigenanteil sehr hoch, so erwarten die Mitglieder des Kontextes antirassistisches Verhalten. Beispielhaft sind in Abbildung 5.15 fünf unterschiedliche kontextspezifische Anspruchsniveaus dargestellt. Bei einer gegebenen Grenzkostenfunktion ist zu erkennen, daß sich die Individuen bis zu einem gewissen Standard (Tipping Point nach Huckfeldt) assimilieren; danach überschreiten die Anforderungen des Kontextes die Möglichkeiten des Indi-

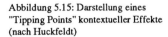

Abbildung 5.15: Darstellung eines
"Tipping Points" kontextueller Effekte
(nach Huckfeldt)

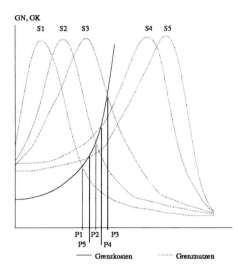

viduums und es dürfte zunehmend
auf Konfliktkurs gegenüber den
im Kontext herrschenden Standards gehen.

Es hat sich gezeigt, daß der
auf dem SEU-Konzept basierende
Ansatz von de Vos (1986) auch
geeignet ist, kompliziertere Fälle
zu erklären. Darüberhinaus hat
sich auch gezeigt, daß eine Anwendung dieses Ansatzes sehr gut
geeignet ist, implizite Annahmen
einzelner Behauptungen herauszuarbeiten. Damit bestätigt sich der
Hinweis von Opp (1979: 131f.),
daß eine Rekonstruktion theoretischer Überlegungen mit Hilfe individualistischer Begriffe und
Theorien sehr viel zu ihrer Präzisierung beiträgt.

Als letzter Test der Angemessenheit des Modells soll gefragt
werden, ob es in der Lage ist, statistische Interaktionseffekte einzubeziehen. Unter
einem statistischen Interaktionseffekt (Blau 1960: 191 bezeichnet ihn als Kontin-
genzeffekt) wird der Fall bezeichnet, in dem die Stärke des kontextuellen Effekts
von der Ausprägung der (einer) unabhängigen Individualvariablen oder die Stärke
der Individualbeziehung von der Ausprägung der Kontexteigenschaft beeinflußt
wird (vgl. Davis, Spaeth & Huson 1961: 218, 224). Technisch gesprochen (vgl.
Coleman 1964: 224ff; Blalock 1965: 375) wird ein multiplikativer Term gebildet,
der die Stärke der einen Variablen als Gewichtung der anderen Variablen erscheinen läßt (vgl. z.B. Habich 1986).

Im Rahmen der Kontextanalyse wird der Interaktionseffekt schon in den
frühen Formalisierungen (vgl. Kap. 2) berücksichtigt, inhaltlich hat es aber bislang
kaum Auseinandersetzung damit gegeben. Astin zeigt, daß Interaktionseffekte von
besonderem sozialtechnologischem Interesse sein können (1970: 240f.): Wenn
bekannt ist, daß bestimmte Kontexte auf Schüler mit bestimmten Eigenschaften
eine stärkere Wirkung haben als auf Schüler mit anderen Eigenschaften, so kann
sich als Alternative zur oftmals recht schwierigen Änderung der Kontexte anbieten, die Schüler so umzuverteilen, daß die Wirkung der Kontexte optimiert wird.

Astin weist darauf hin, daß die Zahl der möglichen Interaktionseffekte zwischen Kontext- und Individualeigenschaften zu groß sei, als daß man sie sinnvollerweise flächendeckend bearbeiten könne ("to shotgun"). Er plädiert dafür, nur die
Interaktionseffekte zu betrachten, die durch die jeweilige Theorie nahegelegt
werden. "However, the paucity of comprehensive theory in this field greatly limits

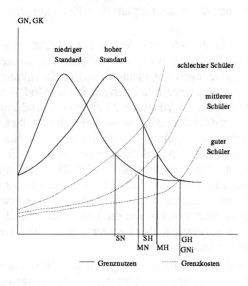

Abbildung 5.16: Interaktionseffekt zwischen kontextuellem Standard und individuellen Grenzkosten

the range of interaction terms that one can explore in this manner" (Astin 1970: 241).

Abbildung 5.16 verdeutlicht einen Interaktionseffekt: mit variierender individueller Eigenschaft variiert auch die Stärke des Kontexteffektes: je schlechter der Schüler, desto stärker der Kontexteffekt, desto größer sind die Unterschiede zwischen den kontextspezifischen Leistungen: (SH-SN) (MH-MN) (GH-GN). Die Leistungen der schlechten Schüler aus dem Kontext mit niedrigem Anspruchsniveau (N) ließen sich jetzt entweder dadurch heben, daß die Standards im Kontext N angehoben werden und denen im Kontext H angeglichen werden, oder indem man die schlechten Schüler in die Klasse oder Schulen mit hohen Ansprüchen umverteilt (Prinzip der Integrationsklassen). Bei gegebenem Verlauf der Kurven (in Abb. 5.16) könnte man dafür die guten Schüler ohne Minderung ihrer Leistungen auch in die Kontexte mit niedrigerem Standard umverteilen.

Es zeigt sich also, daß auch das schwierige Konzept der statistischen Interaktionseffekte im Modell enthalten ist. Der Forderung, Interaktionseffekte theoriegeleitet zu verfolgen (Astin 1970: 241), kann somit wesentlich eher entsprochen werden; der "paucity of comprehensive theory" wird mit diesem Ansatz entgegengewirkt. In bisherigen Ansätzen sind auch seit der Arbeit von Astin (1970) keine Vorschläge zur theoretischen Einbindung von statistischen Interaktionseffekten in Kontextanalysen enthalten.

5.4.4 Bewertung der Angemessenheit des SESA-Modells zur Erklärung von Kontexteffekten

Die vorangehenden Betrachtungen haben die Brauchbarkeit der Idee gezeigt, Kontexteffekte mit einem rational-choice Modell zu erklären, in dem Individuen nach sozialer Anerkennung trachten, die sich über soziale Interaktion vermittelt. Es war deutlich geworden, daß Kontexte Standards setzen können, deren Erreichen von Individuen im Rahmen ihrer Möglichkeiten angestrebt wird, damit sie soziale Anerkennung erwerben. In diesem Zusammenhang war es durchaus sinnvoll gewesen, mit durchschnittlichen Kontexteigenschaften zu arbeiten, wenn man die Annahme des 'random choice' oder 'random encounter' machen kann: das durchschnittliche Anspruchsniveau entspricht dem Anspruchsniveau, mit dem ein Individuum bei einem zufällig gewählten Interaktionspartner aus dem Kontext rechnen kann.

Dieses einfache Modell ist nun nicht der Weisheit letzter Schluß. An vielen Stellen sind Erweiterungen und Spezifikationen nötig und möglich. In einigen Fällen sind diese weitergehenden Überlegungen angedeutet worden. So sollte es möglich sein, neben sozialer Anerkennung andere Belohnungen in das Modell zu integrieren; zu denken wäre da zum einen an intrinsische Motivationen und zum anderen an materielle Belohnungen. Esser (1986b: 325) weist darauf hin, daß sich "kulturelle Identität", also die normative Einbindung des Individuums in einen Kontext "auf internalisierte Rollen" einerseits und "auf die soziale Kontrolle einer Bezugsumgebung" andererseits bezieht. Die von der "personalen Identität" nur schwer zu unterscheidenden "internalisierten Rollen" (a.a.O.) lassen sich in ihrer Enstehung wiederum als Resultat eines kontextuellen Sozialisationsprozesses denken. Diese Fälle sind hier ausgeschlossen worden, um die Darstellung auf das 'genuin' bzw. direkt Soziologische zu reduzieren, das bei der Betrachtung von Kontextanalysen zumeist im Vordergrund steht.

An eine Theorie der Kontexteffekte war zuvor der Anspruch gestellt worden, sie solle folgende Elemente beinhalten: Gruppierungskriterium, Wirkungsmechanismus, Effektrichtung und Interaktionseffekt. Es soll abschließend dargelegt werden, inwieweit das dargelegte Modell diese Forderungen erfüllt.

Zusammenfassung

In den obigen Überlegungen wird implizit eine Aussage über das *Gruppierungskriterium* gemacht: Menschen, die die Chance haben, zueinander in sozialer Interaktion zu stehen, können zu einem Kontext zusammengefaßt werden. Die (potentielle) soziale Interaktion muß zudem die Möglichkeit beinhalten, belohnend oder bestrafend auf die beteiligten Individuen zu wirken. Menschen, bei denen man nicht damit rechnen muß, mit ihnen in Interaktion zu treten, sind nicht Mitglieder des Kontextes. Möglicherweise sind in der Umgebung Menschen, mit denen man interagiert, wobei diese Interaktionen keine soziale Anerkennung oder Mißbilligung transportieren; auch diese Menschen gehören nicht zum Kontext. Dies war am Beispiel rassistischer Südstaatler verdeutlicht worden, für die Farbige nicht zum handlungsrelevanten Kontext gehören.

Der *Wirkungsmechanismus* sollte deutlich geworden sein: Soziale Interaktion kann soziale Anerkennung (bzw. soziale Mißbilligung) transportieren; Menschen trachten danach, im Rahmen ihrer Möglichkeiten soziale Anerkennung zu erhalten und werden sich entsprechend verhalten. Dabei werden sie nicht nur tatsächlich eingetretene soziale Interaktion, sondern auch wahrscheinlich oder möglicherweise eintretende soziale Interaktion berücksichtigen.

Es konnten eine Reihe von Annahmen identifiziert werden, die es erlaubten, unterschiedliche Aussagen zur *Effektrichtung* von Kontexteffekten zu machen. So ließen sich mit dem Modell positive, inverse, einander egalisierende sowie nichtlineare Effekte erklären.

Statistische *Interaktionseffekte* sind in dem Modell dadurch berücksichtigt worden, daß die Grenzkostenfunktion in Abhängigkeit individueller Eigenschaften definiert wurde. So konnte eine Erklärung dafür gefunden werden, daß bestimmte Effekte nur bei Vorliegen bestimmter Ausprägungen individueller Eigenschaften bzw. kontextueller Eigenschaften auftreten.

Mit den dargestellten Überlegungen des SESA-Modells bietet sich ein Rahmen, innerhalb dessen kontextuelle Einflüsse einer eingehenden Analyse unterzogen werden können. Prysby deutet die Richtung weiterer Entwicklungen an (1976: 195): "A more thorough understanding of the influence process will require a more careful and detailed investigation of the actual influence attempts."

5.5 Die Vereinbarkeit des Modells mit anderen Erklärungsansätzen

Nach diesen ausführlichen Betrachtungen und Anwendungen des SESA-Modells können die wesentlichen Annahmen und Konsequenzen dieser Theorie auf einen Blick dargestellt werden.

Die Annahme, daß interpersonelle Kommunikation, bzw. - weiter gefaßt - soziale Interaktion der Basismechanismus sei, über den sich kontextuelle Effekte entfalteten, wird von einer Reihe von Autoren getragen (z.B. Blau 1957: 64; Putnam 1966: 641; Rigsby & McDill 1972: 319; Przeworski 1974: 29; Falter 1978: 857f; Erbring & Young 1979).

Der allgemeine Grundgedanke dieser Überlegungen besteht darin, daß der Kontext Informationen bietet, deren Wahrnehmung einen Einfluß auf die Entscheidungsfindung des Individuums hat (Prysby & Books 1987: 226). Die Information wird vor allem über interpersonelle Kommunikation übertragen. Auch Sprague (1976: 334, s.a. 1982: 108) hat Kontexteffekte auf individuelles Handeln als Resultat von Informationsverarbeitung behandelt. Nach diesen und den bislang erörterten Konzepten beruht das individuelle Entscheidungskalkül auch auf Informationen, die der Kontext bereithält bzw. übermittelt.

Der Kontext - und hier kann man an Przeworski (1974) anknüpfen - stellt keine abstrakte Größe dar, sondern besteht aus Mitgliedern, also Individuen. Die Information, die über soziale Interaktion zwischen Mitgliedern des Kontextes und Individuum vermittelt wird, besteht neben dem Informationsaspekt vor allem aus sozialer Anerkennung oder Mißbilligung für ein bestimmtes Verhalten. Sprague (1982: 108) sieht das als Information über Konsonanz oder Dissonanz eines Verhaltens zu kontextuellen Normen.

Wenn Skinner (1974: 506) darauf hinweist, daß "sich zu verhalten wie andere
sich verhalten" verstärkend wirken dürfte oder Rigsby und McDill (1972: 306f.)
mit Heider oder Homans "similarity breeds liking" als den Kern von Peer-Group-
Prozessen bezeichnen, so handelt es sich um denselben Mechanismus: ein (konso-
nantes) Verhalten wird von anderen mit sozialer Anerkennung belohnt. Eingangs
dieses Kapitels ist Homans (1964: 971) zitiert worden, der strukturelle Effekte
über "soziale Anerkennung" erklärt.

Der überwiegende Teil der in der Literatur dargestellten Wirkungsmechanismen läßt sich unter das hier vorgestellte Modell fassen: So haben die Überlegungen zum *sozialen Klima* zumindest einen impliziten Bezug zur "similarity
breeds liking" Erklärung. "Stimulating climate" (Sewell 1964: 34), "normative
climate" (z.B. Boyle 1966: 707), "shared norms and aspirations" (Sewell & Armer
1966: 162, s.a. Valkonen 1969: 59) sind Beispiele für diesen Ansatz. Swap (1984)
hebt sogar das de-individualisierende Klima in Gruppen hervor: Die Härte der Reaktionen gegen Abweichler kann dazu führen, daß individuelle Normen im Vergleich zu kollektiven Normen unwichtig werden.

"Do contextual variables properly operationalize the notion of 'climate'?"
(Farkas 1974: 334). Die Bedeutung des sozialen Klimas kann darin bestehen, daß
die Mitglieder des Kontextes die Einhaltung kontextueller Standards oder Normen
kontrollieren. Soziale Interaktion, in der sich Anerkennung oder Mißbilligung ausdrückt, ist auch der Kern der Konzeption der *sozialen Kontrolle*. Meier (1985:
130-134) zeigt, daß in ökologischen Kriminalitätsstudien von einem Effekt der
Baustruktur auf die Möglichkeiten zur sozialen Kontrolle ausgegangen wird, die
wiederum einen Einfluß auf abweichendes Verhalten habe (vgl. auch Faris 1944:
744). "Umwelt (ist) weitgehend mit den Instanzen sozialer Kontrolle und der
Kontrollstruktur identisch" (Kube 1978: 18). Schon Simmel (1957: 641, zuerst
1905) stellt aber die befreienden und anonymisierenden Kräfte des Lebens in der
Großstadt dagegen: demnach geht die Bedeutung - bzw. exakter ausgedrückt: das
Ausmaß an - sozialer Kontrolle in modernen Gesellschaften stetig zurück. Im
Rahmen von Kontextanalysen wird aber auf genau diesen Kontrollmechanismus
verwiesen, der nichts anderes beinhaltet, als daß die Mitglieder des Kontextes dem
Individuum für normengerechtes Verhalten soziale Anerkennung zollen, auf
abweichendes Verhalten hingegen in Prozessen sozialer Interaktion Mißbilligung
zum Ausdruck kommen lassen (vgl. Valkonen 1969: 59; Cox 1969: 159; Segal &
Meyer 1969: 217; Hummell 1972: 133f.; Esser 1982a; Elesh 1968: 96, spricht in
diesem Zusammenhang von "socialization"). In empirischen Untersuchungen wird
das Konstrukt der sozialen Kontrolle aber bestenfalls sehr indirekt operationalisiert (vgl. z.B. Esser 1982a: 291).

Auch die mit *Ansteckung* (contagion) oder *Resonanz* bezeichneten Mechanismen (vgl. Erbring & Young 1979 oder Eulau & Rothenberg 1986: 134) fallen
unter das SESA-Modell, wie de Vos (1986) deutlich gemacht hat.

Das SESA-Modell erhebt nicht den Anspruch, das einzige Modell zur Erklärung von Kontexteffekten zu sein. Die in der Literatur zu Kontexteffekten vorgeschlagenen Erklärungen lassen sich aber überwiegend - wie gezeigt werden konnte

- auf das SESA-Modell zurückführen. Von daher kann das Modell als ein angemessener Hintergrund angesehen werden, vor dem im folgenden die Frage, wie ein handlungsrelevanter Kontext zu bestimmen sei, angegangen werden kann.

5.6 Bestimmung des Kontextes vor dem Hintergrund des SESA-Modells

Wenn soziale Anerkennung die Ursache von Kontexteffekten ist, liegt es nahe, zuerst diejenigen Personen zum Kontext zu rechnen, deren soziale Anerkennung dem handelnden Individuum am meisten bedeutet und die ihm mit der größten Wahrscheinlichkeit als Quelle sozialer Anerkennung in sozialer Interaktion gegenübertreten.

Man braucht kein Soziologe zu sein, um darauf zu kommen (Campbell & Alexander 1965 und Putnam 1966), daß *Freunde* offensichtlich die Personen sind, mit denen zum einen viel soziale Interaktion gepflegt wird und auf deren soziale Anerkennung man zum anderen Wert legt. So ist das Ergebnis von empirischen Analysen auch verständlich, nach denen Kontexteffekte bei Kontrolle der Effekte der Peer-groups oder Freundeskreise (auch "primary groups") drastisch zurückgehen (vgl. Prisby 1976: 193; Risgby & McDill 1972: 315; Wright 1977: 507). Sprague vermutet, daß Kontexteffekte mit zunehmender Nähe der Kontextdefinition zur häufig interagierenden Primärgruppe mächtiger werden (1982: 117).

Daher wird in manchen Arbeiten der Kontext nur als "Proxi" (bzw. in den Worten von Eulau & Rothenberg 1986 als "surrogate") für den Freundeskreis oder die peers behandelt (vgl. Meyer 1970, Rigsby & McDill 1972: 309). Farkas (1974: 356) hält Kontextdaten dann für eine gute Lösung, wenn keine anderen Daten zur Charakterisierung des persönlichen Umfeldes zur Verfügung stehen.

Es gibt also eine Reihe von Gründen, die dafür sprechen, Freundeskreise oder Peer-Groups als relevante Kontexte zu behandeln. Daneben gibt es Gründe, die dafür sprechen, auch Kontextdefintionen zuzulassen, die auf weniger engen Bindungen der Mitglieder untereinander beruhen (z.B. Granovetters bereits erwähnte "Strength of Weak Ties").

"Contextual influences involving close friends and other types of primary groups may involve a higher degree of self selection than community wide contexts" (Blalock 1984a: 358). Bei der Betrachtung von Freundeskreisen wird ein Problem deutlicher, das schon Faris und Dunham (1967: 163, zuerst 1939; Dunham 1961: 71, zuerst 1937) diskutieren: die Selektion des Kontextes durch das Individuum auf der Basis der als unabhängig konzipierten Variablen (s.a. Turner 1966: 699). "It is indeed possible that persons will select their contexts on the basis of their own preferences or predispositions" (Blalock 1984a: 368). Rigsby und McDill (1972: 308) benennen "peer selection" als Mechanismus, der möglicherweise hinter Kontexteffekten stehen könne. Huckfeldt hält es nur im Falle inverser Effekte für ausgeschlossen, daß "self-selection" hinter den Effekten stehe: "people do not choose environments they do not like, or neighborhoods

were they feel out of place" (1980: 252; s.a. Astin 1970: 249; Alwin 1976: 300).
Zum Problem der selektiven Migration und der sie evtl. bedingenden sekundären
Kontexteffekte siehe Elesh (1968: 95), der mit "selection" and "socialization"
zwei Effekttypen unterscheidet, sowie Valkonen (1969: 64), Hummell (1972:
138f) oder Huckfeldt (1983b: 117f), sowie Moksony (1985 und 1986b: 2).

Die Annahme, größere regionale Kontexte seien ein bloßes Surrogat der
Freundeskreise, bzw. das Zustandekommen der Freundeskreise sei kontextuell bestimmt, schließt direkte Effekte kontextueller Eigenschaften, die auch unter Kontrolle der Eigenschaften von Freunden bestehen bleiben, aus. Rigsby und McDill
(1972: 315) stellen jedoch auch unter Kontrolle von Eigenschaften der Freundeskreise noch - wenn auch schwache - Effekte des "community context" fest. Möglicherweise ist die Freundeswahl je nach individuellen Eigenschaften in unterschiedlichem Ausmaß vom Kontext geprägt (vgl. Clar 1986: 122).

Das SESA-Modell ist in der Lage, auch die Effekte größerer, anonymerer
Kontexte zu erklären. Nicht notwendig ist die Annahme, daß die Mitglieder des
Kontextes in ständiger sozialer Interaktion stehen. Das Modell bezieht sich auf *erwartete* (im Sinne von wahrscheinlicher) soziale Anerkennung. Wenn also eine
Person ein bestimmtes Verhalten zeigt, so besteht die Möglichkeit, daß Mitglieder
des Kontextes mit sozialer Anerkennung oder Mißbilligung reagieren. Und allein
die Perzeption dieser Möglichkeit ('es könnte dazu kommen, daß ...') ist gemäß
dem SESA-Modell handlungsrelevant. Derartige soziale Interaktion muß sich
nicht auf die nächsten Freunde des Individuums beschränken, sondern kann auch
durch eine zufällige Begegnung im Supermarkt in Gang gesetzt werden. (Zur
Annahme des "random encounter" bzw. "random choice" vgl. auch Clar 1981:
143 und Abschnitt 3 dieses Kapitels).

Der kontextuelle Standard ist also als der durchschnittliche Standard der Mitglieder des Kontextes aufzufassen, und genau diesen durchschnittlichen Standard
kann jemand bei einer Begegnung mit einem zufällig ausgewählten Mitglied des
Kontextes erwarten. Blalock und Wilken sehen das ähnlich: "... actor will simplify
this context by lumping together various other actors and by assuming a high
degree of homogeneity or similarity among them, so that they will be assumed to
act in similar ways ..." (1979: 288; s.a. 290). Ein Stadtteil mit homogener Bevölkerungsstruktur entspricht einem solchen Kalkül eher: die Wahrscheinlichkeit, daß
ein bestimmtes Verhalten im Rahmen einer zufälligen Begegnung (random encounter) belohnt wird, ist dann relativ gut auszurechnen. Bei heterogener Bevölkerungsstruktur ist eine Vielzahl von Reaktionen denkbar, so daß ein Individuum
sich hier nicht so gut auf den Kontext einstellen kann.

Die einfache Annäherung an kontextuelle Normen besteht demnach darin, vom
Mittelwert der individuellen Normen als erwartetem Wert in einer zufälligen Be-
gegnung auszugehen (vgl. hierzu Clar 1981: 113-117). Ein anspruchsvolleres
Konzept würde dann neben dem Mittelwert auch die Varianz der individuellen
Normen innerhalb des Kontextes berücksichtigen. Die Varianz drückt aus, in
welchem Maß bei einer zufälligen Begegnung mit starker Abweichung der indivi-

duellen Norm des Kontaktpartners von der durchschnittlichen Norm gerechnet werden muß.

Die Diskussion um eine - neben der Wirkung von Freundeskreisen - eigenständige Wirkung von (community-) Kontexten hat eine längere Geschichte und ist auch schon in dieser Arbeit verschiedentlich angesprochen worden. Leider ist die Arbeit von Eulau und Rothenberg (1986) nicht geeignet, die von ihnen aufgestellte These von der relativen Wirkungslosigkeit der Kontexte gegenüber lokalen Netzwerken empirisch zu belegen.

Es gibt aber hinreichende Gründe dafür, Kontexte so zu definieren, daß Personen, die mit einer gewissen Wahrscheinlichkeit *in soziale Interaktion treten können*, zu Kollektiven zusammengefaßt werden. Huckfeldt (1983b: 97) nimmt in einer Studie die Zugehörigkeit zum census tract mit der Begründung als Gruppierungskriterium, der Kontext müsse keine "cohesive community" sein, sondern nur die Basis für mögliche soziale Interaktion darstellen. Zur Bestimmung von Kontexten ist die Annahme, daß *Interaktion stattgefunden habe* (wie bei Eulau & Rothenberg 1986: 133) nicht notwendig.

5.6.1 Gruppierung auf der Basis räumlicher Nähe (spatial grouping and physical propinquity)

"Spatial location and interaction patterns are likely to be highly intercorrelated, and it is perhaps for this reason that there are few if any systematic discussions of this interrelationships" (Blalock & Wilken 1979: 541). Die Frage, ob überhaupt, und wenn ja, welche geographischen Einheiten als Grundlage für die Definition eines Kontextes herangezogen werden sollen, wird kontrovers diskutiert (vgl. Prysby 1976: 195). Wright (1977: 501) weist darauf hin, daß "Region an sich" noch keine erklärende Variable sei. Das Problem der Wahl der Einheit wie auch der Spezifikation der Eigenschaften ist in erster Linie ein Problem der dazu gehörigen Theorie (vgl. Clar 1982: 15).

Huckfeldt erkennt in bisherigen Untersuchungen zwei gegensätzliche Sichtweisen (1983b: 94-96): auf der einen Seite die "neighborhood view", die sich im Gefolge qualitativer Studien der Chicagoer Schule (Whyte, Gans) entwickelt habe und auf der anderen Seite die "geographical independence view", die mit Netzwerk-orientierten Forschern wie Fischer (1972) oder Parenti (1967) verbunden sei; in diesem Sinne ist auch die Unterscheidung von Lee (1970: 349) zwischen regionaler Nachbarschaft und sozialen Beziehungen, bzw. Eulaus (1980) Trennung zwischen Umwelt und Kontext zu verstehen.

Mit zunehmender Verstädterung werden auch soziale Bindungen, die auf räumlicher Nähe der Wohnstandorte basieren, zusehends aufgelöst, wie schon Simmel darstellt (1905, s.a. Durkheim 1977, zuerst 1893; Beck 1986). Guest und Lee finden in amerikanischen Metropolen (1983: 220) sowohl das "urban village", also die Koinzidenz von räumlicher Nähe der Wohnstandorte und dem Netz der

Sozialbeziehungen als auch die "community without propinquity", also ein Netz sozialer Beziehungen ohne lokale oder territoriale Basis (vgl. Webber 1963) vor. Ähnlich äußert sich hierzu auch Parenti (1967: 721): "a group can mantain ethnic and social cohesion and identify, while lacking an ecological basis".

Es ist nicht geklärt, ob mit zunehmender Verweildauer der Bevölkerung in der regionalen Einheit die Bindungen innerhalb des Stadtteils zunehmen oder abnehmen (Rosow 1974: 190f.). Crenson berichtet dennoch über einen guten Informationsfluß auch innerhalb von Nachbarschaften, die einem Dorf immer unähnlicher werden (1978: 581) und über eine relativ starke Fähigkeit zu gemeinsamem politischem Handeln in diesen Gemeinden.

Die Forschungsgruppe Wahlen (1986: 10) stellt hingegen in einer Analyse des Wahlverhaltens in Hamburg fest, "daß man heute kaum noch 'reine' Milieus vorfindet, in denen es von allen Mitgliedern akzeptierte verbindliche Wahlnormen gibt. Obwohl man entlang der einstmals verankerten Interessengegensätze nach wie vor sehr deutliche Spuren traditioneller Parteiorientierung vorfindet, wird in vielen Fällen die Festlegung auf milieukonformes Verhalten nicht mehr allein durch die Zugehörigkeit zu einer sozialen Gruppe und zu einem sozialen Milieu zu klären sein."

Huckfeldt sieht jedoch innerhalb der Nachbarschaft immer die Chance zu - wenn auch flüchtigen - Interaktionen und sieht es damit als gerechtfertigt an, auch die Nachbarschaft bzw. ihr ungefähr entsprechende regionale Einheiten der Statistik als Kontexte anzusehen (1980: 253). Auch Blalock und Wilken halten es für plausibel, daß räumliche Nähe zu Interaktion führt, die ihrerseits Einfluß (vom Kontext auf das Individuum) bewirkt (1979: 307). Clar hält wiederum dagegen, daß eine Interaktionsbeziehung noch nicht ausreiche, um soziale Effekte plausibel zu machen: "Acquaintance scarcely explains influences on aspirations" (1982: 18).

Die lerntheoretische Interpretation sozialer Interaktion von Sprague (1982: 110ff.) läßt es plausibel erscheinen, daß direkte soziale Interaktion mit relativ hoher Kontaktfrequenz und Intensität auf jeden Fall stärkere Wirkungen zeigen dürfte als die bloße Wahrscheinlichkeit des Zustandekommens einer Interaktionssituation.

Ein pragmatisches Argument, das für eine regional orientierte Definition von Kontexten spricht, ist die Möglichkeit, Datensätze aus der amtlichen Statistik mit Individualdaten zu kombinieren. Das bedeutet einerseits einen theoretischen Fortschritt durch die Verbindung von ökologischen und Umfrage-Daten, andererseits handelt man sich dadurch neue Probleme ein: Einheiten der statistischen Analyse sind nicht unbedingt 'natural areas'. (Vgl. zu Problemen der Abgrenzung Timms 1971: 41, Manhardt 1977, Borgatta & Jackson 1979, Friedrichs 1979: 28, Blalock 1984b: 367, Meier 1985: 172.)

Die Frage, ob regionale Kriterien (auch) zur Definition von Kontexten herangezogen werden sollen, läßt sich also nicht eindeutig beantworten. Eine empirische Prüfung der (teilweise) konkurrierenden Ansätze dürfte für die Beantwortung dieser Frage hilfreich sein. In diesem Kapitel sind mit dem SESA-Modell einige

Überlegungen dargestellt und expliziert worden, die es plausibel erscheinen lassen, auch regionale Einheiten zur Basis von Kontextdefinitionen zu machen.

Auch wenn nur die Kontexthypothesen empirisch geprüft werden, die auf regionalen Abgrenzungskriterien beruhen, kann zum wissenschaftlichen Fortschritt beigetragen werden: In weiten Bereichen (z.B. der Minoritätenforschung) wird die Existenz kontextueller (bzw. sozialräumlicher) Einflüsse als gegeben angenommen. "It is precisely some of the matters which are taken for granted which have a way of rising up to plague those engaged in the search for knowledge" (Merton 1957). Die empirischen Analysen im zweiten Teil der Arbeit werden zeigen, ob die postulierten Kontexteffekte tatsächlich nachweisbar sind.

Zusammenfassung der Überlegungen zum SESA-Modell:

Personen verhalten sich so, als ob sie ihre subjektiv erwartete soziale Anerkennung (SESA) maximieren wollen. Soziale Anerkennung vermittelt sich ihnen über soziale Interaktion. Begegnungen und damit soziale Interaktionen sind mit allen Mitgliedern des Kontextes möglich (Definition der Kontextzugehörigkeit). Die SESA einer Begegnung mit einer zufällig ausgewählten Person aus dem Kontext entspricht dem durchschnittlichen Standard aller Mitglieder des Kontextes, also aller potentiellen Interaktionspartner.

Personen werden (im Rahmen ihrer Fähigkeiten) ihr Verhalten nach den durchschnittlichen Standards im Kontext richten.

Blalock and Wilken bewegen sich mit ihrer Idee der positiven und negativen Sanktionierung des Verhaltens durch den Kontext in einem ähnlichen Rahmen und weisen auf einen Ansatz der im nächsten Kapitel behandelten Messung von Kontexteffekten hin (1979: 302): "But since the sanctions themselves are not directly measured we take both their magnitudes and probabilities to be (linear) functions of $\bar{x}_k$."

Kapitel 6: Die Messung von Kontexteffekten

In diesem Kapitel sollen die wichtigsten Techniken der Kontextanalyse dargestellt werden. Im Kapitel über die Entwicklung der Kontextanalyse war schon der Weg von der (dreidimensionalen) Tabellenanalyse zur Regressionsanalyse beschrieben worden.

6.1 Die wichtigsten Verfahren im Vergleich

Firebaugh hat (1979) die Eignung der beiden gegenwärtig gebräuchlichsten Verfahren verglichen: Kovarianzanalyse und multiple Regression.

Die *Kovarianzanalyse* kann herangezogen werden, um den Effekt einer nichtmetrischen Gruppierungsvariablen auf eine metrische Individualvariable unter Kontrolle anderer metrischer Individualvariablen festzustellen. Diese Technik bietet sich für Kontextanalysen an, da mit ihr festgestellt werden kann, ob überhaupt *interkontextuelle Unterschiede* in der Kriteriumsvariablen vorliegen. Die Kovarianzanalyse stellt somit nur einen allgemeinen, unspezifizierten Kontexteffekt fest; in der Terminologie von Mueller (1974) einen "additiven" Kontexteffekt. Firebaugh hebt drei Eigenschaften eines derartigen Kontexteffektes hervor (1979: 388): erstens ist dieser Gruppeneffekt um Individualeffekte bereinigt, zweitens ist dieser Gruppeneffekt das Ergebnis der Wirkungen aller relevanten Kontexteigenschaften, die drittens aber nicht identifiziert, also nicht benannt werden können.

Ein Beispiel der Anwendung der Kovarianzanalyse ist die Arbeit von Mueller (1974). Alwin (1976: 299) weist darauf hin, daß die Kovarianzanalyse geeignet ist, das "obere Limit" des Ausmaßes der durch Kontexteigenschaften erklärbaren Varianz zu ermitteln.

Die Kovarianzanalyse ist also das Instrument, das als erstes in Kontextanalysen eingesetzt werden sollte (Firebaugh 1979: 342). Wenn damit keine interkontextuellen Unterschiede festgestellt werden können, hat es wenig Sinn, kontextuelle Eigenschaften zu spezifizieren, die für diese (nicht vorhandenen) interkontextuellen Unterschiede verantwortlich sein sollen.

Die Kovarianzanalyse ist auch geeignet, wenn nur ein Interesse an den interkontextuellen *Unterschieden*, nicht jedoch an den *Ursachen* dieser Unterschiede besteht. Wenn man also z.B. herausfinden möchte, welches die beste Schule ist, ohne ein Interesse an den dafür verantwortlichen Eigenschaften der Schule zu haben, genügt eine Kovarianzanalyse.

Esser (1982a: 289f. und 1982b) hat die Kovarianzanalyse eingesetzt, um zum einen die Obergrenze der Kontexteffekte feststellen zu können, zum anderen aber, um Effekte selektiver Migration hinsichtlich der unabhängigen Individualvariablen zu kontrollieren. Interkontextuelle Unterschiede in der Sprachfertigkeit von Migranten wurden unter Kontrolle der Verteilung der relevanten Individualeigenschaften, wie z.B. Schulbildung, über die Kontexte bestimmt.

Schwierig wird die Durchführung von Kovarianzanalysen, wenn eine große Anzahl von Gruppen und eine kleine Anzahl von Fällen innerhalb der Gruppen vorliegt. Dies ist z.B. der Fall, wenn Daten aus der amtlichen Statistik mit Individualdaten zusammengebracht werden, die nicht nach einem kontextanalytischen Design erhoben wurden.

Der Nachteil der Kovarianzanalyse ist, daß sie nicht die Faktoren identifizieren kann, die für die interkontextuellen Unterschiede verantwortlich sind. Dies ist die Domäne der *Regressionsanalyse* mit spezifizierten Kontexteigenschaften (Firebaugh 1979: 388f bezeichnet erst dieses Verfahren als "contextual analysis").

Während die Kovarianzanalyse das Verhältnis von Binnengruppenvarianz zu Zwischengruppenvarianz beschreibt, beschreibt die Regressionsanalyse die Kriteriumsvariable als lineare und additive Funktion von Individualvariablen, Kontextvariablen, möglicherweise Interaktionstermen und einem Zufallsfehler. Es kann nicht die Aufgabe dieser Übersicht sein, die mit den jeweiligen Modellen verbundenen Annahmen und die Logik der Verfahren darzustellen. Hier sollen u.a. die Besonderheiten der Anwendungen der Verfahren im Rahmen von Kontextanalysen diskutiert werden.

Die Regressionsanalyse beschreibt also nicht den gesamten Kontexteffekt bzw. -unterschied, wie die Kovarianzanalyse, sondern nur den Effekt der spezifizierten Kontexteigenschaften. Da die Effekte der spezifizierten Eigenschaften eine Teilmenge des gesamten Kontexteffektes darstellen, wird die Regressionsanalyse weniger (höchstens gleichviel) Varianz erklären können als die Kovarianzanalyse. Während die Kovarianzanalyse die Obergrenze der Effekte beschreibt, beschreiben die Koeffizienten der einzelnen Kontextvariablen in der Regressionsanalyse die (relative) Stärke der jeweiligen Ursachen.

Firebaugh spricht sich dafür aus, beide Methoden in Kontextanalysen anzuwenden: Zuerst - oder im exploratorischen Stadium - mit Hilfe der Kovarianzanalyse festzustellen, ob Unterschiede zwischen den Kontexten vorliegen. Ist dies nicht der Fall, erübrigt sich der zweite Schritt, der sonst darin besteht, mit Hilfe der Regressionsanalyse diejenigen Kontexteigenschaften zu identifizieren, die für die interkontextuellen Unterschiede verantwortlich sind (Kausalanalyse). "In sum, the best studies of group effects incorporate both methods, since the information provided by each method is complementary" (Firebaugh 1979: 392; ein Beispiel hierfür die Arbeit von Esser 1982a und b).

Eine ausführliche Beschreibung der Kontextanalyse mit Hilfe regressionsanalytischer Verfahren haben Boyd und Iversen (1979) in ihrem Lehrbuch dargelegt. Das Modell von Boyd und Iversen, das auch bei den empirischen Analysen im zweiten Teil dieser Arbeit angewandt wird, basiert darauf, daß die Kontexteigenschaften über den Mittelwert von Eigenschaften der Mitglieder operationalisiert werden (one-level-measurement). Im Zusammenhang mit dem in dieser

Arbeit dargestellten SESA-Modell liegt der Verwendung des Kontextmittelwertes folgende Annahme zugrunde: "The probability of gaining (or loosing) status is thus a function of the group mean $\bar{x}_k$, which is taken as an indicator of a norm relating to behavior y_{ik}. (...) Thus if we knew the utility attached to receiving higher status as well as the attachement to or dependence upon the group in question - we could make some better predictions about the magnitude of contextual effects" (Blalock & Wilken 1979: 302, die Notation wurde der hier im Text benutzten angepasst; H.A.). Blalock und Wilken weisen also darauf hin, daß bei der Verwendung von Kontextmittelwerten eine Reihe von - prüfbaren - Annahmen gemacht werden müssen.

Das Basismodell der Kontextanalyse (z.B. nach Boyd & Iversen 1979; s.a. Esser 1988) beinhaltet neben der Individualvariablen eine Kontextvariable "$\bar{x}_k$" (Mittelwert der Eigenschaft x aller Personen im k-ten Kontext) und einen Interaktionsterm ($x_{ik} * \bar{x}_k$), gebildet als multiplikativer Verknüpfung von Individual- und Aggregatvariablen.

$$y_{ik} = a + b1\ x_{ik} + b2\ \bar{x}_k + b3\ x_{ik}\ \bar{x}_k + e$$

Eine ausführlichere Darstellung des Ansatzes von Boyd und Iversen findet sich - da das Lehrbuch vergriffen ist - im Anhang 5.

6.2 Ausgewählte Probleme

6.2.1 Multikollinearität

Da die Kontextvariable ($\bar{x}_k$) durch eine mathematisch-logische Transformation der Individualvariablen (x_{ik}) gebildet wird, entstehen empirisch häufig hohe Kollinearitäten zwischen den unabhängigen Variablen. Nur wenn keine Variation im Kontextmerkmal besteht, ist die Interkorrelation zwischen Individual- und Kontextmerkmal gleich Null. Je stärker die Variation und damit möglicherweise die Kontexteffekte, desto ausgeprägter wird auch die Multikollinearität sein (vgl. Hummell 1972: 115f oder Farkas 1974: 340f.).

Dieses Multikollinearitätsproblem bedeutet, daß die Effekte der einzelnen unabhängigen Variablen untereinander so stark konfundiert sind, daß eine Schätzung ihrer relativen Effektstärke unmöglich wird. Es ist aber auch im Falle starker Multikollinearität möglich, die durch alle spezifizierten Variablen gemeinsam erklärte Varianz zu bestimmen. So läßt sich also bestimmen, wie groß die Erklärungskraft eines Modells mit spezifizierten Kontexteigenschaften ist, auch wenn das relative Gewicht der einzelnen Faktoren nicht geschätzt werden kann. Damit steht die Regressionsanalyse mit hoher Interkorrelation der unabhängigen Variablen in ihrem Erklärungswert zwischen Kovarianzanalyse und der Regressionsanalyse mit niedrig korrelierten Individualvariablen: sie kann Auskunft darüber geben, ob die Erklärungskraft der im Modell spezifizierten Variablen es lohnend erscheinen läßt, die Frage weiter zu verfolgen, *welche* dieser Variablen für die Effekte verantwortlich seien.

Wenn die Stärke der einzelnen Effekte wegen ausgeprägter Multikollinearität nicht bestimmt werden kann, wird oft mit dem Kriterium der "zusätzlich erklärten Varianz" gearbeitet. Dabei wird die Erklärungskraft eines Modells vor und nach Einbau von möglicherweise relevanten Kontextmerkmalen verglichen. Ergibt sich im Modell mit Kontextmerkmalen ein deutlich höherer Anteil an erklärter Varianz als im reinen Individualmodell, so kann man von einem eigenständigen Effekt der Kontextvariablen ausgehen. Beispiele für ein derartiges Vorgehen finden sich z.B. bei Knoke (1981: 151). (Zur Anwendung des Kriteriums der "additional explained variance" s.a. Apple & O'Brien 1983: 81; Fernandez & Kulik 1981: 841; Clar 1981: 86; Mastekaasa & Moum 1984: 395: "R^2 increment"; Tate 1985: 230; Willms 1986: 237.)

Schon in der Diskussion im Gefolge der Arbeit von Sewell und Armer (1966a) ist das Kriterium der zusätzlich erklärten Varianz problematisiert worden (vgl. Kap. 2.2 dieser Arbeit). Zusätzlich erklärte Varianz deutet zwar darauf hin, daß Kontexteffekte wirksam sind, es ist aber auch denkbar, daß Kontextvariablen wirken, ohne zu einem Anstieg der Erklärungskraft gegenüber dem Individualmodell zu führen: wenn Individual- und Kontextvariablen hoch miteinander korrelieren, handelt es sich möglicherweise beim Individualeffekt um einen Scheineffekt, der eigentlich auf der Wirkung der Kontextvariablen beruht. In einem solchen Fall würde das Einbauen der Individualvariablen in ein reines Kontextmodell ebenfalls nicht zu zusätzlich erklärter Varianz führen (vgl. hierzu auch Wiese 1986: 206).

Ein Verfahren zur Trennung von eindeutig zuzuordnenden Anteilen der erklärten Varianz und gemeinsam durch die Modellvariablen gehaltenen Anteilen beschreibt Knoke (1981). Nach diesem Muster wird auch in Kapitel 10 dieser Arbeit verfahren. (Vgl. zur Zerlegung der Varianz auch Boyd & Iversen 1979: 60-75; Iversen 1986: 31-34, 48f.; ähnlich wie Iversen 1986 auch Tate 1985: 226-230; s.a. Mastekaasa & Moum 1984: 410.)

Ist man an der Stärke der Effekte der einzelnen Variablen interessiert, so bieten sich im Falle starker Multikollinearität mehrere Vorgehensweisen bzw. "Therapien" an (vgl. Opp & Schmidt 1976: 173ff.). Die einfachste Vorgehensweise besteht im versuchsweisen Weglassen und Hinzufügen einzelner Variablen. Auf der Basis der Veränderung der jeweils erklärten Varianz kann man Vermutungen über die obere und untere Grenze der Erklärungskraft einzelner Variablen anstellen (vgl. Astin 1970: 238). Stipak und Hensler (1982: 162) schlagen als "Maßnahme" gegen Multikollinearität vor, das Sample zu erweitern oder das Design zu verändern. Alle diese Ratschläge bergen die Gefahr in sich, die Beseitigung der negativen Folgen der Multikollinearität mit einer Fehlspezifikation des Modells zu erkaufen. Es kann nicht angehen, den Datensatz so lange zu verändern, bis die Daten - zufällig oder nicht - den Anforderungen entsprechen.

Boyd und Iversen (1979: 65ff.) schlagen vor, das Problem der Multikollinearität durch Zentrierungen der unabhängigen Variablen zu umgehen (vgl. dazu auch

Opp & Schmidt 1976: 321): Die Individualvariablen werden jeweils um den kontextspezifischen Mittelwert, die Kontextvariablen um den Gesamtmittelwert bereinigt, erhalten so einen Mittelwert von Null und eine Interkorrelation von r = .00. (Der Leser wird auf die Beschreibung und graphische Darstellung des Verfahrens im Anhang 5, Abb. 9 verwiesen). Um die kontextspezifischen Parameter (der 'within'-Regressionen) im Gefolge dieser Umformung zu bewahren, ist es notwendig, daß nach einer logisch- mathematischen Operation mit der unabhängigen Variablen auch die abhängige Variable transformiert wird. Diese Transformation besteht darin, daß die Kriteriumsvariable um den kontextspezifischen Mittelwert der unabhängigen Variablen reduziert wird, der zuvor mit dem gruppenspezifischen Regressionskoeffizienten gewichtet wurde. Graphisch betrachtet werden die unabhängigen Variablen also um die Y-Achse geordnet, wobei der Achsenabschnitt und das Steigungsmaß der kontextspezifischen Individualregression durch die Transformation der Y-Variablen erhalten bleiben (vgl. Anhang 5, sowie Davis, Spaeth & Huson 1961). Weil der Schnittpunkt mit der Y-Achse erhalten bleibt, heißt dieses Modell "verankertes Modell" (von Iversen auf dem ZUMA-Workshop als "anchored model" vorgestellt; Iversen 1986: 12)

An dieser Zentrierung (die in ähnlicher Weise auch von Smith & Sasaki 1979 vorgeschlagen wird) übt Tate (1984: 265f.) Kritik: "Any transformation that changes the correlation among the model terms (e.g. the centering transformations proposed by Boyd and Iversen or Smith and Sasaki) also, in general, changes the conceptual nature of terms. (Recall that construct validation involves the consideration of the correlations between the measure of a construct and other variables; changes in the correlations imply a different construct.) More specifically, the within- group variables y'and x' are now conceptually different from the original y and x variables. For example a theory based on the absolute value x_{ik} is saying something very different from one based on an individual's relative position within the group as represented by $x_{ik} - \bar{x}_k$." (Notation angepasst; H.A.)

Dieser Kritik muß Rechnung getragen werden: die Ergebnisse der Modelle, die mit zentrierten und transformierten Variablen berechnet wurden, müssen zurücktransformiert werden ("transforming back", Tate a.a.O.), um Aussagen über das ursprüngliche Konzept zu erhalten. Als Hinweis kann gelten, daß eine derartige Interpretation der Ergebnisse des zentrierten Modells zuerst einmal vor den Ergebnissen der Kovarianzanalyse und der durch das Basismodell in der Regressionsanalyse ohne Zentrierung erklärten Varianz erfolgen sollte. Weiterhin ist zu berücksichtigen, daß sich im verankerten zentrierten Modell die gruppeninternen Relationen nicht ändern. Es ändert sich auch nichts am Verhältnis der Gruppenmittelwerte untereinander. Neutralisiert wird hingegen der absolute Maßstab zur Bewertung der unabhängigen Individualvariablen: ein hoher Wert wird nicht mehr durch einen - absolut gesehen - hohen Wert, sondern durch einen relativ zum Gruppenmittel hohen Wert erreicht. Die absoluten Unterschiede zwischen Individuen aus unterschiedlichen Kontexten werden in diesem Modell also nicht erfaßt. Dadurch werden möglicherweise im verankerten Modell Individualeffekte unter- und Kontexteffekte überschätzt.

Eine Alternative zum verankerten Modell ist das von Iversen (1986 auf dem ZUMA-Workshop) vorgestellte balancierte Modell ("balanced model"; Iversen 1986: 36). Technisch gesprochen, wird in diesem Modell auf die Transformation der Kriteriumsvariablen verzichtet. Graphisch gesehen, werden die gruppenspezifischen Regressionsgeraden parallel zur X-Achse verschoben, so daß sie zwar die gleichen Steigungsparameter, aber veränderte Y-Achsenabschnitte erhalten (der Achsenschnittpunkt ist der Balance-Punkt der Regressionsgeraden und entspricht $\bar{y}_k$; vgl. im einzelnen dazu den Anhang).

Inhaltlich stellt dieses Modell gegenüber dem verankerten Modell ein anderes Konzept dar. Das wesentliche Element dieses Konzeptes ist, daß der absoluten Ausprägung der im Kontext tatsächlich vorgefundenen unabhängigen Individualvariablen Rechnung getragen wird, indem das Verhältnis der Größe von x zur Größe von y gewahrt bleibt.

Soll also z.B. der Effekt der Schulbesuchsdauer auf das Leistungsvermögen untersucht werden, so kann sich empirisch folgende Situation darstellen: Im Kontext A wird eine längere durchschnittliche Schulbesuchsdauer vorgefunden als im Kontext B. In beiden Kontexten sei der individuelle Leistungszuwachs pro Einheit Schulbesuchsdauer annähernd gleich.

Das verankerte Modell neutralisiert in diesem Fall also die Effekte der Unterschiede in der kontextspezifischen Schulbesuchsdauer. Dafür kann es gute theoretische Gründe geben (z.B. Annahme der Linearität des Effektes oder Annahme der Zufälligkeit der kontextuellen Unterschiede in der Schulbesuchsdauer). Es kann aber auch theoretische Gründe dafür geben, die Effekte der Unterschiede in der kontextspezifischen Schulbesuchsdauer zu erhalten. Dann ist das balancierte Modell angezeigt, das die interkontextuellen Unterschiede in der aktuell vorgefundenen Situation besser beschreibt und auf Generalisierungen und Fortschreibung von Trends verzichtet (vgl. die graphische Darstellung der Logik der beiden Modelle in Abb. 11-14 in Anhang 5). Wesentlich ist, daß vor der empirischen Überprüfung entschieden und begründet werden muß, welches Modell angemessen ist, da es sonst möglich wird, willkürlich Kontexteffekte zuzulassen oder nicht (vgl. Hauser 1970: 662).

Unproblematisch ist die Wahl des zentrierten Modells nur dann, wenn keine Unterschiede zwischen den kontextspezifischen Regressionsgeraden vorliegen: dieses Ergebnis wird von beiden Ansätzen verzerrungsfrei übertragen.

6.2.1.1 Anwendungen des Ansatzes von Boyd und Iversen

Kurze Beschreibungen des Ansatzes von Boyd und Iversen finden sich bei Tate (1985), Huckfeldt & Sprague (1986) und Wiese (1986). Empirische Anwendungen des verankerten Modells sind selten (Esser 1982a und b; Hero & Durand 1985; Huckfeldt & Sprague 1986; Wiese 1986), Anwendungen des balancierten Modells finden sich in der Literatur noch nicht.

Die Kontextmodelle bei Hero und Durand erklären maximal zwei Prozent der Varianz (1985: 350), wobei der Kontexteffekt durchgängig nicht einmal auf dem 5%-Niveau statistische Signifikanz aufweist. Eine Diskussion des Verfahrens findet sich hier nicht.

Auch Esser wendet die Zentrierung im verankerten Modell an, kann aber nur in einem Fall über einen Kontexteffekt berichten, der statistisch signifikant auf dem 1%-Niveau ist. Eine von Esser vorgenommene "kausalanalytische Zerlegung der Wirkung" der Kontextvariablen in Anwendung des Kovarianztheorems (1982a: 295ff.) zeigt, daß auch in diesem Fall über 90% der erklärten Varianz durch Individualvariablen zu erklären sein dürfte.

Huckfeldt und Sprague (1986) können in sämtlichen Analysen statistisch hochsignifikante Kontexteffekte feststellen. Die relativen Anteile der Kontexteffekte an der gesamten erklärten Varianz werden aber nicht ermittelt (nicht einmal über standardisierte Regressionskoeffizienten). Da es sich bei dieser Arbeit um eine Panel-Studie handelt, ist es aber möglich, Veränderungen in der Stärke der Koeffizienten der zentrierten Kontextvariablen festzustellen und zu interpretieren. (Zur hier wiedergegebenen Angabe von Signifikanzniveaus, auf die allein Wiese verzichtet, vgl. die Anmerkungen zum Sample-Design im folgenden.)

Bei Wiese (1986) finden sich im verankerten Modell Kontexteffekte, die für 80-90% der erklärten Varianz in Modellen, die nur zwischen 4 und 6 Prozent der Varianz erklären, verantwortlich sind. In einer dritten Analyse (1986: 204) sind zwei spezifizierte Kontextvariablen für nahezu 90 % der erklärten Varianz verantwortlich, wobei das Modell 29% der Varianz in der abhängigen Variablen erklären kann. Wiese erläutert zwar das Verfahren der Kontextanalyse, es finden sich in seiner Arbeit aber zu wenig Informationen (z.B. fehlen bivariate Korrelationen, erklärte Varianzen bzw. Abweichungsquadratsummen aus Teilmodellen), um die Ergebnisse einer Überprüfung unterziehen zu können. So wird z.B. nicht deutlich, wie die anscheinend eindeutig zuzuordnenden Varianzanteile im Basismodell ermittelt wurden.

Diese Übersicht über die wenigen Anwendungen des Ansatzes von Boyd und Iversen basiert auf intensiven Literaturrecherchen zur Mehrebenen- und Kontextanalyse sowie persönlichen Angaben von Iversen zu "Uses of the Boyd-Iversen model". Zumeist findet sich in den Arbeiten, die in der Literaturliste auf Boyd und Iversen (1979) verweisen, nur ein Hinweis darauf, daß das Lehrbuch als Standardwerk zur Kontextanalyse anzusehen sei (vgl. Blalock 1984b; Brown 1981; Eulau 1981; Handel 1981; Hughes 1981; Selle 1984; Treiber 1980 und 1981; Waxmann & Earsh 1983; Wienhold et al. 1982).

Es sollte deutlich geworden sein, daß das Verfahren der Zentrierung zumindest genauso viele Probleme aufwirft, wie es löst. Zur Lösung dieser Probleme sind auch die Ergebnisse empirischer Anwendungen dieser Ansätze nötig. Ein pragmatisches Vorgehen, das als explorativ bezeichnet werden muß, wendet systematisch verschiedene Lösungsstrategien an, um zu überprüfen, ob unterschiedliche Ansätze auch unterschiedliche Ergebnisse erbringen. Für ein derartiges pragmatisches Vorgehen spricht sich Hannan aus (1971b: 475), für den die Probleme der Mehrebenenanalyse auch durch "consideration of likely magnitude of errors and consequent faulty inference associated with specified procedures under a variety of situations" einer Lösung nähergebracht werden können; in diesem Sinne äußern sich auch Stipak und Hensler (1982: 158).

Blalocks Forderung (1984a: 121) gilt auch für die empirischen Analysen in dieser Arbeit: "The intellectually honest posture, of course, is to admit to the difficulty, try to suggest at least the direction of possible biases being introduced, and suggest specific alternative ways of proceeding in instances where better data might be made available".

6.2.2 Frog-Pond-Effekte

Die Beschreibung der kontextuellen Veränderungen beim Übergang vom Basismodell zum zentrierten Modell sollte auf eine Möglichkeit hingewiesen haben: Wenn im zentrierten Modell die absolute Stellung eines Individuums zu Gunsten seiner relativen Stellung vernachlässigt wird, so könnte das hinter dem zentrierten Modell stehende Konzept mit dem Frog-Pond-Effekt identisch sein (vgl. Davis 1966 und Kap. 5.4.2 dieser Arbeit). Firebaugh (1980: 47) hat gezeigt, daß eine gegebene Kontexteigenschaft sowohl Frog- Pond-Effekte als auch - wie er sie nennt - kontextuelle Effekte hervorrufen kann, die üblicherweise an ihren unterschiedlichen Vorzeichen zu unterscheiden sind. Um eine gegenseitige Neutralisierung der Effekte im Modell zu vermeiden, plädiert Firebaugh dafür, die unabhängigen Variablen direkter zu messen, als durch Gruppenmittelwerte.

Bei der Verwendung von Gruppenmittelwerten zeigt sich die Konfundierung der Effekte. Wenn der Frog-Pond-Effekt auf der relativen Stellung des Individuums in der Gruppe ausgedrückt durch $(x_{ik} - \bar{x}_k)$ basiert, so entsteht folgende Modellgleichung (ohne Interaktionseffekte, vgl. Firebaugh 1980: 49):

$$y_{ik} = a + b1\, x_{ik} + b2\, \bar{x}_k + b3\, (x_{ik} - \bar{x}_k) + e$$
$$= a + (b1 + b3)\, x_{ik} + (b2 - b3)\, \bar{x}_k + e$$

Nun wird der Frog-Pond-Effekt nicht immer mit dem Term $(x_{ik} - \bar{x}_k)$ identisch sein, aber es wird sich doch oft starke Multikollinearität einstellen und dafür sorgen, daß im Basismodell $(y_{ik} = a + b1\, x_{ik} + b2\, \bar{x}_k + e)$ der Koeffizient b2 beide Effekte repräsentiert.

Es liegt nahe, vor allem das balancierte Modell als direkte Umsetzung eines Konzeptes zu interpretieren, das auf der relativen Stellung des Individuums im Kontext basiert. Das bedeutet, daß interkontextuelle Unterschiede bzw. kontextuelle Effekte in diesem Modell um die Wirkung von Frog-Pond-Effekten bereinigt dargestellt werden. Daher dürften hier stärkere Kontextwirkungen erwartet werden. (Vgl. zu diesen 'social- comparison' Modellen Fernandez & Kulik 1981: 842 und Tate 1985: 224.)

6.2.3 Erweiterung des Basismodells

Das Basismodell der Kontextanalyse berücksichtigt eine Individualvariable, deren kontextspezifischen Mittelwert als Kontextvariable und den Interaktionsterm. Es kann erwünscht sein, das Modell zu erweitern: Zum einen wird man mehr als eine Individualvariable einbeziehen wollen, um auf bewährte multivariate individual-theoretische Modelle aufbauen zu können. Zum anderen wird man mehr als eine Kontextebene berücksichtigen wollen: der direkte Vergleich der Wirkungen von Kontexten unterschiedlicher Ausdehnung (z.B. Stadtteile versus Blocks) und deren Eigenschaften kann Erkenntnisse über die Wirkungsmechanismen ermöglichen.

Boyd und Iversen schlagen Lösungen des Multikollinearitätsproblems für "Kontextanalyse mit mehr als einem Satz unabhängiger Variablen" (1979: 102-108) und Kontextanalysen mit mehreren ineinander verschachtelten Kontexten (1979: 109-120) vor. Diese Lösungen haben aber leider nur begrenzten Wert. Das Zentrieren ist zwar geeignet, intra-Item-inter-Ebenen-Korrelationen, also die Inter-korrelationen zwischen einer Individualvariablen und ihren Entsprechungen auf verschiedenen Kontextebenen, sowie die Interkorrelationen dieser Entsprechungen untereinander zu reduzieren.

Bei mehreren Individualvariablen und deren jeweiligen Aggregatentsprechungen entsteht aber zum einen das Problem der sogenannten ökologischen Korrelation; d.h. die Aggregatentsprechungen weisen hohe Korrelationen auf einer Kontextebene auf. Für dieses Problem der inter-Item-intra-Ebenen-Korrelationen, die auch nach der Zentrierung bestehen bleiben, bieten Boyd und Iversen keine Lösung an. Es kann hier nur auf die unbefriedigenden Strategien des Weglassens oder der Zusammenfassung (Opp & Schmidt 1976: 173ff.) einiger mit hoher Multikollinearität behafteter Variablen verwiesen werden.

Des weiteren hat sich in praktischen Analysen (Endbericht 1986: 376-379) gezeigt, daß hohe inter-Item-inter-Ebenen-Korrelationen auftreten können, die ebenfalls durch die Zentrierung nicht verringert werden. Letztlich ist in diesen Analysen auch der Fall eingetreten, daß die Zentrierung, die hohe intra-Item-inter-Ebenen-Korrelationen verringert hat, auf der anderen Seite inter- und intra-Ebenen-Korrelationen zwischen verschiedenen Items erst hergestellt hat.

Die systematische Erfassung von Interaktionseffekten stößt bei Erweiterung des Modells um neue Variablensätze oder Kontextebenen sehr schnell an ihre Grenzen. So sind in einem Modell mit drei Individualvariablen und drei Kontextebenen (also neun entsprechenden Kontextvariablen) insgesamt 4083 Interaktionsterme denkbar. Die Anzahl der möglichen Interaktionsterme entspricht der Potenzmenge (vgl. Kliemann & Müller 1973: 63) und berechnet sich nach der Formel $2^n - (n+1)$, wobei n der Summe der Individual- und Kontextvariablen, in diesem Falle also zwölf entspricht.

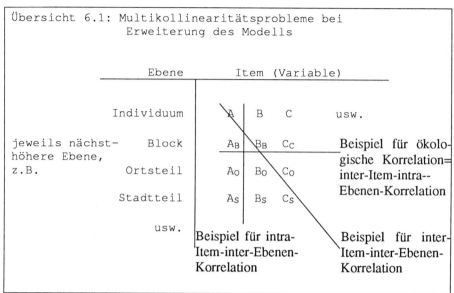

Übersicht 6.1: Multikollinearitätsprobleme bei
Erweiterung des Modells

praktischen Möglichkeiten der Überprüfung dieser Modelle aber beschränkt sind. Beim gegenwärtigen Stand der Entwicklung sollte daher versucht werden, erst einmal die Möglichkeiten relativ einfacher Modelle auszuloten. Einfache Modelle können zeigen, inwieweit überhaupt Kontexteffekte zu erwarten bzw. zu messen sind, auf welcher Kontextebene sie angesiedelt sind, sowie, ob und in welcher Weise diese Effekte durch das Verfahren der Zentrierung beeinflußt werden. Gerade die Erkenntnisse, die aus derartigen empirischen Überprüfungen einfacher Modelle gewonnen werden, können wertvolle Anregungen für Entwicklungen im theoretischen und methodischen Bereich geben. Wenn Kontexteffekte existieren, so sollten sie auch in einfachen Modellen durchschlagen. Darüber hinaus können aus dem Vergleich der Ergebnisse mehrerer einfacher Modelle Schlüsse auf die wahrscheinlich vorliegende Struktur der Effekte gezogen werden.

6.2.4 Skalenniveau der Daten

Die Frage, ob das Skalenniveau der benutzten Variablen die Voraussetzung für die Anwendung der multiplen Regression erfüllt, ist kein spezifisches Problem der Kontextanalyse. Es war schon diskutiert worden, daß die Kovarianzanalyse angezeigt ist, wenn die Gruppierungsvariable nur nominales Skalenniveau aufweist.

Darüber hinaus gibt es eine Reihe von Vorschlägen dazu, unter bestimmten Voraussetzungen auch ordinalskalierte Variablen wie intervallskalierte Variablen zu behandeln und in eine multiple Regression eingehen zu lassen (vgl. Opp & Schmidt 1976: 35), oder nominalskalierte Variablen mit Hilfe von "Dummys" in die Regression aufzunehmen (a.a.O.: 203). Die Diskussion über die Zulässigkeit dieser Strategien soll an dieser Stelle nicht geführt werden.

Es soll hier nur auf die Möglichkeit hingewiesen werden, im Falle einer dichotomen Ausprägung der abhängigen Variablen die Logit/Probit-Analyse anzuwenden (vgl. die einführende Darstellung von Aldrich & Nelson 1986), die auch im Programmpaket SPSS verfügbar ist. Huckfeldt (1980, 1983b) hat dieses Verfahren in Analysen angewandt, in denen der kontextuelle Einfluß auf die Identifikation mit der Demokratischen Partei in den USA untersucht wurde (Identifikation versus Nicht-Identifikation). Huckfeldt und Sprague (1986) verknüpfen sogar den Ansatz von Boyd und Iversen (1979) mit der Logit/Probit-Analyse, indem sie zentrierte Variablen in Regressionsmodellen mit unzentrierten Variablen in Logit-Modellen vergleichen.

6.3 Weitere Entwicklungen

Ebenso, wie die bisherige Entwicklung der Kontextanalyse auch durch die Entwicklung der Datenverarbeitungstechnik geprägt wurde, werden sich auch weitere Entwicklungen nicht losgelöst von der Verfügbarkeit entsprechender Computer-Programme vollziehen können. Die Entwicklung von statistischen Verfahren und ihre erste Programmierung auf Computern ist dabei eine Sache, die routinemäßige Anwendung im Rahmen spezieller (hier: kontextanalytischer) Fragestellungen eine andere.

6.3.1 Slopes-as-Outcomes

Immer noch in einem frühen Stadium der Entwicklung befinden sich derzeit die Überlegungen zu einem Ansatz, der als "Slopes-as-Outcomes"-Ansatz bezeichnet werden soll. Die Arbeit von Lindley und Smith (1972) ist als der zentrale Beitrag zu diesem Ansatz anzusehen. Mason, Wong und Entwistle (1984: 74f.) stellen diesen Ansatz vor, dessen zentrale Idee es ist, die Mehrebenenstruktur der Theorie auch in der empirischen Analyse aufzunehmen.

In bisher diskutierten traditionellen Ansätzen (nach Boyd & Iversen 1979) wird die Analyse auf einer Ebene, der Ebene des Individuums durchgeführt. Kontexteigenschaften werden dem Individuum zugeschrieben und (rechnerisch) wie Individualeigenschaften behandelt.

Der "Slopes-as-Outcomes"-Ansatz basiert auf der Idee der gruppenspezifischen Regressionen der abhängigen Individualvariablen auf eine oder mehrere unabhängige Individualvariablen (vgl. Davis, Spaeth & Huson 1961). Hierbei handelt es sich um reine ("within"-) Individualanalysen. Die dabei jeweils innerhalb der einzelnen Kontexte geschätzten Parameter der Regressionsgeraden, Konstante (intercept) und Steigung (slope) werden dann im zweiten Schritt der

Analyse als die kontextspezifischen abhängigen Variablen betrachtet, die es mit Hilfe unabhängiger Kontexteigenschaften zu erklären gilt. Dieser Analyseschritt vollzieht sich dann ausschließlich auf der Aggregatebene, also mit Aggregatdaten (s.a. Blalock & Wilken 1979: 357).

Raudenbush und Bryk (1986: 2f.) bezeichnen diesen Ansatz als vielversprechend, nennen jedoch gleichzeitig eine Reihe von Problemen: Wenn der Kontext relativ klein ist, wird der Regressionskoeffizient innerhalb eines Kontextes wird mit relativ großem "sampling error" geschätzt werden; die "sampling precision" der geschätzten Parameter ist nicht über alle Kontexte konstant, so daß eine Voraussetzung der Schätzung im zweiten Schritt (üblicherweise über OLS) verletzt wird; es ist schwierig, die "sampling variance" von der "parameter variance" zu trennen; bis in jüngste Zeit war es nur möglich, "Slopes-as-Outcomes" zu schätzen, wenn die kontextspezifische Regression mit nur einer unabhängigen Variablen durchgeführt wurde. "Ordinary least squares is no longer the most appropriate estimation technique. The dependent variable - a regression coefficient - is obtained with varying sampling errors, and this will lead to heteroscedastic errors in the second regression analysis. By using information about the estimated variance of this sampling errors it is possible to obtain more efficient parameter estimates than those of ordinary least squares" (Hanushek 1974: 66).

Raudenbush und Bryk stellen ein "Hierarchisches Lineares Modell" als neue Perspektive dagegen, das wie die Überlegungen von Mason, Wong und Entwistle auf "Empirischer Bayesianischer Statistik" basiert. Sowohl die Beispielsanalysen von Mason, Wong und Entwistle (1984) als auch die von Raudenbush und Bryk (1986) arbeiten mit eigens für diese Verfahren geschriebenen Computer-Programmen.

Eine ausführliche mathematisch orientierte Diskussion dieser Ansätze soll vorerst den Spezialisten überlassen bleiben - zu denen ich nicht gehöre. Für einen breiteren Kreis von Anwendern werden diese Verfahren erst diskutabel, wenn sie in den großen statistischen Programmpaketen verfügbar sind und wenn eine Reihe von empirischen Untersuchungen zur Kontextanalyse damit durchgeführt wurden. Der interessierte Leser sei neben den genannten auf die Arbeiten von Hanushek (1974), Dempster, Laird und Ruben (1977), Saxonhouse (1977), Hermalin und Mason (1980) und Tate (1985) verwiesen. Außerdem sei auf De Leeuw und Kreft (1986, mit ausführlicher Literaturliste, darin auch die Hinweise auf die Arbeiten von Burstein) und Van den Eeden (1986) zum "two-step-model" verwiesen.

6.3.2 Endogenes Feed-Back

Auch die Überlegungen von Erbring und Young (1979), daß Kontexteffekte von der Aggregatentsprechung der *abhängigen* Variablen ausgingen (s.a. Hummell 1972: 100 und Przeworski 1974: 34), lassen sich im Rahmen von Analysetechniken, die auf OLS basieren, nicht überprüfen ("if the individual level equivalent of a contextual variable is the dependent variable itself ... then it's separate effects cannot be estimated"; Langbein & Lichtman 1978: 59; "All models of this problem of which I am aware lead to complex and nonlinear formulations"; Sprague 1982: 103). "The destinction between the use of $\bar{y}_k$ and $\bar{x}_k$ levels may be largely academic, however. If the particular independent variable x is moderately correlated with y, then the correlation between $\bar{y}_k$ and $\bar{x}_k$ is likely to be extremely high if the groups are even reasonably large" (Blalock & Wilken 1979: 305).

Blalock (1984b: 364) weist darauf hin, daß das Modell des endogenen Feed-Back Schwierigkeiten in der Datenanalyse aufwirft. "But if this is the mechanism through which many contextual variables actually operate in the real world, igno-ring them will not make them disappear and may only keep us conveniently igno-rant of the possible inflating or deflating effects of omitting such variables from our models" (Blalock 1984b: 365; s.a. Blalock & Wilken 1979: 295).

Hier sind wie im Falle des "Slopes-as-Outcomes"- oder "Two-Step"-Ansatzes empirische Untersuchungen gefragt, die nachweisen, daß die neueren Ansätze dem traditionellen Modell an Erklärungskraft überlegen sind. In dem Maße, in dem sich ein derartiges Ergebnis herauskristallisiert, wird auch die Einbindung in allge-mein verfügbare Analyse-Programme voranschreiten. Da aber auch im Rahmen des traditionellen Ansatzes noch eine Reihe von Problemen ungelöst sind, bzw. empirischen Materials bedürfen, bietet sich auch hier noch ein weites Betäti-gungsfeld. Die Analysen im zweiten Teil der Arbeit werden sich daher im Rahmen des traditionellen Ansatzes bewegen.

6.3.3 Daten aus mehreren Datensätzen

Kontextanalyse benötigt Individualdaten, da sowohl die abhängige Variable als auch die Kontrollvariablen Individualvariablen sind. Diese Daten lassen sich nur über Erhebungen auf der Ebene des Individuums beschaffen. Die Aggregatdaten lassen sich hingegen sowohl aus Individualdaten konstruieren als auch durch eigene Erhebungen auf Kontextebene gewinnen (vgl. Lazarsfeld & Menzel 1961). Darüber hinaus lassen sich Untersuchungen danach differenzieren, ob sie Daten aus einer oder mehreren Quellen benutzen.

Wenn Daten aus einer Individualerhebung gleichzeitig dazu genutzt werden, Kontexteigenschaften zu konstruieren, so läßt sich dieses Vorgehen als "one-level-measurement" bezeichnen. Diese Art der Datenerhebung bietet auf den ersten Blick einige Vorteile: es entstehen keine über die Individualbefragung hinausge-henden Erhebungskosten und der Forscher hat Einfluß auf die Auswahl der Kon-texte, sowie auf die Auswahl und Operationalisierung der Kontexteigenschaften. Auf der anderen Seite ist diese Form der Erhebung aber davon abhängig, daß pro Kontext genügend Individuen befragt werden können, um sinnvollerweise einen Aggregatparameter konstruieren zu können, der den gesamten Kontext repräsen-tiert (vgl. Boyd & Iversen 1979: 200).

Hinweise darüber, wieviele Befragte als ausreichend angesehen werden können, um Kontexteigenschaften aus Individualvariablen konstruieren zu können, finden sich nicht (vgl. Massey & Denton 1985: 96). Es finden sich Arbeiten, die etwa 80-90 Befragte (Guest & Lee 1983: 238) pro Kontext aufweisen. Huckfeldt und Sprague (1986: 9) bezeichnen einen Durchschnitt von 94 Befragten pro Kontext als "sufficient". Andererseits finden sich Minima von 3, bzw. 5 oder 14 Befragten in einzelnen Kontexten (Esser 1982a: 288, 290). Apple & O'Brien (1983: 78) arbeiten mit einer Stichprobe von ca. 15 bis 30 Schwarzen, bzw. ca. 27 bis 54 Weißen pro Kontext, Knoke (1981: 148) befragte pro Kontext (Organisation) durchschnittlich 26 Mitglieder. Je kleiner der Kontext, desto eher kann eine bestimmte Auswahl an Befragten zwar repräsentativ, aber mit größeren 'sampling errors' behaftet sein. Je mehr Kontexte miteinander verglichen werden sollen, desto größer werden auch diese Gesamt-Stichproben sein müssen.

Auf der anderen Seite bietet sich an, dem einmal erhobenen Individualdatensatz Daten aus anderen Quellen hinzuzufügen. Die klassische Möglichkeit hierzu bieten die Daten der amtlichen Statistik (vgl. Wright 1977: 499; s.a. die Arbeiten von Stipak 1980; Weatherford 1983; Mastekaasa & Moum 1984). Auch sie beruhen zumeist auf Individualerhebungen und werden dann nach Gebieten (Kontexten) aggregiert. Das Problem dieser Daten ist, daß sie sich möglicherweise nicht nach den Kontexten aggregieren lassen, die der theoretischen Fragestellung entsprechen. Die Einheiten der amtlichen Statistik (Block, Ortsteil, Stadtteil, Bezirk, Stadt) sind oftmals nicht die Einheiten, die der Forscher für handlungsrelevant hält (z.B. 'natural areas'). Außerdem erfassen diese Daten nur wenige handlungsrelevante Dimensionen (z.B. sozio-demographischer Bereich), andere Dimensionen (z.B. Kontaktverhalten) werden nicht abgedeckt. Darüber hinaus sind die Daten oftmals veraltet und schwer zugänglich (Datenschutz, Kosten).

Neben den Daten der amtlichen Statistik wäre es auch denkbar, auf Daten aus anderen Erhebungen zurückzugreifen, um Kontexte zu charakterisieren. Von dieser Möglichkeit wird aber in der Praxis wenig Gebrauch gemacht. Möglicherweise ist das als Indiz dafür aufzufassen, daß derartigen kontextuellen Eigenschaften nicht viel Erklärungskraft zugetraut wird. Es hätte sonst sicherlich schon Versuche gegeben, z.B. ein Indikatorensystem für (z.B.) Stadtteileigenschaften zu erstellen, das auf der Aggregierung individueller Merkmale der Bewohner basiert (analog zu dem Versuch Mertons 1957: 310-326 eine Liste der wichtigsten Gruppeneigenschaften aufzustellen; vgl. auch Selvin & Hagstrom 1963).

Letztendlich wird sich die Auswahl der Daten(quellen) zuerst an der theoretischen Fragestellung orientieren müssen und dann fragen, ob und wo die gewünschten Daten vorhanden sind. Hinsichtlich der Kosten bleibt anzumerken, daß bereits vorliegende Daten aus anderen Erhebungen auch dann, wenn man für sie bezahlen muß oder sie von Hand übertragen muß (heutzutage durchaus die Praxis in statistischen Ämtern), noch wesentlich kostengünstiger sind, als Daten aus einer Primärerhebung.

"To the extent that there is a disciplinary division of labor with respect to the selection and measurement of independent variables, one can at least imagine such carefully coordinated data collection efforts being conducted by interdisciplinary teams using a diversity of research tools. Without such coordination and large scale (and costly) data collection conducted over reasonably long periods of time, however, our existing data base will remain inadequate to test even reasonably complex causal models. Hangups of this nature have been especially important in blocking really serious efforts to conduct cross-level analyses in which micro- and macrolevel variables are combined into the same explanatory models" (Blalock 1984a: 46).

6.3.4 Design der Untersuchung

"In the 20 years since Blau established the presence of structural effects, sociologists have not modified research design or theory to accomodate them. .. the failure of the literature to indicate the presence of structural effects is an artifact of sociological research practices and does not imply anything about their occurence" (Handel 1981: 586). Diese Einschätzung beginnt erst in letzter Zeit ihre Gültigkeit zu verlieren. Mit der Einführung von neuen Untersuchungs-Designs sind andererseits neue Probleme verbunden.

"The minimum data requirement for multilevel analysis is a representative sample of groups with representative samples of individuals within each group" (Boyd & Iversen 1979: 157). Leider finden sich in kontextanalytischen Untersuchungen keine Hinweise darauf, was als repräsentative Stichprobe von Kontexten anzusehen sei, und aufgrund welcher Kriterien das beurteilt werden könne. Eine Zufallsauswahl führt schnell zu einer großen Anzahl von Kontexten, die jeweils wieder durch eine Zufallsauswahl an Individuen repräsentiert werden müssen, so daß Stichprobengrößen von 2.000 bis 4.000 Personen schnell erreicht werden.

Eine Alternative zu dieser Zufallsauswahl von Kontexten stellt ein quasi-experimentelles Design dar, wie es z.B. von Esser (1982a,1982b) oder Guest und Lee (1983: 238) angewandt wird. Ein solches Design versucht, die Zwischengruppenvarianz, bzw. Zwischenkontextvarianz der relevanten (bzw. interessierenden) Kontexteigenschaften und damit der unabhängigen Variablen in der Kontextanalyse zu maximieren. Die in der Gesamtheit der Kontexte bestehenden Unterschiede werden damit überzeichnet, es wird nicht die Lage an sich dargestellt. Durch die Maximierung der Zwischengruppenvarianz wird es vielfach erst möglich, Effekte von Kontexteigenschaften festzustellen, die sonst nur geringe interkontextuelle Varianz aufweisen. Für eine Beschreibung der aktuellen Situation ist also eine Zufallsauswahl von Kontexten geeigneter, für die Identifizierung von kausalen Faktoren und die Überprüfung theoretischer Annahmen (incl. "was wäre wenn"-Fragen) sind quasi-experimentelle Designs vorzuziehen.

Komplexe Stichproben-Designs, in denen ungleiche Ziehungswahrscheinlichkeiten für Individuen bestehen, da die Auswahl nach Kontexten geschichtet wird, werfen Probleme der statistischen Inferenz auf. Geschätzte Standardfehler gehen von einer reinen Zufallsauswahl der Befragten aus. Stipak und Hensler (1982: 164) sind sich dieses Problems bewußt, beziehen sich aber auf die Arbeit von

Frankel (1971), nach der die Schätzungen als annehmbare Näherungen anzusehen seien. An anderer Stelle (Mueller 1974: 655) wird über eine Anregung berichtet, nach der ungleiche Ziehungswahrscheinlichkeiten die Konsequenz haben, daß bestimmte Personengruppen in der Stichprobe überrepräsentiert sind. Daher könnte ein "sampling design correction factor" bestimmt und angewandt werden, mittels dem die den Schätzungen zugrunde liegende Stichprobengröße N in einem Maße reduziert wird, das dem Einfluß des Designs gegenüber einer reinen Zufallsauswahl entspricht. (Basis dieser Überlegungen ist ein Arbeitspapier: Hauser, Robert M. 1972: A Sampling Design Factor for the 1962 OCG. Madison: Univ. of Wisconsin. Angaben nach Mueller 1974: 666).

In einer jüngeren Arbeit fassen Lee, Forthofer und Lorimor (1986) die Probleme zusammen und zeigen eine Reihe von Korrekturstrategien auf. Sie kommen zu dem Schluß, daß "... inferences obtained with regular statistical methods applied to complex survey data may lead to errors in interpretation. Because of the complexity inherent in the linearization and pseudoreplication methods, it seems practical to conduct preliminary analyses using regular statistical procedures, but for final analyses to be based on more appropriate methods that take into account sample design and selection probability" (Lee, Forthofer & Lorimor 1986: 93; dort auch weiterführende Hinweise).

Wie die bisherigen Ausführungen gezeigt haben, gibt es im Rahmen von Kontextanalysen wichtigere theoretische und praktische Probleme zu lösen als die exakte Bestimmung von Signifikanzniveaus. Aus den genannten Gründen wird in den empirischen Analysen der vorliegenden Arbeit auf die Durchführung von Signifikanztests, bzw. die Angabe von Signifikanzniveaus verzichtet, (einzig in größeren Koeffizienten-Tabellen tauchen die "Sternchen" zur besseren Orientierung auf).

TEIL II

EMPIRISCHE ANALYSEN

Kontextuelle Determinanten der Eingliederung von Ausländern

Kapitel 7: Theoretische Überlegungen zur Eingliederung von Migranten

Im zweiten Teil dieser Arbeit werden empirische Analysen kontextueller Einflüsse vorgenommen. Analysiert wird der Einfluß vom räumlich definierten sozialen Umfeld und seinen Eigenschaften auf die Eingliederung von Migranten in fünf großen Städten der Bundesrepublik Deutschland. Für die Auswahl dieses speziellen Untersuchungsgegenstandes sprechen mehrere Gründe: Die Eingliederung von Minoritäten ist ein Feld, in dem bereits eine Reihe von Überlegungen zu kontextuellen Effekten vorliegt. Diese Überlegungen wurden zwar zumeist im Gefolge der sozialökologischen Schule geäußert, sind aber (vgl. Exkurs 1) ohne weiteres auch auf spezifisch kontextanalytische Konzepte zu beziehen. Zweitens sind im Bereich der Eingliederung von Migranten in den letzten Jahren wertvolle Beiträge zur Erklärung von Assimilation und Integration durch Individualvariablen geleistet worden: es kann also auf bewährte individualtheoretische Überlegungen zurückgegriffen werden, wenn die relevanten Kontrollvariablen für kontextuelle Effekte benannt werden sollen. Ein dritter Grund ist die Relevanz des Problemkomplexes "Eingliederung von Ausländern" für die Planungspraxis.

Letztlich führte auch eine günstige Konstellation zur Auswahl des Untersuchungsgegenstandes: Ich hatte die Chance, als wissenschaftlicher Mitarbeiter in einem Forschungsprojekt zu arbeiten, in dem 1984 unter Federführung von Hartmut Esser nach einem kontextanalytischen Design Individualdaten zur Eingliederung von Ausländern erhoben und ausgewertet wurden. Damit besteht die Chance, im Konzept direkt an frühere Arbeiten (vgl. u.a. Esser 1980; Kremer & Spangenberg 1980; Esser, E. 1982; Hill 1984) anzuknüpfen und so diese Forschungstradition fortzuführen und gleichzeitig um den neuen Aspekt der "cross-level-analysis" zu erweitern (der von Esser bereits 1982a und b eingeführt wurde; s.a. Esser 1986a). Der Dank an die Kollegen und die Deutsche Forschungsgemeinschaft findet sich im Vorwort.

7.1 Dimensionen der Eingliederung

Esser (1980: 19-25, 209-235; 1981; 1982a) hat im Gefolge der Arbeiten von Taft (1957), Eisenstadt (1954) und Gordon (1964) Dimensionen der Eingliederung von Migranten unterschieden und Begriffe geprägt. Zu ähnlichen Strukturierungen des Forschungsgegenstandes kommen auch Vlachos (1968) und Alpheis (1982: 39; 1984: 371).

"Beim Begriff 'Eingliederung' sind zwei logisch voneinander getrennt zu betrachtende Dimensionen kombiniert. Diese Dimensionen sind einerseits die *Assi-*

milation des Wanderers, wobei hierunter der - variable - *Grad der Angleichung* an gewisse 'Standards' in der Aufnahmegesellschaft verstanden wird. Hiervon zu unterscheiden ist das Ausmaß, zu dem sich der Wanderer (...) in einem gleichgewichtigen Verhältnis zur Aufnahmegesellschaft befindet. Dieser Aspekt sei mit *Integration* bezeichnet" (Esser 1982a: 282).

Der Begriff der Assimilation läßt sich (vgl. Esser 1981: 77; 1982a: 282; Esser, E. 1982: 24-27 oder Hill 1984: 92- 97) noch weiter ausdifferenzieren :

Personale Merkmale:

> *Kognitive Assimilation* "KOA"
> (nach instrumentellen Fähigkeiten; üblicherweise operationalisiert über Sprachkenntnisse)

> *Identifikative Assimilation* "IDA"
> (nach Übernahme und Verinnerlichung von Werten und Normen; auch Assimilationsbereitschaft; üblicherweise operationalisiert über Naturalisierungsabsicht, Zugehörigkeitsdefinition, Namensänderung und Rückkehrabsicht)

Relationale Merkmale:

> *Soziale Assimilation* "SOA"
> (nach Kontakt- und Kommunikationsverhalten; üblicherweise operationalisiert über interethnische Kontakte, Besuche, Heiraten)

> *Strukturelle Assimilation* "STR"
> (nach beruflicher und gesellschaftlicher Position; üblicherweise operationalisiert über Berufsstatus, Einkommen und Besitz)

Esser differenziert weiter die Dimension der Integration in drei Aspekte: personale, soziale und systemische Integration, die auf Gleichgewichtszuständen innerhalb der Person, zwischen Personen und zwischen Gruppen abzielen. Für die hier durchzuführenden Kontextanalysen (in denen das Explanandum eine Individualvariable ist,) interessiert vor allem die

> *Personale Integration* "PIN"
> (nach Spannungen, Dissonanzen, Widersprüchen zwischen den verschiedenen Orientierungen einer Person; üblicherweise operationalisiert über Zufriedenheit oder abweichendes Verhalten). Vgl. zu den Operationalisierungen der einzelnen Aspekte Esser (1980: 70- 104,220f), Esser, E. (1982: 156-163), Alpheis (1982: 52-59, 77-81).

Die fünf hier eingeführten Konstrukte (KOA, IDA, SOA, STR und PIN) sind in ihrer theoretischen und empirischen Verbindung bereits analysiert worden (vgl. Esser 1980; 1981; 1982a oder Hill 1984). Als Ergebnis läßt sich eine weitgehende Bestätigung der folgenden Überlegungen feststellen.

Die zentrale Determinante der Eingliederung, die allen anderen Schritten vorausgeht, ist die kognitive Assimilation. Sowohl strukturelle als auch soziale Assimilation hängen direkt von der kognitiven Assimilation ab. Eine Folge der Assimilation in sozialer und struktureller Hinsicht ist die identifikative Assimilation.

Abbildung 7.1: Kausalstruktur von Assimilation und personaler Integration (nach Esser 1982: 283)

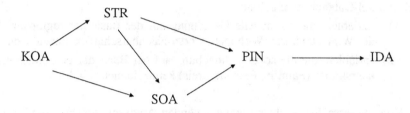

Diese Umorientierung wird sich jedoch nur einstellen, wenn das "Orientierungssystem keine Widersprüche systematischer Art mehr aufweist" (Esser 1982a: 283). Daher ist personale Integration als intervenierende Variable zwischen struktureller und sozialer Assimilation einerseits und identifikativer Assimilation andererseits zu sehen (vgl. Abb. 7.1).

Über dieses Kernmodell hinaus sind in verschiedenen Analysen Erweiterungen vorgeschlagen worden. Variablen, die aus der Sicht dieses Modells als exogene Variablen bezeichnet werden können, lassen sich einmal der Person (z.B. Prä-Migrations-Erfahrungen) und zum anderen der Umgebung (z.B. Ausländerfeindlichkeit) zuordnen (vgl. Esser 1980: 194f.; Esser, E. 1982: 13-18).

Die Erweiterungen sind für die vorgesehenen Kontextanalysen in zweierlei Hinsicht wichtig: Zum einen nehmen die hier angestellten Überlegungen zu kontextuellen Einflüssen selbst eine Erweiterung des Kernmodells vor, indem Umgebungsvariablen in die Analyse einbezogen werden; zum anderen werden zur Auswahl der relevanten Individual- und Aggregatvariablen die aktuellen Ergebnisse des Forschungsprojektes (aus dem die Daten stammen) einbezogen, das ebenfalls eine Erweiterung und Verfeinerung des Ansatzes (um Herkunfts- und Plazierungsvariablen) zum Ziel hatte.

In den folgenden empirischen Analysen sollen die dargestellten fünf zentralen Aspekte der Eingliederung (nacheinander) als abhängige Variablen betrachtet werden. Die jeweils relevanten individuellen Variablen ergeben sich aus dem Grundmodell in Abbildung 7.1, sowie den Ergebnissen der Analysen, die im Rahmen des Forschungsprojektes durchgeführt wurden (Endbericht 1986). Im Mittelpunkt der Untersuchung wird die Rolle von Umgebungsvariablen als unabhängigen Variablen stehen.

7.2 Kontextuelle Determinanten

Der Begriff der Umgebungsvariablen bedarf der Präzisierung. In der Minoritätenforschung sind manchmal Individualvariablen als Proxis für eine "reiche kontextuelle Erfahrung" (Sprague 1982: 104) herangezogen worden (vgl. z.B. Hill 1984: 107). Dies soll hier nicht geschehen, da eine Fülle von Daten vorliegt, die es erlaubt, Kontexteigenschaften direkter zu operationalisieren.

Die Umgebungsvariablen, die in der Untersuchung erhoben wurden, lassen sich in zwei Kategorien einteilen:

1) Variablen, die die soziale Umgebung auf der Basis der regionalen Nähe der Wohnstandorte (Wohngebiet oder Nachbarschaft) kennzeichnen,

2) Variablen, die die soziale Umgebung auf der Basis der tatsächlichen Verkehrskreise (Familie, Freundeskreis) kennzeichnen.

Von Interesse für die hier vorzunehmenden Analysen sind nur die Variablen mit regionalem Bezug. Die Variablen, die die Plazierung in Freundes- und Familienmileus beschreiben, die also eher Netzwerk-theoretisch orientiert sind, können hier nicht in die Analyse einbezogen werden (dies wird an anderer Stelle geschehen).

7.2.1 Segregation und Konzentration

Der Einfluß von Eigenschaften des Wohngebietes auf die Eingliederung von Minoritätsangehörigen wird in der Literatur in erster Linie als Effekt ethnischer *Konzentration* bzw. residentieller *Segregation* gesehen.

"Segregation: das Ausmaß der ungleichen Verteilung von Elementen über städtische Teilgebiete eines Gebiets (Ebene 'Gebiet')

Konzentration: der Anteil der Bevölkerung in einem Teilgebiet an der Gesamtbevölkerung eines Gebiets (Ebene 'Teilgebiet')" (Friedrichs 1977: 217)

Beispiel: der Anteil der Türken an der Hamburger Bevölkerung beträgt 3,25% (Stand: 30.9.1986). Im Falle von Zufallsverteilung über die Stadtteile müßte jeder Stadtteil also 3,25% Türken an der Wohnbevölkerung aufweisen. Das Ausmaß der Abweichung von dieser Verteilung wird als Segregation bezeichnet. In den Stadtteilen, in denen der Anteil der Türken über 3,25% hinausgeht, kann von hoher Konzentration gesprochen werden.

Das Maß für Segregation ist ein Maß der Ungleichheit (wie z.B. der Segregationsindex von Duncan & Duncan 1955; vgl. Friedrichs 1977: 270; Blasius 1988), das Maß für Konzentration ist der Anteil der Mitglieder einer Gruppe an der gesamten Bevölkerung eines Teilgebiets (z.B. "Ausländeranteil in %"). Nicht berücksichtigt wird im folgenden eine Sichtweise der Konzentration, die den Anteil der Mitglieder einer Gruppe in einem Teilgebiet an der Gesamtzahl der Mitglieder dieser Gruppe im Gebiet mißt (z.B. "% der Hamburger Türken, die im Stadtteil St.Georg wohnen"). Konzentration wird also im Sinne von Homogenität verstanden: je mehr Ausländer sich in einem Gebiet versammeln, desto höher ist ihre Konzentration in diesem Gebiet und desto homogener wird das Gebiet.

Der Zusammenhang zwischen Segregation und Konzentration stellt sich wie folgt dar: In einem Gebiet mit hoher Segregation muß es zwangsläufig mehr Teilgebiete mit stark über- oder unterdurchschnittlicher Konzentration geben, als in einem Gebiet mit niedriger Segregation. Die Feststellung, ein Ausländer lebe in einer Stadt mit hoher ethnischer Segregation, sagt nur etwas über die Verteilung der Ausländer in dieser Stadt aus, nicht jedoch darüber, ob die betrachtete Person in einem Stadtteil mit hoher oder niedriger Ausländerkonzentration lebt.

So beschreibt Segregation besser die gegenwärtige Verteilung und damit auch die Mobilitätsmöglichkeiten: hohe ethnische Segregation bedeutet, daß relativ wenige Stadtteile überproportional stark genutzt werden (können), andere hingegen kaum. Außerdem wird hierdurch ein Aspekt der Chancengleichheit auf Aggregatebene gemessen. Konzentration beschreibt hingegen besser die aktuelle Lebenslage des Migranten in seiner direkten Umwelt. Der größte Informationsgewinn wird bei der Benutzung beider Konzepte erzielt: Stadtteile können einen niedrigen Ausländeranteil bei extremer Segregation aufweisen (z.B. wenn alle Ausländer in einem Block wohnen), aber auch hohe Konzentration und niedrige Segregation.

Da Segregation immer über Konzentrationsmaße auf der nächstniedrigeren Ebene definiert wird, lassen sich die Informationen hierzu durch Betrachtung und Kombination der Konzentration auf verschiedenen Ebenen gewinnen. Die Aspekte des Segregationsbegriffes (wie Standards der Gleichverteilung oder Chancengleichheit) sollen in der Individualanalyse nur dort behandelt werden, wo es theoretisch ausdrücklich erforderlich ist.

Residentielle Segregation und ethnische Konzentration werden gleichzeitig als Operationalisierung von sowohl sozialer als auch struktureller Assimilation (Esser 1980: 221) und somit nicht nur als Ursache, sondern auch als Indikator für Assimilation gesehen. Hier wird deutlich, daß der Status der residentiellen Segregation bzw. Konzentration als Kontextvariable erst in den letzten Jahren erkannt wurde. Der Übergang zwischen den Untersuchungsebenen wird z.B. von Friedrichs (1977: 255) als "sinnvoll, empirisch aber nicht untersucht" bezeichnet.

So wird das Wohnen in Gebieten mit niedriger Segregation bzw. niedriger Konzentration zum einen als Indikator für individuelle soziale Assimilation also das Zustandekommen interethnischer Kontakte gewertet, zum anderen aber als das Erreichen einer gesellschaftlichen Position, also als Indikator der strukturellen Assimilation. Davon wird die Zugehörigkeit zu einer hoch segregierten oder konzentrierten Gruppe nicht immer getrennt: eine Person kann Mitglied einer Gruppe sein, die stark segregiert lebt. Dies hat möglicherweise Stigmatisierungen zur

Folge, die die Person auch betreffen, wenn sie persönlich nicht in einem Teilgebiet mit hoher Konzentration lebt.

In den folgenden Analysen sollen residentielle Segregation bzw. ethnische
Konzentration ausschließlich als exogene Variablen in Kontexthypothesen betrachtet werden. Dabei wird das Konzept über die (ethnische) Konzentration, also
den Anteil einer Gruppe an der Wohnbevölkerung (z.B. Ausländeranteil), ausgedrückt in Prozent, gemessen.

7.2.2 Wirkungen kontextueller Determinanten

"Die Assimilation von Wanderern ergibt sich nicht lediglich aus den (geplanten) Handlungen, sondern ist - i.d.R. stärker noch als durch Persönlichkeitsfaktoren - von den Eigenschaften der Umgebung im Aufnahmesystem (bzw. den alternativen Handlungsum-
gebungen) abhängig   ". (Esser 1980: 92).

Der Zusammenhang von Makro-Variablen (Kontexteigenschaften) und der individuellen Eingliederung von Migranten (bzw. anderen Minoritätsangehörigen)
wird in der Literatur fast ausschließlich am Beispiel der Folgen residentieller Segregation oder ethnischer Konzentration (bzw. ethnischer Homogenität) untersucht.
Auch die mit diesen Konzepten verbundene absolute Anzahl an Minoritätsangehörigen wird noch zur Erklärung herangezogen. Ausführliche Darstellungen der
Konzepte der Segregation und Konzentration - auch unter dem Aspekt der Eingliederung - finden sich bei Friedrichs (1977: 216-294), der Wirkungen auf Eingliederung von Migranten im Allgemeinen bei Esser (1980: 94-98, 149-171) und
der Wirkungen auf Inter-Gruppen-Kontakte im Besonderen bei Blalock und
Wilken (1979: 515-586). Bei Esser sowie Blalock und Wilken finden sich auch
individual-theoretische Explikationen der Konzepte im Rahmen des SEU-Modells,
Blalock und Wilken diskutieren darüber hinaus auch konzeptuelle Probleme
(1979: 525-535).

Esser stellt fest (1980: 96), daß ein negativer Zusammenhang zwischen Segregation und Konzentration einerseits und Assimilation andererseits postuliert wird,
(z.B. Hawley 1944a: 674: "Residential segregation has an effect on other aspects
of ethnic assimilation".) Geringe Assimilation und Integration dürften wiederum
Prozesse der Segregation und Konzentration verstärken (vgl. Marshall & Jiobu
1974; s.a. Esser 1980: 162; Blalock & Wilken 1979: 545). Eine derart nicht-rekur-
sive Kausalstruktur bedeutet, daß Segregation dazu beiträgt, bestehende soziale
Ungleichheiten oder soziale Differenzierungen zu konservieren oder gar zu vertie-
fen (Esser 1980: 134,155, Friedrichs 1977: 259). Dabei macht Esser deutlich, daß
derartige Segmentationen durchaus zu integrierten Zuständen führen können,
wenn er ethnische Schichtungen "besonders in Verbindung mit räumlichen Kon-
gregationen und Segregationen" als "besonders stabile Form von Integration bei
nicht vorhandener Assimilation" bezeichnet (1980: 181).

Betrachtet man aber die empirischen Arbeiten, die diese Überlegungen prüfen wollen, so ist festzustellen, daß es sich zumeist um ökologische Aggregatdaten-Studien handelt. In diesen Studien wird also die Eingliederung von Gruppen und nicht die von Individuen betrachtet. "Die so naheliegende Frage, welche Folgen die Segregation hat, führt auf beträchtliche Schwierigkeiten, wenn man sie hinreichend beantworten will" (Friedrichs 1977: 254). Eine Schwierigkeit besteht darin, daß "Kontexthypothesen sinnvoll, aber empirisch nicht untersucht sind" (a.a.O. 255). Eine andere Ursache liegt darin, daß Segregation für ein "Bündel von Umgebungsvariablen" (Esser 1980: 96, s.a. Friedrichs 1977: 259) steht und daher die Möglichkeit von Scheinbeziehungen nicht auszuschließen ist (vgl. Hummell 1972: 109).

Es ist in nahezu allen Studien, die Folgen der Segregation und Konzentration mit quantitativen Methoden zu erheben suchen, festzustellen, daß die Trennung der Analyse-Ebenen durchbrochen wird. "Our verbal theories are often sufficiently fluid (and vague) that movement between the two levels appears to be a simple matter" (Blalock & Wilken 1979: 289). Es wird nicht deutlich genug getrennt, daß die Untersuchungen (z.B. Myers 1950; Duncan & Lieberson 1959; Lieberson 1961/2; Jones 1967; Jiobu & Marshall 1971; Roof 1972; vgl. auch andere Arbeiten im Reader von Peach 1975) mit Aggregatdaten (auch im Explanandum) arbeiten, auf der anderen Seite aber individualtheoretische Interpretationen anbieten. Es handelt sich bei diesen Interpretationen somit um empirisch nicht gesicherte Aussagen über das Verhalten von Individuen. Ähnlich ist auch Blalock und Wilken (1979: 568-585) in ihrer Diskussion des Kontaktverhaltens der Vorwurf zu machen, konzeptuelle Trennung und Zusammenhänge zwischen Aggregat- und Individualvariablen nicht deutlich genug herausgestellt zu haben. Wenn - durch unsauberen Sprachgebrauch - des öfteren zwischen Individual- und Aggregatebene gewechselt wird, so entsteht der Eindruck, als seien Effekte auf Individual- und Kontextebene immer gleichgerichtet. Eine konzeptuelle Einbeziehung inverser Effekte kann so nicht stattfinden.

Die so entstandenen Konzepte bauen auf der Überlegung von Hawley (1944a: 677f.) auf, daß ethnische Konzentration die Sichtbarkeit (visibility) der Minorität verstärke, die wiederum zu erhöhter sozialer Distanz zwischen Majorität und Minorität führe (s.a. Weinberg 1961: 244). Intervenierender Mechanismus sei dabei ein infolge höherer Sichtbarkeit stärkeres Gefühl der Bedrohung durch die Minorität bei der Majorität (vgl. Friedrichs 1977: 241; Esser 1980: 155).

Soziale Distanz führe wiederum zur Verstärkung von Segregation, sowie, in Verbindung mit Konkurrenz um knappe Ressourcen zu Diskriminierung der Minorität, die sich in schlechter infrastruktureller Ausstattung der Wohngebiete der Minorität äußert. Derartige Benachteiligungen ziehen andere Formen sozialer Ungleichheit nach sich (vgl. zu dieser Argumentation die Darstellung der Arbeiten von Bahr & Gibb 1967; Roof & Van Valey 1972 und Roof 1972 bei Esser 1980: 156-160, sowie Esser 1986a: 34-36 und Friedrichs 1977: 241f.).

Eine erst einmal entstandene soziale Differenzierung lebt auch dann weiter, wenn die ursächliche askriptive Benachteiligung der Minorität fortfällt und sie formal über alle Rechte verfügt (hierzu vor allem Esser 1980: 155; s.a. Blalock & Wilken 1979: 545; zur Stabilität von Segregation vgl. Duncan & Lieberson 1959: 99-101). Auf der anderen Seite sind Effekte von Segregation möglicherweise dann nicht feststellbar, wenn starke (sonstige) Diskriminierungen vorliegen, die die Effekte überlagern: Segregation ist demnach hinreichend aber nicht notwendig für das Entstehen ethnischer Differenzierung (Esser 1980: 136, 162, 170; zu Wirkungen integrierten Wohnens vgl. Friedrichs 1977: 296-301; Blalock und Wilken 1979: 517f.). Die Untersuchungen zur equal-status-contact Hypothese (z.B. Caplow & Foreman 1950; Zeul & Humphrey 1971) haben gezeigt, daß zunehmende Integration im Wohnbereich zumindest nicht automatisch zu mehr Inter-Gruppen-Kontakten und Abbau von Vorurteilen führt. "Desegregation ist daher nur eine Maßnahme zur Integration unter anderen" (Friedrichs 1977: 301; in diesem Sinne auch Schuleri-Hartje 1982; Bonacker 1983; Esser 1983b; s.a. Longshore & Prager 1986). An dieser Stelle muß darauf verwiesen werden, daß der Begriff der "Integration" üblicherweise weiter als bei Esser verwandt wird, indem er einem Zustand der Eingliederung mit Assimilation und Integration im Sinne von Esser gleichgesetzt wird. Interessant dürfte die Prüfung der auf Aggregatdatenebene gewonnenen Überlegungen auf der Individualebene sein.

Als Folge der "rather simple information", die in den verwendeten Zensus-Daten enthalten seien, haben sich in empirischen Studien nach Meinung von Blalock und Wilken (1979: 520) nur schwache Zusammenhänge zwischen Segregation und individueller Assimilation gezeigt: "In very broad terms, relationships between both racial and ethnic residential segregation and various socio-economic indicators have been surprisingly weak."

7.3 Ethnische Infrastruktur, Institutionen, Kolonie

Hohe ethnische Konzentrationen in städtischen Teilgebieten sind eine Voraussetzung für das Entstehen ethnischer Infrastruktur (Bildungseinrichtungen, Geschäfte, Gotteshäuser, Zeitungen etc.; vgl. Hoffmeyer- Zlotnik 1977: 37). "Große Gruppen, die zusammen siedeln, können sich isolieren, eigene soziale und wirtschaftliche Organisationen aufbauen und sich so der Integration entziehen" (Albrecht 1972: 267). Die Größe einer Gruppe ist ein Bedingungsfaktor für das Entstehen derartiger Infrastruktur. Hottes und Meyer (1977: 412) haben z.B. gezeigt, daß ethnische Gaststätten erst ab einer Population von ca. 1.000 Personen zu beobachten sind. Becher und Erpenbeck (1977: 65ff.) stellen fest, daß in kleineren Städten (unter 100.000 Einwohnern), in denen die ethnischen Gruppen geringere Größen aufweisen als in Großstädten, ein größeres Engagement von Ausländern in deutschen Organisationen herrscht.

Heckmann (1981: 130) hat den typischen Verlauf der Entstehung ethnischer Kolonien nachgezeichnet. Neben der assimilationshemmenden Wirkung, der "insularen Tendenz in Form der Koloniebildung" (S. 258) betont Heckmann aber auch die persönlichkeitsstabilisierende Wirkung der ethnischen Gemeinde (S. 217).

Es kann darüber gestritten werden, ob sich die von Heckmann (1981: 205; und auch Bonacker 1983: 102) behauptete Tendenz zur Bildung von ethnisch homogenen Wohnvierteln, die an amerikanische Verhältnisse (Gettoisierung) erinnern, in der Bundesrepublik nachweisen läßt, wo ein Ausländeranteil von 40% schon als hoch zu gelten hat; (das dürfte in der Praxis einem Bevölkerungsanteil der stärksten ethnischen Gruppe an der gesamten Bevölkerung von maximal 25-30% entsprechen.)

Auch Hoffmeyer-Zlotnik scheint von amerikanischen Zuständen auszugehen: "Bedingung (für Integration bei segregiertem Siedeln, H.A.) wäre allerdings, daß das segregierte Siedeln seinen Ghettocharakter verlieren würde, daß die *von ethnischen Minoritäten dominierten Siedlungsteilgebiete* nicht mehr in einem die Minoritäten diskriminierenden Sinne als kontrollierbare Enklaven gesehen würden" (1986b: 15; Hervorhebung von mir, H.A.).

Die Folgen ethnischer Koloniebildung für die Assimilation sind umstritten. Breton (1965, im Ergebnis falsch wiedergegeben von Elwert 1982) hat z.B. gezeigt, daß die Wahrscheinlichkeit von Binnengruppenkontakten mit dem Grad der "institutionellen Vollständigkeit" der ethnischen Gemeinde steigt. Dagegen hat Borhek (1970: 42) gezeigt, daß sich assimilationistische Einstellungen in ethnisch homogenen Kontexten am besten entwickeln. In ethnisch heterogenen Kontexten werde hingegen in der Konfrontation der Gruppen die ethnische Identität stärker betont ("corps d' esprit").

In der Literatur finden sich zahlreiche Belege dafür, daß die Mitgliedschaft in ethnischen Organisationen die Assimilation fördere oder zumindest nicht behindere (u.a. Treudley 1949; Breitenbach 1986; für den Bereich des Sports: Frogner 1984; 1985; Heckmann 1985). Fugita und O'Brien (1985) zeigen am Beispiel von Japanern in den USA, daß es nicht die Frage ist, ob eine Person in einer ethnischen oder nicht-ethnischen Organisation mitwirkt, sondern daß allein die Tatsache der Mitwirkung in irgendeiner Organisation einen positiven Einfluß auf die Assimilation hat. Analog könnte man untersuchen, ob man anstelle der Untersuchung von Folgen interethnischer Kontakte der Schwerpunkt nicht allgemein auf *Kontakte* legen sollte. Ergebnisse des Identitäts-Projekts deuten darauf hin, daß allein das Vorhandensein von Kontakten, sei es zu Landsleuten, sei es zu Deutschen, schon einen Einfluß auf Assimilation hat (vgl. auch Bonacker & Häufele 1986: 137).

Die Vorstellung, daß die ethnische Gemeinde und das Engagement in ihren Organisationen als Zwischenstation und Voraussetzung auf dem Weg zur Eingliederung anzusehen ist, ist als Park-Miller-Hypothese bekannt geworden. "They argued that participation in immigrant institutions and the celebration of separate group identities while valued in and of themselves, were at the same time a strategic device for faciliating the immigrants participation in and share of scarce ressources in the wider community" (Lal 1983: 164). Bei Lal (160-165) findet sich eine ausführliche Darstellung dieses Gedankens (sie weist auch darauf hin, daß

William I. Thomas als Autor der Arbeit von Park und Miller anzusehen ist; 1983:
169). "If you can induce a man to belong to something, to cooperate with any
group whatever, where something is expected of him, where he has responsibility,
dignity, recognition, economic security, you have at least regulated his life" (Park
& Miller 1925: 299f., zit. nach Lal 1983: 163).

Hawley weist darauf hin (1944a: 669), daß eine feinkörnige Streuung der Minorität u.a. die Zerstörung der Gruppenidentität zur Folge habe. Es scheint aber
ein menschliches Bedürfnis zu sein, sich in Zeiten des Wandels zu Gruppen zu-
sammenzuschließen und darüber Identität zu erlangen (Lal 1983: 166). Wiley
zeigt unter dem Stichwort der bereits erwähnten "ethnischen Mobilitätsfalle" die
Probleme auf, die derartige ethnische Orientierungen mit sich bringen können
(vgl. auch Blalock & Wilken 1979: 314). Auch in der deutschsprachigen Literatur
finden sich Stimmen, die auf die ambivalente Wirkung ethnischer Gruppen- und
Koloniebildung hinweisen (u.a. Katsarakis 1974: 82; Hoffmeyer-Zlotnik 1983;
Francis 1983; vor allem aber Esser 1986c in der Auseinandersetzung mit Elwert
1982.)

7.4 Individuelle Folgen ethnischer Konzentration und residentieller Segregation

Neben diese Überlegungen zum Verhalten von Aggregaten (also z.B. dem Institu-
tionalisierungsgrad von Gruppen in Abhängigkeit von residentieller Segregation
der Gruppe) treten Spekulationen über das Verhalten von Individuen in Abhängigkeit von residentieller Segregation und ethnischer Konzentration auf Kontextebene: "Es bleibt unklar, welches Verhalten der Bewohner auf die Homogenität des
Gebietes zurückzuführen ist." (Friedrichs 1977: 260). Friedrichs faßt den - von
ihm als unzureichend kritisierten - Stand der Forschung zusammen (1977: 263):
"Die drei grundlegenden Annahmen sind, räumliche Nähe der Wohnstandorte
führe

1. zu Kontakten der Bewohner

2. zu Toleranz unter den Bewohnern

3. zu (gegenseitiger?) Übernahme der Verhaltensmuster der Bewohner".

Interethnische Kontakte spielen in diesem Zusammenhang eine überragende Rolle
(s.a. Friedrichs 1977: 240). Ihr Entstehen läßt sich "durch die grundlegende
Annahme der Zeit/Kosten-Minimierung erklären" (Friedrichs 1977: 295). Die Be-
deutsamkeit dieser ökonomisch-rationalen Motive zeigt sich auch in Studien zur
Homogamie (vgl. die Darstellungen bei Friedrichs 1977: 292 und Esser 1980: 98):
"residential propinquity is a factor in choice of mate" (Lieberson 1963: 115; s.a.
Caplow & Foreman 1950).

Interethnische Kontakte stellen - seien sie "freiwillig, akzidentiell oder unvermeidlich" (Esser 1980: 94) - Lernmöglichkeiten für den Migranten bereit. Im
ersten Teil dieser Arbeit ist darauf hingewiesen worden, daß sozialpsychologische

Ansätze wie Lerntheorien, die Balance-Theorie oder das SEU- (bzw. SESA-) Modell erklären können, wie soziale Interaktion die Übernahme von Verhaltensmustern bzw. die Toleranz abweichender Verhaltensmuster bestimmt. Versuche, explizite individual-theoretische Konzepte auf die Wirkung von Umgebungsvariablen anzuwenden, sie im Sinne von Opportunitäten und Barrieren (Esser 1980: 93) in das individuelle Kalkül einzubeziehen, gibt es erst seit ca. 1975; Anwendungen auf die Eingliederung von Minoritäten sind äußerst selten (als Beispiele Blalock & Wilken 1979; Esser 1980; 1982a; 1982b). Schon Hawley hat allerdings auf diese Sicht hingewiesen (1944a: 672): "Segregation, whether voluntary or involuntary is a restriction of opportunity: it hampers the flow of knowledge and experience." Esser zeigt, "... daß die 'Wirkung' struktureller Gegebenheiten erst verständlich wird, wenn man sie auf die Handlungskalküle situationsorientiert handelnder Personen bezieht. (...) Strukturen 'wirken' erst in der Wahrnehmung durch Personen; und deren - durch die Struktur orientiertes - Handeln schafft dann (u.U. in einer bestimmten Aggregation) wieder Konsequenzen, die man erneut als Struktur zu bezeichnen hätte" (Esser 1983b: 71; in diesem Sinne auch: Esser 1986a: 37; vgl. zur Illustration: Esser 1985b; zur Erklärung von Strukturen im Rahmen von Mehrebenenanalysen s.a. Moksony 1986a).

Ausgehend von der orientierenden Annahme, daß räumliche Nähe zu Kontakten führt, Kontakte wiederum zur Übernahme von Verhaltensmustern, kann also angenommen werden, daß sich Wohnen in einem Wohngebiet mit niedrigem Minoritäten-Anteil positiv auf alle Aspekte der Assimilation des Angehörigen der Minorität auswirkt.

Albrecht formuliert die Basisthese, die die meisten Untersuchungen leitet: "Personen, die segregiert leben und auch im Arbeitsleben isoliert bleiben, integrieren sich wesentlich langsamer als andere Personen. Sie entwickeln viel geringere Kenntnisse der Landessprache als die weniger Isolierten ... weniger Einheiraten. (...) Die segregierten Einwanderer haben in der Regel alle ihre Primärgruppenkontakte innerhalb der eigenen Gruppe oder anderen Einwanderungsgruppen. Personen ohne Primärgruppenkontakte innerhalb der eigenen Gruppe haben zunächst größere Integrationsschwierigkeiten als die anderen, aber diese isolierenden Faktoren, die zuerst Probleme schaffen, wirken auf die Dauer auf eine langsame, aber stetige Integration hin, die besonders intensiv sein kann" (1972: 272).

Eine der wenigen Studien, die eine derartige Annahme empirisch überprüfen (und bestätigen), ist die Arbeit von Heiss (1967; s. die Darstellung bei Esser 1980: 94f.). Hier handelt es sich übrigens um eine echte Kontextanalyse mit Hilfe einer dreidimensionalen Tabellenanalyse, die allerdings unter der geringen Fallzahl (N ca. = 100) leidet.

Blalock und Wilken stellen höhere Anforderungen an theoretische Überlegungen. Im Anschluß an eine Übersicht zu den Arbeiten, die die Folgen ethnischer Segregation erklären wollen, kritisieren sie: "Overall, however, they have not provided many clues as to the linkages between residential segregation and micro-level processes, such as changes in individual attitudes and behaviors, interaction patterns of various types, or the micro-level mechanisms that may operate to inhibit or encourage intergroup contacts. This shortcoming seems to stem from the basic data gap and a lack of information that would make contextual- effects models a useful tool" (Blalock & Wilken 1979: 520).

Blalock und Wilken geben selbst eine Reihe von Hinweisen, wie die entsprechenden Konzepte zu verfeinern sind: bessere Messung der Segregation (1979: 525-535), genauere Bestimmung von Kontakten (S. 546-557) und ein SEU-Modell, das "cross-group interactions" erklärt (S. 565-585).

Es wird deutlich, daß herkömmliche Überlegungen zur Wirkung des Wohnens unter unterschiedlich hohem Ausländeranteil ein stark vereinfachtes und vergröberndes Bild der Prozesse liefern, die für die Folgen residentieller Segregation verantwortlich sind. Von daher kann zwar in der Tendenz ein negativer Zusammenhang zwischen dem Ausländeranteil im Wohngebiet und der Assimilation eines Migranten erwartet werden, die Erklärungskraft der Modelle müßte aber steigen, wenn es gelingt, die für diese Mechanismen verantwortlichen Kontextvariablen genauer zu spezifizieren.

Daher sollen die Kontexte in den folgenden empirischen Analysen nicht nur durch die Größe ihrer ethnischen Bevölkerungsanteile gekennzeichnet werden, sondern auch durch spezielle Eigenschaften dieser Bevölkerungsteile. (Die wünschenswerte Kennzeichnung durch Eigenschaften der gesamten - deutschen und ausländischen - Population ist mit dem vorliegenden Datenmaterial nicht möglich; s. Esser 1986a für ein praktisches Beispiel).

7.5 Empirisch vorgefundene Beziehungen zwischen ethnischer Konzentration und Assimilation in der Bundesrepublik Deutschland

In der Bundesrepublik hat es nur wenige empirische Überprüfungen der postulierten Beziehungen zwischen residentieller Segregation und Assimilation von Arbeitsmigranten gegeben. Die Arbeit von Loll (1982) ist ein Beispiel für eine Aggregatdatenanalyse. Er stellt in Hamburg und Stuttgart starke Beziehungen zwischen Segregation und Indikatoren der Assimilation von Gruppen (von Arbeitsmigranten) fest. Da sich der Trend der Segregation in diesen Städten verstärkt, fürchtet er, "that discrimination against foreign children with regard to their educational opportunities, growing residential segregation, and an increasing concentration of foreigners in the poorer residential areas will all lead to conflict between foreigners and the native population. Other negative side-effects (e.g. rising criminality) are also to be expected" (1982: 138f.). Diese Befürchtungen lassen sich aber für die Bundesrepublik nicht mit empirischem Material belegen. Friedrichs (1985: 57) stellt z.B. fest, daß in den Großstädten der Bundesrepublik kein Zusammenhang zwischen Ausländeranteil und Kriminalität besteht. Auch Helmert (1981: 268) erwartet "mannigfaltige Folgeprobleme" anhaltender Segregation, er liefert aber weder eine detaillierte Begründung, noch Belege für diese Erwartung.

Es gibt einige wenige Studien, die einen Zusammenhang zwischen ethnischer Konzentration in der Wohnumwelt und individueller Assimilation überprüfen. Bei diesen Studien müssen aber zwei Besonderheiten hervorgehoben werden: Der Ausländeranteil wird über die Einschätzung der Befragten gemessen. Da dabei zumeist relativ grobe Kategorien vorgegeben werden (nur Deutsche, überwiegend D., gleichviel D. und Ausländer, weniger D., keine D.) kann von einem erheblichen Informationsverlust ausgegangen werden. Wenn ein Ausländeranteil von 40% schon als hoch bezeichnet werden kann, bedeutet das, daß u.U. relevante Abstufungen im Konzentrationsgrad von derartigen Instrumenten nicht erfaßt werden können, da sich eine Häufung der Antworten in nur zwei Kategorien ergibt.

Dies ist sicher mit ein Grund für die zweite Besonderheit, daß oftmals zur Kennzeichnung der Konzentration im Wohngebiet nur der Ausländeranteil im Haus herangezogen wird (z.B. Esser 1981; Hill 1984). Kremer und Spangenberg ziehen auch den perzipierten Ausländeranteil auf den höheren Kontextebenen der Straße und der Wohngegend heran und stellen fest, daß vom Ausländeranteil im Haus Effekte auf die Sprachkenntnisse (KOA), die interethnischen Kontakte (SOA) und die Assimilationsbereitschaft (IDA) ausgehen, vom Ausländeranteil in der Wohngegend hingegen nicht (1980: 92-104, 190, 131).

An der Darstellung von Kremer und Spangenberg ist zu kritisieren, daß sie die Unterschiede zwischen den Folgen der Ausländerkonzentration auf der Ebene des Wohnhauses und der Ebene der Wohngegend nicht genug betonen. Es wird durch diese Arbeit aber die Vermutung bestätigt, daß De-Segregationsmaßnahmen bis zur untersten Ebene durchgeführt werden müssen, um Aussicht auf Erfolg zu haben (vgl. Friedrichs 1977: 298). Ähnlich sind auch die Ergebnisse von Mehrländer et al. zu bewerten: die Wirkungen, die vom (perzipierten) Ausländeranteil im Wohngebiet ausgehen, sind schwächer (teilweise sogar gleich Null) als die des (perzipierten) Ausländeranteils im Wohnhaus (1981: 503,530).

Hill stellt hingegen vom Ausländeranteil im Haus nur Effekte auf die kognitive Assimilation (1984: 120), nicht hingegen auf die strukturelle Assimilation (S.131) und das Kontaktverhalten (soziale Assimilation, S.157) fest. Hill ist aber auch einer der Wenigen, die in der Lage sind, relevante Individualvariablen zu kontrollieren.

Von eindeutigen Ergebnissen kann also keine Rede sein. Dazu ist anzumerken, daß sich alle erwähnten Studien mit Migranten der ersten Generation beschäftigen.

Esser (1982a,b) hat als Erster im deutschen Sprachraum die unterschiedlichen Wirkungen verschiedener Kontextebenen nicht nur beiläufig untersucht, sondern in den Mittelpunkt einer Untersuchung gestellt. Zur Kennzeichnung des Kontextes benutzt er Daten aus der amtlichen Statistik auf kleinräumigster Ebene (Haus, Straße). Leider berichtet Esser nicht über die Effekte dieser Variablen. Vielmehr aggregiert er sie auf zwei (nächst)höheren Ebenen: Gebiet und Bezirk (was im Sprachgebrauch dieser Arbeit ungefähr Ortsteil/Quartier bzw. Stadtteil entspricht).

Durch diese Aggregation wird aber nicht zwingend der Ausländeranteil dieser Gebiete beschrieben. Es kann vielmehr - und das nur im Vergleich mit dem Ausländeranteil des Gebiets - die Segregation der Befragten im Gebiet bestimmt werden: liegt der aggregierte Durchschnittswert des Ausländeranteils im Haus deutlich über dem Wert des Stadtteils, so bedeutet das, daß die im Stadtteil lebenden Ausländer sich in wenigen Häusern konzentrieren. Es ist natürlich auch ein systematischer Erhebungsfehler denkbar: Interviewer suchen mit Vorliebe Häuser mit hohem Ausländeranteil auf, da dort mehrere - durch Zufallsauswahl vorgegebene - Zielpersonen in räumlicher Nähe wohnen.

Es läßt sich also zeigen, daß z.B. ein auf Gebietsebene durchschnittlicher Ausländeranteil im Haus von 25% u.a. vereinbar ist mit einem Stadtteil mit 5 % Ausländeranteil (Befragte leben konzentriert in wenigen Häusern), einem Stadtteil mit 25 % Ausländeranteil (ohne Segregation innerhalb des Stadtteils) und einem Stadtteil mit 50% Ausländeranteil (Erhebungsfehler: in Häusern mit sehr vielen Ausländern wurden keine Daten erhoben; möglicherweise sind aber auch mehr Ausländer - wie z.B. in Absteigen in Bahnhofsvierteln - polizeilich gemeldet, als dort tatsächlich anzutreffen sind; vgl. zu den tatsächlich auftretenden Unterschieden Endbericht 1986: 332).

Die von Esser benutzten Maße sind also nicht eindeutig dem Konzept des Ausländeranteils im Wohngebiet zuzuordnen. Unabhängig davon zeigt aber bei Esser die höhere Kontextebene (Stadtteil) - wenn auch insgesamt schwache - stärkere Wirkungen als die niedrigere (Ortsteil), was als überraschendes Ergebnis gewertet werden kann. Esser bietet vorab eine theoretische Überlegung an: "Sofern der kleinräumige Kontext bedeutsamer ist als der großräumige Kontext, muß eher von Opportunitäten bzw. von Kontrollen gesprochen werden; bei stärkerer Wirkung des großräumigen Kontexts ... dürften eher Identifikationen als die wirksamen Mechanismen der 'Koordination' von 'sozialer Struktur' und 'individuellem Verhalten' anzusehen sein" (1982a: 291f.). Diese Interpretation läßt sich im Hinblick auf die im ersten Teil (Kap.5) dieser Arbeit diskutierten Mechanismen erweitern: kleinräumige Kontexte stehen für Mechanismen, die über soziale Interaktion und extrinsische Motivation laufen, großräumige Kontexte hingegen für internalisierte Normen und Werte, die ohne Kontrolle und Verstärkung von außen handlungsrelevant sind (intrinsische Motivation).

Außerdem muß an Essers Arbeit hervorgehoben werden, daß zum ersten Mal auch andere Merkmale als der Ausländeranteil zur Charakterisierung von Kontexten herangezogen wurden. Lediglich vom "Bildungsklima" (durchschnittlicher Schulbesuch) auf Stadtteilebene geht ein nennenswerter Effekt auf die Sprachkenntnisse aus, was in Essers Augen für die These der sozialen Kontrolle spricht (1982a: 293). Bevor Teile dieser Untersuchung von Esser repliziert werden, soll schon darauf verwiesen werden, daß sich dieses Ergebnis in den Arbeiten zum Identitäts-Projekt nicht finden ließ (Endbericht 1986: 413-417).

Esser hat (1986a) die Effekte des sozialen Kontextes auf das interethnische Kontaktverhalten von Deutschen und Ausländern untersucht. Dabei wurden neben dem Ausländeranteil des Wohngebietes (auf mehreren Ebenen) auch die Erwartungen der Mitglieder des jeweiligen persönlichen Netzwerkes und die Einstellungen und das Verhalten der jeweils anderen ethnischen Gruppe zur Charakterisierung des sozialen Kontextes herangezogen. In dieser Analyse zeigte sich nach Kontrolle individueller Variablen, daß die Wirkung des Kontextes überwiegend auf das persönliche Netzwerk zurückzuführen war, Ausländeranteile und Eigenschaften der anderen Gruppe hingegen keine Rolle spielten.

Die Bamberger Forschungsgruppe um Vaskovics hat als eine der wenigen Daten aus der amtlichen Statistik direkt mit Assimilationsvariablen in Beziehung gesetzt: Der Ausländeranteil auf Blockebene hat positive Auswirkungen auf die Fertilität türkischer Frauen (Vaskovics et al. 1983: V; Buba et al. 1984: 441) und negative Auswirkungen auf die Zahl der gemischt-nationalen Eheschließungen (Vaskovics et al. 1984: III; Buba et al. 1984: 430). Leider wird in diesen Studien keine Kontrolle relevanter individueller Merkmale durchgeführt. Von daher kann nicht entschieden werden, ob die beobachteten Beziehungen als direkte Kontexteffekte interpretiert werden dürfen oder nur auf selektive Migration und damit Kontexteffekte höherer Ordnung (vgl. Hummell 1972: 138 oder Huckfeldt 1983b: 117f.) zurückgeführt werden können.

Darüber hinaus muß kritisch zu dem hier benutzten Konzept der Segregation Stellung genommen werden. Blöcke mit einem Ausländeranteil von mindestens 10% werden als "kulturell homogenes Wohngebiet" (Vaskovics et al. 1983: 74) klassifiziert, wenn mindestens zwei Drittel der Ausländer einer Nationalität sind. Das bedeutet, daß ein Block mit 7 % Türken als hoch segregiertes bzw. kulturell homogen türkisches Gebiet eingestuft werden kann.

Wenn die Stärke der Effekte betrachtet wird, die von der ethnischen Konzentration im Wohngebiet ausgehen, gilt auch für die wenigen deutschen Studien das Urteil von Blalock und Wilken, daß sie insgesamt gesehen "surprisingly weak" seien. Auch Bonacker und Häufele stellen als Ergebnis einer Untersuchung in Hamburg fest: "Insgesamt erscheint der Einfluß von Merkmalen des sozialräumlichen Kontexts ... auf Ausmaß und Strukturen von Kontakten jedoch als gering" (1986: 139).

Es ist durchaus möglich, daß für diese Schwäche der Effekte die (bereits diskutierte) zunehmende Urbanisierung der Lebenswelt verantwortlich ist. In dieser Richtung äußert sich jedenfalls Parenti (1967: 721): Ethnische Kohäsion ist offenbar ohne eine ökologische Basis denkbar, wie sie bisher konzipiert wurde: Webbers (1963) "community without propinquity". Mit Hilfe moderner Kommunikationstechniken werden die engen früheren Grenzen leicht überwunden, so daß kleinräumige Kontexte als bestimmendes Merkmal für ethnisches Verhalten entfallen (s.a. Esser 1986c: 109).

An deren Stelle tritt einmal ein Bedürfnis nach ethnischer Identität ("ethnicity by consent" Lal 1983: 166f.), zum anderen aber die Rolle von Netzwerken und Freundeskreisen (Parenti 1967: 718). Huckfeldt hat gezeigt, daß ethnische Konzentration nur bei Gruppen mit relativ schwach ausgeprägter Struktur (Polen) eine Wirkung auf ethnische Identität hat, nicht jedoch bei Gruppen, die gut über soziale Netzwerke organisiert sind (Italiener). Und Nauck (1986) kommt zu der Frage, "ob (die) Funktion(en), die der ethnischen Kolonie als räumlicher Kongregation in der Minoritätensoziologie häufig als ganzer zugesprochen worden ist,

nicht primär von der Familie und den mit ihr verknüpften verwandschaftlich orga-
nisierten Netzwerken erbracht wird" (1986: 98). Somit wäre dann auch
"'Binnenintegration' nicht notwendig an die Erreichbarkeit einer ethnischen
Kolonie gebunden" (1986: 99).

7.6 Kommunalpolitische Konzepte und ethnische Konzentration

Am Ende dieses Überblicks über die vermuteten und empirisch nachgewiesenen
Kontexteffekte auf die Eingliederung von Migranten soll dargestellt werden,
welchen Einfluß die wissenschaftliche Diskussion auf Planungen und Richtlinien
in Ämtern und Behörden hatte.

Migrationssoziologie ist zumeist Großstadtsoziologie. Das führt dazu, daß Probleme der Eingliederung von Ausländern in ländlichen Gebieten, sowie in Klein-
und Mittelstädten kaum untersucht worden sind. So wurde von Praktikern auf die
überlastete Infrastruktur in Großstädten und den Mangel an Arbeitskräften im
ländlichen Raum hingewiesen, die einen weiteren Zuzug von Ausländern in Bal-
lungsgebiete nicht zweckmäßig erscheinen ließen (Harms 1974). Weitere Wande-
rungsbewegungen würden die Disparitäten weiter verschärfen (Wolfram & von
Rohr 1976).

Auf die Assimilationsprobleme von Ausländern (auf dem Lande) bei unterdurchschnittlichem Ausländeranteil, bzw. niedriger Zahl an Ausländern weist
kaum ein Autor hin. Am Beispiel der Ausländer im ländlichen Raum wird aber
deutlich, daß der Aufbau assimilationsfördernder Infrastruktur (Beratungsstellen,
Bildungseinrichtungen, deutsch-ausländische Begegnungsstätten, aber auch eigenethnische Organisationen) an bestimmte Schwellenwerte gebunden ist, da sonst
"Tragfähigkeitsprobleme" entstehen (vgl. hierzu Dederichs 1980, Derenbach 1980,
Dumrese 1980, Wolf 1982).

Hottes und Meyer (1977: 413-417) halten die ethnische Infrastruktur in Mittelstädten für am besten ausgebildet: In kleineren Gemeinden ergeben sich Tragfähigkeitsprobleme, in Großstädten hingegen könnten spezielle ethnische Bedürfnisse durch das sehr stark spezialisierte Angebot der bereits bestehenden Struktur
auch ohne Gründung ethnischer Institutionen befriedigt werden. Ein Überblick
über den Stand der Forschung (Alpheis, Klupp & Peters 1983) zeigt, daß es kaum
Material zur Frage der Eingliederung in ballungsfernen Gebieten gibt, daß die
Probleme der Assimilation und Integration vom individuellen Migranten weitgehend ohne fremde Hilfe gelöst werden müssen (vgl. auch Schuleri-Hartje 1985).

Die Konzepte der Behörden in den Großstädten sind dagegen eindeutig: "Es
liegt auf der Hand, daß das allseits propagierte Ziel der Integration der hier lebenden Ausländer umso schwerer zu erreichen ist, je höher der Ausländeranteil ist"
(Hausmann 1981: 7; s.a. Weidacher 1981: 59). Selke weist auf die zunehmenden
Segregationserscheinungen hin, die durch Wanderungen der Ausländer in Kerngebiete
und Surburbanisierung der deutschen Bevölkerung entstehen (1977: 143)

und fordert eine aktive Raumordnungspolitik, um diese Disparitäten abzubauen (1974).

Der Deutsche Städtetag formulierte 1974: "Aufgabe der Gemeinden ist es, anzustreben, daß

- Gettos aufgelöst werden bzw. ihre Entstehung verhindert wird,
- Ausländern das Leben in allen Wohngebieten ermöglicht wird und Wohnungen der Ausländer in alle Wohngebiete der Gesamtbevölkerung eingestreut werden,
- geeignete Bauarten, Bauformen und Siedlungsstrukturen entwickelt werden, in denen ein ungestörtes Nebeneinanderleben von ausländischer und deutscher Bevölkerung möglich ist und vielfältige Kontakte stattfinden können" (zit. nach INFAS 1974: 14).

Es scheint weitgehend Einigkeit über diese Ziele der Stadtplanung zu bestehen. Immer wieder wird betont, daß räumliche Dispersion der Ausländer angestrebt wird (z.B. Heidenreich 1978 für Erlangen, Rheinland-Pfalz o.J. (1980), Nordrhein-Westfalen 1981: 44, Hamburg 1982).

Eine differenzierte Sicht wird in Duisburg geäußert: "... geht die Stadt Duisburg davon aus, daß die ausländischen Bevölkerungsgruppen, besonders aber die Türken, freiwillig zusammen leben und man diese Ausländerviertel nicht als 'Gettos' abqualifizieren, sondern als 'ethnische Wohnbezirke' anerkennen sollte. Dies steht dem Ziel einer weiteren Verteilung der Ausländer auf das Stadtgebiet nicht entgegen. Sanierung bzw. Modernisierung haben Vorrang vor der Förderung von Neubauprogrammen für Ausländer" (zit. nach Schuleri-Hartje 1981: 42).

Im Lichte der zuvor referierten Ergebnisse (u.a. Kremer & Spangenberg 1980) muß aber folgende kommunalpolitische Zielsetzung Erstaunen hervorrufen: In Berlin wurden (zumindest 1978) "Maßnahmen im Wohnbereich" angestrebt, durch die "der verstärkten Ballung in einigen Bezirken entgegengewirkt werden kann (...) zugunsten einer kleinräumlichen Ballung (...), um einerseits die überdurchschnittliche Belastung der Infrastrukturbereiche in diesen Bezirken abzubauen, andererseits dem Wunsch der Ausländer nach engem Kontakt mit ihren Landsleuten zu entsprechen. (...) Eine kleinräumliche Ballung wird nicht nur von Ausländern selbst, sondern auch von den deutschen Mitbewohnern akzeptiert, wie Befragungen in den Sanierungsgebieten ergeben haben" (Berlin 1978: 107).

Die gewünschte Verteilung der Ausländer über das Stadtgebiet "kann aber vom Land wie von den betroffenen Städten nur sehr begrenzt beeinflußt werden" (Rheinland-Pfalz o.J. (1980): 29). Von Zuzugssperren wäre zwar eine leichte Verbesserung der Streuung zu erwarten, sie sind aber weder unter ökonomischen (Selke 1977), noch unter rechtlich-ethischen Gesichtspunkten zu vertreten (Berlin 1978: 66). Einzig über die Wohnungsvergabe- Politik der öffentlich geförderten Träger ist in begrenztem Umfang eine Umverteilung zu erreichen. Mit zunehmenden Leerständen bei diesen Trägern dürfte auch diese Möglichkeit entfallen. Darüber hinaus gibt es keine wissenschaftlich begründbaren Werte (Stiens 1974) für Belegungsquoten: Barthel (1982: 76) spricht von 10%, Schuleri-Hartje (1982: 60) nennt 12% als Grenze für eine Zuzugssperre in Berlin und folgende Vergabequoten im sozialen Wohnungsbau: Hamburg 8%, Berlin und Duisburg 10%, Köln 15%, Osnabrück 20% (Bezug: Gebiet/Stadtteil). In Berlin wurde (Berlin 1978: 108) eine Anhebung der Quoten im neu zu belegenden Wohnungsbau von 10% auf 20% diskutiert. Damit orientieren sich die Quotenvorschläge ungefähr am durchschnittlichen Ausländeranteil der betreffenden Städte.

Letztlich können ethnische Konzentrationen in einzelnen Vierteln und deren vermutete Wirkung auf die Eingliederung der Migranten nur durch "Förderung der sozialen Durchlässigkeit dieser Viertel" (Hausmann 1981: 7) behoben werden. Das bedeutet auf Seiten der Ausländer, daß ihre Position auf dem Wohnungsmarkt gestärkt werden müßte (Hebung von Bildung und Einkommen), zumal Untersuchungen zeigen, daß Ausländer *nicht* in rein ethnischen Wohngebieten leben wollen (z.B. Kremer & Spangenberg 1980: 84).

Auf der anderen Seite müßten Viertel mit hohem Ausländeranteil auch für die deutsche Bevölkerung interessant werden. Unter diesem Aspekt wohnt vielen dieser Wohnviertel ein Desegregationsmechanismus inne: sie sind Sanierungsgebiete: Wohnraum, der zur Sanierung vorgesehen war, konnte nicht mehr an die deutsche Bevölkerung vermietet werden, da hier keine Investitionen mehr vorgenommen wurden. Diese zumeist in der "zone in transition" (vgl. Friedrichs 1977: 105) gelegenen Gebiete wurden zunehmend von Migranten aufgefüllt und fielen der beginnenden 'Verslumung' anheim (vgl. Hoffmeyer-Zlotnik 1977: 57). Mit der Durchführung und Beendigung der Sanierungsmaßnahmen ändert sich jedoch die Struktur dieser Gebiete.

1985 gab es in Hamburg 19 Sanierungsgebiete, die alle als Inseln in Stadtteilen mit relativ hohem Ausländeranteil (ca. 25%) liegen; in den Sanierungsgebieten liegt der Ausländer-Anteil hingegen bei 40% (Fläche von 172 ha, 28.000 E. und 12.000 Wohnungen; vgl. Ebert 1985: 12). Als Ziel der Stadterneuerung in Hamburg "soll das Wohnen stabilisiert werden. Junge Familien mit Kindern sollen in den Stadtteil kommen" (Ebert 1985: 24). Das ist natürlich nicht so aufzufassen, daß junge kinderreiche ausländische Familien angezogen werden sollen; vielmehr geht es um die jungen aufstrebenden deutschen Familien. Neben der staatlich geförderten und kontrollierten Sanierung kommt es zu privaten "Luxusmodernisierungen", die in vielen Fällen Mieterhöhungen nach sich ziehen, die von den Mietern nicht getragen werden können. Obwohl die Behörden bemüht sind, den ursprünglichen Mietern (mit Hilfe von Sozialplänen) die Wohnmöglichkeit in der gewohnten Umgebung zu erhalten, zeigen erste Erfahrungen doch, daß während der Sanierung eine Mieterfluktuation zwischen ca. 25 und 60% zu beobachten ist (vgl. die Stadtteilerneuerungs-Broschüren, hrsg. von der Baubehörde Hamburg).

So zeigt sich eine Umschichtung der Bevölkerungsstruktur der einstigen Sanierungsgebiete, die wesentlich mehr zur Auflösung ethnischer Konzentration beitragen dürfte als administrative Maßnahmen wie ein Zuzugsstop. Es bleibt abzuwarten, ob es im Gefolge der Stadterneuerung zur 'Gentrification' (s. Dangschat

1988) dieser Gebiete kommt und inwieweit sich Ausländer in derartig veredelten Gebieten halten können (zu diesen Folgen der 'back- to-the-city'-Bewegung vgl. Spain 1980 oder London 1980). Es scheint sich abzuzeichnen (vgl. Friedrichs & Alpheis, in Vorb.), daß ein Teil der "ursprünglichen" ausländischen Bevölkerung bleibt und ein Teil in die nächstgelegenen alten Arbeiterwohngebiete zieht (vgl. Friedrichs 1977: 106), die nach den sanierungsbedürftigen Gebieten die schlechteste Wohnsubstanz aufweisen. Hoffmeyer-Zlotnik (1986b: 51) macht als neue Zielgebiete neben den modernisierungs- und sanierungsverdächtigen Quartieren der dritten Burgess-Zone die Großwohnanlagen aus, "die Ende der 60er Jahre an der Stadtperipherie erstellt wurden und schon heute die Sanierungsgebiete der näheren Zukunft darstellen."

Hausmann (1985: 495) ist allerdings der Meinung, daß Sanierung zu Verdrängung und zu verschärfter Segregation führe: billiger Wohnraum werde "vernichtet" mit der Folge, daß Ausländer "in den restlichen, für sie erreichbaren Wohnquartieren noch enger zusammenrücken müssen, daß die Nachfrage nach zwar qualitativ schlechtem, aber noch verhältnismäßig preiswertem Wohnraum und damit auch dessen Preisniveau weiter ansteigt. (...) Die Eigentümer merken, daß trotz starker Deinvestitionen die Nachfrage steigt, und stecken erst recht nichts mehr in ihre Häuser." Hausmann erwähnt in diesem Zusammenhang das amerikanische Motto: "urban renewal = negro removal".

Nach Hausmann ist die aktuelle Krise des Arbeitsmarktes mit den 'filtering-down' Prozessen dafür verantwortlich, daß Ausländer in Randzonen des Arbeitsmarktes abgedrängt werden. Damit seien zwei Prozesse verbunden, die beide zu verstärkter räumlicher Ballung in den Kernzonen der Städte führen: Zum einen wird die wachsende Armut dazu führen, daß die Chancen, in bessere Viertel zu ziehen, minimiert werden. Zum anderen wird sich ein "quartärer Sektor", eine "Schattenwirtschaft" entwickeln, die auf " 'Fühlungsvorteile' durch räumliche Nähe" angewiesen ist (Hausmann 1985: 494f.). Entsprechend dieser Analyse bestünde die einzige Strategie zur Auflösung räumlicher Konzentration darin, die ökonomische (und auch politische) Situation der Ausländer so zu verbessern, daß ihre Möglichkeiten, die Wohngebiete in der Kernstadt zu verlassen, steigen.

Kurzfristig geht es auch Hausmann darum, "nicht die Konzentration, sondern das Getto zu verhindern", d.h. zu verhindern, "daß zur bestehenden räumlichen Konzentration von unterprivilegierten Schichten die soziale Undurchlässigkeit hinzukommt" (1985: 496) und das bedeutet, Tendenzen entgegenzusteuern, daß die 'Gettobewohner' keinen "Einfluß auf die politische, soziale, kulturelle und wirtschaftliche Entwicklung der Gesellschaft haben, ihre Rolle im Produktionsprozeß .. gering und ersetzbar" ist (Hausmann 1985: 496).

Der Exkurs hat gezeigt, daß Planungskonzepte nicht allein durch die Sorge um die Eingliederung der Ausländer, oder ein Bedürfnis der Ausländer nach ethnischen Wohngebieten bestimmt sind, sondern daß auch ökonomische Erwägungen eine Rolle spielen. Gleichwohl wird die assimilationsfördernde Wirkung von Desegrationsmaßnahmen in diesen Konzepten betont, obwohl die empirischen Befunde - wie gezeigt wurde - keineswegs eindeutig sind.

Ohne genauere Kenntnis der Untersuchungen kommt es leicht dazu, daß weiter die Thesen von "Gettobildung" (Kreutz 1983: 12) und vom Leben "auf Dauer in 'ethnischen Kolonien'" (Heinemann 1985: 5) vertreten werden. Derartige Gedankengänge verselbständigen sich mit der Zeit wie Vorurteile, die auch ohne empirische Basis existieren können: "Ausländer, die sich in Gettos zurückziehen, fliehen in die Isolation, fürchten die alltägliche Konfrontation mit dem 'Gastland'" (Schrader, Nikles & Griese 1977: 27), "Gettos in denen die Ausländer isoliert von der einheimischen Bevölkerung leben und kaum Kontakt zu ihr finden" (Hermann 1984: 12), "the majority of the Turkish workers live concentrated in detoriating areas (...) becomes socially and physically segregated" (Osmay 1982: 85).

Es ließen sich sicherlich mehr Beispiele zitieren, in denen angeblich gesichertes Wissen über Form und Folgen ethnischer Konzentration perpetuiert wird. Die Diskussion der theoretischen Grundlagen von Kontexteffekten (vgl. Kap. 5 dieser Arbeit) und der empirischen Belege zu den Konsequenzen ethnisch homogenen Wohnens in der Bundesrepublik hat gezeigt, daß sich die Sachlage keineswegs so eindeutig darstellt, wie vielfach angenommen. Die folgenden Analysen sollen prüfen, ob und von welchen kontextuellen Eigenschaften auf welcher Ebene Effekte auf die Assimilation von Migranten ausgehen. Dies dürfte dazu beitragen, die "soziologisch-planerische Diskussion zu präzisieren. Diese Diskussion leidet darunter, mit unzureichend explizierten Hypothesen und zu vielen normativen Aussagen geführt zu werden" (Friedrichs 1977: 26).

7.7   Unabhängige Variablen in Kontextmodellen

Die Betrachtung der in der Literatur diskutierten Effekte von Kontext(eigenschaft)en auf die Eingliederung von Migranten hat gezeigt, daß vorwiegend der Ausländeranteil, die ethnische Konzentration oder die residentielle Segregation eines Wohngebietes als relevante Kontexteigenschaft angesehen und untersucht werden. *Diese Konzepte beschreiben implizit Eigenschaften von Bewohnern dieser Kontexte: es wird z.B. stillschweigend davon ausgegangen, daß ein Stadtteil mit einem hohen Anteil an Türken eine relativ niedrige durchschnittliche Schulbildung oder schlechte durchschnittliche Sprachkenntnis seiner Bewohner aufweist. Diese Durchschnittswerte stehen dann für die Eigenschaften von Personen, denen der Befragte in absichtlichen, zufälligen oder unvermeidlichen Kontakten gegenübertritt.* Im Kontakt mit diesen Personen wird soziale Anerkennung oder Mißbilligung für bestimmte Eigenschaften und Verhaltensweisen des Befragten vermittelt, was dazu führt, daß der Befragte sein Verhalten überdenkt und möglicherweise modifiziert. Einer weiterführenden Überlegung zufolge genügt schon die Wahrscheinlichkeit des Kontaktes, um einen Einfluß auf das Verhalten der Person zu nehmen.

Nur selten ist hingegen versucht worden, Eigenschaften von Kontextmitgliedern direkt zu messen. Wenn der Ausländeranteil Eigenschaften der Kontextmitglieder beschreiben soll, so unterliegt diesem Vorgehen die Annahme, *die* Ausländer stellten eine homogene Gruppe, und *die* Einheimischen (im Falle unserer Analysen *die* Deutschen) stellten eine ebenso homogene Gruppe dar. Dabei wird nicht zu erwarten sein, daß die Anwesenheit von Ausländern einen Einfluß ausübt, weil die Ausländer Ausländer sind, sondern deshalb, weil Ausländer bestimmte Eigenschaften aufweisen. Ein gegebener Ausländeranteil kann für sehr verschiedene soziale Mischungen z.B. nach dem Bildungsgrad stehen: So ist denkbar, daß in einem Wohngebiet mit 20% Ausländeranteil überwiegend gut ausgebildete Ausländer wohnen (z.B. Universitätsviertel), was dann bedeuten würde, daß die Ausländer dazu beitragen, daß sich im Kontext Mittelschichts-Normen entwickeln. Gleichzeitig läßt aber der Anteil von 80% einheimischer Bevölkerung eine Reihe unterschiedlicher sozialer Zusammensetzungen zu, die sich wiederum sehr unterschiedlich auf die kontextuellen Normen auswirken.

Die implizite Annahme der Homogenität der einzelnen Subgruppen im Kontext ist in der Literatur bisher nicht ausgeführt worden. Andererseits gibt es bis auf Essers (1982a; 1982b; 1986a) Arbeiten, keinen Versuch, die Eigenschaften der Kontextmitglieder *direkt* zu messen und in die Analyse einzubeziehen.

Esser (1982a+b) betrachtet nur die Eigenschaften der ausländischen Bevölkerung, bzw. einzelner ausgewählter Nationalitäten. Diesem Vorgehen liegt die Annahme zugrunde, die ethnische Subgruppe im Wohngebiet stelle, unabhängig von ihrer Größe, den handlungsrelevanten Kontext dar. Auch diese Annahme muß nicht unbedingt für alle Ausländer gelten. Wenn man interpersonelle Kontakte (bzw. die Wahrscheinlichkeit ihres Eintretens) als das Medium ansieht, über das Kontexteigenschaften ihre Wirkung entfalten, so sollte es möglich sein, diese Bedingung in ein Modell der Kontexteffekte aufzunehmen und ihr Vorliegen empirisch zu überprüfen.

Ein umfassendes Modell der kontextuellen Wirkung müßte also anstelle der Anteile der einzelnen Subgruppen an der Bevölkerung des Kontextes, direkt die Eigenschaften aller Kontextmitglieder berücksichtigen (so z.B. Esser 1986a). Diese Eigenschaften ließen sich dann z.B. über Mittelwert und Streuung zu Kontextmerkmalen zusammenfassen. Wenn dagegen eine Subgruppe als Kontext aufgefaßt werden soll, so muß dafür eine plausible Begründung geliefert werden. Eine solche Begründung, die sich auch empirisch überprüfen ließe, dürfte darauf hinauslaufen, daß allein Kontakte zur eigenen Subgruppe wahrscheinlich seien, oder daß allein diese Kontakte und die daraus resultierende soziale Anerkennung oder Mißbilligung für die Befragten wichtig seien.

In den hier vorgelegten Analysen kann aufgrund der Datenlage keine Überprüfung eines derart umfassenden Modells durchgeführt werden. So kann nur festgestellt werden, welche Effekte die Ausländerzahlen auf verschiedenen Ebenen (u.a. in Relation zur Zahl der Deutschen) auf individuelles Verhalten haben.

Hierbei muß also auf die Annahme der Subgruppen-Homogenität über alle Kontexte zurückgegriffen werden (ohne sie im Falle der Deutschen überprüfen zu können). Nach dieser Betrachtung der Effekte der ethnischen Zusammensetzung der Kontexte erlaubt das Datenmaterial eine genauere Charakterisierung des ethnischen Kontextes. Es ist möglich, die Eigenschaften der eigenethnischen Kontextmitglieder zu Kontextmerkmalen zu aggregieren. Es ist anzunehmen, daß diese Kontexteigenschaften nur für diejenigen Personen relevant sind, die mit diesen eigenethnischen Kontexten in Berührung kommen: Dies ist entweder möglich, wenn die Verkehrskreise sich überwiegend aus Personen der eigenen Ethnie zusammensetzen, oder, wenn die eigenethnische Gruppe zahlenmäßig stark bzw. in der unmittelbaren Umgebung des Befragten konzentriert ist, so daß sich relativ viele zufällige oder unfreiwillige Kontakte zu Landsleuten ergeben. Daher sollten vor allem von kleinräumig abgegrenzten Kontexteinheiten derartige Effekte zu erwarten sein.

Folgende Hypothesen sollen die Analysen leiten:

H1) Es wird erwartet, daß sich ein hoher *Ausländeranteil* (bzw. Anteil der ethnischen Gruppe) im Wohngebiet, starke residentielle Segregation oder ethnische Konzentration, generell *negativ* auf die *Eingliederung* von Migranten auswirken.

H1.1) Besonders negative Effekte werden auf die Kontaktdimension der Assimilation, die *soziale Assimilation* (SOA) erwartet.

Diese Hypothese beruht auf der Annahme, daß die erhöhte Möglichkeit zu innerethnischen Kontakten im Wohngebiet die Notwendigkeit - und damit auch das Zustandekommen - interethnischer Kontakte reduziert.

H1.2) Ebenso wird erwartet, daß die ethnischen Anteile im Wohngebiet stark negativ auf die *identifikative Assimilation* (IDA) wirken.

Der Anteil an eigenethnischer Bevölkerung bestimmt die gesellschaftlichen Normen und wacht mittels sozialer Kontrolle über deren Einhaltung. Je größer die ethnische Gruppe, desto stärker sind ethnische Normen in der Bevölkerung vertreten und desto besser wird ethnische Konformität kontrolliert.

H1.3) *Kognitive* (KOA) und *strukturelle Assimilation* (STR) werden von der ethnischen Zusammensetzung im Wohngebiet nicht so stark, aber immer noch negativ beeinflußt.

Beide Dimensionen wären nach den hier angestellten Überlegungen zur Wirkungsweise von Kontexten erst über das Zustandekommen von Kontakten und (daraus resultierenden) Einstellungsänderungen kontextuell beeinflußbar und daher kausal eher nachgeordnet. Darüber hinaus muß kontrolliert werden, ob etwaige kontextuelle Effekte nicht als Scheineffekte der sozialen Zusammensetzung anzusehen sind.

H1.4) Nach den Überlegungen und Behauptungen zu den psychologisch stabilisierenden Wirkungen ethnischer Gemeinden oder Kolonien, müßte ein hoher Ausländeranteil sich bedingt *positiv* auf die *personale Integration* (PIN) auswirken. Nach anderslautenden Ergebnissen der Forschung wird das Wohnen im ethnischen Gebiet aber *nicht* gewünscht, so daß eine *negative* Wirkung auf die personale Integration zu erwarten wäre.

Es kann angenommen werden, daß der Grad der Assimilation hier eine wichtige Rolle spielt: Bei hoher Assimilation dürfte das Wohnen im Gebiet mit hohem Ausländeranteil negativ, bei niedriger Assimilation hingegen positiv auf den Grad der Zufriedenheit wirken. Es läßt sich empirisch entscheiden, welche der beiden orientierenden Hypothesen zutrifft.

H2) Zweitens wird angenommen, daß sich Eigenschaften der *ethnischen Kontexte* auf die Eingliederung von Migranten auswirken. Dabei müssen - je nachdem ob die eigenen Fähigkeiten nach gesamtgesellschaftlichen oder kontextspezifischen Maßstäben beurteilt werden - direkte und inverse Effekte unterschieden werden.

Sind im Kontext individuelle Eigenschaften, die die Assimilation begünstigen, weit verbreitet (hohe Durchschnittswerte), so kann von diesen Gruppeneigenschaften ein positiver Einfluß auf die Eingliederung des Migranten erwartet werden.

Günstige Voraussetzungen im Kontext schaffen ein höheres Anspruchsniveau in bezug auf Assimilation, bestimmen also einen hohen kontextuellen Standard, dessen Erreichen oder Erfüllung soziale Anerkennung verspricht (die individuellen Voraussetzungen, also die Grenzkosten, wie sie in Kap. 5 eingeführt wurden, seien hier konstant).

H2.1) So dürfte die *kognitive Assimilation* positiv durch die durchschnittliche Schulbildung der Ausländer im Gebiet beeinflußt werden, da Schulbildung (unabhängig davon, wo sie erworben wurde) den Spracherwerb positiv beeinflußt.

In einem Wohngebiet mit sehr gebildeter ausländischer Bevölkerung herrscht demnach der Standard, daß *man* gut Deutsch können müsse. Dieser Standard kann sich durchaus unabhängig von den aktuellen Deutschkenntnissen der Population entwickeln (z.B. bei Gruppen wie den Vietnamesen in der Bundesrepublik, die erst vor kurzer Zeit immigriert sind).

H2.2) Nach dem Basismodell der Eingliederung (s.o.) wird die *strukturelle Assimilation* von der kognitiven Assimilation bestimmt. Daher ist auch von hoher durchschnittlicher kognitiver Assimilation ein Kontexteffekt auf die individuelle strukturelle Assimilation von Migranten zu erwarten.

Die durchschnittlichen Sprachkenntnisse in einem Kontext bestimmen auch die Maßstäbe, nach denen die soziale Stellung eines Migranten beurteilt wird. Je besser die kognitiven Fähigkeiten im Kontext ausgeprägt sind, desto eher wird

man vom Kontextmitglied eine höhere soziale Stellung erwarten. Umgekehrt sind
bei niedrigem Kenntnisstand auch die allgemeinen Ansprüche an die soziale Position geringer, so daß ein individueller Migrant schon bei weit geringerer struktureller Assimilation ein Optimum an sozialer Anerkennung erwarten kann.

> H2.3) Ebenso wie auf die strukturelle Assimilation wirkt die kognitive Assi-
> milation auf die *soziale Assimilation*. Auch von der kontextspezifischen
> kognitiven Assimilation sind Effekte auf die Kontakte des individuellen
> Migranten zu erwarten.

Der allgemeine Kenntnisstand über die aufnehmende Kultur, besonders die
Sprachkenntnis hat Auswirkungen auf das Ausmaß, in dem Kontakte zur einheimischen Bevölkerung unter Ausländern als machbar und erstrebenswert gelten.
Dazu kommt hier noch ein Effekt, der bei den Kontaktpartnern angesiedelt ist: Je
eher die Deutschen erwarten können, daß ein ihnen zufällig begegnender Ausländer gut deutsch spricht, desto eher werden sie von sich aus Kontakte aufnehmen
und pflegen.

> H2.4) Die *personale Integration*, zumeist als Zufriedenheit operationalisiert,
> wird von dem Ausmaß der strukturellen und sozialen Assimilation be-
> stimmt. Von den entsprechenden Kontexteigenschaften sind ebenfalls po-
> sitive Wirkungen auf die individuelle Zufriedenheit anzunehmen.

Wenn die Mitglieder der ausländischen Bevölkerungsgruppe einen relativ hohen
gesellschaftlichen Status erreicht haben und über viele Kontakte zur einheimischen Bevölkerung verfügen, so dürfte sich dies auf die Erwartungen auswirken,
in welchem Maße sich Zufriedenheit zu zeigen habe. Abhängig von den Ver-
gleichsmaßstäben der Befragten wird sich Zufriedenheit entwickeln. Wenn Zufriedenheit mit den Chancen und Möglichkeiten als Ausländer zusammenhängt, wird
sie mit zunehmender struktureller und sozialer Assimilation steigen. Wenn hingegen Zufriedenheit aus dem Vergleich mit anderen Ausländern herrührt, so ist mit
zunehmender kontextueller struktureller und sozialer Assimilation der Umwelt
eine Verschlechterung der relativen Position und somit mehr Unzufriedenheit zu
erwarten; dies ist der klassische Frog-Pond-Effekt (vgl. Kap. 5.4.2 dieser Arbeit).

> H2.5) Als Bestimmungsgrund der *identifikativen Assimilation* also der Um-
> orientierung in der Bewertung der Normen und Verhältnisse in der Auf-
> nahmegesellschaft, ist in erster Linie die personale Integration anzusehen.
> Auch hier kann wieder vermutet werden, daß die Aggregatentsprechung
> einer relevanten unabhängigen Individualvariablen Auswirkungen auf die
> abhängige Individualvariable zeigt.

Je zufriedener die Mitglieder der ethnischen Gruppe sind, desto eher werden sie
von sich und anderen eine Hinwendung zur Kultur der aufnehmenden Gesellschaft
erwarten. Vom individuellen Migranten wird eine solche Hinwendung auch dann
erwartet, wenn er persönlich weniger Grund zur Zufriedenheit hat, da ja generell

erwiesen scheint, daß die aufnehmende Gesellschaft Möglichkeiten bietet, die zur Zufriedenheit beitragen.

Somit sind die zentralen Hypothesen, die die Untersuchung leiten sollen, dargestellt. Es wird also einerseits eine Wirkung vom Ausländeranteil im Wohngebiet, andererseits eine Wirkung von Normen des ethnischen Kontextes im Wohngebiet postuliert. Die kontextuellen ethnischen Normen werden dabei als Aggregatmittelwerte der jeweilig relevanten Individualmerkmale konzipiert.

Das hier vorgestellte Untersuchungskonzept ist keineswegs theorielos: Die Überlegungen in Kapitel 5 haben gezeigt, auf welche Weise Aggregatmittelwerte auf individuelle Eigenschaften wirken können. Es ist sicherlich richtig, daß die dort dargestellten Mechanismen direkter gemessen werden könnten. Derartige Operationalisierungen sind aber mit dem vorliegenden Datensatz nicht möglich.

Kapitel 8:   Daten und Methode

8.1 Daten

Die folgenden Analysen beruhen auf Daten, die 1984 erhoben wurden. Die Untersuchung wurde hauptsächlich an der Universität - Gesamthochschule - Essen von Hartmut Esser und Mitarbeitern, sowie an der Universität Hamburg von Jürgen Friedrichs und Mitarbeitern durchgeführt.

In fünf deutschen Großstädten (Duisburg, Essen, München, Nürnberg und Hamburg) wurden insgesamt 1846 Interviews durchgeführt. Befragt wurden dabei je zur Hälfte Türken und Jugoslawen, Angehörige der ersten und der zweiten Generation, so daß eine Reihe interethnischer und intergenerationaler Vergleiche durchgeführt werden können. Als Angehörige der zweiten Generation wurden zum Zwecke der Stichprobenziehung Personen im Alter von 15 bis 24 Jahren angesehen. Nach Durchführung des Interviews wurden dann einige dieser Personen der Gruppe der ersten Generation zugeordnet, da sich herausstellte, daß ihre Eltern keine Migranten waren.

Die Kontexte, in denen die Befragten wohnten, wurden systematisch variiert: In jeder Stadt wurde je ein Stadtteil mit überdurchschnittlichem, durchschnittlichem und unterdurchschnittlichem Ausländeranteil in die Untersuchung einbezogen und in jedem dieser Stadtteile wurde wiederum ein Quartier mit höherem und ein Quartier mit niedrigerem Ausländeranteil unterschieden. Auf der Basis dieser regionalen Zuordnung der Befragten können interkontextuelle Vergleiche und kontextuelle Analysen durchgeführt werden.

Das Design der Untersuchung konnte weitgehend realisiert werden (vgl. Übersicht (8.1). Schwierig war vor allem, eine ausreichende Anzahl von Interviews mit Jugoslawen der zweiten Generation in Gebieten mit sehr niedrigem Ausländeranteil durchzuführen. In diesen Fällen wurden in angrenzenden Gebieten Ergänzungsbefragungen durchgeführt (so z.B. im Duisburger Stadtteil mit hohem Ausländeranteil 30 im N-Quartier, 36 im H-Quartier und 40 Ergänzungsbefragungen im Stadtteil, aber außerhalb der Quartiere; s. Übersicht 8.1).

Innerhalb der jeweiligen Gebiete wurden die Befragten zufällig (mit Hilfe der Unterlagen der Einwohnermeldeämter) ausgewählt. Die Interviews wurden mit Hilfe eines standardisierten zweisprachigen Fragebogens (türkisch/ bzw. serbokroatisch/deutsch) von zweisprachigen Interviewern durchgeführt. Der Fragebogen wurde mit Hilfe von Übersetzung und Rückübersetzung entwickelt (vgl. hierzu auch Schöneberg 1985) und in einem Pre-Test mit 100 Personen getestet.

Es handelt sich bei dem Design der Untersuchung um ein quasi-experimentelles Design, dessen Zielsetzung die Maximierung der Varianz der Kontextvariablen "Ausländeranteil" war. Die Stichprobe kann *nicht* als repräsentativ für die in der Bundesrepublik lebenden Türken und Jugoslawen angesehen werden, sondern nur jeweils - soweit das möglich ist - als repräsentativ für die ausländische Population der entsprechenden Quartiere. Es war eine Anzahl von 15 Personen je Quartier und Subgruppe (Türken, Jugoslawen; erste, zweite Generation) vorgeben worden. Diese 15 Befragten entsprachen nun in einigen Gebieten einer Vollerhebung, bzw. waren in einigen Gebieten nicht zu erreichen. Von daher ist die Auswahl hier zwar repräsentativ, kann aber bei nur 10 im gleichen Gebiet lebenden Landsleuten der gleichen Generation mit zufälligen Meßfehlern behaftet sein.

Übersicht 8.1: Design der Untersuchung und Realisierung der Befragungen

a) Idealtypisches Design

```
gesamt                              1.800

Stadt        Duisburg        Essen          München        Nürnberg       Hamburg
               360             360            360            360            360

Stadt-    n     m     h    n     m     h    n     m     h    n     m     h    n     m     h
teil     120   120   120  120   120   120  120   120   120  120   120   120  120   120   120

Quartier n  h  n  h  n  h  n  h  n  h  n  h  n  h  n  h  n  h  n  h  n  h  n  h  n  h  n  h  n  h
         60 60 60 60 60 60 60 60 60 60 60 60 60 60 60 60 60 60 60 60 60 60 60 60 60 60 60 60 60 60
davon
T1 450   15 15 15 15 15 15 15 15 15 15 15 15 15 15 15 15 15 15 15 15 15 15 15 15 15 15 15 15 15 15
T2 450   15 15 15 15 15 15 15 15 15 15 15 15 15 15 15 15 15 15 15 15 15 15 15 15 15 15 15 15 15 15
J1 450   15 15 15 15 15 15 15 15 15 15 15 15 15 15 15 15 15 15 15 15 15 15 15 15 15 15 15 15 15 15
J2 450   15 15 15 15 15 15 15 15 15 15 15 15 15 15 15 15 15 15 15 15 15 15 15 15 15 15 15 15 15 15

(n: niedriger, m: mittlerer, h: hoher Ausländeranteil)
```

b) Realisierte Befragungen (innerhalb der Untersuchungsgebiete, o. Ergänzungen)

```
gesamt                              1.846

Stadt        Duisburg        Essen          München        Nürnberg       Hamburg
1846           363             378            361            373            371

Stadtt.   n     m     h    n     m     h    n     m     h    n     m     h    n     m     h
1565     99    77   106  100    96    95  119   120   122  113   107   100  100   101   110

Quartier n  h  n  h  n  h  n  h  n  h  n  h  n  h  n  h  n  h  n  h  n  h  n  h  n  h  n  h  n  h
1512     67 32 35 29 30 36 47 53 48 48 49 46 59 60 60 60 59 63 65 48 41 66 56 44 52 48 56 45 64 46
davon
T1       20 13 15 13 16    15 18 16 13 15    15 17 17 14 12 16 13 17 17 17 14 14 21 18 16 15 16 15
T2       14 15 15 13 17 15 17 19 16 20 19 13 15 13 13 16 17 15 19 15 13 14 16 17 12 11 14 15 18 15
J1       25  3  3  1  0  3 15 16 14 14 15 16 14 16 17 17 17 17 21 13  8 18 19 10 13 18 18 12 22  8
J2        8  1  2  0  0  2  0  0  2  1  0  0 15 14 13 13 13 15 12  3  3 17  7  3  6  1  8  3  8  8

(n: niedriger, m: mittlerer, h: hoher Ausländeranteil)
```

Im Anschluß an die Datenerhebung wurden die zentralen theoretischen Konstrukte der kognitiven, identifikativen, strukturellen und sozialen Assimilation, sowie der personalen Integration operationalisiert und mit Hilfe von konfirmatorischen Faktorenanalysen die Validität der Zuordnung der gemessenen Indikatoren zu diesen Konstrukten geprüft (zur Konstruktvalidierung, vgl. Endbericht 1986: 11-27).

So konnte zu Beginn der vorliegenden Untersuchung auf einen fertigen Individualdatensatz zugegriffen werden; in diesem Datensatz waren zudem Informationen über den Ausländeranteil der Untersuchungsgebiete und der von den Befragten bewohnten Baublöcke enthalten. Da auch bekannt war, in welchem Baublock (Blockkennziffer) die Befragten wohnten, konnte von daher die Zugehörigkeit zu administrativen Einheiten wie Ortsteil, Stimmbezirk, Stadtteil, Bezirk oder Ortsamtsbereich rekonstruiert werden. Recherchen bei den Statistischen Ämtern der jeweiligen Städte führten zusätzlich zu Informationen über Fläche, Einwohnerzahl, sowie Ausländer-, Türken- und Jugoslawenanzahl in den jeweiligen administrativen Einheiten. Diese Informationen wurden mit den Individualdaten verbunden, so daß Kontextanalysen mit Daten aus unterschiedlichen Ebenen möglich sind.

8.2 Methode

Die folgenden Analysen werden in zwei Abschnitten vorgenommen. Im ersten Abschnitt wird als Kontextmerkmal die ethnische Struktur administrativer Einheiten herangezogen. Im zweiten Abschnitt werden dann die zum Zwecke der Untersuchung definierten Untersuchungsgebiete als Kontexte angesehen. Neben Indikatoren zur ethnischen Struktur werden hier aber vor allem Operationalisierungen des kontextuellen Klimas über (kontextuelle) Mittelwerte von Individualvariablen als Kontextmerkmale untersucht.

Vor Beginn der Analysen werden die Operationalisierungen der abhängigen Variablen vorgestellt. Es wird erläutert, aus welchen Indikatoren sie sich zusammensetzen und wie sich ihre Ausprägungen in den untersuchten Gruppen (Türken und Jugoslawen der ersten und zweiten Generation) verteilen.

Im zweiten Schritt wird dann kurz über die Ergebnisse der Analysen der Individualmodelle berichtet. Hierbei wird zum einen darauf eingegangen, inwieweit sich die Struktur des in Kapitel 7 dargestellten zentralen Modells der Eingliederung finden läßt. Andererseits soll untersucht werden, inwieweit sich andere Individualmerkmale als handlungsrelevant erweisen.

Die Wirkung des kontextuellen Einflusses wird im ersten Hauptteil (Kapitel 9) anhand der Effekte von Variablen untersucht, die die ethnische Struktur im Wohngebiet beschreiben. Die Effekte dieser Variablen auf die zentralen Konstrukte der Eingliederung werden auf mehreren administrativen Ebenen (Block, Ortsteil, Stadtteil, Bezirk, Amt, Stadt) untersucht. Neben der Darstellung der bivariaten Beziehungen werden multiple Regressionen mit und ohne Einschluß der relevanten individuellen (Kontroll)- Variablen durchgeführt.

Im zweiten Hauptteil der empirischen Analyse (Kapitel 10) wird dann geprüft, inwieweit es zwischen den verschiedenen im Rahmen der Untersuchung definierten Gebieten Unterschiede gibt. Die Methode hierzu ist die einfache Varianzanalyse. Hier werden die verschiedenen Untersuchungsgebiete hinsichtlich der Assimilation ihrer türkischen oder jugoslawischen Bewohner miteinander verglichen.

Die Varianzanalyse ist hier angezeigt, da die Untersuchungsgebiete so definiert wurden, daß in einer relativ geringen Zahl von Gebieten jeweils relativ viele Befragte waren; werden administrative Einheiten zugrunde gelegt, ergeben sich dagegen relativ viele Gebiete mit sehr unterschiedlichen, teilweise extrem niedrigen Fallzahlen (vgl. hierzu auch Firebaugh 1979: 392).

Um festzustellen, inwieweit sich etwa vorhandene Unterschiede zwischen den Untersuchungsgebieten durch die unterschiedliche Zusammensetzung der Bewohner (also durch selektive Migration) erklären lassen, werden dann Kovarianzanalysen durchgeführt, in die die vorher als relevant identifizierten Individualvariablen als Kovariate eingehen.

Sollte nach der Kovarianzanalyse noch eine relevante Zwischengruppenvarianz (also hier: Zwischengebietsvarianz) vorhanden sein, so soll dieser Unterschied zwischen den Gebieten mit Hilfe der Kontextanalyse erklärt werden. Hierbei wird nach der Methode verfahren, die Boyd und Iversen (1979) dargestellt haben (vgl. hierzu Anhang 5). Dabei soll neben dem Basismodell auch das balancierte und das verankerte Modell diskutiert werden.

Das Design der Untersuchung sieht die Möglichkeit einer Reihe von internen Replikationen und Vergleichen vor. Letztlich genügt es, getrennte Analysen für die vier nach Nationalität und Generation definierten Teilstichproben durchzuführen, um auch intergenerationale und interethnische Vergleiche anstellen zu können. Für die Kontextanalysen nach Boyd und Iversen sind aber ausreichende Fallzahlen in den einzelnen Kontexten notwendig. Diese relativ hohen Fallzahlen innerhalb eines Untersuchungsgebietes konnten in der Teilstichprobe der Jugoslawen der zweiten Generation nicht realisiert werden. Daher kann diese Subgruppe in die Analysen des zweiten Hauptteils leider nicht einbezogen werden. Auf der anderen Seite erscheint es wünschenswert, diese Kontextanalysen mit möglichst umfangreichen Stichproben durchzuführen, damit fehlende Werte auf einzelnen Variablen in einzelnen Kontexten keine starken Verzerrungen bewirken. Da das kontextanalytische Design bei beiden Substichproben der Türken optimal realisiert werden konnte, bietet es sich an, diese Kontextanalysen auch für die gesamte Gruppe der Türken durchzuführen.

Im ersten Hauptteil werden also neben den Ergebnissen der Analysen der vier Substichproben "T1", "T2", "J1" und "J2" auch die Ergebnisse bei der gesamten Gruppe der Türken "T", die sich je zur Hälfte aus Mitgliedern der ersten und der zweiten Generation zusammensetzt, dargestellt. Im ersten Hauptteil werden damit insgesamt fünf Stichproben einer Analyse unterzogen. Dabei wird dann auch deutlich, inwieweit sich die Ergebnisse für eine Nationalität (oder eine Generation) aus den Ergebnissen ihrer Subgruppen rekonstruieren lassen. Die Jugoslawen der zweiten Generation gehen hier mit in die Analyse ein, obwohl bei ihnen das Stichproben- Design nicht erfüllt wurde. Ersatzweise wurden bei dieser Gruppe auch Befragungen in angrenzenden, sogenannten "Ersatzgebieten" durchgeführt. Da über die ethnische Struktur dieser Gebiete die gleichen Informationen vorlagen, wie über alle anderen administrativen Gebietseinheiten, konnten die Analysen im ersten Hauptteil auch für diese Gruppe ohne Schwierigkeiten durchgeführt werden.

Im zweiten Hauptteil muß dann auf die Jugoslawen der zweiten Generation - und somit auch auf die Analyse der Jugoslawen als gesamter Gruppe - verzichtet werden, weil in den von uns definierten Untersuchungsgebieten keine ausreichende Anzahl von Interviews zu realisieren war. Intergenerationale Vergleiche sind nur bei den Türken möglich, interethnische Vergleiche nur bei der ersten Generation.

Die einzelnen Schritte der Untersuchung sollen abschließend in einer Übersicht noch einmal dargestellt werden (s. Übersicht 8.2). Es sei noch einmal auf den Unterschied zwischen *administrativer Einheit* (Kap. 9) und von der Forschungsgruppe definierten *Untersuchungsgebieten* (Kap. 10) hingewiesen.

Übersicht 8.2: Gang der Untersuchung

VERFAHREN	GEGENSTAND	(SUB-)POPULATION
Kap. 8		
Variablen-Beschreibung Gruppenunterschiede	Abhängige Variablen	gesamt, T, J, 1, 2, T1, T2, J1, J2
Variablen-Beschreibung Gruppenunterschiede	Exogene Variablen (im Anhang)	gesamt, T1, T2, J1, J2
Multiple Regression	Individualmodelle (abh. Var. auf Individualvar.)	gesamt, T, J, 1, 2, T1, T2, J1, J2
Kap. 9		
Beschreibung der Kontexte	Administrative Einheiten und deren ethnischen Struktur	gesamt
Bivariate Beziehungen	Abhängige Variablen und ethnische Struktur administrativer Einheiten	T, T1, T2, J1, J2
Multiple Regression	Abhängige Variablen auf ethnische Struktur ohne und mit Kontrolle von Individualvariablen (Interpretation der durch Individual-, Kontext- und Gesamtmodelle erklärten Varianz)	T, T1, T2, J1, J2
Kap. 10		
Beschreibung der Kontexte	Untersuchungsgebiete und deren ethnische Struktur	gesamt
Bivariate Beziehungen	Abhängige Variablen und ethnische Struktur der Untersuchungsgebiete	T, T1, T2, J1
Varianz-/Kovarianzanalyse	Unterschiede hinsichtlich der abh. Var. zwischen den Bewohnern verschiedener Untersuchungsgebiete, m.u.o. Kontrolle v. Individualvariablen (Interpretation der durch Individual-, Kontext- und Gesamtmodelle erklärten Varianz)	T, T1, T2, J1, (J2 nur Ebene E1)
Kontextanalyse nach Boyd & Iversen (mult. Regr.)	Abh. Var. auf relevantes Individualmerkmal und dessen Aggregatentsprechung (Mittelwert) (Interpretation der durch Individual-, Kontext- und Gesamtmodelle erklärten Varianz, Versuch der Trennung von Individual- und Kontexteffekten)	T, T1, T2, J1

8.3 Die abhängigen (endogenen) Variablen

Die fünf zentralen Variablen des Eingliederungsprozesses werden nacheinander als abhängige Variablen betrachtet. Der Gang der Analyse ist für jede abhängige Variable der gleiche. Zunächst werden die Eigenschaften der abhängigen Variablen für eine Reihe der möglichen Subpopulationen beschrieben. So wird die Stichprobe einmal nach Nationalität (also Türken "T" vs. Jugoslawen "J") und einmal nach Generation (erste "1" vs. zweite Generation "2") halbiert, sowie in vier Subgruppen nach Nationalität und Generation geviertelt, die dann die Bezeichnungen "T1", "T2", "J1" und "J1" für "Türken, erste Generation" etc. tragen. Die abhängige Variable wird mit Hilfe des Mittelwertes "MW" der Standardabweichung "STD ABW", dem niedrigsten "MIN" und höchsten "MAX" empirischen gemessenen Wert, sowie der Anzahl der gültigen Fälle "VALID" und der fehlenden Werte "MV" beschrieben.

In Verbindung mit dieser Darstellung wird die Stärke der Zwischengruppen-Unterschiede mit Hilfe des Koeffizienten Eta (Resultat einer Varianzanalyse, in der die Zugehörigkeit zur Teilstichprobe als Gruppierungsmerkmal galt) beschrieben.

Tabelle 8.3: SUB *Kognitive Assimilation*, gemessen als
Subjektive Einschätzung der eigenen Sprachkenntnis
(additiver Index: Deutsch verstehen, sprechen, lesen, schreiben)

		MW	STD ABW	MIN	MAX	VALID	MV
gesamt		14.505	4.459	4.00	20.00	1827	19
Nat:	T	13.077	4.375	4.00	20.00	921	12
	J	15.957	4.058	4.00	20.00	906	7
	Eta= .63						
Gen:	1	12.225	4.216	4.00	20.00	937	15
	2	16.906	3.296	6.00	20.00	890	4
	Eta= .53						
Gr:	T1	10.597	3.784	4.00	20.00	461	9
	T2	15.563	3.411	6.00	20.00	460	3
	J1	13.803	4.012	4.00	20.00	476	6
	J2	18.342	2.463	7.00	20.00	430	1
	Eta= .31						

Kognitive Assimilation wird zumeist über Sprachkenntnis gemessen. Dabei wurde in der Untersuchung auch ein Test der objektiven Sprachkenntnisse durchgeführt. Dieser Test kann aber nur dann valide Ergebnisse erbringen, wenn die Befragten über gute Kenntnisse ihrer Muttersprache verfügen; er ist eher ein Test auf Zweisprachigkeit. Anhand einer Teilstichprobe von Befragten mit guten muttersprachlichen Kenntnisse konnte festgestellt werden, daß in dieser Population gute subjektive mit guten objektiven Sprachkenntnissen einhergehen. Auch Esser (1985a) kommt zu dem Ergebnis, daß die subjektive Selbsteinschätzung valide Ergebnisse bringt.

Es zeigt sich, daß die Jugoslawen besser Deutsch sprechen als die Türken und die Angehörigen der zweiten Generation besser Deutsch sprechen als die der ersten Generation.

Tabelle 8.4: STR   *Strukturelle Assimilation*
(Index: Berufsrang, Besitz von Geschirrspüler, Telephon)

		MW	STD ABW	MIN	MAX	VALID	MV
Gen:	1	2.282	1.265	1.00	7.00	943	9
Gr:	T1	2.084	1.666	1.00	7.00	467	3
	J1	2.477	1.327	1.00	7.00	476	6
	Eta= .21						

Die *strukturelle Assimilation* ist sinnvollerweise nur bei der ersten Generation der Migranten als abhängige Variable zu betrachten, da in unserer Stichprobe bei der zweiten Generation ein großer Teil (noch) nicht erwerbstätig ist und so der (sozio-ökonomische) Status über die Position der Eltern definiert werden müßte. Ein dermaßen ererbter Status kann schwerlich durch individuelle und kontextuelle Merkmale des befragten Individuums "erklärt" werden. Daher werden die Analysen hier nicht für die Teilstichproben der zweiten Generation der Türken und Jugoslawen durchgeführt und können auch nicht für die gesamte Gruppe der Türken oder der Jugoslawen durchgeführt werden, da diese hier ja zur Hälfte aus Angehörigen der zweiten Generation besteht.

Es kommt nicht unerwartet, daß die strukturelle Assimilation bei den Jugoslawen stärker, bzw. weiter fortgeschritten ist als bei den Türken.

Tabelle 8.5: SOA   *Soziale Assimilation*
(additiver Index: Besuche von und bei Deutschen, Kontakte zu
Deutschen innerhalb und außerhalb der Nachbarschaft)

		MW	STD ABW	MIN	MAX	VALID	MV
gesamt		10.054	5.337	4.00	20.00	1803	43
Nat:	T	8.740	4.755	4.00	20.00	917	16
	J	11.414	5.564	4.00	20.00	886	27
	Eta= .26						
Gen:	1	8.482	4.805	4.00	20.00	919	33
	2	11.689	5.374	4.00	20.00	884	10
	Eta= .30						
Gr:	T1	7.710	4.447	4.00	20.00	458	12
	T2	9.769	4.833	4.00	20.00	459	4
	J1	9.249	5.024	4.00	20.00	461	21
	J2	13.762	5.159	4.00	20.00	425	6
	Eta= .44						

Auch im Bereich der *sozialen Assimilation*, also dem Bereich der interethnischen Kontakte, zeigt sich das Muster, daß die Jugoslawen weitgehender assimiliert sind als die Türken und die Angehörigen der zweiten Generation stärker
als die der ersten Generation. Interessant ist hier auch, daß zwischen der zweiten
Generation der Türken und der ersten Generation der Jugoslawen kaum Unterschiede bei den Kontakten mit Deutschen bestehen.

Die *personale Integration*, die hier als Zufriedenheit gemessen wird, weist
zwischen den Generationen nur relativ geringe Unterschiede auf, was unter
anderem daran liegen mag, daß Zufriedenheit zumindest zum Teil ein relatives
Konzept darstellt. Dennoch findet sich auch hier das vertraute Muster, nach dem
die Jugoslawen und die Angehörigen der zweiten Generation zufriedener als die
Türken und die Angehörigen der ersten Generation erscheinen. Hier kehrt sich die
Reihenfolge zwischen Türken der zweiten Generation und Jugoslawen der ersten
Generation aber um: die Türken sind im Durchschnitt unzufriedener mit ihrer Si-
tuation in der Bundesrepublik.

Tabelle 8.6: PIN   *Personale Integration*
(additiver Index: Zufriedenheit mit Beruf/Schule,
Wohnung und allgemein)

		MW	STD ABW	MIN	MAX	VALID	MV
gesamt:		10.500	2.462	3.00	15.00	1702	144
Nat:	T	9.818	2.529	3.00	15.00	859	74
	J	11.195	2.183	3.00	15.00	843	70
	Eta= .28						
Gen:	1	10.200	2.405	3.00	15.00	825	127
	2	10.782	2.482	3.00	15.00	877	17
	Eta= .12						
Gr:	T1	9.595	2.479	3.00	15.00	405	65
	T2	10.018	2.560	3.00	15.00	454	9
	J1	10.783	2.181	3.00	15.00	420	62
	J2	11.603	2.110	3.00	15.00	423	8
	Eta= .31						

Mit dem Aufenthalt in einem fremden Land kann es zu Umorientierungen bei
der ethnische Zugehörigkeitsdefinition kommen. Man kann sich der eigenen
Ethnie entfremden, man kann sich der fremden Ethnie annähern. Diese Aspekte
werden vom Index IDA erfaßt, der im Rahmen des Forschungsprojekts die letztendlich zu erklärende Variable darstellte. Jugoslawen zeigen, was nach dem Überblick über die übrigen zentralen Konstrukte der Eingliederung nicht überraschend
ist, stärkere identifikative Umorientierungen als Türken, die Angehörigen der
zweiten Generation übertreffen die der ersten Generation, so daß bei den Türken
der zweiten Generation eine stärkere identifikative Assimilation festzustellen ist
als bei den Jugoslawen der ersten Generation.

Tabelle 8.7: IDA   Identifikative Assimilation
(Index: Sich fühlen als Deutscher, als Türke/Jugoslawe,
Parteinahme im Sport für Herkunftsland oder Bundesrepublik)

	MW	STD ABW	MIN	MAX	VALID	MV
gesamt:	4.792	2.469	3.00	15.00	1726	120
Nat: T	4.303	1.841	3.00	13.00	887	46
J	5.309	2.906	3.00	15.00	839	74
Eta= .22						
Gen: 1	4.172	1.872	3.00	13.00	893	59
2	5.456	2.834	3.00	15.00	833	61
Eta= .26						
Gr: T1	4.009	1.568	3.00	12.00	446	24
T2	4.601	2.039	3.00	13.00	441	22
J1	4.336	2.122	3.00	13.00	447	35
J2	6.418	3.264	3.00	15.00	392	39
Eta= .37						

Hier wie in allen anderen Bereichen gilt, daß die Beschreibung von Zuständen oder Ähnlichkeiten in keiner Weise eine Aussage über die Wünschbarkeit solcher Zustände beinhaltet. Wenn hier von Assimilation gesprochen wird, so bedeutet das nicht automatisch, daß die Assimilation der Ausländer in allen Bereichen angestrebt werden sollte.

Die Beschreibung der endogenen Variablen wird durch Kreuztabellen im Anhang 1 abgeschlossen, die die Verteilung über die einzelnen Subgruppen verdeutlichen. Die Anzahl der Ausprägungen machte eine Recodierung der abhängigen Variablen in fünf Ausprägungen im Interesse der Übersichtlichkeit der Darstellung notwendig. Es handelt sich in den Kreuztabellen also nicht um die Originalvariablen, mit denen die hier folgenden Analysen durchgeführt wurden.

8.4: Exogene Variablen

Die bisher dargestellten Variablen sollen als endogene Variablen bezeichnet werden, da sie Bestandteile des in Kapitel 7 dargestellten Basismodells der Eingliederung sind. Neben den oben dargestellten Variablen, die in den nachfolgenden Analysen nacheinander als Explanans fungieren, werden noch elf weitere Variablen herangezogen, die im folgenden als exogene Variablen bezeichnet werden, da sie ausschließlich als unabhängige Variablen angesehen werden. Ihre Erklärung bleibt anderen Studien überlassen.

Die exogenen Variablen seien im folgenden nur kurz aufgeführt, eine genauere Beschreibung findet sich in Anhang 2. Die Klassifikation der Variablen zeigt, daß die Variablen überwiegend Sozialisationserfahrungen in der Familie, in der Schule oder im Freundeskreis messen. Kriterium für die Auswahl dieser Variablen war, daß sie in den Analysen zur individuellen Erklärung der zentralen Konstrukte (vgl. Endbericht 1986) eine relativ hohe Erklärungskraft besessen hatten, und so davon auszugehen war, daß mit wenigen dieser Variablen jeweils ein großer Betrag an Varianz in den unabhängigen Variablen erklärbar ist. Dadurch ergeben sich dann relativ einfache, aber erklärungskräftige Individualmodelle, die in den kontextuellen Analysen zur Kontrolle herangezogen werden können.

Übersicht 8.8: Exogene Variablen in den Analysen

Bereich Primärsozialisation:

```
1)  BIE     Bildungsstand der Eltern
2)  RME     Religiöses Milieu im Elternhaus
3)  SME     Soziales Milieu im Elternhaus
4)  KME     Kulturelles Milieu im Elternhaus
```

Bereich Sekundärsozialisation:

```
5)  SBI     Schulbildung
6)  SBRD    Schulbildung Bundesrepublik
7)  AKL     Ausländeranteil der zuletzt besuchten Schulklasse
```

Bereich Sozialstatus:

```
8)  WOQ     Wohnqualität
```

Bereich soziale Kontakte:

```
9)  FDE     Anzahl der Deutschen unter den drei besten Freunden
10) FFM     Art der im festen Freundeskreis überwiegend gehörten
            Musik
11) DIS     Diskriminierungserfahrung
```

Da die jeweils einander gegenübergestellten Subgruppen annähernd gleich groß sind, genügen die Informationen aus den Subgruppen T1 bis J2, zur Information über die Nationalitäts- oder Generationsunterschiede. Aus diesem Grunde wird die Verteilung der exogenen Variablen im Anhang-2 auch nur für diese Subgruppen beschrieben.

8.5: Individualmodelle

Da die Effekte von Kontextvariablen unter Kontrolle individueller Variablen geprüft werden sollen, ist zunächst notwendig, die wichtigsten, d.h. die erklärungskräftigsten Individualvariablen zu identifizieren. Dabei kann ich mich in weiten Teilen auf die Ergebnisse stützen, die innerhalb des Forschungsprojekts erarbeitet wurden (vgl. Endbericht 1986). Die dort entwickelten und überprüften Modelle wurden in erster Linie vereinfacht. Das Ziel war, mit relativ wenigen Variablen möglichst viel Varianz in der abhängigen Variablen zu erklären. So weist kein hier vorgestelltes Individualmodell mehr als drei unabhängige Variablen auf. Hinter den relativ einfachen Individualmodellen steht ein längerer Prüfungsprozeß, in dem untersucht wurde, ob die zu beobachtenden Einflüsse auch unter Kontrolle anderer Individualvariablen bestehen blieben.

Diese Modelle heißen hier 'Individualmodelle', weil ausschließlich Individualvariablen als unabhängige Variablen einbezogen wurden. (Obschon man sich - wie schon im ersten Teil der Arbeit diskutiert - darüber streiten kann, inwieweit die Trennung zwischen Individual- und Kontextvariablen eher akademischer Natur ist.)

Übersicht 8.9: Individualmodelle zur Erklärung der *Kognitiven Assimilation*
  (subjektive Einschätzung der Sprachkompetenz)

```
Türken                          Jugoslawen
mpn=895  B   Beta               mpn=896  B   Beta
Const. 2.67                     Const. 5.41
  SBI   0.74  .60                 SBI   0.51  .37
  FDE   1.48  .25                 FDE   1.51  .45

R²= .50                         R²= .41


ohne AKL:        1. Generation                  2. Generation
      mpn  R²    mpn=927  B   Beta               mpn=718  B   Beta
  2: 828 .49     Const. 2.70                     Const.12.91
 T2: 413 .43       SBI   0.62  .52                 SBRD   0.43  .47
 J2: 415 .42       FDE   1.56  .31                 FDE    0.64  .23
                                                   AKL   -0.48 -.22
                 R²= .46                         R²= .52


T1                    T2                    J1                    J2
mpn=453  B   Beta     mpn=343  B   Beta     mpn=474  B   Beta     mpn=375  B   Beta
Const. 2.48           Const.11.69           Const. 4.32           Const.14.76
  SBI   0.61  .54       SBRD  0.44  .46       SBI   0.51  .41       SBRD  0.38  .50
  FDE   1.48  .24       FDE   0.86  .21       FDE   1.49  .37       FDE   0.34  .17
                        AKL  -0.48 -.22                             AKL  -0.32 -.17
R²= .40               R²= .46               R²= .37               R²= .44

Unabhängige Variablen:
SBI       Schulbesuchsdauer (in Herkunftsland und Bundesrepublik)
SBRD      Schulbesuchsdauer in Bundesrepublik
FDE       Anzahl der Deutschen unter den drei besten Freunden
AKL       Ausländeranteil in der zuletzt besuchten Klasse
(Erläuterungen:
    mpn: minimum paarweises N,
    R²: adjustiertes R², berücksichtigt die Anzahl der Regressoren in
    der Gleichung; s. Bohrnstedt & Carter 1971: 129
    bivariate Interkorrelationen der unabhängigen Variablen unter r= .60)
```

Die erklärungskräftigste unabhängige Variable im Bereich der *kognitiven Assimilation* (s. Übersicht 8.9) ist die Schulbildung, wobei bei der ersten Generation nur die im Herkunftsland absolvierte Schulbildung erfragt wurde. An zweiter Stelle rangiert die ethnische Herkunft der drei besten Freunde, die schon allein in einzelnen Teilstichproben bis zu 20% der Varianz in den Sprachkenntnissen erklärt. Strenggenommen handelt es sich hierbei um eine Kontextvariable, da aus den Eigenschaften (Nationalität) von anderen Personen Einflüsse ausgehen sollen. Hier werden diese und ähnliche Variablen, die eher soziale Netzwerke beschreiben, aber als individuelle (Kontroll-)Variablen behandelt. Bei der zweiten Generation spielt außerdem der Ausländeranteil in der zuletzt besuchten Schulklasse eine wichtige Rolle für die Sprachkompetenz.

Bei den Variablen 'Drei Freunde' oder 'Schulklasse' ist es möglich, daß die Beziehungen durch Selbst-Selektion zustande kommen: Personen wählten demnach ihre Freunde nach ihren eigenen Sprachkenntnissen und werden nach Sprachkenntnissen auf Schulklassen mit unterschiedlichem Ausländeranteil (Ausländer- und Nationalklassen) verteilt.

Die *strukturelle Assimilation* (s. Übersicht 8.10) kann bei den untersuchten Teilstichproben der ersten Generation durch jeweils das gleiche Individualmodell erklärt werden. Die Erklärungskraft der Modelle ist aber nicht so groß wie bei der kognitiven Assimilation. Dies mag an den Schwierigkeiten liegen, den Begriff der strukturellen Assimilation in einer recht heterogenen Stichprobe (Männer und Frauen, Berufstätige, Arbeitslose, nicht Erwerbsfähige etc.) zu bestimmen.

Während bei den Türken die Sprachkenntnis der entscheidende Faktor zu sein scheint, reduziert sich dieser Effekt bei den Jugoslawen zugunsten von exogenen Variablen, die von Sozialisationsprozessen im Herkunftsland (Schule, Elternhaus) bestimmt werden.

Gemeinsam ist allen drei unabhängigen Variablen, daß sie als Indikator für kognitive Strukturen, also für so etwas wie "Bildung" oder "geistige Fähigkeiten" stehen. Damit stehen die Individualmodelle der strukturellen Assimilation in allen Teilstichproben in Übereinstimmung mit den Annahmen des in Kapitel 7 dargestellten Basismodells.

Übersicht 8.10: Individualmodelle zur Erklärung der *Strukturellen Assimilation*
(aus Berufsrang und Gebrauchsgütern)

```
Türken                           Jugoslawen

nicht                            nicht
unter-                           unter-
sucht                            sucht


                    1. Generation              2. Generation
ohne BIE:           mpn=670  B   Beta
    mpn  R²         Const. 0.62                nicht
 1:  927 .22          SBI   0.06  .18          unter-
T1:  452 .17          SUB   0.07  .25          sucht
J1:  470 .24          BIE   0.05  .17
                      R²= .24


T1                    T2         J1                   J2
mpn=332  B  Beta                 mpn=335  B  Beta
Const. 0.69           nicht      Const. 0.19          nicht
  SBI   0.03  .08     unter-       SBI   0.11  .27    unter-
  SUB   0.09  .30     sucht        SUB   0.07  .22    sucht
  BIE   0.05  .17                  DIE   0.05  .16
R²= .19                            R²= .26


Unabhängige Variablen:
SBI        Schulbesuchsdauer (in Herkunftsland und Bundesrepublik)
SUB        Subjektive Einschätzung der Sprachkenntnis
BIE        Schulbesuchsdauer der Eltern (Vater und Mutter)

(Erläuterungen:
STR  nur bei der ersten Generation als abhängige Variable,
   mpn: minimum paarweises N,
   R²: adjustiertes R²,
   bivariate Interkorrelationen der unabhängigen Variablen unter r= .60)
```

Die Individualmodelle zur *sozialen Assimilation* (s. Übersicht 8.11) erklären bei den Jugoslawen besser als bei den Türken und bei der zweiten Generation besser als bei der ersten Generation. In Einklang mit dem Basismodell der Eingliederung ist die kognitive Assimilation (also hier die Sprachkenntnis) die wichtigste Voraussetzung für das Zustandekommen interethnischer Kontakte. Allein die Kenntnis der Sprache erklärt in den Teilstichproben schon zwischen 15 und 25% der Varianz in der sozialen Assimilation.

Bei der zweiten Generation wird darüber hinaus deutlich, daß das soziale Milieu im Elternhaus eine wichtige Rolle spielt. Auch diese Variable ist als Netzwerk-Variable wieder zwischen Individual- und Kontextvariablen angesiedelt (es ist das Verhalten von "anderen", das einen Einfluß auf das Verhalten von "ego" hat). Diese Bestimmung des "Primär-Milieus" soll aber im folgenden als Individualvariable behandelt und zur Kontrolle von Effekten der weiteren, regional definierten Umgebung eingesetzt werden.

Übersicht 8.11: Individualmodelle zur Erklärung der *Sozialen Assimilation*
(Besuche von/bei Deutschen und sonst. Kontakte)

```
Türken                              Jugoslawen
mpn=905   B   Beta                  mpn=880   B   Beta
Const. 2.25                         Const.-1.21
   SUB   0.50  .46                      SUB   0.79  .58

R²= .21                             R²= .33
```

```
                    1. Generation                    2. Generation
                    mpn=905   B   Beta                mpn=820   B   Beta
                    Const. 1.53                       Const. 7.60
                       SUB   0.49  .43                    SUB   0.59  .36
                       STR   0.43  .11                    SME - 0.53 -.42

                    R²= .24                           R²= .41
```

```
T1                  T2                  J1                  J2
mpn=449  B  Beta    mpn=417  B  Beta    mpn=455  B  Beta    mpn=403  B  Beta
Const. 2.66         Const. 7.45         Const. 0.33         Const. 7.60
  SUB   0.48  .41      SUB   0.49  .35     SUB   0.55  .44     SUB   0.63  .30
  SME  -0.43 -.33      STR   0.53  .14     SME  -0.56 -.46
R²= .16             R²= .28             R²= .26             R²= .38
```

```
Unabhängige Variablen:
SUB        Subjektive Einschätzung der Sprachkenntnis (Kog. Assimilation)
STR        Strukturelle Assimilation
SME        Soziales Milieu Elternhaus (Soziale Assimilation der Eltern)
(Erläuterungen:
   mpn: minimum paarweises N,
   R²: adjustiertes R²,
   bivariate Interkorrelationen der unabhängigen Variablen unter r= .60)
```

Die *personale Integration* läßt sich recht gut mit der persönlichen Erfahrung von Diskriminierungen erklären (s. Übersicht 8.12). Außerdem finden sich die vom Basismodell der Eingliederung postulierten Effekte der sozialen Assimilation. Noch etwas erklärungskräftiger als die soziale Assimilation ist das verwandte Konstrukt der ethnischen Zusammensetzung des Freundeskreises (die Ergebnisse werden hier nicht berichtet). Das zeigt, welche Aspekte der sozialen Assimilation vor allem auf die Zufriedenheit wirken. In den Modellen wurde hier aber die soziale Assimilation belassen, da dies mit den theoretischen Überlegungen aus Kap. 7 in Einklang steht.

Die strukturelle Assimilation, bzw. das verwandte Konstrukt der Wohnqualität spielt dagegen nicht die erwartete Rolle. Möglicherweise ist bei der Entstehung von Zufriedenheit die absolute gesellschaftliche Position in vertikaler (struktureller) Sicht nicht so bedeutend, weil Zufriedenheit ein eher relationales Konzept ist: Zufriedenheit resultiert immer auch aus dem Vergleich mit anderen "im gleichen Boot". Der absolute Status ist dann weniger erklärungskräftig als Variablen, die Relativität berücksichtigen können. Die Variable DIS stellt so eine Variable dar, da gefragt wird, in welchem Ausmaß man persönlich Diskriminierungen ausgesetzt gewesen sei. Der Maßstab ist hier sicherlich auch ein relativer.

Übersicht 8.12: Individualmodelle zur Erklärung der *Personalen Integration*
(Zufriedenheit allgemein, Beruf, Wohnung)

```
Türken                           Jugoslawen
mpn=789  B   Beta                mpn=785  B   Beta
Const.10.67                      Const.11.49
  WOQ    0.27  .12                 WOQ    0.39  .17
  SOA    0.10  .19                 SOA    0.06  .14
  DIS   -1.47 -.40                 DIS   -1.70 -.40
R²= .23                          R²= .24
```

```
              1. Generation                    2. Generation
              mpn=769  B   Beta                mpn=805  B   Beta
              Const.11.81                      Const. 9.58
                STR    0.33  .18                 SUB    0.15  .20
                SOA    0.03  .06                 SOA    0.07  .15
                DIS   -1.73 -.46                 DIS   -1.48 -.37
              R²= .28                          R²= .28
```

```
T1                  T2                  J1                  J2
mpn=383  B   Beta   mpn=359  B   Beta   mpn=386  B   Beta   mpn=397  B   Beta
Const.11.34         Const.15.21         Const.11.82         Const.10.02
  STR    0.35  .16    SOA    0.11  .21    WOQ    0.44  .21    SUB    0.12  .14
  DIS   -1.44 -.41    DIS   -1.49 -.38    SOA    0.03  .07    WOQ    0.33  .14
                      KME   -0.24 -.17    DIS   -2.09 -.46    DIS   -1.35 -.34
R²= .21             R²= .25             R²= .29             R²= .18
```

```
Unabhängige Variablen:
SUB       Subjektive Einschätzung der Sprachkenntnis (Kog. Assimilation)
STR       Strukturelle Assimilation
WOQ       Wohnungsausstattung
SOA       Soziale Assimilation
DIS       Persönlich erfahrene Diskriminierung als Ausländer
KME       Kulturelles Milieu im Elternhaus (Küche, Musik, Umgangssprache)
(Erläuterungen:
    mpn: minimum paarweises N,
    R²: adjustiertes R²,
    bivariate Interkorrelationen der unabhängigen Variablen unter r= .60)
```

Die Zieldimension des Forschungsprojektes, aus dem die Daten stammen, ist die *identifikative Assimilation*. Die vom Basismodell postulierte Beziehung zwischen der personalen Integration und der ethnischen Umorientierung läßt sich in den Daten nicht finden (s. Übersicht 8.13). In den Teilstichproben der Türken findet sich keine Variable, die in der Lage wäre, große Anteile an Varianz zu erklären. Entsprechend weisen die Individualmodelle bei der identifikativen Assimilation die geringste Erklärungskraft auf.

In der Gruppe der Jugoslawen läßt sich allein mit den endogenen Variablen SUB, SOA und PIN schon ein sehr großer Teil der Varianz in der identifikativen Assimilation erklären. Es zeigt sich hier wieder ein Befund, der während der Arbeiten an dem Forschungsprojekt verschiedentlich deutlich wurde: Im Sinne der Theorie sind die Jugoslawen "Musterbeispiele", die postulierten Bezüge finden sich in dieser Population wesentlich eher als bei den Türken.

Übersicht 8.13: Individualmodelle zur Erklärung der *Identifikativen Assimilation*
(Sich als Deutscher fühlen)

```
Türken                           Jugoslawen
mpn=873   B   Beta               mpn=775   B   Beta
Const. 1.17                      Const.-0.66
   SUB   0.07   .16                 SUB   0.15   .21
   SOA   0.07   .18                 SOA   0.13   .24
   FDE   0.49   .20                 PIN   0.13   .10
                                    FFM   0.28   .17
R²= .17                          R²= .31
```

```
                  1. Generation                    2. Generation
                  mpn=845   B   Beta               mpn=685   B   Beta
                  Const. 2.17                      Const.10.30
                     SUB   0.09   .20                 SOA    0.12   .24
                     SOA   0.06   .16                 KME   -0.40  -.43
                     FFM   0.23   .13                 RME   -0.05  -.10
                  R²= . 15                         R²= . 39
```

```
T1                    T2                    J1                    J2
mpn=407   B   Beta    mpn=368   B   Beta    mpn=429   B   Beta    mpn=336   B   Beta
Const. 4.40           Const.10.91           Const. 1.46           Const. 7.82
   SUB   0.05   .12       SOA   0.10   .23      SUB   0.13   .25      SOA   0.15   .24
   SOA   0.05   .15       RME  -0.10  -.19      SOA   0.08   .20      PIN   0.17   .11
   RME  -0.10  -.24       KME  -0.39  -.35      FFM   0.17   .10      KME  -0.42  -.43
R²= .13               R²= .30               R²= .18               R²= .34
```

```
Unabhängige Variablen:
SUB        Subjektive Einschätzung der Sprachkenntnis (Kog. Assimilation)
SOA        Soziale Assimilation
FDE        Anzahl der Deutschen unter den drei besten Freunden
FFM        Bevorzugte Musik (ethnisch/deutsch) im festen Freundeskreis
PIN        Personale Integration
RME        Religiöses Milieu im Elternhaus (Praktizieren, Erwartungen)
KME        Kulturelles Milieu im Elternhaus (Küche, Musik, Umgangssprache)
DIS        Persönlich erfahrene Diskriminierung als Ausländer
(mpn: minimum paarweises N; R²: adjustiertes R²;Interkorr. unter r= .60)
```

Die Individualmodelle werden hier nicht vorgestellt, um die individuellen Determinanten des Eingliederungsprozesses einer genaueren Analyse zu unterziehen. Sie dienen vielmehr als Ausgangsbasis für die folgenden Versuche, den Einfluß kontextueller Eigenschaften zu überprüfen. Zum einen wird die Erklärungskraft dieser Modelle, also der Anteil an erklärter Varianz in der abhängigen Variablen, als Maßstab herangezogen werden können, um die Erklärungskraft der Umgebungsvariablen einstufen zu können. Zum anderen werden die relevanten Individualvariablen als Kontrollvariablen herangezogen, um den Einfluß selektiver Migration kontrollieren zu können und Scheinbeziehungen aufzudecken.

Kapitel 9: Eingliederung und die ethnische Struktur des Wohngebietes

(Empirische Analysen I: administrative Einheiten)

In den Analysen, die in diesem Kapitel vorgenommen werden, wird die Beziehung zwischen der ethnischen Struktur des Wohngebietes und zentralen Konstrukten der Assimilation untersucht. Dabei wird in diesem Teil der Analysen das Wohngebiet im Sinne der Einheiten der amtlichen Statistik abgegrenzt. Dadurch steht eine Reihe von Indikatoren zur Verfügung, um die ethnische Struktur dieser kontextuellen Einheiten zu charakterisieren.

Für die administrativen Einheiten stehen Informationen über die *absolute Anzahl* der dort lebenden Ausländer, sowie die Anzahl der Türken und der Jugoslawen zur Verfügung. Ebenso kann die ethnische Struktur dieser Einheiten über den *Anteil* der Ausländer, der Türken und der Jugoslawen *an der gesamten Wohnbevölkerung* charakterisiert werden. Sowohl Anzahl als auch Anteil stellen Konzepte dar, die in theoretischen Überlegungen zu den Wirkungen segregierten Siedelns und ethnischer Homogenität eine Rolle spielen.

Da die verschiedenen administrativen Einheiten (zumeist in Abhängigkeit von der Entfernung zur Stadtmitte) unterschiedliche Ausdehnungen aufweisen, erscheint es ratsam, die Fläche der untersuchten Einheiten konstant zu halten: das entsprechende Maß ist die (Ausländer-) *Dichte*, die angibt, wieviele Ausländer pro km in der Einheit leben. In gleicher Weise ließen sich aus den Informationen zur Anzahl der Türken und Jugoslawen und der geographischen Größe der Einheiten die Maße der Türken- und Jugoslawendichte berechnen.

Als letztes Maß wurde der Anteil der Türken, bzw. der Jugoslawen an der ausländischen Bevölkerung eines Gebietes berechnet. Vor allem der *Anteil* der *Türken an der ausländischen Bevölkerung* läßt sich auch als Maß der *ethnischen Homogenität* des ausländischen Bevölkerungsteils verstehen: da die Türken zumeist die stärkste Bevölkerungsgruppe stellen, stehen hohe Anteile für eine ethnisch eher homogene Ausländerkultur im Gebiet, während niedrige Türken- und hohe Jugoslawenanteile für ethnische Vielfalt sprechen.

Übersicht 9.1 stellt die verschiedenen in die Untersuchung einbezogenen Einheiten anhand ihrer wichtigsten Kennzeichen dar.

In der Übersicht wird einmal dargestellt, in wieviele Einheiten einer Art ein Stadtgebiet aufgeteilt ist. Darunter werden die Durchschnittswerte (über sämtliche Einheiten der Stadt gesehen) der Fläche und der Einwohner pro Einheit dargestellt. Die übrigen Angaben dienen zur Kennzeichnung der in die Untersuchung einbezogenen Einheiten. Außerdem werden die fünf untersuchten Städte anhand der Variablen dargestellt, die zur Kennzeichnung aller Ebenen benutzt wurden. Nicht dargestellt wird in der Übersicht die Ebene des Blocks (Baublock), für die schon im Rahmen der Arbeiten für das Forschungsprojekt Informationen über die Ausländeranzahl und den Ausländeranteil erhoben wurden.

Übersicht 9.1: Administrative Einheiten in den untersuchten Städten

Kenn-zeichnung	Durchschnitt in der Stadt	Durchschnitt der unter-suchten Einheiten	DUISBURG	ESSEN	MÜNCHEN	NÜRNBERG	HAMBURG
OT "Ortsteil"			Stimmbezirk	Stadtteilbereich	Bezirksviertel	Distrikt	Ortsteil
(Anzahl)			(408)	(326)	(450)	(316)	(180)
Fläche			0,6 km²	0,6 km²	0,7 km²	0,6 km²	4,2 km²
Einwohner			1.356	1.924	2.907	1.501	9.129
	Ausländer		327	256	670	293	1.172
	Ausländeranteil		19%	9%	13%	14%	14%
		Fläche	-.-	0,54 km²	0,65 km²	0,45 km²	3,02 km²
ST "Stadtteil"			Ortsteil	Stadtteil	Stadtbezirksteil	Bezirk	Stadtteil
(Anzahl)			(48)	(50)	(64)	(86)	(101)
Fläche			5,1 km²	4,2 km²	4,8 km²	2,2 km²	7,5 km²
Einwohner			12.027	12.546	20.436	5.515	16.268
	Einwohner		12.391	16.533	31.802	5.975	26.974
	Ausländer		1.945	1.084	5.518	762	3.038
		Fläche	4,2 km²	4,2 km²	5,0 km²	1,7 km²	8,1 km²
AMT "Amt"			Stadtbezirk	Stadbezirk	Stadtbezirk	Stadtteil	Kerngeb./0-amt
(Anzahl)			(7)	(9)	(37)	(10)	(23)
Fläche			33,3 km²	23,4 km²	8,4 km²	18,6 km²	32,8 km²
Einwohner			79.039	69.698	35.350	47.429	71.441
	Einwohner		84.972	66.846	33.275	43.902	86.410
	Ausländer		11.885	3.947	5.740	5.099	9.858
		Fläche	30,8 km²	23,2 km²	5,7 km²	14,7 km²	29,1 km²
BEZ "Bezirk"							Bezirk
(Anzahl)			-	-	-	-	(7)
Fläche							107,8 km²
Einwohner							474.429
	Einwohner						263.417
	Ausländer						26.943
		Fläche					108,6 km²
STADT/STD "Stadt"			Duisburg	Essen	München	Nürnberg	Hamburg
(Anzahl)			(1)	(1)	(1)	(1)	(1)
Fläche			232,97 km²	210,25 km²	310,39 km²	185,91 km²	754,68 km²
Einwohner			553.276	627.238	1.307.949	474.429	1.643.138
Ausländer			70.446	35.536	205.348	57.424	164.718
Türken			46.343	12.704	41.043	20.318	52.091
Jugoslawen			5.487	4.798	50.345	9.640	19.709
Ausländeranteil (in %)			12,7	5,6	15,7	11,9	10,0
Türkenanteil (in %)			8,4	2,0	3,1	4,2	3,2
Jugoslawenanteil (in %)			1,0	0,8	3,9	2,0	1,2
Ausländerdichte (A/km²)			302	169	662	309	218
Türkendichte (T/km²)			199	60	132	109	69
Jugoslawendichte (J/km²)			23	23	162	52	26
Anteil der Türken an Ausl. (in %)			65,8	35,8	20,0	35,4	31,6
Anteil der Jugosl. an Ausl. (in %)			7,8	13,5	24,5	16,8	11,2

Die Kennzeichnung der Ebenen erfolgte hier willkürlich (und aus Lokalpatriotismus) in Anlehnung an die Hamburger Bezeichnungen. Die entsprechenden Daten wurden bei den Statistischen Ämtern der Städte recherchiert und mit dem vorliegenden Individualdatensatz verbunden. Dabei gelang es nicht, die Fläche der Stimmbezirke in Duisburg (Ebene Ortsteil) festzustellen. Dadurch fehlt auf der Ortsteilebene rund ein Fünftel der Werte bei den Variablen Ausländer-, Türken- und Jugoslawendichte.

Eine weitere Besonderheit ist bei den Hamburger Daten zu beachten: Der Ortsteil Rahlstedt (Kennziffer 526), der sehr viele Befragte aufweist, ist mit 26,8 km² und fast 80.000 Einwohnern so groß wie eine kleinere Stadt. Um die Vergleichbarkeit mit den entsprechenden anderen Einheiten der Ebene "Ortsteil" zu verbessern, wurde dieser Ortsteil - der mit dem Stadtteil Rahlstedt identisch ist - geteilt. Diese Teilung war im Verlauf der Hauptuntersuchung vorgenommen worden, so daß auf der Basis der Auszählung der Blockdaten Informationen über die Ausländeranzahl in beiden Teilen vorhanden waren. Verzichtet werden mußte aber auf Informationen zur Anzahl der Türken und Jugoslawen, sowie die Fläche der beiden Teilgebiete, so daß auch hier eine Reihe von fehlenden Werten zu beklagen ist (in der gesamten Stichprobe ungefähr MV= 100 bei Anzahl, Anteil und Dichte der Türken und Jugoslawen, sowie Ausländerdichte). Durch diese "missings" vergrößert sich aber die Homogenität der Ortsteile, da auch die Fläche beider Rahlstedter Teilgebiete immer noch weit über dem Durchschnitt der Ortsteile liegen würde.

Wie schon aus der Übersicht zu ersehen ist, findet sich die Ebene "Bezirk" nur in Hamburg, so daß hier die Stichprobe zwangsläufig in allen Variablen auf ca. ein Fünftel reduziert wird. Infolge dieser geringen Fallzahl werden die Einflüsse der Eigenschaften dar (Hamburger) Bezirke im folgenden auch getrennt untersucht.

Die Übersicht stellt die Variablen dar, mit denen die ethnische Struktur der Wohngebiete charakterisiert wird, wobei in den Zellen die jeweiligen Variablennamen angegeben sind. Die folgenden Analysen werden jeweils durch eine ähnliche Übersicht eingeleitet, in der dann aber anstelle der Variablennamen der Pearsonsche Korrelationskoeffizient steht, der den Zusammenhang zwischen der jeweiligen Variablen und dem Zielkonstrukt beschreibt.

Übersicht 9.2: Variablen der ethnischen Struktur nach Ebenen

	Anzahl Ausländer ANZ...	Anzahl Türken TUE...	Anzahl Jugosl. JUG...	Anteil Ausländer an Einw. PCT...	Anteil Türken an Einw. TCT...	Anteil Jugos. an Einw. JCT
Block	ANZBLO			PCTBLO		
Ortsteil	ANZOT	TUEOT	JUGOT	PCTOT	TCTOT	JCTOT
Stadtteil	ANZST	TUEST	JUGST	PCTST	TCTST	JCTST
Amt	ANZAMT	TUEAMT	JUGAMT	PCTAMT	TCTAMT	JCTAMT
Bezirk	ANZBEZ	TUEAMT	JUGAMT	PCTAMT	TCTAMT	JCTAMT
Stadt	ANZSTADT	TSTADT	JSTADT	PCTSTADT	TCTSTD	JCTSTD

	Ausländerdichte A/qkm AKM...	Türkendichte T/qkm TKM...	Jugoslawendichte J/qkm JKM...		Anteil Türken an A. TACT...	Anteil Jugosl. an A. JACT...
Ortsteil	AKMOT	TKMOT	JKMOT		TACTOT	JACTOT
Stadtteil	AKMST	TKMST	JKMST		TACTST	JACTST
Amt	AKMAMT	TKMAMT	JKMAMT		TACTAMT	JACTAMT
Bezirk	AKMBEZ	TKMBEZ	JKMBEZ		TACTBEZ	JACTBEZ
Stadt	AKMSTD	TKMSTD	JKMSTD		TACTSTD	JACTSTD

Im Anhang 3 findet sich eine Beschreibung der benutzten Charakterisierungen der administrativen Einheiten mittels Mittelwert, Median, Modus, Standard-Abweichung, Minimum, Maximum, gültigen und fehlenden Werten.

Leider kann in den Analysen dieses Kapitels der Beitrag der einzelnen Variablen zur Erklärung nicht eindeutig identifiziert werden, da sie untereinander meist sehr hoch korreliert sind. Diese Korrelationen beruhen bei einigen Variablen darauf, daß sie logisch miteinander verbunden sind. So bedeutet beispielsweise eine Erhöhung der Jugoslawenanzahl im Ortsteil gleichzeitig eine Erhöhung der Jugoslawenzahlen auf den höheren Ebenen wie z.B. Stadtteil oder Stadt (also Korrelation in vertikaler Richtung), gleichzeitig bedeutet die Erhöhung der Anzahl an

Jugoslawen im Ortsteil aber auch eine Erhöhung der Ausländeranzahl, der Jugo-
slawen- oder Ausländeranteile und der Jugoslawen- oder Ausländerdichte auf
Ortsteilebene (Korrelation in horizontaler Richtung).

So bleibt nur die Interpretation der durch die jeweiligen Modelle erklärten
Varianz. Wenn geschätzt werden soll, welche der hoch interkorrelierenden Variablen den höchsten Erklärungswert besitzt, bietet sich neben der Betrachtung der bivariaten Korrelationen (die immer auch Scheinkorrelationen sein können) an, relevante Variablen ebenenweise in Modellen zusammenzufassen, und so zu bestimmen, auf welcher Ebene die stärkste Erklärungskraft anzusiedeln ist.

Ein Beispiel: es bestehen stärkere bivariate Beziehungen zwischen einigen Variablen der ethnischen Struktur und der Sprachkenntnis:

Übersicht 9.3: Horizontales und vertikales Modell (Beispiel)

```
ITEM       |   Anzahl      Anteil      Türken-
EBENE      |   Ausländer   Ausländer   dichte
-----------------------------------------------------------------
Ortsteil   |   ANZOT       PCTOT       TKMOT  ===>horizontales
Stadtteil  |   ANZST       PCTST       TKMST        Modell
Amt        |   ANZAMT      PCTAMT      TKMAMT
                                          ⇓
                                          ⇓
                                       vertikales
                                       Modell
```

In den folgenden Analysen diese Kapitels werden einmal Variablen eines
Items unterschiedlicher Ebenen gemeinsam in ein Modell eingebracht (z.B. in
Übersicht 9.3: TKMOT, TKMST, TKMAMT). Im Vergleich verschiedener *vertikaler Modelle* kann gesehen werden, welcher Variablenart der höchste Erklärungswert zuzuschreiben ist. Als zweites werden dann *horizontale Modelle* gebildet, um
herauszufinden, auf welcher Ebene die stärksten Effekte angesiedelt sind. Zumeist
wird weder in den vertikalen noch in den horizontalen Modellen der relative
Einfluß einzelner Variablen zu bestimmen sein, da sie untereinander zu hoch korreliert sind.

Es läßt sich aber ein pragmatischer Weg gehen: Aus der bekannten Erklärungskraft der einzelnen Teilmodelle läßt sich darauf schließen, welche Variablenart und welche Ebene den höchsten Erklärungswert haben dürfte. In Verbindung
mit den bivariaten Korrelationen zeichnet sich so ein Bild der Wirkung der ethnischen Struktur und ihrer einzelnen Operationalisierungen.

Im folgenden wird jeweils zunächst ein Überblick über die bivariaten Beziehungen zwischen den Strukturvariablen und dem Zielkonstrukt, einer Dimension
der Assimilation gegeben (Pearson r). Daran anschließend wird über Versuche berichtet, die wichtigsten Strukturvariablen allein und gemeinsam mit Individualvariablen in Regressionsgleichungen einzubeziehen. Über diese Analysen kann aus

Platzgründen nicht ausführlich berichtet werden, daher muß die Angabe des durch die jeweiligen Modelle erklärten Anteils an der Varianz der abhängigen Variablen im Text genügen. Zu Illustrationszwecken wurden in einigen Fällen Regressionsanalysen durchgeführt, in die nur untereinander nicht hoch korrelierende Variablen eingingen. Diese Ergebnisse können - da sie auch weniger Instabilitäten durch Multikollinearität aufweisen - etwas ausführlicher dokumentiert werden.

Übersicht 9.4: <u>Türken</u>

Kognitive Assimilation (Sprachkenntnis) in Abhängigkeit von Eigenschaften verschiedener administrativer Einheiten (Pearsons r)

	Anzahl Ausländer	Anzahl Türken	Anzahl Jugosl.	Anteil Ausländer an Einw.	Anteil Türken an Einw.	Anteil Jugos. an Einw.
Block	.0146	-.0756				
Ortsteil	.0388	-.0115	-.0192	-.0544	-.0645	-.0698
Stadtteil	-.0141	-.0557	-.0330	-.0387	-.0503	-.0505
Amt	-.0200	-.0514	-.0163	-.0462	-.0722	-.0366
Bezirk	-.0217	-.0217	-.0217	-.0217	-.0217	-.0217
Stadt	.0386	.0207	.0205	-.0026	-.0423	.0096

	Ausländerdichte A/qkm	Türkendichte T/qkm	Jugoslawendichte J/qkm	Anteil Türken an A.	Anteil Jugosl. an A.
Ortsteil	-.0199	-.0045	-.0364	-.0866*	-.0689
Stadtteil	-.0291	-.0493	-.0356	-.0839*	-.0429
Amt	-.0294	-.0465	-.0329	-.0785*	-.0308
Bezirk	-.0217	-.0217	-.0217	-.0217	-.0217
Stadt	-.0077	-.0507	.0014	-.0491	.0163

9.1: Kognitive Assimilation und ethnische Struktur

Die Variablen SBI und FDE erklären 50% der Varianz in der kognitiven Assimilation bei der Gruppe der Türken (s. Übersicht 8.9). Die Eigenschaften der administrativen Einheiten weisen keine Beziehungen zu den Sprachkenntnissen der Türken (als ganze Gruppe gesehen) auf; die Korrelationskoeffizienten erreichen nicht einmal den Betrag von r= .10. Den stärksten Betrag weist die Beziehung zwischen dem Anteil der Türken an allen Ausländern (im Ortsteil, Stadtteil und Amt) und der Sprachkenntnis auf. Werden diese drei Variablen, die hoch miteinander korrelieren, gemeinsam zur Erklärung herangezogen, so erklären sie gemeinsam nicht einmal 1% der Varianz.

Daher überrascht es auch nicht, daß die Einbeziehung des Türkenanteils an den Ausländern im Stadtteil in das Gesamtmodell keinen Zugewinn an erklärter Varianz bringt. Die bivariate Beziehung zwischen dieser Variablen und der Sprachkenntnis von r= -.08 reduziert sich unter Kontrolle von SBI und FDE auf Beta= .01. Bei den Türken ist also kein Einfluß von Variablen der ethnischen Struktur der Wohngebiete auf die Sprachkenntnis festzustellen.

Übersicht 9.5: Türken, erste Generation

Kognitive Assimilation (Sprachkenntnis) in Abhängigkeit von Eigenschaften verschiedener administrativer Einheiten (Pearsons r)

	Anzahl Ausländer	Anzahl Türken	Anzahl Jugosl.	Anteil Ausländer an Einw.	Anteil Türken an Einw.	Anteil Jugos. an Einw.
Block	.0669	-.0889				
Ortsteil	.1404*	.0040	.0356	-.0821	-.1507**	-.0737
Stadtteil	.0426	-.0853	.0042	-.0623	-.1240*	-.0164
Amt	-.0496	-.1199*	-.0015	-.0519	-.1359*	-.0175
Bezirk	-.0852	-.0852	-.0852	-.0852	-.0852	-.0852
Stadt	.1250*	.0734	.0893	.0232	-.0928	.0541

	Ausländer-dichte A/qkm	Türken-dichte T/qkm	Jugoslawen-dichte J/qkm	Anteil Türken an A.	Anteil Jugosl. an A.
Ortsteil	.0488	.0562	.0048	-.2213**	-.0480
Stadtteil	-.0208	-.1024	-.0114	-.1893**	.0110
Amt	-.0203	-.0650	-.0225	-.1663**	.0059
Bezirk	-.0852	-.0852	-.0852	-.0852	-.0852
Stadt	.0250	-.0926	.0430	-.1200*	.0602

Wird nur die Subgruppe der ersten Generation der Türken betrachtet, so zeigen sich stärkere bivariate Beziehungen. Der Anteil der Türken an der gesamten, vor allem aber auch an der ausländischen Bevölkerung scheint einen stärkeren Effekt auf die Sprachkompetenz auszuüben.

Auffällig ist hier aber vor allem die Richtung der Beziehung zwischen der Ausländeranzahl auf Ortsteil- und Stadtteilebene und der Sprachbeherrschung. Ist dies ein assimilativer Effekt im Sinne der Park-Miller- Hypothese oder sind das Scheineffekte, die auf der unterschiedlichen Größe der untersuchten Städte beruhen (und damit bei unterschiedlicher Strukturierung des Arbeitsmarktes auf selektiver Migration)?

Beide Variablen erklären gemeinsam weniger als 2% Varianz. Unter Kontrolle der Individualvariablen bleiben die positiven Beziehungen bestehen, werden jedoch leicht reduziert: auf Ortsteilebene von r= .14 auf Beta= .09, auf Stadtebene von r= .13 auf Beta= .05. Insgesamt verbessert ihre Einbeziehung die Erklärungs-kraft des Individualmodells nur unwesentlich: von 40% auf 41% erklärter Varianz.

Auch die Türkenanteile an der gesamten Wohnbevölkerung (OT, ST, AMT) erklären nur 2% Varianz, während die Anteile an der ausländischen Bevölkerung (OT, ST, AMT, Stadt) gemeinsam schon 4% der Varianz erklären.

Eine versuchsweise Einbeziehung *aller* Ortsteil-Variablen ergab mit 10% einen höheren erklärten Varianzanteil, der Erklärungswert des Individualmodells konnte durch diese Variablen von 40% auf 45% gesteigert werden, so daß die Annahme bestätigt wird, daß die Strukturen kleinräumiger, unmittelbarer Kontexte am stärksten wirken. Mit den bivariat wichtigsten Variablen läßt sich auf Ortsteil-ebene immerhin 6% der Varianz, auf Stadtteilebene 3%, auf Amtsebene 2% und auf Stadtebene nur noch 1% der Varianz erklären.

So scheint vor allem die ethnischen Struktur auf Ortsteilebene - wenn auch geringe - Effekte auf die Sprachbeherrschung zu haben, wenn aber die wichtigsten OT-Variablen auf ihre relative Wirkung untersucht und die relevanten Individual-merkmale zur Kontrolle herangezogen werden, so zeigt sich die relative Wir-kungslosigkeit dieser Variablen: Die Erklärungskraft des Individualmodells wird nur um einen Prozentpunkt verbessert, die Stärke der Beta-Koeffizienten der Indi-vidualvariablen wird kaum verringert, die Effekte der Strukturvariablen werden gegenüber der bivariaten Korrelation deutlich geringer (vgl. Übersicht 9.6).

Übersicht 9.6: OT-Variablen in einem multivariaten Modell (T1)

Individualmodell			Gesamtmodell		
mpn= 453	B	Beta	mpn= 420	B	Beta
Const.	2.48		Const.	3.09	
SBI	0.61	.54	SBI	0.60	.53
FDE	1.48	.24	FDE	1.36	.22
			ANZOT	0.00	.10
			TACTOT	-1.31	-.08
R^2= .40			R^2= .41		

(TCTOT wegen Multikollinearität weggelassen)

An diesem Ergebnis ist auch interessant, daß der schwach positive Effekt der absoluten Anzahl an Ausländern im Ortsteil auch unter Kontrolle relevanter Indi-vidualmerkmale bestehen bleibt. Dieser kleine - aber unerwartete Effekt - ist mög-licherweise damit zu erklären, daß vor allem in Hamburg die Ortsteile sehr groß sind und damit eine größere absolute Anzahl von Ausländern beherbergen (siehe Übersicht 10.1), der Effekt also ein "Hamburg-Effekt" ist. Ein solcher Hamburg-Effekt könnte darin bestehen, daß Hamburg als Dienstleistungsstadt Türken mit überdurchschnittlich hoher Schulbildung anzieht oder daß es in Hamburg als "weltoffener Stadt" eher zu Freundschaften zwischen Türken und Deutschen kommt als in anderen Städten. Die Überlegung wäre also, daß der Einfluß der Ausländerzahl auf Ortsteilebene auf selektiver Migration bzw. einer Scheinbeziehung beruht. (Im übrigen ergab eine Überprüfung unter Ausschluß der Hamburger Befragten einen noch schwächeren, aber immer noch positiven Beta-Koeffizienten von .05 der Ausländeranzahl im Ortsteil; von den Variablen des Individualmodells hatte FDE eine geringere, die Schulbildung dagegen eine höhere Bedeutung).

Die Ergebnisse des Gesamtmodells sprechen gegen diese Vermutung: Auch nach Kontrolle von Schulbildung und der Anzahl der Deutschen unter den drei besten Freunden bleibt ein positiver Effekt der Ausländeranzahl im Ortsteil bestehen. Diese positive Beziehung erfährt hier nur deshalb eine breite Würdigung, da die Richtung der Beziehung unerwartet ist. Die Stärke des Effektes trägt nichts zur Erklärung von Sprachkenntnissen bei. Daher ist dieses Ergebnis auch nicht als Bestätigung der Park-Miller- Hypothese zu werten.

Bei den Türken der ersten Generation sind fühlbare Effekte der ethnischen Struktur der Wohngebiete festzustellen. Die Erklärungskraft des recht einfachen Individualmodells wird durch die Einbeziehung multipler Indikatoren der ethnischen Struktur des Wohngebietes auf verschiedenen Ebenen maximal von 40% auf 45% verbessert, eine Zurückführung dieses Effektes auf einzelne Strukturvariablen ist jedoch nicht möglich. Insgesamt scheint der Betrag an "zusätzlich erklärter Varianz" eher gering.

Bei den Türken der zweiten Generation bestehen schon bivariat kaum nennenswerte Beziehungen zwischen Variablen der ethnischen Struktur und der Sprachkenntnis. Im Gegensatz zu den Türken der ersten Generation scheinen hier die stärksten Beziehungen auf der Ebene des Stadtteils vorzuliegen. Keines der

---

Übersicht 9.7: <u>Türken, zweite Generation</u>

Kognitive Assimilation (Sprachkenntnis) in Abhängigkeit von Eigenschaften verschiedener administrativer Einheiten (Pearsons r)

	Anzahl Ausländer	Anzahl Türken	Anzahl Jugosl.	Anteil Ausländer an Einw.	Anteil Türken an Einw.	Anteil Jugos. an Einw.
Block	-.0234	-.1115*				
Ortsteil	-.0191	-.0338	-.0782	-.0854	-.0327	-.1089
Stadtteil	-.0875	-.0854	-.1066	-.0868	-.0394	-.1289*
Amt	-.0239	-.0247	-.0777	-.0940	-.0665	-.1019
Bezirk	-.0709	-.0709	-.0709	-.0709	-.0709	-.0709
Stadt	.0145	.0399	-.0189	-.0032	.0042	-.0265

	Ausländer-dichte A/qkm	Türken-dichte T/qkm	Jugoslawen-dichte J/qkm		Anteil Türken an A.	Anteil Jugosl. an A.
Ortsteil	-.0936	-.0721	-.1025		-.0561	-.1112
Stadtteil	-.1125*	-.0766	-.1130*		-.0532	-.1010
Amt	-.0891	-.0965	-.0905		-.0545	-.1061
Bezirk	-.0709	-.0709	-.0709		-.0709	-.0709
Stadt	-.0380	-.0233	-.0400		.0006	-.0330

geprüften vertikalen oder horizontalen Teilmodelle ist in der Lage, zumindest 2% der Varianz in der Sprachkenntnis bei jungen Türken zu erklären. Unter Kontrolle der relevanten individuellen Variablen reduziert sich die Stärke der Beziehung zwischen Strukturvariablen und Sprachkenntnis gegen Beta= .00, die Erweiterung des Individualmodells um die Strukturvariablen ergibt keine zusätzlich erklärte Varianz.

Bei Türken der zweiten Generation sind also nicht einmal Spuren des Einflusses der ethnischen Struktur des Wohngebietes auf die Sprachkompetenz festzustellen.

Jugoslawen erste Generation

Die bivariaten Beziehungen weisen bei den Jugoslawen der ersten Generation in einigen Fällen höhere Werte auf. Einzig die Eigenschaften der (Hamburger) Bezirke kommen aber auf Koeffizienten, die den Betrag von r= .20 überschreiten.

Da die Ebene "BEZ" aber nur in Hamburg existiert, beträgt die Stichprobengröße hier nur N= 97. Außerdem stammen die Befragten zu 90% aus zwei Bezirken (bei den Türken zu 100%), der dritte Bezirk ist mit ca. 9% der Befragten vertreten und die beiden restlichen Bezirke stellen nur drei bzw. einen Befragten. Daher soll die Betrachtung der Bezirksebene im folgenden weitgehend vernachlässigt werden.

Übersicht 9.8: Jugoslawen, erste Generation
Kognitive Assimilation (Sprachkenntnis) in Abhängigkeit von Eigenschaften verschiedener administrativer Einheiten (Pearsons r)

	Anzahl Ausländer	Anzahl Türken	Anzahl Jugosl.	Anteil Ausländer an Einw.	Anteil Türken an Einw.	Anteil Jugos. an Einw.
Block	-.0607	-.1650**				
Ortsteil	.0406	-.0886	.0099	-.1879**	-.1425*	-.0725
Stadtteil	.0425	-.0900	.0218	-.1650**	-.1742**	-.0394
Amt	-.1149*	-.1139*	-.0767	-.0720	-.1143*	-.0175
Bezirk	-.1720	-.1766	-.1938	-.1955	-.1835	-.1976
Stadt	.0787	.0274	.0676	-.0196	-.0887	.0286

	Ausländer- dichte A/qkm	Türken- dichte T/qkm	Jugoslawen- dichte J/qkm	Anteil Türken an A.	Anteil Jugosl. an A.
Ortsteil	-.0110	-.0316	.0082	-.1000	.0150
Stadtteil	-.0858	-.1656**	-.0110	-.1274*	.0189
Amt	-.0188	-.0640	.0026	-.1084*	-.0402
Bezirk	-.3364**	-.2671*	-.3035*	-.1978	-.2505*
Stadt	.0192	-.0759	.0380	-.0857	.0455

Es handelt sich bei diesem Ergebnis aber wohl um einen Hamburger Sonderfall, da sich ähnliche Ergebnisse auf den benachbarten Ebenen Amt und Stadt in der gesamten Stichprobe nicht einmal der Tendenz nach finden lassen.

In Hamburg erklärt das Individualmodell mit 48% erklärte Varianz noch besser. Die Einbeziehung von AKMBEZ verbessert die Erklärungskraft nur um 2 Prozentpunkte auf 50%, dabei reduziert sich der Koeffizient von r= -.34 auf einen standardisierten Regressionskoeffizienten von Beta= -.19. Das horizontale Bezirks-Modell erklärt allein 19% Varianz und verbessert die Erklärungskraft des Individualmodells von 48% auf 55%. Die Analysen basieren aber auf einer minimalen paarweisen Fallzahl mpn= 96, im horizontalen Modell mpn= 64.

Übersicht 9.9: Erklärung von SUB in Hamburg

	(Gesamt)	Hamburg						
	(Beta)	Beta		Beta		Beta		Beta
SBI	(.40)	.31	SBI	.33	SBI	.33	SBI	.31
FDE	(.39)	.53	FDE	.49	FDE	.49	FDE	.50
			JACTBEZ	-.11	TKMBEZ	-.13	AKMBEZ	-.19
			(r= -.25)		(r= -.27)		(r= -.34)	
adj. R^2=	(.38)	.48		.48		.48		.50

Betrachtet man die vertikalen Modelle (ohne Bezirk), so fällt schon bei den bivariaten Beziehungen auf, daß bei den Jugoslawen der ersten Generation die Variablen, die den Anteil der *Türken* an der Einwohnerschaft oder der Ausländer eines Gebietes beschreiben, in stärkerer Beziehung zur Sprachkenntnis stehen als die Variablen, die den *Jugoslawen*-Anteil bezeichnen. Dieses Zwischenergebnis spricht gegen die Vermutung, daß mit steigender Stärke und Dichte der eigenen Ethnie zunehmend alternative Handlungsopportunitäten zur Assimilation bereitgestellt werden. Da nicht anzunehmen ist, daß Eigenschaften der türkischen Bevölkerungsgruppe stärker auf die sprachliche Assimilation von Jugoslawen wirken als die der jugoslawischen Gruppe, ist vielmehr davon auszugehen, daß die Variablen, die die türkische Bevölkerungsgruppe beschreiben, auf intervenierende Variablen wirken. Eine derartige Variable wäre z.B. die Bereitschaft der aufnehmenden deutschen Bevölkerung, auf Kommunikationsversuche seitens der Ausländer einzugehen. Sinkt diese Bereitschaft mit steigendem Anteil von Türken an der Bevölkerung, so ist damit zu erklären, daß auch die Sprachfertigkeit der Jugoslawen geringer wird.

Der Ausländeranteil auf verschiedenen Ebenen (ohne BEZ) erklärt ebenso wie der Türkenanteil 3% der Varianz in der Sprachkenntnis der Jugoslawen der ersten Generation. Es zeigt sich also, daß die hoch interkorrelierenden Entsprechungen der Variablen auf verschiedenen Ebenen ungefähr das gleiche messen, da ihre gemeinsame Erklärungskraft die Erklärungskraft der einzelnen Variablen nicht übersteigt.

Die einzelnen Ebenen unterscheiden sich kaum hinsichtlich der ihnen zuzurechnenden erklärten Varianz (horizontale Modelle): Ortsteil 3%, Stadtteil 2%, Amt 1%. Diese Rangfolge entspricht der der Türken der ersten Generation, die Werte liegen allerdings noch niedriger.

Die Erklärungskraft der ethnischen Struktur der Wohngebiete in den einzelnen Modellen übersteigt 3% nicht (ohne Bezirk in Hamburg). Auch die Kombination der vermeintlich erklärungskräftigsten Variablen erhöht die erklärten Varianzanteile nicht. Werden die Variablen gemeinsam mit den Variablen des Individualmodells in die Regression eingebracht, so tragen sie auch hier nicht zu einer Verbesserung des Erklärungswertes bei; er steigt nicht über 39%. Die Kontrolle der Individualvariablen Schulbildung und Nationalität der drei besten Freunde reduziert die bivariaten Beziehungen drastisch: von r= -.19 auf Beta= -.05 (PCTOT), von -.17 auf -.05 (TCTST) und von -.13 auf -.03 (TACST). Für diese Reduzierung ist vor allem die Nationalität der drei besten Freunde verantwortlich, wenn nur die Schulbildung kontrolliert wird, bleiben Betas von -.15, -.12 und -.07.

Auch bei den Jugoslawen der ersten Generation sind also keine nennenswerten Effekte der ethnischen Struktur der Wohngebiete auf die kognitive Assimilation festzustellen.

Ähnlich wie bei den Türken, so liegen auch bei den Jugoslawen in der zweiten Generation noch schwächere bivariate Beziehungen vor als bei der ersten Genera-

Übersicht 9.10: Jugoslawen, zweite Generation

Kognitive Assimilation (Sprachkenntnis) in Abhängigkeit von Eigenschaften verschiedener administrativer Einheiten (Pearsons r)

	Anzahl Ausländer	Anzahl Türken	Anzahl Jugosl.	Anteil Ausländer an Einw.	Anteil Türken an Einw.	Anteil Jugos. an Einw.
Block	-.1198*	-.1469*				
Ortsteil	-.0989	-.1018	-.1085	-.1554**	-.0997	-.1411*
Stadtteil	-.1117	-.1403*	-.0700	-.1690**	-.1466*	-.0836
Amt	.0122	-.0149	-.0128	-.0774	-.0679	-.0586
Bezirk	-.1581	-.1888	-.1506	-.1688	-.1943	-.1641
Stadt	-.0546	-.0175	-.0819	-.1232*	-.0281	-.1178*

	Ausländer-dichte A/qkm	Türken-dichte T/qkm	Jugoslawen-dichte J/qkm	Anteil Türken an A.	Anteil Jugosl. an A.
Ortsteil	-.0538	-.0280	-.0647	.0079	-.0445
Stadtteil	-.0896	-.1225*	-.0595	-.0180	-.0116
Amt	-.0411	-.0508	-.0425	-.0016	-.0464
Bezirk	.0386	-.0694	-.0090	-.1988	-.1078
Stadt	-.1135*	-.0667	-.1045	.0360	-.0936

tion. Insbesondere finden sich nicht die oben diskutierten Besonderheiten auf der Ebene Bezirk und bei den "Türkenvariablen".

Immerhin erklären aber die Ausländeranteile auf allen Ebenen (vertikales Modell, ohne Bezirk) gemeinsam knapp 4% der Varianz in den Sprachkenntnissen bei den jungen Jugoslawen. Ein erstaunliches Ergebnis bietet aber die Einbeziehung *aller* Ortsteil-Variablen in eine Gleichung: dieses Modell erklärt allein 33% der Varianz in der kognitiven Assimilation bei jungen Jugoslawen. Der Erklärungswert des reinen Individualmodells wird durch die Einbeziehung aller OT-Variablen um 15 Prozentpunkte von 44% auf 59% verbessert. Leider ist es nicht möglich, festzustellen, welche Strukturvariablen für die Erklärungskraft verantwortlich sind, da die einzelnen Variablen untereinander sehr hoch korrelieren. Versuche, einzelne Variablen oder Variablenkombinationen mit hoher Erklärungskraft zu isolieren, sind gescheitert. So bleibt nur die Feststellung, daß die ethnische Zusammensetzung auf Ortsteil-Ebene einen deutlichen Einfluß auf den Spracherwerb junger Jugoslawen hat. Dieser Einfluß scheint aber nur bei der gleichzeitigen Betrachtung mehrerer Charakterisierungen zu beobachten zu sein.

Wird das Individualmodell um die Variable des Ausländeranteils auf allen Ebenen erweitert, so steigt der Erklärungswert des Individualmodells um nicht einmal 1%. Die Beta-Koeffizienten der Individualvariablen verändern sich im Gesamtmodell kaum. Die feststellbaren bivariaten Beziehungen der Strukturvariablen finden sich im Gesamtmodell kaum wieder. Im folgenden werden die Ergebnisse des Gesamtmodells gezeigt, in dem wegen Multikollinearität die Ausländeranteile auf Ortsteil und Amtsebene weggelassen wurden.

Übersicht 9.11: Erklärung von SUB, Jugoslawen, zweite Generation

```
Individualmodell        Gesamtmodell

mpn= 375  B  Beta        mpn= 375  B  Beta

Const. 14.76            Const. 14.44
  SBRD  0.38  .50         SBRD  0.38  .50
  FDE   0.34  .17         FDE   0.36  .18
  AKL  -0.32 -.17         AKL  -0.33 -.18
                          PCTBLO 0.53  .04
                          PCTST -0.66 -.03
                          PCTSTD 2.24  .03
  R²= .44                 R²= .44
```

Zusammenfassung

Die kognitive Assimilation der hier untersuchten Subgruppen wird kaum oder gar nicht von einzelnen Aspekten der ethnischen Struktur des Wohnumfeldes bestimmt. Dabei ist es auch nahezu unerheblich, in welcher Größe bzw. Erstreckung die Wohngebiete definiert werden. Wenn diese Modelle auch allein zwischen 3% und 6% der Varianz erklären, so beträgt die zusätzlich zur Individualvariablen erklärte Varianz nur maximal einen Prozentpunkt. Dieses Ergebnis ist angesichts der Tatsache, daß die hier angewandten einfachsten Individualmodelle durchschnittlich 44% der Varianz in den Sprachfertigkeiten erklären, als Indiz für die Bedeutungslosigkeit der ethnischen Struktur der Wohngebiete für die kognitive Assimilation von Ausländern zu werten. Einzig die ethnische Struktur des Ortsteils konnte in den Teilstichproben T1 und J2 größere Varianzanteile (10% bzw. 33%) erklären und Individualmodell deutlich verbessern (5 bzw. 15 Prozentpunkte).

Das Ergebnis dieser Prüfungen steht somit zumindest für die Gruppe der Türken (gesamt), der Türken der zweiten Generation und der Jugoslawen der ersten Generation im Gegensatz zu einer Reihe von Annahmen oder Behauptungen über die negativen Wirkungen hoher ethnischer Konzentration auf den Erwerb von Sprachkompetenz.

Wirkungen der ethnischen Struktur lassen sich zum einen nur bei bestimmten Subpopulationen nachweisen und es müßte geklärt werden, welche Variablen für die "differential suspectability" dieser Gruppen verantwortlich sind. Zum anderen bleibt unklar, welche Kontextvariablen (bzw. Variablenkombinationen) für die relativ hohe Erklärungskraft der Modelle bei den Türken der ersten und vor allem Jugoslawen der zweiten Generation verantwortlich sind. Somit zeigt sich zumindest, daß die Beziehungen nicht so eindeutig sind, wie es angesichts der erwähnten Planungskonzepte scheint.

9.2 Strukturelle Assimilation

Als zweiter Aspekt der Eingliederung von Ausländern soll jetzt die strukturelle Assimilation untersucht werden. Da es bei der hier vorgenommenen Operationalisierung des Konstruktes wenig Sinn hat, die strukturelle Assimilation der zweiten Generation zu untersuchen, werden nur die beiden Subgruppen der ersten Generation untersucht.

Türken, erste Generation

Die bivariaten Beziehungen zwischen Variablen der ethnischen Struktur und der strukturellen Assimilation sind überwiegend negativ, übersteigen aber den Betrag von r= -.20 nicht. Die stärksten negativen Effekte scheinen auf der Ebene des Stadtteils angesiedelt zu sein; wie bei der Sprachkenntnis geht auch hier ein schwach positiver Effekt von der Anzahl der Ausländer im Ortsteil aus.

Von den vertikalen Modellen erklären nur die Türkendichte (7%) und der Ausländeranteil (3%) auf verschiedenen Ebenen über 2% der Varianz in der strukturellen Assimilation. Die Analyse der horizontalen Modelle zeigt, daß die Ebenen Ortsteil (8%), Stadtteil (4%) und Amt (3%) ähnlich viel Varianz erklären können, wie die vertikalen Modelle.

Übersicht 9.12: Türken, erste Generation

Strukturelle Assimilation in Abhängigkeit von Eigenschaften verschiedener administrativer Einheiten (Pearsons r)

	Anzahl Ausländer	Anzahl Türken	Anzahl Jugosl.	Anteil Ausländer an Einw.	Anteil Türken an Einw.	Anteil Jugos. an Einw.
Block	.0210	-.1577**				
Ortsteil	.0677	-.0708	-.0425	-.1670**	-.1456*	-.1437*
Stadtteil	-.0494	-.1552**	-.0873	-.1347*	-.1566**	-.1116*
Amt	-.0457	-.0749	-.0633	-.1169*	-.1209*	-.0942
Bezirk	-.0500	-.0500	-.0500	-.0500	-.0500	-.0500
Stadt	.0427	.0518	-.0229	-.1134*	-.0957	-.0909

	Ausländer- dichte A/qkm	Türken- dichte T/qkm	Jugoslawen- dichte J/qkm	Anteil Türken an A.	Anteil Jugosl. an A.
Ortsteil	-.0410	-.0207	-.0607	-.1158*	-.0974
Stadtteil	-.1239*	-.1806**	-.1017	-.1467**	-.0642
Amt	-.0919	-.1218*	-.0833	-.1094*	-.0814
Bezirk	-.0500	-.0500	-.0500	-.0500	-.0500
Stadt	-.1097*	-.1432**	-.0878	-.0505	-.0636

Die gemeinsame Einbeziehung der bedeutendsten Strukturvariablen in das Gesamtmodell ergibt gegenüber dem Individualmodell wiederum nur 3 Prozentpunkte zusätzlich erklärter Varianz. Die Veränderung (Reduzierung) der Stärke der bivariaten Beziehungen von Strukturvariablen und struktureller Assimilation geht aus den folgenden Gesamtmodellen (s. Übersicht 9.13) hervor, in denen wiederum eine Reihe von Variablen wegen hoher Multikollinearität weggelassen wurde. Die stärksten bivariaten Beziehungen reduzieren sich unter Kontrolle der individuellen Sprachkenntnis und elterlicher Schulbildung von r= -.18 auf Beta= -.09 (TKMST) bzw. von -.17 auf -.08 (PCTOT) oder von -.16 auf -.08 (PCTBLO). Die Koeffizienten der Individualvariablen verändern sich hingegen kaum. Insgesamt sind also auch bei der strukturellen Assimilation der ersten Generation der Türken höchstens "Spuren" von Einflüssen der ethnischen Struktur der Wohngebiete festzustellen. Da das Individualmodell hier relativ schlecht erklärt (19% Varianz), bliebe eigentlich noch ein großer Anteil an Varianz, der auch durch Umgebungsvariablen zu erklären wäre.

Übersicht 9.13: Ausgewählte Gesamtmodelle

```
Individualmodell    Gesamtmodelle

mpn= 332  B  Beta   mpn= 332  B  Beta   mpn= 332  B  Beta   mpn= 332  B  Beta

Const.  0.69        Const.  1.26        Const.  1.03        Const.  0.96
SBI     0.03  .08   SBI     0.03  .07   SBI     0.03  .08   SBI     0.03  .08
SUB     0.09  .30   SUB     0.09  .29   SUB     0.09  .28   SUB     0.09  .29
BIE     0.05  .17   BIE     0.05  .17   BIE     0.05  .16   BIE     0.05  .17
                    PCTOT  -0.72 -.08   TKMST  -0.00 -.09   TKMST  -0.00 -.07
                    PCTSTD -3.90 -.11   TKMSTD -0.00 -.07   JCTST  -3.21 -.09
                                                            TACTST -0.20 -.03
R²= .19             R²= .21             R²= .21             R²= .21
```

Stärkere bivariate Beziehungen als bei den Türken sind bei den Jugoslawen der ersten Generation festzustellen. Eine Reihe von Variablen steht mit der strukturellen Assimilation in einer Beziehung um r= -.20. Eine solche Variable (wie z.B. der Ausländeranteil im Block) erklärt schon allein über 4% der Varianz in der strukturellen Assimilation. Durch die hohen Interkorrelationen sind aber keine wesentlich höheren Varianzbeträge zu erklären, wenn die Variablen zu vertikalen Modellen zusammengefaßt werden: der Anteil der Türken an den Ausländern - über alle Ebenen - erklärt 5%, der Ausländer- bzw. Türkenanteil an der Gesamtbevölkerung der verschiedenen Ebenen jeweils ca. 4%, Türkenanzahl und Türkendichte ungefähr 3% der strukturellen Assimilation bei Jugoslawen der ersten

Übersicht 9.14: Jugoslawen, erste Generation
Strukturelle Assimilation in Abhängigkeit von Eigenschaften verschiedener administrativer Einheiten (Pearsons r)

	Anzahl Ausländer	Anzahl Türken	Anzahl Jugosl.	Anteil Ausländer an Einw.	Anteil Türken an Einw.	Anteil Jugos. an Einw.
Block	-.1225*	-.2082**				
Ortsteil	-.0137	-.1404*	-.0859	-.2020**	-.1882**	-.1729**
Stadtteil	-.0664	-.1835**	-.0782	-.1587**	-.1878**	-.0965
Amt	-.0377	-.0931	-.0354	-.0951	-.1380*	-.0686
Bezirk	-.0068	-.0089	-.0166	-.0174	-.0120	-.0183
Stadt	.0558	.0501	.0015	-.0596	-.0835	-.0414

	Ausländer-dichte A/qkm	Türken-dichte T/qkm	Jugoslawen-dichte J/qkm		Anteil Türken an A.	Anteil Jugosl. an A.
Ortsteil	-.1016	-.1163	-.1134		-.1831**	-.1199*
Stadtteil	-.1250*	-.2003**	-.0869		-.2041**	-.0276
Amt	-.0728	-.1101*	-.0679		-.1400*	-.0586
Bezirk	-.0878	-.0512	-.0697		-.0184	-.0431
Stadt	-.0689	-.1207*	-.0502		-.0673	-.0230

Generation (Varianzanteile unter 4% sind wahrscheinlich eine Folge der Adjustierung von R^2, also der Berücksichtigung der Zahl der Regressoren, vgl. Bohrnstedt & Carter, 1971: 129, möglich sind aber auch Supressoreffekte).

Im Vergleich zur Erklärung der kognitiven Assimilation ist hier auf zwei Besonderheiten hinzuweisen: Die dort beobachtbare Beziehung zu den Eigenschaften der (Hamburger) Bezirke sind bei der strukturellen Assimilation nicht feststellbar. Zum anderen wiederholt sich aber der auffällige Befund, daß die "Türkenvariablen" für die Jugoslawen relevanter sind als "Jugoslawenvariablen". Wenngleich diese bivariaten Beziehungen sich bei der kognitiven Assimilation als bedeutungslos erwiesen, sollte die Wiederholung dieses Befundes die Sensibilität gegenüber den dahinterstehenden Mechanismen erhöhen: Welche Eigenschaften eines Gebietes haben Einfluß auf die Assimilation von Jugoslawen und werden durch "Türkenanzahl", "Türkenanteil" und "Türkendichte" beschrieben?

Wächst eventuell erst mit diesen Variablen der "ausländische Charakter" eines Gebietes mit möglicherweise wachsendem Antagonismus zwischen deutscher und ausländischer Bevölkerung? Eine solche Hypothese, die aus der Inspektion der bivariaten Beziehungen gewonnen wurde, läßt sich mit dem vorliegenden Datenmaterial nicht überprüfen. Es scheint aber möglich, daß die ethnische Homogenität der ausländischen Bevölkerung negative Effekte auf die Assimilation derjenigen Ausländer hat, die nicht der dominierenden Ethnie angehören.

Die Analyse der horizontalen Modelle zeigt, auf welchen Ebenen die stärkste Erklärungskraft angesiedelt ist. Dabei sind die Ergebnisse auf Blockebene (4% erklärte Varianz) nicht ganz vergleichbar, da hier nur Ausländeranzahl und -anteil gemessen werden konnten. Auf Ortsteil (6%) und Stadtteilebene (5%) liegen die erklärten Varianzanteile der bivariat wichtigsten Variablen jedenfalls höher, während sie auf Amtsebene (2%) geringer sind (die wichtigsten Block- und Ortsteilvariablen erklären gemeinsam 7% der Varianz). Nimmt man die bivariat wichtigsten Ortsteilvariablen zu den Individualvariablen in eine gemeinsame Regressionsgleichung, so ist hier eine nennenswerte Verbesserung der Erklärungskraft des Individualmodells zu verzeichnen. Sie steigt um 3 Prozentpunkte von 26% auf 29%. Auch die wichtigsten Stadtteilvariablen können die Erklärungskraft des Individualmodells immerhin noch um 2 Prozentpunkte auf 28% verbessern. Wenn *alle Ortsteil*-Variablen zur Erklärung herangezogen werden, erklärt das reine Strukturmodell immerhin 13% der Varianz, das Individualmodell wird durch die Strukturvariablen von 26% auf 32% erklärter Varianz verbessert. Auf den anderen Ebenen ergeben sich hingegen keine vergleichbaren Effekte.

Die Effekte der einzelnen Variablen sind auch hier nicht zu trennen, da sie untereinander sehr hoch korreliert sind. Es bleibt nur, einzelne untereinander nicht hoch korrelierte Variablen in ein gemeinsames Modell mit den Individualvariablen einzubringen. Drei dieser umfassenderen Modelle seien im folgenden dargestellt (vgl. Übersicht 9.15). Es zeigt sich unter Kontrolle der Schulbildung, der elterlichen Schulbildung und der Sprachkenntnisse eine Reduzierung der bivariaten Korrelationskoeffizienten, die um r= -.20 gelegen hatten, auf multivariate Beta-Koeffizienten um Beta= -.13.

Übersicht 9.15: Ausgewählte Gesamtmodelle

```
Individualmodell    Gesamtmodelle

mpn= 335  B   Beta   mpn= 314  B   Beta   mpn= 335  B   Beta   mpn= 335  B   Beta

Const.  0.19         Const.  1.01         Const.  0.64         Const.  0.83
SBI     0.11  .27    SBI     0.11  .27    SBI     0.11  .26    SBI     0.11  .26
SUB     0.07  .22    SUB     0.07  .21    SUB     0.06  .19    SUB     0.06  .19
BIE     0.05  .16    BIE     0.05  .15    BIE     0.05  .16    BIE     0.05  .16
                     TUEOT  -0.00 -.03    TKMST  -0.00 -.07    PCTBLO -0.79 -.11
                     TACTOT -0.85 -.13    TACTST -0.66 -.10    TACTST -0.81 -.13
                                                              JACTOT -2.13 -.14
R²= .26              R²= .29              R²= .28              R²= .29
```

Nach den Ergebnissen dieser und weiterer, hier nicht dokumentierter Analysen, geht von der ethnischen Struktur des Wohngebietes tatsächlich ein geringer, aber deutlich feststellbarer Effekt auf die strukturelle Assimilation von Jugoslawen der ersten Generation aus, der auch nach Kontrolle relevanter individueller Merkmale bestehen bleibt. Bedingt durch die hohe Interkorrelation der Variablen, läßt sich die Trennung der Effekte auf einzelne Variablen oder Ebenen nicht durchführen, es spricht jedoch einiges dafür, daß die Effekte vor allem von Variablen herrühren, die die ethnische und das heißt hier die *türkische* Homogenität des Wohngebiets beschreiben. Die Größe oder der Anteil der jugoslawischen Bevölkerungsgruppe im Gebiet ist dagegen weitgehend ohne Bedeutung.

Andererseits erklärt die ethnische Struktur des Wohngebietes allein bestenfalls nur 13% der Varianz in der strukturellen Assimilation bei den Jugoslawen der ersten Generation, während durch die drei wichtigsten Individualvariablen immerhin 26% erklärt werden. Die Verbesserung des Erklärungswertes des Individualmodells um maximal knapp 6 Prozentpunkte ist immer noch als geringer Beitrag einzustufen.

Zusammenfassung

Gegenüber den verschwindend geringen Einflüssen der ethnischen Struktur des Wohngebietes auf die kognitive Assimilation bei den Jugoslawen der ersten Generation (und Türken der zweiten Generation), konnten bei der strukturellen Assimilation der Jugoslawen der ersten Generation deutlichere Effekte beobachtet werden, während bei den Türken höchstens Spuren solcher Effekte zu beobachten waren. Die Tatsache, daß bei den Jugoslawen neben dem Ausländeranteil vor allem die Variablen eine gewisse - wenn auch immer noch geringe - Erklärungskraft besitzen, die die Wohngebiete über Anzahl, Zahl, Anteil und Dichte der türkischen Bevölkerungsgruppe beschreiben, stützt die Vermutung, daß es weniger Alternativen zu assimilativen Handlungen (z.B. über die ethnische Kolonie der Jugoslawen) als der Mangel an assimilativen Opportunitäten (der Mangel an Gelegenheit) sind, die negativ auf die strukturelle Assimilation wirken.

In einem Wohngebiet, in dem unter den Ausländern keine Ethnie zahlenmäßig dominiert, das also als ethnisch ausgewogen bezeichnet werden kann, stellen sich die Chancen für die strukturelle Assimilation der Jugoslawen etwas besser dar. Auf die strukturelle Assimilation der ersten Generation der Türken hat diese Konstellation jedoch keinen Einfluß.

9.3. Soziale Assimilation

Betrachtet man die gesamte Gruppe der Türken, so scheint die soziale Assimilation kaum von der ethnischen Struktur des Wohngebietes beeinflußt. Die bivariaten Koeffizienten erreichen kaum den Betrag von r= -.10.

Weder horizontale noch vertikale Modelle können mehr als 2% Varianz in der sozialen Assimilation erklären. Bei der gemeinsamen Betrachtung mit der einzigen Variablen des Individualmodells, der Sprachkenntnis, zeigt sich, daß die ethnische Struktur des Wohngebiets - auf welcher Ebene auch immer - keinen weiteren Beitrag zur Erklärung der Varianz leisten kann (nicht einmal 1 Prozentpunkt zusätzlich). Die ohnehin schon schwachen Koeffizienten gehen unter Kontrolle der Sprachfertigkeit weiter zurück (TCTAMT: von - .13 auf -.09, PCTOT: von -.11 auf -.05, TUEAMT: von -.11 auf -.06). Bei den Türken scheint das

Übersicht 9.16: Türken

Soziale Assimilation in Abhängigkeit von Eigenschaften verschiedener administrativer Einheiten (Pearsons r)

	Anzahl Ausländer	Anzahl Türken	Anzahl Jugosl.	Anteil Ausländer an Einw.	Anteil Türken an Einw.	Anteil Jugos. an Einw.
Block	-.0197	-.0959*				
Ortsteil	.0014	-.0382	-.0396	-.1070**	-.0983*	-.1019*
Stadtteil	-.0088	-.0686	-.0178	-.0875*	-.0893*	-.0628
Amt	-.0786*	-.1103**	-.0441	-.0754	-.1250**	-.0322
Bezirk	-.1479	-.1479	-.1479	-.1479	-.1479	-.1479
Stadt	.0284	-.0340	.0299	-.0503	-.1102**	.0124

	Ausländer- dichte A/qkm	Türken- dichte T/qkm	Jugoslawen- dichte J/qkm		Anteil Türken an A.	Anteil Jugosl. an A.
Ortsteil	-.0444	-.0204	-.0570		-.0976*	-.0847*
Stadtteil	-.0395	-.0730	-.0265		-.0966*	-.0421
Amt	-.0220	-.0579	-.0188		-.1196**	-.0028
Bezirk	-.1479	-.1479	-.1479		-.1479	-.1479
Stadt	-.0119	-.1062**	.0149		-.0951*	.0484

Kontaktverhalten also nicht von der ethnischen Struktur des Wohngebietes abzuhängen! Diese Feststellung kann als sensationell bezeichnet werden, da gerade das Kontaktverhalten immer wieder als erstes herangezogen wird, wenn es darum geht, die Wirkungen segregierten Wohnens zu beschreiben.

Läßt sich dieses sensationelle Ergebnis auch finden, wenn die Türken nach Generationen getrennt betrachtet werden? Die Fallzahl wird in den Subgruppen zwar kleiner (von ca. 920 auf 460) und damit steigt die Gefahr von 'sampling errors', auf der anderen Seite ist es möglich, daß das Zusammenführen zweier unterschiedlicher Gruppen evtl. vorhandene Effekte in den einzelnen Subgruppen abschwächt oder verdeckt. Die Aufspaltung der Gruppe der Türken ist also auch als interne Replikation anzusehen. Die bivariaten Beziehungen zeigen bei der ersten Generation der Türken vor allem stärkere Koeffizienten bei den Variablen, die den Türkenanteil an der Einwohnerschaft und - stärker noch - an den ausländischen Einwohnern eines Gebietes beschreiben. Sollte ethnische Homogenität im Wohngebiet einen nennenswerten Beitrag zur Erklärung von sozialer Assimilation liefern können? Und wenn ja, auf welcher Ebene?

Die Vermutung, daß der Türkenanteil im Wohngebiet einen Einfluß auf die soziale Assimilation der Türken der ersten Generation hat, verdichtet sich nach der Analyse der vertikalen Modelle kaum: die Variablen, die den Anteil der

Übersicht 9.17: <u>Türken, erste Generation</u>

Soziale Assimilation in Abhängigkeit von Eigenschaften verschiedener administrativer Einheiten (Pearsons r)

	Anzahl Ausländer	Anzahl Türken	Anzahl Jugosl.	Anteil Ausländer an Einw.	Anteil Türken an Einw.	Anteil Jugos. an Einw.
Block	-.0119	-.1183*				
Ortsteil	.0590	-.0528	.0324	-.1317*	-.1666**	-.0492
Stadtteil	.0618	-.0737	.0630	-.0987	-.1450**	-.0202
Amt	-.0987	-.1704**	.0118	-.0520	-.1790**	.0452
Bezirk	-.1725	-.1725	-.1725	-.1725	-.1725	-.1725
Stadt	.0688	-.0211	.0612	-.0891	-.1736**	.0090

	Ausländer- dichte A/qkm	Türken- dichte T/qkm	Jugoslawen- dichte J/qkm		Anteil Türken an A.	Anteil Jugosl. an A.
Ortsteil	.0214	-.0058	.0384		-.2203**	.0051
Stadtteil	.0017	-.0970	.0513		-.1786**	-.0478
Amt	.0471	-.0295	.0685		-.1965**	.0669
Bezirk	-.1725	-.1725	-.1725		-.1725	-.1725
Stadt	-.0175	-.1647**	.0233		-.1423*	.0610

Türken an der ausländischen Bevölkerung beschreiben, erklären gemeinsam immerhin 5%, der Anteil an der gesamten Bevölkerung noch 3% der Varianz.

Hinsichtlich der Ebenen, von denen diese Einflüsse ausgehen, zeichnet sich kein einheitliches Bild: Die stärksten Effekte scheinen von Variablen auszugehen, die die kleinräumigste Ebene, die Ortsteile, beschreiben (7% erklärter Varianz im horizontalen Modell). Dann folgt die Ebene AMT mit 4% vor der Ebene Stadtteil mit 3%. Die Unterschiede sind aber nicht groß genug, als daß man ihnen viel Bedeutung beimessen sollte.

Mit 16% erklärter Varianz gehört das Individualmodell zu einem der schwächsten vorgestellten Modelle. Es bleibt also noch ein großer Rest an unerklärter Varianz. Das Individualmodell der sozialen Assimilation wird durch die Erweiterung um Variablen der ethnischen Struktur des Wohngebietes leicht verbessert. Zieht man zu den Sprachkenntnissen auch noch Informationen über den Ausländer- und Türkenanteil, so wie den Anteil der Türken an den Ausländern auf der Ebene Ortsteil heran, so wird die Erklärungskraft des Individualmodells von 16% auf 19% verbessert (von 16% auf 20% bei Einbeziehung *aller* OT-Variablen). Auch die übrigen diskutierten Modelle können die Erklärungskraft des Individualmodells um ungefähr 2 Prozentpunkte verbessern.

Die Kontextmerkmale können nicht dazu beitragen, wesentliche Varianzanteile in der sozialen Assimilation der Türken der ersten Generation zu erklären. Die zusätzlich erklärten 2 bis 4 Prozentpunkte in der Varianz erscheinen höchstens vor dem Hintergrund bedeutsam, daß es nicht gelungen ist, ein Individualmodell mit mehr als 16% erklärter Varianz zu konstruieren. Wird als individuelle Kontrollvariable nur die Sprachkenntnis herangezogen, nimmt die Stärke der bivariaten Beziehung zwischen z.B. dem Anteil der Türken an den Ausländern im Stadtteil zwar von r= -.22 auf Beta= -.14 ab (R^2= .18), es bleibt aber immer noch ein deutlicher Effekt bestehen.

Ähnliche Ergebnisse sind auch bei den anderen Indikatoren der ethnischen Struktur festzustellen, wenn sie in multivariate (hier trivariate) Modelle eingebracht werden. Die Pearson-Koeffizienten um -.18 verringern sich auf Beta-Koeffizienten um -.13. Wird gleichzeitig auch der Türkenanteil in der Stadt kontrolliert, so beträgt der standardisierte Regressionskoeffizient nur noch Beta= -.07. Damit läßt sich noch kein endgültiges Urteil über die tatsächliche Stärke der Effekte sprechen. Es spricht viel dafür, daß die zusätzlich erklärte Varianz zu einem großen Teil darauf beruht, daß nur eine individuelle Kontrollvariable in das Gesamtmodell eingebracht werden konnte. Andererseits ließe sich aber auch die Tatsache, daß sich nur ein relativ schwaches Individualmodell finden läßt, damit begründen, daß hier möglicherweise Kontextvariablen eine wichtigere Rolle spielen.

Die Analysen konnten nicht genau herausarbeiten, von welchen Variablen und welchen Ebenen die Einflüsse ausgehen. Deutlich wird eigentlich nur, daß es Variablen sind, die die Dichte und relative sowie absolute Stärke der türkischen Teilpopulation beschreiben.

Insgesamt gesehen kann aber ein - nach Berücksichtigung der Sprachkompetenz - zusätzlich erklärter Varianzanteil von knapp 4 Prozentpunkten nicht die Basis für eine weitere Zerlegung dieses Effektes nach Items und Ebenen sein.

Türken, zweite Generation

Die bivariaten Beziehungen in Tab. 9.18 lassen vermuten, daß bei der zweiten Generation der Türken kaum Effekte der ethnischen Struktur im Wohngebiet auf die sozialen Assimilation zu beobachten sein werden. Nur sehr wenige Koeffizienten übersteigen überhaupt den Betrag von r= -.10. Die meisten dieser Variablen sind interessanterweise "Jugoslawen-Variablen". Hier deutet sich also ein Paradoxon an. Türken der zweiten Generation reagieren auf Jugoslawendichte und -anteile (bei sozialer Assimilation), bei Jugoslawen der ersten Generation hat (zumindest bivariat) Türkendichte und -anteil (bei struktureller Assimilation) eine gewisse Bedeutung. Die Stärke der Effekte läßt eine weitere Verfolgung dieses Gedankens hier aber nicht zu.

Übersicht 9.18: Türken, zweite Generation

Soziale Assimilation in Abhängigkeit von Eigenschaften verschiedener administrativer Einheiten (Pearsons r)

	Anzahl Ausländer	Anzahl Türken	Anzahl Jugosl.	Anteil Ausländer an Einw.	Anteil Türken an Einw.	Anteil Jugos. an Einw.
Block	-.0249	-.0875				
Ortsteil	-.0450	-.0354	-.1068	-.1046	-.0610	-.1581**
Stadtteil	-.0784	-.0842	-.0958	-.1019	-.0648	-.1109*
Amt	-.0736	-.0706	-.1075	-.1107*	-.0941	-.1083
Bezirk	-.1571	-.1571	-.1571	-.1571	-.1571	-.1571
Stadt	.0061	-.0308	.0089	-.0119	-.0566	.0175

	Ausländer- dichte A/qkm	Türken- dichte T/qkm	Jugoslawen- dichte J/qkm		Anteil Türken an A.	Anteil Jugosl. an A.
Ortsteil	-.1040	-.0368	-.1462*	-.0237	-.1622**	
Stadtteil	-.0990	-.0801	-.1066	-.0444	-.0243	
Amt	-.0946	-.1026	-.1035	-.0680	-.0697	
Bezirk	-.1571	-.1571	-.1571	-.1571	-.1571	
Stadt	-.0064	-.0588	.0079	-.0591	.0369	

Da die relevanten Variablen untereinander sämtlich hoch korreliert sind, läßt sich auch durch gemeinsame Einbeziehung mehrerer Variablen in eine Regressionsgleichung kein Betrag an erklärter Varianz erzielen, der über 2% und damit über die Erklärungskraft einzelner Variablen hinausgeht.

Die gemeinsame Analyse der relevanten Variablen mit den Individualvariablen zeigt dann auch, daß der Zuwachs an erklärter Varianz gering bleibt (von 28% auf

29%). Die bivariaten Beziehungen werden auch hier wieder in der multivariaten Analyse erheblich reduziert (PCTAMT: von -.11 auf -.03, JACTOT: von -.16 auf -.09).

Die fehlende Wirkung der ethnischen Struktur bei der gesamten Gruppe der Türken ist also vor allem auf das nahezu völlige Fehlen von Effekten in der Gruppe der zweiten Generation zurückzuführen. Das Zustandekommen interethnischer Kontakte ist damit entgegen allen anders lautenden Vermutungen bei jungen Türken *nicht* von der Plazierung in Wohngebieten mit unterschiedlichem Ausländeranteil abhängig, sondern in erster Linie von den eigenen Sprachkenntnissen sowie der sozialen Assimilation der Eltern. Aber auch diese beiden Merkmale werden, wie wir gesehen haben, kaum von der ethnischen Struktur des Wohngebietes beeinflußt.

Übersicht 9.19: Jugoslawen, erste Generation

Soziale Assimilation in Abhängigkeit von Eigenschaften verschiedener administrativer Einheiten (Pearsons r)

	Anzahl Ausländer	Anzahl Türken	Anzahl Jugosl.	Anteil Ausländer an Einw.	Anteil Türken an Einw.	Anteil Jugos. an Einw.
Block	-.1053	-.1544**				
Ortsteil	-.0312	-.1024	-.1205*	-.1937**	-.0669	-.1539**
Stadtteil	-.0579	-.0879	-.1089*	-.1887**	-.1207*	-.1609**
Amt	-.0642	-.0160	-.1574**	-.1608**	-.0817	-.1470**
Bezirk	-.2401*	-.2434*	-.2552*	-.2563*	-.2481*	-.2577*
Stadt	.0441	.1305*	-.0324	-.0256	.0434	-.0876

	Ausländer-dichte A/qkm	Türken-dichte T/qkm	Jugoslawen-dichte J/qkm	Anteil Türken an A.	Anteil Jugosl. an A.
Ortsteil	-.1248	-.1089	-.1439*	.0036	-.1211*
Stadtteil	-.2049**	-.1891**	-.1456**	-.0542	-.1007
Amt	-.1390*	-.1530**	-.1135*	-.0205	-.2066**
Bezirk	-.3424**	-.3028*	-.3244**	-.2579*	-.2924*
Stadt	-.0754	-.0048	-.0885	.0546	-.1124*

Bei den Jugoslawen scheint die ethnische Struktur des Wohngebietes einen stärkeren Einfluß auf die soziale Assimilation zu haben. Neben dem hier wieder auftauchenden starken Effekt der Hamburger Bezirke finden sich eine Vielzahl von Koeffizienten, die deutlich über dem Betrag von .10 liegen, wenngleich aber nur zwei den Betrag von r= .20 knapp überschreiten.

Auch hier weisen - wie bei den Türken der ersten Generation - die vertikalen Teilmodelle einen geringen aber meßbaren Erklärungswert auf, der mit knapp 5% erklärter Varianz bei den Variablen der Ausländerdichte auf verschiedenen Ebenen (ohne Bezirk) am höchsten ist. Auch der Anteil der Jugoslawen an den ausländischen Bewohnern der Gebiete erklärt ca. 4% der Varianz in der

Kontaktdimension bei den Jugoslawen der ersten Generation. Alle Ortsteil-Variablen gemeinsam erklären den nennenswerten Betrag von 17% der Varianz in der sozialen Assimilation und verbessern das Individualmodell um 8 Prozentpunkte auf 34% erklärter Varianz. Die Variablen der Ebene Stadtteil bleiben dagegen mit 4% erklärter Varianz deutlich zurück.

Werden die vertikalen und horizontalen Teilmodelle der bivariat wichtigsten Variablen mit dem Individualmodell zusammengeführt, so zeigen sich hier - ähnlich wie bei den Türken der ersten Generation - leichte Verbesserungen der Erklärungskraft zwischen 1 und 3 Prozentpunkten an zusätzlich erklärter Varianz. Am besten scheinen die Variablen, die den Jugoslawenanteil an den Ausländern beschreiben, bei der Erklärung zu helfen. Allein erklären sie 4% der Varianz, tragen aber 3 Prozentpunkte zusätzlich erklärter Varianz im Gesamtmodell bei.

Die Ursache für den relativ geringen Erklärungsgewinn bei der Zusammenfassung vieler Variablen, die bivariat eine deutliche Beziehung zur sozialen Assimilation aufweisen, liegt wieder in den hohen Interkorrelationen unter den unabhängigen Variablen: sie messen (fast) dasselbe. Die Stärke der bivariaten Beziehungen reduziert sich zwar unter Kontrolle der relevanten Individualvariablen (SUB, STR), verschwindet aber nicht völlig (s. Übersicht 9.20).

Übersicht 9.20: Veränderungen der Stärke der bivariaten Beziehungen unter Kontrolle der relevanten Individualvariablen.

	Pearson r (mit SOA)	Beta (unter Kontrolle v. SUB, STR)	adj. R^2 des multivariaten Modells
PCTOT	-.19	-.09	.27
PCTST	-.19	-.10	.27
AKMST	-.21	-.15	.28
TKMST	-.19	-.09	.27
TACTOT	.00	.08	.26
JACTAMT	-.21	-.18	.29

Das reine Individualmodell erklärt 26%, die in Übersicht 9.20 aufgeführten Variablen gemeinsam 8% und im Verbund mit den Individualvariablen 30% der Varianz in der sozialen Assimilation bei Jugoslawen der ersten Generation.

Die hohe Erklärungskraft des gesamten OT-Modells bleibt auch hier rätselhaft, da der hohe erklärte Varianzanteil offenbar von der gleichzeitigen Berücksichtigung aller Variablen abhängig ist und nicht auf einige wenige Variablen zurückzuführen ist.

Da einzelne Indikatoren auf der Ebene Bezirk in einem recht starken Zusammenhang mit der sozialen Assimilation bei den Jugoslawen der ersten Generation stehen, wurde für die Hamburger Befragten (mpn= 96) die Wirkung unter Kontrolle von individuellen Variablen geprüft. Das Individualmodell erklärt "in Hamburg" mit 33% noch besser als in der gesamten Stichprobe, die Hinzufügung der Bezirksvariablen ergibt aber nur einen Zuwachs um maximal 2 Prozentpunkte. Allerdings bleibt die Stärke der Koeffizienten der einzelnen Bezirksvariablen auch bedeutsam, wenn sie mit den Variablen des Individualmodells gleichzeitig in eine Regressionsgleichung eingehen (s. Übersicht 9.21).

Übersicht 9.21: Veränderungen der Stärke der bivariaten Beziehungen unter Kontrolle der relevanten Individualvariablen (nur Hamburger Befragte):

	Pearson r (mit SOA)	Beta (unter Kontrolle v. SUB, STR)
AKMBEZ	-.34	-.17
JKMBEZ	-.32	-.17
TKMBEZ	-.30	-.17
JACTBEZ	-.29	-.16

Die Stärke der Koeffizienten, die bivariat um r= -.30 lag, liegt im multivariaten Fall um Beta= -.17 (SUB um Beta= .48, STR um Beta= .12).

So zeigen sich bei den Jugoslawen der ersten Generation offenbar auf der Ebene der großräumigen Hamburger Bezirke bei hoher Ausländerdichte und hohem Anteil der Jugoslawen an der ausländischen Bevölkerung geringere Kontakte mit der deutschen Bevölkerung.

Übersicht 9.22: Jugoslawen, zweite Generation
Soziale Assimilation in Abhängigkeit von Eigenschaften verschiedener administrativer Einheiten (Pearsons r)

	Anzahl Ausländer	Anzahl Türken	Anzahl Jugosl.	Anteil Ausländer an Einw.	Anteil Türken an Einw.	Anteil Jugos. an Einw.
Block	-.2689**	-.2281**				
Ortsteil	-.1396*	-.0507	-.2042**	-.2128**	-.0374	-.2409**
Stadtteil	-.1748**	-.0764	-.1911**	-.2649**	-.0830	-.2719**
Amt	-.0221	.0314	-.1532**	-.2044**	-.0547	-.2099**
Bezirk	-.3100*	-.3017*	-.3080*	-.3046*	-.2913*	-.3049*
Stadt	-.1458*	-.0432	-.1914**	-.2154**	.0051	-.2371**

	Ausländer-dichte A/qkm	Türken-dichte T/qkm	Jugoslawen-dichte J/qkm		Anteil Türken an A.	Anteil Jugosl. an A.
Ortsteil	-.2066**	-.1322*	-.2089**		.1444*	-.1703**
Stadtteil	-.2367**	-.1515**	-.2135**		.1013	-.2082**
Amt	-.1860**	-.1629**	-.1792**		.1028	-.2190**
Bezirk	-.1874	-.2729*	-.2291		-.2393	-.2785*
Stadt	-.2202**	-.0722	-.2164**		.1227*	-.2041**

Verglichen mit den vorangehenden Analysen vermittelt schon die Inspektion der bivariaten Beziehung zwischen ethnischer Struktur und sozialer Assimilation bei jungen Jugoslawen den Eindruck, daß stärkere strukturelle Effekte vorliegen. Nahezu alle Variablen, die Ausländer- oder Jugoslawenanzahl oder -anteile beschreiben, korrelieren um r= -.20 mit der sozialen Assimilation. Anzahl oder Anteile von Türken an der Population spielen hingegen kein Rolle. Als Besonderheit fällt sogar die positive Beziehung des Türkenanteils an der ausländischen Bevölkerung eines Gebiets zur sozialen Assimilation auf: Je homogener (türkisch) die ausländische Bevölkerung, desto stärker die soziale Assimilation der jungen Jugoslawen, bei steigendem Jugoslawenanteil wird sie hingegen schwächer.

Die geprüften vertikalen Modelle umfassen wieder jeweils ein Item auf mehreren ineinander verschachtelten Ebenen. Eine Reihe dieser Modelle ist in der Lage, mehr als 4% Varianz zu erklären. Mit 10% gemeinsam erklärter Varianz zeigen die Variablen, die den Jugoslawenanteil auf verschiedenen Ebenen beschreiben, die stärkste Wirkung. Es folgt mit 9% die verwandte Variable Ausländeranteil (auch JACT erklärt noch 5%). Ebenso überdurchschnittlich ist die Erklärungkraft der vertikalen Modelle zur Jugoslawen- und Ausländerdichte (7% bzw. 6%), sowie zur Ausländer- und Jugoslawenanzahl (7% bzw. 4%).

Diese Erklärungskraft vor allem der Teilmodelle des Jugoslawen- und Ausländeranteils muß im Vergleich zu den vorangegangenen Analysen als hoch bezeichnet werden. Im Vergleich zur Erklärungskraft des Individualmodells (38% mit den unabhängigen Variablen Sprachkenntnis und soziales Milieu des Elternhauses) sind die vertikalen Teilmodelle aber immer noch relativ schwach.

Im Gegensatz zu den vorangegangenen Analysen kann man aber mit den hier geprüften Modellen etwas anfangen. Hier finden sich eigentlich zum ersten Mal mit einer gewissen Deutlichkeit die postulierten Beziehungen zwischen der ethnischen Struktur des Wohngebietes und einer Dimension der Assimilation. Es muß zu denken geben, daß dies ausgerechnet in der Subgruppe der zweiten Generation der Jugoslawen zu beobachten ist. Diese Subgruppe kann eigentlich nicht als typische Ausländerpopulation angesehen werden. Wenn die Effekte segregierten Wohnens in der Literatur diskutiert werden, so geschieht das meist in Hinsicht auf die türkische Bevölkerungsgruppe oder andere relativ wenig assimilierte Teilminoritäten. Ein kurzer Blick auf die deskriptive Statistik der endo- und exogenen Variablen (vgl. Anhang 1 und 2) zeigt dagegen, daß die jungen Jugoslawen von allen hier betrachteten Subgruppen mit Abstand am stärksten assimiliert sind bzw. die besten Assimilationsvoraussetzungen aufweisen. Hinweise darauf, daß Effekte segregierten Wohnens erst ab einem gewissen Assimilationsgrad zu beobachten seien, finden sich in der Literatur nicht.

Ausgehend von der in diesem Falle etwas stärkeren Erklärungskraft der vertikalen Teilmodelle dürfte es jetzt interessant sein, festzustellen, ob diese Teilmodelle in der Lage sind, zusätzlich zum Individualmodell noch weitere Varianz in der sozialen Assimilation der jungen Jugoslawen zu erklären. Die Antwort muß den Anhänger struktureller Effekte enttäuschen: Die vertikalen Teilmodelle erklären maximal 2% zusätzlicher über das Individualmodell hinausgehender Varianz. Die Variablen zum Jugoslawenanteil im Wohngebiet erklären für sich 10% der Varianz, die Individualvariablen (SUB; SME) allein 38%, gemeinsam erklären alle diese Variablen dann 40% der Varianz.

Die Erklärungskraft der Sprachkenntnisse (allein) wird durch die Einbeziehung der Jugoslawenanteile um 7 Prozentpunkte von 18% auf 25%, die des sozialen Milieus im Elternhaus von 26% um 6 Prozentpunkte auf 32% verbessert. Anders herum betrachtet: Die Erklärungskraft des Jugoslawenanteils (10% erklärter Varianz) wird durch die Einbeziehung von SUB um weitere 15 Prozentpunkte, durch Einbeziehung von SME sogar um 22 Prozentpunkte verbessert. So ist also in den an sich relativ erklärungskräftigen vertikalen Modellen nur ein kleiner Anteil an Information enthalten, der über die Information zur Sprachkenntnis und dem sozialen Milieu im Elternhaus hinausgeht. Von daher ist zu vermuten, daß ein Großteil der in den vertikalen Modellen zu beobachtenden Beziehungen auf selektiver Migration beruht. Die stärkere soziale Assimilation in Gebieten mit niedrigem Jugoslawenanteil beruht also nicht darauf, daß die Wahrscheinlichkeit, einen Jugoslawen zu treffen, geringer ist, sondern darauf, daß in Gebieten mit niedrigem Jugoslawenanteil Jugoslawen mit besseren Sprachkenntnissen und solchen Elternhäusern wohnen, in denen mehr sozialer Kontakt zu Deutschen gepflegt wird. Die vorangehenden Analysen haben allerdings gezeigt, daß diese individuellen Voraussetzungen von der ethnischen Struktur der Wohngebiete in geringem Maße beeinflußt werden.

Die Analyse der horizontalen Modelle ist noch interessanter: Die Variablen der ethnischen Struktur auf Ortsteilebene erklären gemeinsam den sehr hohen Betrag von 34% der Varianz in der sozialen Assimilation von jungen Jugoslawen! Ein Vergleich der Analyseebenen scheint zu bestätigen, daß die kleinräumigen Ebenen mehr erklären können.

Übersicht 9.23: Vergleich der Erklärungskraft horizontaler Modelle

```
Ebene                Erklärte Varianz in %
                     a)               b)              c)

Block         7  )   )               7               7  )
Ortsteil     22  ) 25|               4              34  )  22
Stadtteil     9      |               7
Amt           5      |               5
Stadt         5      ) 19            5

a) alle bivariat relevanten Variablen (auf Ebene Block wie b)
b) nur Anzahl und Anteil Ausländer
c) alle Block- und Ortsteilvariablen
```

Der Vergleich des horizontalen Modells "Block" mit den Modellen anderer Ebenen ist auch hier wieder schwierig, da auf der Ebene des Blocks nur Anzahl und Anteil der Ausländer erhoben wurden und die anderen Maße nicht zur Verfügung stehen. Spalte b) der Übersicht 9.23 zeigt, daß sich die These von der höheren Erklärungskraft der kleinräumigen Einheiten nicht bestätigen läßt, wenn nur die Merkmale Anzahl und Anteil der Ausländer berücksichtigt werden.

Der Erklärungsverlust beim Übergang von a) zu b) bedeutet, daß es in zukünftigen Untersuchungen (zumindest bei Jugoslawen der zweiten Generation) nicht genügt, nur den Ausländeranteil des Blockes zu erheben, sondern daß nach Möglichkeit auch andere, der hier z.B. auf Ortsteilebenen vorhandenen Variablen, in die Analysen eingehen sollten.

Wenn die Variablen auf Ortsteilebene soviel Varianz erklären, dann stellen sich zwei Fragen: Zum einen möchte man wissen, welche Variablen bzw. Variablenkombinationen für diesen Effekt verantwortlich sind, zum anderen möchte man wissen, für wieviel zusätzlich erklärte Varianz diese Variablen sorgen. Gelingt es wenigstens hier, die Erklärungskraft des Individualmodells entscheidend zu verbessern?

Die Trennung der Effekte der einzelnen Variablen ist hier nicht möglich, da nicht nur bivariate, sondern multiple Interkorrelationen berücksichtigt werden müssen, die jedoch auch in den Teilmodellen noch über ein multiples R^2 von .60 hinausgehen (vgl. Übersicht 9.24).

Übersicht 9.24: Bivariate und multiple Interkorrelationen (Pearson r)

	ANZOT	JUGOT	PCTOT	JCTOT	AKMOT	TKMOT	JKMOT	TACTOT	mult. R^2
ANZOT									.97
JUGOT	.89								.99
PCTOT	.44	.46							.93
JCTOT	.60	.76	.83						.96
AKMOT	.70	.85	.69	.86					1.00
TKMOT	.67	.75	.71	.75	.93				.99
JKMOT	.68	.89	.59	.88	.97	.81			.98
TACTOT	-.03	-.01	.44	.21	-.09	.15	-.16		.96
JACTOT	.24	.49	.20	.01	.49	.34	.57	-.16	.86

Es zeigt sich (vgl. Übersicht 9.25), daß keine Strukturvariable auf OT-Ebene allein einen größeren Varianzanteil erklären kann. Unter Kontrolle der beiden Individualvariablen (SUB, SME) reduziert sich die Stärke der bivariaten Beziehungen teilweise erheblich; die Einbringung einzelner Strukturvariablen in das Modell verbessert die Erklärungskraft des Individualmodells (R^2 = .38) nur unerheblich.

Übersicht 9.25: Veränderungen der Stärke der bivariaten Beziehungen unter Kontrolle der relevanten Individualvariablen.

	Pearson r (mit SOA)	Beta (unter Kontrolle v. SUB, SME)	Erklärte Varianz im multivariaten Modell (adj. R^2)
ANZOT	-.14	-.07	.38
JUGOT	-.20	-.10	.39
PCTOT	-.21	-.05	.38
JCTOT	-.24	-.09	.38
AKMOT	-.21	-.12	.39
TKMOT	-.13	-.06	.38
JKMOT	-.21	-.12	.39
TACTOT	+.14	+.14	.39
JACTOT	-.17	-.11	.39

Nach der Betrachtung der Effekte einzelner isolierter Variablen wurde weiterhin betrachtet, ob sich Unterschiede in der erklärten Varianz ergeben, wenn nacheinander einzelne Variablen *nicht* in das gesamte Strukturmodell auf OT-Ebene eingebracht werden. Wegen der hohen Interkorrelationen wurden in den Analysen (per Voreinstellung) teilweise zusätzliche Variablen aus der Analyse ausgeschlossen. Nach den Ergebnissen dieser Versuche, die allerdings keine deutlichen Strukturen offenbaren, scheint es notwendig, die Variablen PCTOT, AKMOT, TACTOT, JUGOT, JCTOT und JKMOT in einem Strukturmodell zu belassen, da ihr Auslassen recht geringe erklärte Varianzen bedeutet. Andererseits zeigt sich (vgl. Übersicht 9.26), daß Teilmodelle (z.B. unter Auslassung von TKMOT) zu höheren erklärten Varianzbeträgen führen können (z.B. 40%) als das gesamte Strukturmodell (34%). Im gesamten Modell sind also neben additiven Effekten auch Suppressor-Effekte wirksam. Die komplizierte Struktur des gesamten OT-Modells kann demnach durch Teilanalysen nicht erfaßt werden.

Übersicht 9.26: Erklärte Varianzen unter Auslassung einzelner OT-Variablen

Ausgelassene Variable	(evtl. noch ausgeschlossene Varn.)	Erklärte Varianz ohne Individualvariablen (adj. R^2)
ANZOT	(JCTOT)	.18
JUGOT	(JCTOT)	.13
PCTOT	(AKMOT)	.09
JCTOT		.22
AKMOT	(JCTOT)	.22
TKMOT		.40 !!!
JKMOT	(AKMOT)	.14
TACTOT		.11
JACTOT	(AKMOT)	.32 !!!

Die (stark heuristisch orientierte) weiterführende Analyse des Phänomens der kontextuellen Wirkung des Ortsteils auf die soziale Assimilation junger Jugoslawen soll hier abgebrochen werden. Die vermutete einfache und eindeutige Struktur der Kontexteffekte konnte nicht nachgewiesen werden. Vielmehr sind wir auf kontextuelle Einflüsse gestoßen, die in ihrer Komplexität (additive und Suppressor-Effekte) weiterer - erst einmal theoretisch orientierter - Analysen bedürfen.

Kann das Ortsteilmodell die Hoffnungen auf ein erhebliches Plus an erklärter Varianz einlösen? Die folgende Übersicht zeigt, daß dies nicht oder nur zu einem geringen Teil der Fall ist.

Übersicht 9.27: Erklärte Varianz in %

Ebene	a1)		a2)		b1)	b2)
Block	7	⎫ ⎫	38	⎫	7	38
Ortsteil	22	⎬25 ⎪	41	⎬42	4	38
Stadtteil	9	⎪	40		7	39
Amt	5	⎬19	39		5	38
Stadt	5	⎭	38		4	38

```
a:  alle bivariat relevanten Variablen
b:  nur Anzahl und Anteil Ausländer
1:  nur horizontale Teilmodelle ethnischer Struktur
2:  Gesamtmodell (Individualmodell und horiz. Teilmodell)
Zum Vergleich: Das Individualmodell erklärt (mit SUB und SME als
               unabhängigen Variablen) allein 38% der Varianz in SOA.
```

Etwas mehr als 3 Prozentpunkte zusätzlich erklärter Varianz sind auch hier das Äußerste, was die Information über die ethnische Struktur der Wohngebiete beitragen kann. Nun kann man im vorliegenden Fall den Spieß auch umdrehen und behaupten, die Ortsteilvariablen würden allein schon 22% (bzw. bis zu 40%) der Varianz erklären können und die Individualvariablen seien demnach nur für 19% zusätzlich erklärter Varianz verantwortlich. (Einen Streit über die Interpretation hat es schon im Gefolge der Debatte um die Arbeit von Sewell und Armer 1966 gegeben, vgl. hierzu Kap. 2 dieser Arbeit). Hier tritt zum erstenmal der Fall auf, daß dieses Argument erwogen werden muß: Bei der sozialen Assimilation der zweiten Generation der Türken ist dieses Argument beispielsweise a priori nicht plausibel (vgl. Übersicht 9.28): unabhängig davon, was als gegeben genommen wird und was als Ursache für zusätzlich erklärte Varianz betrachtet wird, erweist sich die relative Bedeutungslosigkeit der ethnischen Struktur des Wohngebietes.

Übersicht 9.28: Erklärungskraft in Anteilen erklärter Varianz (z.B. bei Türken, 2. Generation, soziale Assimilation)

Individualvariablen			Ethnische Struktur		bestes Gesamtmodell
	gegeben		zusätzlich		
A:	28 %	+	1 %	=	29 %
	zusätzlich		gegeben		
B:	27 %	+	2 %	=	29 %

Anders die Situation im vorliegenden Falle: je nach Betrachtungsweise kann den Variablen der ethnischen Struktur über die Hälfte der Erklärungskraft zugesprochen werden (vgl. Übersicht 9.29). Nach dieser Betrachtungsweise sind Individualvariablen für einen erklärten Varianzanteil zwischen 19% und 38% verantwortlich, während die Bandbreite für die Variablen der ethnischen Struktur zwischen 3% und 22% liegt.

Übersicht 9.29: Erklärungskraft in Anteilen erklärter Varianz (Jugoslawen, 2. Generation, soziale Assimilation)

Individualvariablen			Ethnische Struktur		bestes Gesamtmodell
	gegeben		zusätzlich		
A:	38 %	+	3 %	=	41 %
	zusätzlich		gegeben		
B:	19 %	+	22 %	=	41 %

Wenn, wie im vorliegenden Fall, die Effekte der einzelnen Variablen nicht zu trennen sind, bieten sich zwei Wege an, um die Frage zu beantworten, welche Variablengruppen für welche erklärten Varianzanteile verantwortlich sind. Zum einen kann man mit einfachen Modellen arbeiten, in denen einzelne Variablen weggelassen oder zusammengefaßt werden, zum anderen kann man theoretische Erwägungen heranziehen.

Übersicht 9.30: Vergleich der Koeffizienten zur Erklärung der SOA bei J2
(ausgewähltes Gesamtmodell)

```
Individualmodell    Teilmodell            Gesamtmodell

mpn= 403  B  Beta   mpn= 335   B   Beta   mpn= 324   B   Beta  (bivariate
                                                               Korr.: r)
Const.  7.60        Const. 14.70          Const.  7.68
  SUB   0.63  .30     SBRD                  SBRD    .59  .28      .43
  SME  -0.56 -.46     SME                   SME   -0.53 -.42     -.54
                      PCTOT -17.12 -.46     PCTOT -6.21 -.17     -.21
                      JKMOT  -0.00  .20     JKMOT -0.00  .04     -.21
                      TACTOT  8.87  .36     TACTOT 5.15  .21     +.14
                      JACTOT -7.19 -.13     JACTOT -3.70 -.07    -.17
  R²= .38             R²= .12               R²= .41
```

Im vorliegenden Fall wurde mit einem einfachen Modell gearbeitet, in das die OT-Variablen einbezogen wurden, die bivariat unter r= .60 korrelierten. Die multiplen Korrelationen dieser vier Variablen liegen aber deutlich höher: PCTOT= .81, JKMOT= .83, TACTOT= .69, JACTOT= .60.

Das als explorativ anzusehende, etwas reduzierte horizontale Ortsteilmodell erklärt immer noch 12% der Varianz (in SOA bei J2). Aber auch dieses Modell ist nicht zu prüfen, weil zu hohe multiple Korrelation vorliegt. Wegen der hohen multiplen Korrelation ist es also nicht möglich, Teilmodelle mit stabilen Beta-Koeffizienten zu erstellen. Darüber hinaus tritt in Teilmodellen verstärkt die Gefahr der Fehlspezifikation auf, weil möglicherweise wichtige Variablen weggelassen werden, um die Multikollinearität zu beseitigen.

Es ist sinnvoll, zuerst die Individualvariablen zur Erklärung heranzuziehen und dann zu sehen, welchen Varianzanteil kontextuelle Variablen zusätzlich erklären können, wenn davon auszugehen ist, daß die unabhängigen Individualvariablen nicht von den Kontextvariablen abhängen. Die empirischen Analysen der vorangehenden Kapitel haben gezeigt, daß die Sprachkompetenz junger Jugoslawen und die sozialen Kontakte der Eltern (erste Generation) in einem mäßigen Zusammenhang mit Variablen der ethnischen Struktur stehen, daß sie also weitgehend als gegeben anzusehen sind. Andererseits ist aber keineswegs gesichert, daß die Tatsache, daß ein Migrant in einem Wohngebiet mit bestimmter ethnischer Struktur wohnt, unabhängig von seinen individuellen Eigenschaften zustandekommt. In den vorangehenden Analysen hatte sich vielmehr eine Reihe von Belegen für das Vorhandensein von Effekten selektiver Migration gefunden. Selektive Migration erscheint auch aus stadtsoziologischen Überlegungen heraus plausibel: Migranten diffundieren mit zunehmender (struktureller) Assimilation in die "besseren Wohngegenden" und das sind gleichzeitig die Wohngegenden mit geringerer Ausländerdichte und geringerem Ausländeranteil.

Diese Überlegung läßt sich nur anhand der Hamburger Befragten überprüfen, da nur dort Daten zur innerstädtischen Migration erhoben wurden. Hier zeigt sich aber, daß bei Angehörigen der ersten Generation (N= 193) kein Zusammenhang zwischen der

Anzahl der Umzüge und der strukturellen Assimilation besteht (r= .00, bzw. tau-b= -.03); diejenigen, die umgezogen sind, haben sogar einen etwas niedrigeren Durchschnittswert in der strukturellen Assimilation als die Migranten, die keine innerstädtische Migration zu verzeichnen hatten.

Es spricht also einiges dafür, daß der Effekt der Variablen der ethnischen Struktur auf die soziale Assimilation der jungen Jugoslawen wesentlich geringer ist, als nach Betrachtung der bivariaten Beziehungen und (horizontalen) Teilmodelle angenommen werden konnte. Andererseits sind - und das im Rahmen dieser Analysen zum ersten Mal - diskutierenswerte Ergebnisse aufgefallen: Bei der zweiten Generation der Jugoslawen haben die Variablen der ethnischen Struktur für sich allein genommen einen befriedigenden Beitrag zur Erklärung der Varianz einer Dimension der Assimilation liefern können. Dabei kommt den Variablen, die den Anteil der Jugoslawen oder Ausländer an der Wohnbevölkerung eines Gebietes beschreiben, die größte Erklärungskraft zu, die stärksten Effekte scheinen auf den kleinräumigsten Ebenen angesiedelt zu sein.

Zusammenfassung

In der Literatur werden die stärksten direkten Effekte der ethnischen Struktur auf die soziale Assimilation, also auf die Kontaktdimension, postuliert. Diese Effekte finden sich - völlig überraschend - in der Gruppe der Türken überhaupt nicht. In der Subgruppe der ersten Generation lassen sich hingegen leichte Effekte (von Türkendichte, Türkenanteil, Türkenanzahl) feststellen. Bei der zweiten Generation der Türken gibt es überhaupt keine Effekte der ethnischen Struktur auf die Kontaktdimension. Anders als bei den Türken zeichnen sich bei der ersten Generation der Jugoslawen schon stärkere Effekte ab, die aber hier eher von den "Jugoslawenvariablen" der Struktur ausgehen.

Am interessantesten war bisher die Analyse bei der zweiten Generation der Jugoslawen: Trotz stärkerer bivariater Beziehungen und erklärungskräftigen Teilmodellen konnte zusätzlich zum Individualmodell nur wenig mehr an Varianz erklärt werden. Unabhängig davon, wie man diesen letzten Befund wertet, zeigt sich doch, daß höchstens bei den recht weitgehend assimilierten (jungen) Jugoslawen Effekte der ethnischen Struktur des Wohngebietes feststellbar sind. Die in der Literatur postulierten Effekte beziehen sich niemals explizit auf diese Gruppe, sondern zumeist auf Türken, bei denen diese Effekte aber nicht nachgewiesen werden konnten.

9.4 Personale Integration

Nach den umfassenden Betrachtungen zur kognitiven, strukturellen und vor allem sozialen Assimilation sollen die Effekte der ethnischen Struktur auf die beiden verbleibenden Dimensionen der Eingliederung, die personale Integration und die identifikative Assimilation in der gebotenen Kürze abgehandelt werden.

Die personale Integration steht bei Türken (gesamt) mit keiner der hier betrachteten Variablen der ethnischen Struktur in einer bivariaten Beziehung, die an r= -.10 heranreicht (s. Übersicht 9.31). Keines der geprüften horizontalen oder vertikalen Modelle kann überhaupt 1% der Varianz erklären.

Übersicht 9.31: Türken

Personale Integration (Zufriedenheit) in Abhängigkeit von Eigenschaften verschiedener administrativer Einheiten (Pearsons r)

	Anzahl Ausländer	Anzahl Türken	Anzahl Jugosl.	Anteil Ausländer an Einw.	Anteil Türken an Einw.	Anteil Jugos. an Einw.
Block	-.0412	-.0580				
Ortsteil	-.0218	.0032	-.0726	-.0337	.0442	-.0518
Stadtteil	-.0572	-.0215	-.0756	-.0282	.0147	-.0772
Amt	.0181	.0416	-.0421	-.0385	.0173	-.0676
Bezirk	-.0085	-.0085	-.0085	-.0085	-.0085	-.0085
Stadt	-.0276	.0256	-.0430	.0073	.0638	-.0377

	Ausländer- dichte A/qkm	Türken- dichte T/qkm	Jugoslawen- dichte J/qkm		Anteil Türken an A.	Anteil Jugosl. an A.
Ortsteil	-.0605	-.0440	-.0758		.0343	-.0606
Stadtteil	-.0593	-.0119	-.0739		.0245	-.0623
Amt	-.0588	-.0381	-.0651		.0290	-.0807*
Bezirk	-.0085	-.0085	-.0085		-.0085	-.0085
Stadt	-.0278	.0442	-.0428		.0643	-.0563

Auch bei der ersten Generation der Türken sind nur schwache bivariate Beziehungen zu beobachten (s. Übersicht 9.32). Auffällig ist einmal, daß die stärksten Koeffizienten auf der Ebene Stadt festzustellen sind. Gemeinsam erklären die "Stadtvariablen" aber nur 2% der Varianz in der Zufriedenheit. Zusätzlich zu den Individualvariablen können sie keine Varianz erklären.

Die geringe Stärke der Koeffizienten macht leider auch die Verfolgung eines Gedankens unmöglich, der aus der Betrachtung der bivariaten Beziehungen herrührt: Die Zufriedenheit der Türken scheint tendenziell mit der Anzahl der Türken und ihrem Anteil an der (ausländischen) Bevölkerung zu steigen, mit der Anzahl der Jugoslawen und ihrem Bevölkerungsanteil hingegen abzunehmen. Eine derartige Tendenz würde durchaus mit der in Kapitel 7 formulierten Hypothese (H 1.4) zur Binnenintegration übereinstimmen. Letztlich könnten aber auch die nicht existenten Effekte darauf zurückgeführt werden, daß sich die in der Literatur postulierten positiven und negativen Effekte stärkerer ethnischer Konzentration gegenseitig neutralisieren.

Übersicht 9.32: Türken, erste Generation

Personale Integration (Zufriedenheit) in Abhängigkeit von Eigenschaften verschiedener administrativer Einheiten (Pearsons r)

	Anzahl Ausländer	Anzahl Türken	Anzahl Jugosl.	Anteil Ausländer an Einw.	Anteil Türken an Einw.	Anteil Jugos. an Einw.
Block	-.0083	.0055				
Ortsteil	.0373	.0841	-.0485	-.0047	.1177	-.0280
Stadtteil	-.0712	.0213	-.1075	-.0045	.0693	-.0781
Amt	.0368	.0731	-.0507	-.0633	.0360	-.0959
Bezirk	-.0133	-.0133	-.0133	-.0133	-.0133	-.0133
Stadt	-.1235*	-.0210	-.1577**	-.1193*	.0581	-.1659**

	Ausländer-dichte A/qkm	Türken-dichte T/qkm	Jugoslawen-dichte J/qkm		Anteil Türken an A.	Anteil Jugosl. an A.
Ortsteil	-.0351	.0036	-.0635		.1149	-.0686
Stadtteil	-.0673	.0250	-.0972		.1030	-.0485
Amt	-.0870	-.0485	-.0911		.0892	-.1163*
Bezirk	-.0133	-.0133	-.0133		-.0133	-.0133
Stadt	-.1553**	-.0085	-.1639**		.1225*	-.1594**

Übersicht 9.33: Türken, zweite Generation

Personale Integration (Zufriedenheit) in Abhängigkeit von Eigenschaften verschiedener administrativer Einheiten (Pearsons r)

	Anzahl Ausländer	Anzahl Türken	Anzahl Jugosl.	Anteil Ausländer an Einw.	Anteil Türken an Einw.	Anteil Jugos. an Einw.
Block	-.0705	-.1154*				
Ortsteil	-.0712	-.0680	-.0923	-.0627	-.0185	-.0724
Stadtteil	-.0451	-.0614	-.0506	-.0539	-.0340	-.0783
Amt	-.0015	.0112	-.0400	-.0212	-.0020	-.0474
Bezirk	-.0135	-.0135	-.0135	-.0135	-.0135	-.0135
Stadt	.0621	.0734	.0609	.1175*	.0706	.0765

	Ausländer-dichte A/qkm	Türken-dichte T/qkm	Jugoslawen-dichte J/qkm		Anteil Türken an A.	Anteil Jugosl. an A.
Ortsteil	-.0798	-.0832	-.0856		-.0388	-.0508
Stadtteil	-.0591	-.0488	-.0581		-.0478	-.0754
Amt	-.0393	-.0343	-.0471		-.0283	-.0528
Bezirk	-.0135	-.0135	-.0135		-.0135	-.0135
Stadt	.0861	.0913	.0657		.0124	.0348

Bei der zweiten Generation der Türken liegen ebenso nur schwache bivariate Beziehungen zwischen ethnischer Struktur und personaler Integration vor.

Während sich bei der ersten Generation Unterschiede in den vertikalen Modellen andeuteten, sind hier leichte Differenzen bei den horizontalen Modellen zu sehen. Die Variablen auf der Ebene Stadt weisen durchgängig positive Vorzeichen, alle anderen Ebenen dagegen negative Vorzeichen auf. So trägt ein hoher Ausländeranteil im Block eher zur Unzufriedenheit bei, ein hoher Ausländeranteil in der Stadt hingegen eher zur Zufriedenheit.

Beide Variablen gemeinsam erklären knapp 3% der Varianz in der Zufriedenheit und verbessern den Erklärungswert des Individualmodells nur um zwei Prozentpunkte von 25% auf 27%.

Übersicht 9.34: Vergleich der Koeffizienten (ausgewähltes Gesamtmodell)

Individualmodell			Teilmodell			Gesamtmodell		
mpn= 359	B	Beta	mpn= 454	B	Beta	mpn= 359	B	Beta
Const.	15.21		Const.	9.38		Const.	14.63	
SOA	0.11	.21	SOA			SOA	0.11	.20
DIS	-1.49	-.38	DIS			DIS	-1.47	-.38
KME	-0.24	-.17	KME			KME	-0.23	-.17
			PCTBLO	-1.66	-.13	PCTBLO	-1.36	-.11
			PCTSTD	9.84	.13	PCTSTD	7.90	.11
R^2= .25			R^2= .03			R^2= .27		

Der kleine positive Effekt des Ausländeranteils der Stadt bleibt - wie Übersicht 9.34 zeigt - also auch unter Kontrolle relevanter Individualvariablen unverändert bestehen. Dieses Ergebnis läßt sich mit dem Frog-Pond-Theorem erklären: Je größer der Anteil der Unterprivilegierten in einer Stadt, desto weniger wird der Unterprivilegierte sich relativ depriviert fühlen und daraus resultiert Zufriedenheit. Die unmittelbare kleinräumige Wohnsituation stellt dagegen eher ein persönliches Attribut als einen Vergleichsmaßstab dar. Gerade weil der Ausländeranteil eines Gebietes mit dessen Wohnwert kovariiert, sind hier eher negative Wirkungen auf die Zufriedenheit zu erwarten.

Die Betrachtung der relativen Stärke der Effekte läßt aber auch hier weitere Überlegungen nicht lohnenswert erscheinen. Bei Türken spielt - absolut gesehen - die ethnische Struktur des Wohngebietes keine Rolle beim Zustandekommen personaler Integration. Es deuten sich innerhalb der Variablen der ethnischen Struktur zwar einige interessante "horizontale" und "vertikale" Differenzierungen an. Diese Differenzierungen, die sich eher im mikroskopischen Bereich bewegen, können aber nicht weiter analysiert werden, da es hier in erster Linie darum geht, substantielle Gebietseffekte auf zentrale Dimensionen der Assimilation und Integration aufzudecken.

Übersicht 9.35: Jugoslawen, erste Generation

Personale Integration (Zufriedenheit) in Abhängigkeit von Eigenschaften verschiedener administrativer Einheiten (Pearsons r)

	Anzahl Ausländer	Anzahl Türken	Anzahl Jugosl.	Anteil Ausländer an Einw.	Anteil Türken an Einw.	Anteil Jugos. an Einw.
Block	-.1497*	-.1829**				
Ortsteil	-.0792	-.0939	-.0838	-.1393*	-.0661	-.1047
Stadtteil	-.0992	-.0431	-.1169*	-.1296*	-.0262	-.1255*
Amt	-.0292	.0183	-.1077	-.1245*	-.0411	-.1293*
Bezirk	-.1187	-.1216	-.1324	-.1335	-.1260	-.1348
Stadt	-.0514	.0221	-.0824	-.0753	.0509	-.1108

	Ausländer- dichte A/qkm	Türken- dichte T/qkm	Jugoslawen- dichte J/qkm	Anteil Türken an A.	Anteil Jugosl. an A.
Ortsteil	-.1386*	-.1604*	-.0926	-.0541	-.0433
Stadtteil	-.1632**	-.1050	-.1400*	.0318	-.0261
Amt	-.1507**	-.1448*	-.1348*	.0446	-.1066
Bezirk	-.2207	-.1781	-.2006	-.1349	-.1678
Stadt	-.0884	.0072	-.0986	.1026	-.1201*

Bei den Jugoslawen der ersten Generation zeigen sich wieder stärkere bivariate Beziehungen, die aber kaum den Betrag von r= -.15 übersteigen (s. Tabelle 9.35). Die vertikalen Modelle erklären allein bestenfalls zwischen 2% und 3% Varianz, die horizontalen Modelle erreichen nicht einmal 2% und alle diese Teilmodelle erklären nicht einmal einen Prozentpunkt an zusätzlicher Varianz zum Individualmodell. Ähnlich ergebnislos ist ein Versuch, ein "diagonales" Modell aus den Variablen zu konstruieren, die die stärksten bivariaten Beziehungen zur personalen Integration aufweisen (s. Übersicht 9.36).

Auf der Ebene der Stadt deutet sich übrigens eine ähnliche - aber noch schwächere und damit kaum erwähnenswerte - Tendenz an, wie bei den Türken der ersten Generation: Je mehr *Türken* in der Stadt, desto zufriedener, je mehr Jugoslawen, desto unzufriedener die Jugoslawen. Eine Bestätigung dieser Tendenz mit geeignetem Datenmaterial (mehr Städte in der Stichprobe) würde allerdings die Erklärung dieses Effektes durch die These der Binnenintegration (die bei den Türken noch plausibel war) hinfällig machen.

Übersicht 9.36: Vergleich der Koeffizienten (ausgewählte Gesamtmodelle)

```
Individualmodell       Gesamtmodelle

 mpn= 386  B  Beta      mpn= 386  B  Beta      mpn= 386  B  Beta

 Const.11.82            Const.11.97            Const.11.82
   WOQ   0.44  .21        WOQ   0.43  .20        WOQ    0.46  .22
   SOA   0.03  .07        SOA   0.03  .06        SOA    0.03  .06
   DIS  -2.09 -.46        DIS  -2.06 -.46        DIS   -2.05 -.45
                        PCTBLO -0.06 -.00      TACTSTD  0.53  .04
                         JKMST -0.00 -.07      JACTSTD -2.36 -.06

  R²= .29                R²= .29                R²= .29
```

Erstaunlich schwach sind die bivariaten Korrelationen zwischen ethnischer Struktur und personaler Integration bei den jungen Jugoslawen, die sich doch hinsichtlich der kognitiven und sozialen Assimilation als sensibel für Gebietseffekte gezeigt hatten. Das Individualmodell erklärt hier mit 17% erklärter Varianz relativ schlecht und beläßt einen großen Anteil an unerklärter Varianz. Diese Varianz bleibt auch nach der Analyse der vertikalen Teilmodelle "Ausländeranteil" und "Jugoslawenanteil" unerklärt: Allein werden jeweils 2% erklärt, für zusätzlich zu den Individualvariablen erklärte Varianz sind diese Modelle aber nicht gut.

Übersicht 9.37: Jugoslawen, zweite Generation

Personale Integration (Zufriedenheit) in Abhängigkeit von Eigenschaften verschiedener administrativer Einheiten (Pearsons r)

	Anzahl Ausländer	Anzahl Türken	Anzahl Jugosl.	Anteil Ausländer an Einw.	Anteil Türken an Einw.	Anteil Jugos. an Einw.
Block	-.0789	-.1692**				
Ortsteil	-.0387	-.0237	-.0675	-.1251*	-.0744	-.1281*
Stadtteil	-.0468	-.0484	-.0605	-.1090	-.0708	-.1148*
Amt	-.0270	-.0413	-.0432	-.0831	-.0724	-.0767
Bezirk	-.0875	-.0839	-.0996	-.0976	-.0834	-.0993
Stadt	.0175	-.0084	.0209	-.0226	-.0433	.0058

	Ausländer-dichte A/qkm	Türken-dichte T/qkm	Jugoslawen-dichte J/qkm		Anteil Türken an A.	Anteil Jugosl. an A.
Ortsteil	-.1079	-.0601	-.1075		-.0168	-.0302
Stadtteil	-.0818	-.0620	-.0852		-.0155	-.0545
Amt	-.0830	-.0966	-.0827		-.0267	-.0245
Bezirk	-.1498	-.1392	-.1475		-.0714	-.1278
Stadt	.0035	-.0353	.0137		-.0339	.0193

Wenn *alle* Block- und Ortsteilvariablen in das Strukturmodell eingehen, kann das Modell immerhin 5% der Varianz erklären und auch den Erklärungswert des Individualmodells um 5 Prozentpunkte verbessern. Die Richtung der bivariaten Koeffizienten spricht auch hier nicht für eine Bestätigung der These von der integrativen Wirkung ethnisch homogener Wohngebiete (Park-Miller-Hypothese). Darüber hinaus ist der Erklärungswert des Modells durchaus nicht als bedeutend zu bezeichnen.

Zusammenfassung

Neben der persönlich erfahrenen Diskriminierung können auch andere Individualvariablen einen Beitrag zur Erklärung der personalen Integration leisten. Die ethnische Struktur des Wohngebietes hat dagegen in keiner untersuchten (Teil-) Population einen Effekt auf die Zufriedenheit. Die relevanten Variablen sind kaum in der Lage, allein für 3% der Varianz verantwortlich zu sein und tragen kaum etwas an zusätzlich erklärter Varianz zu den Individualmodellen bei. Entweder halten sich positive oder negative Auswirkungen der ethnischen Struktur die Waage oder es gibt überhaupt keine derartigen Auswirkungen.

9.5 Identifikative Assimilation

Bei den Türken sind sehr viele bivariate Beziehungen zwischen Variablen der ethnischen Struktur und identifikativer Assimilation festzustellen (s. Tab. 9.39), die relativ einheitlich die Stärke von ungefähr r= -.11 annehmen.

Von den vertikalen Modellen erklären aber nur zwei etwas mehr als 2% Varianz: Die Variablen des Ausländeranteils und die des Jugoslawenanteils im Wohngebiet. Diese Teilmodelle können die Erklärungskraft des Individualmodells in der gemeinsamen Analyse aber jeweils nur von 18% auf 19% verbessern.

Die Ergebnisse der horizontalen Modelle zeigen keine einheitliche Tendenz. Am "erklärungskräftigsten" mit jeweils rund 3% erklärter Varianz ist zum einen die Ortsteil-, zum anderen die Stadtebene. Beide Teilmodelle können auch jeweils dem relativ schwachen Individualmodell in der gemeinsamen Analyse 2 bis 3 Prozentpunkte erklärter Varianz hinzufügen. Die Effekte des Ortsteilmodells werden durch die Kontrolle relevanter individueller Variablen hier also nicht weiter reduziert. Ein gemischtes Modell mit nicht allzu hoch interkorrelierenden Variablen deutet darauf hin, daß in multivariaten Analysen die Effekte der Stadt relativ stabil bleiben (s. Übersicht 9.40).

Übersicht 9.39: Türken

Identifikative Assimilation in Abhängigkeit von Eigenschaften verschiedener administrativer Einheiten (Pearsons r)

	Anzahl Ausländer	Anzahl Türken	Anzahl Jugosl.	Anteil Ausländer an Einw.	Anteil Türken an Einw.	Anteil Jugos. an Einw.
Block	-.0871*	-.0996*				
Ortsteil	-.0963*	-.0933*	-.1146**	-.1178**	-.0741	-.1482**
Stadtteil	-.1131**	-.1007*	-.1124**	-.1120**	-.0761	-.1165**
Amt	-.0515	-.0621	-.0730	-.1386**	-.1179**	-.1112**
Bezirk	-.1225	-.1225	-.1225	-.1225	-.1225	-.1225
Stadt	-.0924*	-.0937*	-.0935*	-.1532**	-.0755	-.1093**

	Ausländerdichte A/qkm	Türkendichte T/qkm	Jugoslawendichte J/qkm	Anteil Türken an A.	Anteil Jugosl. an A.
Ortsteil	-.1128*	-.0742	-.1182*	-.0293	-.1197**
Stadtteil	-.1171**	-.1014*	-.1144**	-.0441	-.0432
Amt	-.1157**	-.1319**	-.1103**	-.0456	-.0329
Bezirk	-.1225	-.1225	-.1225	-.1225	-.1225
Stadt	-.1194**	-.1074**	-.0970*	.0022	-.0597

Übersicht 9.40: Vergleich der Koeffizienten (ausgewähltes Gesamtmodell)

```
Individualmodell      Teilmodell              Gesamtmodell           (bivariate)
                                                                     (Korrel.)
mpn= 873  B   Beta    mpn= 823  B   Beta      mpn= 823  B   Beta       ( r )

Const.  1.17          Const.  5.23            Const.  2.03
  SUB   0.07  .16       SUB                     SUB   0.07  .16        (  .32)
  SOA   0.07  .18       SOA                     SOA   0.07  .17        (  .33)
  FDE   0.49  .20       FDE                     FDE   0.48  .19        (  .19)
                        JACTOT -0.81 -.04       JACTOT  0.04  .00      ( -.12)
                        TKMAMT -0.00 -.05       TKMAMT -0.00 -.04      ( -.13)
                        PCTSTD -6.05 -.11       PCTSTD -6.47 -.12      ( -.15)
R²= .17               R²= .03                 R²= .19
```

Es zeigen sich hier wiederum schwache eigenständige Einflüsse der ethnischen Struktur, die - zumindest den Ausländeranteil der Stadt betreffend - unabhängig von Effekten selektiver Migration auftreten. Die folgenden Analysen zeigen, ob hinter diesen Effekten generationsspezifische Muster stehen.

Übersicht 9.41: Türken, erste Generation
Identifikative Assimilation in Abhängigkeit von Eigenschaften verschiedener administrativer Einheiten (Pearsons r)

	Anzahl Ausländer	Anzahl Türken	Anzahl Jugosl.	Anteil Ausländer an Einw.	Anteil Türken an Einw.	Anteil Jugos. an Einw.
Block	-.0675	-.0935				
Ortsteil	-.0550	-.0919	-.0801	-.1257*	-.0978	-.1371*
Stadtteil	-.0830	-.0933	-.0885	-.0914	-.0843	-.0771
Amt	-.0079	-.0318	-.0197	-.0941	-.0813	-.0808
Bezirk	-.0286	-.0286	-.0286	-.0286	-.0286	-.0286
Stadt	-.0974	-.0738	-.1041	-.1388*	-.0375	-.1177*

	Ausländer-dichte A/qkm	Türken-dichte T/qkm	Jugoslawen-dichte J/qkm	Anteil Türken an A.	Anteil Jugosl. an A.
Ortsteil	-.0565	-.0191	-.0845	-.0754	-.0679
Stadtteil	-.0790	-.0885	-.0820	-.0620	-.0131
Amt	-.0901	-.0970	-.0912	-.0290	-.0137
Bezirk	-.0286	-.0286	-.0286	-.0286	-.0286
Stadt	-.1194*	-.0736	-.1062	.0353	-.0812

Türken erste Generation

Wahrscheinlich sind eher die Türken der zweiten Generation als die der ersten Generation (s. Tab. 9.41) für die minimalen beobachtbaren Effekte der ethnischen Struktur bei Türken (gesamt) verantwortlich. Die Individualvariablen erklären auch nur 13% der Varianz und diese Erklärungskraft läßt sich durch die Einbeziehung von Variablen der ethnischen Struktur, die zwar für sich ca. 2% der Varianz erklären können, nicht weiter verbessern. Unter Kontrolle der wichtigsten Individualvariablen werden die bivariaten Koeffizienten, die um r= -.13 lagen, auf standardisierte multiple Korrelationskoeffizienten von ungefähr Beta= -.07 reduziert.

Schon die Inspektion der Pearson-Koeffizienten zeigt, daß bei den Türken der zweiten Generation wohl etwas stärkere Effekte von der ethnischen Struktur ausgehen (s. Tab. 9.42). Dabei haben sich die Maßstäbe dafür, was als "stärkerer Effekt" zu gelten habe, nach den bisher durchgeführten Analysen schon deutlich nach unten verschoben, wenn bivariate Koeffizienten um r= -.15 als Indiz dafür herangezogen werden. Korrekter wäre es, anstelle von "stärkeren" Effekten von "feststellbaren" Effekten zu sprechen.

Unter den vertikalen Modellen können die Variablen zum Ausländeranteil eines Gebietes allein mit fast 4% die meiste Varianz erklären, nennenswert sind auch noch der *Jugoslawen*anteil und die Türkendichte mit jeweils knapp 3%. Im Gesamtmodell reicht es für diese Teilmodelle aber gerade dazu, den erklärten Varianzanteil des Individualmodells um einen Prozentpunkt zu verbessern. Bei den horizontalen Modellen schneidet interessanterweise die relativ großräumige Ebene AMT mit 3% erklärter Varianz am besten ab, gefolgt von der Ebene Stadt mit gut 2%.

Übersicht 9.42: Türken, zweite Generation

Identifikative Assimilation in Abhängigkeit von Eigenschaften verschiedener administrativer Einheiten (Pearsons r)

	Anzahl Ausländer	Anzahl Türken	Anzahl Jugosl.	Anteil Ausländer an Einw.	Anteil Türken an Einw.	Anteil Jugos. an Einw.
Block	-.1048	-.1135*				
Ortsteil	-.1282*	-.1000	-.1451*	-.1241*	-.0628	-.1624**
Stadtteil	-.1409*	-.1132*	-.1367*	-.1400*	-.0765	-.1523**
Amt	-.0960	-.0946	-.1260*	-.1833**	-.1565**	-.1419*
Bezirk	-.2318	-.2318	-.2318	-.2318	-.2318	-.2318
Stadt	-.0856	-.1047	-.0859	-.1676**	-.1076	-.1068

	Ausländer-dichte A/qkm	Türken-dichte T/qkm	Jugoslawen-dichte J/qkm	Anteil Türken an A.	Anteil Jugosl. an A.
Ortsteil	-.1572*	-.1167	-.1486*	-.0052	-.1568**
Stadtteil	-.1609**	-.1234*	-.1481**	-.0346	-.0691
Amt	-.1456*	-.1723**	-.1332*	-.0658	-.0512
Bezirk	-.2318	-.2318	-.2318	-.2318	-.2318
Stadt	-.1240*	-.1389*	-.0939	-.0250	-.0466

Übersicht 9.43: Vergleich von Koeffizienten und erklärten Varianzen (IDA, T2)

	bivariate Korrel. r	Modell ohne Individualvar. Beta	R^2	Modell mit Individualvar. Beta	R^2
PCTAMT	-.18	–	–	-.12	.31
PCTSTD	-.17	–	–	-.15	.32
TKMAMT	-.17	–	–	-.11	.31
TKMSTD	-.14	-.11		-.07	
AKMSTD	-.12	-.08	.02	-.08	.31
PCTBLO	-.11	-.07		-.04	
PCTAMT	-.18	-.11		-.04	
PCTSTD	-.17	-.10	.04	-.13	.33

Erläuterungen:
Das Individualmodell (mit SOA, KME, RME) erklärt allein 30 % der Varianz der identifikativen Assimilation bei Türken der zweiten Generation.
(Die multiplen Korrelationen bleiben unter Mult. $R^2 = .60$)

Auch unter Kontrolle der relevanten Individualvariablen (vgl. Ü. 9.43) bleibt bei den Variablen PCTSTADT (-.17 auf Beta= -.15, bzw. -.13) noch eine merkbare Beziehung bestehen, während der Effekt von TKMAMT (r= -.17 auf Beta = -.11) und von PCTAMT (r= -.18) unter Kontrolle der Individualvariablen auf Beta= -.13, unter zusätzlicher Berücksichtigung von PCTSTADT aber sogar auf Beta= -.04 zurückgeht. Alle Variablen auf der Ebene Stadt tragen 2 Prozentpunkte erklärter Varianz zusätzlich zum Individualmodell bei.

Bei aller Rücksicht auf die geringen Beiträge der verschiedenen Ebenen zeichnet sich hier doch ein Muster ab, nach dem die identifikative Assimilation eher von Eigenschaften großräumiger Einheiten beeinflußt wird: die ethnische Struktur der Stadt erklärt mehr Varianz in der identifikativen Assimilation junger Türken als die ethnische Struktur des bewohnten Ortsteils. Möglicherweise läßt sich hier Essers (1982a: 291f.) Überlegung aufgreifen, die Wirkung großräumiger Kontexte sei eine Folge der Identifikation mit dem Kontext. Auch bei jungen Türken bestehen aber nur schwache Zusammenhänge zwischen der ethnischen Struktur des Wohngebietes und der identifikativen Assimilation.

Ein interessantes Bild stellen die bivariaten Beziehungen bei den *Jugoslawen der ersten Generation* dar (s. Tab. 9.44). Demnach würden Anzahl, Dichte und Anteile von *Türken* eher als die entsprechenden Variablen der eigenen Ethnie die identifikative Assimilation von Jugoslawen beeinflussen. Anders ausgedrückt: je dominierender die türkische Bevölkerungsgruppe unter den Ausländern, desto geringer die identifikative Assimilation bei Jugoslawen.

Übersicht 9.44: <u>Jugoslawen, erste Generation</u>
Identifikative Assimilation in Abhängigkeit von Eigenschaften verschiedener administrativer Einheiten (Pearsons r)

	Anzahl Ausländer	Anzahl Türken	Anzahl Jugosl.	Anteil Ausländer an Einw.	Anteil Türken an Einw.	Anteil Jugos. an Einw.
Block	-.0604	-.1254*				
Ortsteil	-.0044	-.1500*	-.0730	-.1702**	-.1384*	-.1042
Stadtteil	-.0367	-.1506**	-.0610	-.1661**	-.1656**	-.1169*
Amt	-.0880	-.1274*	-.0616	-.1354*	-.1770**	-.0692
Bezirk	-.1006	-.1021	-.1075	-.1080	-.1042	-.1087
Stadt	.0642	.0643	-.0162	-.1545**	-.1364*	-.1115*

	Ausländer- dichte A/qkm	Türken- dichte T/qkm	Jugoslawen- dichte J/qkm	Anteil Türken an A.	Anteil Jugosl. an A.
Ortsteil	-.1043	-.1175	-.0878	-.1298*	-.0176
Stadtteil	-.1517**	-.2025**	-.0918	-.1570**	-.0925
Amt	-.0903	-.1516**	-.0582	-.1594**	-.0567
Bezirk	-.1503	-.1300	-.1408	-.1087	-.1250
Stadt	-.1342*	-.1912**	-.1018	-.0752	-.0711

Die Türkendichte (vertikales Modell) erklärt allein schon fast 5% der Varianz! Ausländeranteil, Türkenanteil und -anzahl erklären jeweils 3%, während die sogenannten "Jugoslawenvariablen" keine Rolle spielen. Für zusätzlich erklärte Varianz kann aber nur die Türkendichte sorgen, wenngleich die Verbesserung des Individualmodells (18%) auf 22% erklärter Varianz moderat ist. Die Prüfung der horizontalen Modelle kann die Hypothese, daß identifikative Assimilation eher von Eigenschaften großräumiger als kleinräumiger Einheiten beeinflußt wird, nicht stützen. Während Stadtteil- und Amtsvariablen über 4% der Varianz erklären und den Eigenschaften der Städte sogar 6% erklärte Varianz zukommt, finden wir bei der Berücksichtigung aller OT-Variablen einen erklärten Varianzbetrag von 28%! Hier taucht das schon beobachtete Phänomen auf, daß die OT-Variablen nur in ihrer Gesamtheit größere Varianzanteile erklären können, während wegen der hohen Interkorrelationen die Effekte nicht getrennt werden können. Im Rahmen der hier vorgenommenen orientierenden Analysen bleibt nur die Feststellung, daß a) Effekte der Struktur des Ortsteils vorhanden sind, und daß b) es notwendig ist, alle verfügbaren Informationen in Analysen zu berücksichtigen, da z.B. die ausschließliche Berücksichtigung des Ausländeranteils die durch Strukturvariablen erklärte Varianz oft unterschätzt.

Die OT-Variablen erweitern die erklärten Varianzanteile des Individualmodells um 17 Prozentpunkte von 18% auf 35%! Damit ist dem Strukturmodell hier eine zumindest ebenso große, wenn nicht größere Erklärungskraft wie dem Individualmodell zuzuschreiben. Die anderen horizontalen Modelle können den erklärten Varianzanteil des Individualmodells um maximal 3 Prozentpunkte ausbauen. Während die bivariaten Beziehungen auf OT-Ebene dafür sprechen, daß stärkere ethnische Anteile im Ortsteil der identifikativen Assimilation der Jugoslawen der ersten Generation hinderlich sind, darf man diese Aussage nicht ohne weiteres auf das multivariate Modell übertragen. Eine weitergehende Analyse der additiven, Interaktions- und Suppressor-Effekte, bei der vorrangig die Probleme der extremen Multikollinearität auszuschalten wären, kann an dieser Stelle nicht erfolgen.

Interessanterweise scheinen bei den Jugoslawen der zweiten Generation im Gegensatz zur ersten Generation kaum Effekte der ethnischen Struktur der Wohngebiete zu beobachten zu sein. Kaum eine bivariate Korrelation erreicht den Betrag von $r = -.10$. Allein vom Ausländeranteil auf kleinräumiger Ebene scheint eine schwache Wirkung auszugehen. Das vertikale Modell "Ausländeranteil" erklärt zwar allein fast 3% Varianz der identifikativen Assimilation, trägt aber keine zusätzliche Varianz zum Individualmodell bei; aus den beiden stärksten bivariaten Koeffizienten werden unter Kontrolle der Individualvariablen Beziehungen, die gegen Null gehen. Somit bestätigt sich der Eindruck aus den bivariaten Beziehungen.

Übersicht 9.45: Jugoslawen, zweite Generation

Identifikative Assimilation in Abhängigkeit von Eigenschaften verschiedener administrativer Einheiten (Pearsons r)

	Anzahl Ausländer	Anzahl Türken	Anzahl Jugosl.	Anteil Ausländer an Einw.	Anteil Türken an Einw.	Anteil Jugos. an Einw.
Block	-.1054	-.1753**				
Ortsteil	-.0201	-.0224	-.0583	-.1059	-.0528	-.1080
Stadtteil	-.0814	-.0843	-.0759	-.1280*	-.0653	-.1064
Amt	-.0002	.0130	-.0551	-.0772	-.0329	-.0824
Bezirk	-.1005	-.1557	-.1251	-.1569	-.1777	-.1528
Stadt	.0128	.0353	-.0054	-.0144	.0127	-.0294

	Ausländer- dichte A/qkm	Türken- dichte T/qkm	Jugoslawen- dichte J/qkm	Anteil Türken an A.	Anteil Jugosl. an A.
Ortsteil	-.0751	-.0334	-.0860	-.0180	-.0696
Stadtteil	-.0882	-.0676	-.0807	-.0086	-.0619
Amt	-.0752	-.0740	-.0756	.0050	-.0636
Bezirk	-.1082	-.1487	-.1256	-.2193	-.1716
Stadt	-.0177	.0047	-.0222	.0225	-.0363

Zusammenfassung

Auch die Ergebnisse zur Beeinflussung der identifikativen Assimilation durch die ethnische Struktur des Wohngebietes weichen mit einer Ausnahme nicht weit von den zuvor diskutierten Ergebnissen ab. Es kann wieder nur zwischen schwachen und nicht vorhandenen Effekten unterschieden werden. Offensichtlich ohne Wirkung ist die ethnische Struktur auf das ethnische Zugehörigkeitsgefühl von Türken der ersten und Jugoslawen der zweiten Generation, also den beiden Gruppen, die im Prozeß der Assimilation am geringsten und am weitesten vorangeschritten sind. Für die einen ist eine identifikative Umorientierung demnach noch keine Frage, für die anderen keine Frage mehr. Bei der intermediären Gruppe der Türken der zweiten Generation finden sich hingegen Effekte, die überwiegend von der großräumigen Einheit der Stadt auszugehen scheinen. Bei den Jugoslawen der ersten Generation finden sich starke Ortsteil-Effekte, die mit dem hier angewandten Instrumentarium nicht in einzelne Komponenten zu trennen sind. Bei den bivariaten Beziehungen fällt vor allem auf, daß die identifikative Assimilation der Jugoslawen von "Türkenvariablen", wie z.B. der Türkendichte beeinflußt scheint.

Wenngleich dieses Ergebnis eher überraschend ist und noch der genaueren Interpretation bedarf, kann doch schon vermutet werden, daß Jugoslawen nicht so sehr auf die Struktur ihrer eigenen ethnischen Gemeinde reagieren, sondern eher von der Homogenität der ausländischen Population insgesamt beeinflußt werden. Von daher kann es in Untersuchungen dieser Art nicht genügen, nur den eigenethnischen Anteil in Rechnung zu stellen, sondern es müssen, wenn möglich, weitere Information zur ethnischen Struktur eines Wohngebietes erfaßt werden. Die Einbeziehung multipler Indikatoren scheint aber andererseits mehr Probleme aufzuwerfen als zu lösen.

9.6 Diskussion

In diesem Kapitel sind die Ergebnisse von umfangreichen Analysen dargestellt worden. Diese Analysen konnten in dieser Intensität erstmalig durchgeführt werden. In früheren Arbeiten ist es höchstens gelungen, die ethnische Struktur des Wohngebiets mittels Daten zu *einer* Operationalisierung (zumeist Ausländeranteil) auf *einer* Ebene (z.B. Block) zu kennzeichnen. Hier konnte aber eine Reihe von Indikatoren, die nicht unbedingt das Gleiche messen, auf ineinander verschachtelten Ebenen vom Ortsteil bis zur Stadt berücksichtigt werden. Diese Kombination eines Individualdatensatzes mit Daten aus der amtlichen Statistik ist zumindest in der deutschen Minoritätensoziologie einmalig. Diese Einmaligkeit rechtfertigt auch den Umfang der Analysen, die aus Platzgründen noch nicht einmal ausführlich dokumentiert werden konnten. Neben der Überprüfung der in Kapitel 7 formulierten Hypothesen dienen die Analysen aber auch der Exploration der Beziehungen zwischen ethnischer Struktur im Wohngebiet und den zentralen Konstrukten der Eingliederung.

Insgesamt kann den Variablen der ethnischen Struktur ein wesentlich geringerer Erklärungswert als den Individualvariablen zugesprochen werden. In der Interpretation der Ergebnisse kommt man so dazu, Differenzierungen zwischen "keinen Effekten" und "schwachen Effekten" einzuführen. Die folgende Übersicht (9.46) zeigt, wo "nichts" und wo "wenig" zu beobachten gewesen ist. Dabei ist jeweils in der ersten Spalte der Anteil an erklärter Varianz im Individualmodell "I" und in der zweiten Spalte der aus dem besten Modell mit Variablen der ethnischen Struktur "S" dargestellt. In der dritten Spalte erscheint der höchste beobachtete Zugewinn an erklärter Varianz, wenn anstelle des Individualmodells das Gesamtmodell "G" mit Individual- und Gebietsvariablen gerechnet wird.

Übersicht 9.46: Maximal erklärte Varianzanteile der Teilmodelle und zusätzlich erklärte Varianz im Gesamtmodell (in %)

abhängige Variable	Türken gesamt			Türken 1. Gen.			Türken 2. Gen.			Jugoslawen 1. Gen.			Jugoslawen 2. Gen.		
	I	S	G	I	S	G	I	S	G	I	S	G	I	S	G
SUB	50	1	0	40	10	5	48	2	0	37	3	2	44	33	15
STR	-	-	-	19	8	2	-	-	-	26	13	6	-	-	-
SOA	21	2	0	16	7	4	28	2	1	26	17	8	38	24	3
PIN	23	4	0	21	2	0	26	3	2	30	3	1	18	5	5
IDA	17	3	3	13	2	0	29	5	3	18	28	17	34	3	0

(G: zusätzlich erkl. Varianz im Gesamtmodell gegenüber Individualmodell in Prozentpunkten)

Bei den **Türken** als gesamter Gruppe ist überwiegend kein Effekt vorhanden, während in den Teilpopulationen schwache Effekte zu beobachten sind. Diese Effekte sind offenbar so schwach, daß sie nicht auf die gesamte Population durchschlagen. Von daher rechtfertigt sich auch die Subgruppenanalyse. Der bei allen Türken zu beobachtende kleine Effekt auf die identifikative Assimilation rührt offensichtlich vor allem von der zweiten Generation her. Bei den **Türken der ersten Generation** entwickelt sich die personale Integration und die identifikative Assimilation völlig unabhängig von der ethnischen Struktur im Wohngebiet. Leichte Spuren eines Einflusses bestehen dagegen bei der kognitiven, strukturellen und sozialen Assimilation. Bei derartig geringem Erklärungswert der Modelle erschien eine Verfolgung der Frage, welche Variablen auf welchen Ebenen für diese Spuren verantwortlich sind, nicht lohnend. (Bei der strukturellen und sozialen Assimilation waren es die Türkenvariablen Dichte und Anteil, die bivariat die stärkste Erklärungskraft besaßen).

Die **Türken der zweiten Generation** scheinen nahezu unbeeinflußt von der ethnischen Struktur ihres Wohngebietes. Einzig im Bereich der identifikativen Umorientierung scheinen Variablen des weiteren Umfeldes (Ebenen: Amt und Stadt) eine gewisse Bedeutung zuzukommen. Aber alle postulierten Folgen des Wohnens in hoher Ausländer- bzw. Türkenkonzentration auf interethnische Kontakte und den Spracherwerb treten nicht ein.

Die **Jugoslawen der ersten Generation** scheinen stärker auf die ethnische Struktur ihres Wohngebietes zu reagieren, als die Türken der ersten Generation. Im Bereich der strukturellen und sozialen Assimilation tragen die Strukturvariablen um bis zu 8 Prozentpunkte zusätzlich erklärter Varianz bei. Im Gegensatz zu den Türken wird der Spracherwerb so gut wie gar nicht beeinflußt. Die Zugehörigkeitsdefinition ist (wenn nur OT- Variablen betrachtet werden) von der ethnischen Struktur in besonderem Maße abhängig. Die hier gefundenen Kontexteffekte sind die stärksten aller vorgenommenen Analysen (Kriterium: zusätzlich erklärte Varianz).

Die **jungen Jugoslawen** zeigen zumeist völlig andere Kontextsensibilitäten, ähnlich ist nur der geringe Kontexteffekt auf die personale Integration. Starke Effekte finden sich hingegen in den ethnischen Strukturmodellen auf die kognitive Assimilation und die interethnischen Kontakte. Diese Effekte verringern sich aber unter Kontrolle der Individualvariablen drastisch, so daß auch hier von Strukturvariablen maximal 3 Prozentpunkte in der Varianz zusätzlich erklärt werden können. Die identifikative Assimilation ist dagegen im Gegensatz zur ersten Generation kaum von Strukturvariablen beeinflußt.

Betrachtet man die Sensibilität der einzelnen Konstrukte für Einflüsse der ethnischen Struktur, so ist als erstes festzustellen, daß in drei der untersuchten Stichproben die **Sprachkompetenz**, die mit wenigen Individualvariablen sehr gut erklärt werden kann, durch die hier untersuchten Eigenschaften des Wohngebietes kaum beeinflußt wird. Damit wiederholen sich Befunde von Esser (1982a). In der Literatur wird hingegen vom Wohnen in starker Ausländerkonzentration ein stark negativer Effekt auf den Spracherwerb erwartet (vgl. hierzu Esser 1982a: 279f.), der sich zumindest in der Gruppe der jungen Jugoslawen finden ließ. Es ließ sich weder die Frage beantworten, welche Strukturvariablen diesen Effekt auslösen, noch, warum diese Kontextsensibilität nur bei jungen Jugoslawen, nicht aber in den anderen Gruppen zu beobachten ist.

Die Erklärung der **strukturellen Assimilation** wird durch die Einbeziehung der Gebietsvariablen verbessert. Absolut gesehen handelt es sich um geringe, relativ gesehen jedoch um größere Beträge. Interessantester Befund ist hier, daß bei beiden Nationalitäten die sogenannten "Türkenvariablen", also die Variablen, die die Stärke der türkischen Minorität im Wohngebiet beschreiben, eine wichtige Rolle spielen. Möglicherweise kovariieren diese Variablen mit anderen, hier nicht erfaßten Eigenschaften der Gebiete, die die strukturelle Assimilation beeinflussen.

Bei den Türken läßt sich die **soziale Assimilation** schon durch Individualvariablen nicht so gut erklären wie bei Jugoslawen. Aber auch die ethnische Struktur scheint nur Wirkung bei den Jugoslawen zu zeigen. Die Tatsache, daß in diesem Fall bei den Jugoslawen auch "Jugoslawenvariablen" eine Rolle spielen, stützt die Annahme, soziale Assimilation käme u.a. durch "random encounter" im Wohngebiet zustande. Entsprechend zeigen bei den Türken der ersten Generation "Türkenvariablen" eine (kleine) Wirkung, während die Kontakte der zweiten Generation von zufälligen Begegnungen unbeeinflußt sind. Damit relativieren sich eine Reihe von Überlegungen zur Bedeutung ethnischer Konzentration und residentieller Segregation für die interethnische Kontaktaufnahme: sie ist - wenn überhaupt - nur bei den Jugoslawen vorhanden (vgl. hierzu Nauck 1986; 1988).

Die **Zufriedenheit** der befragten Ausländer wird von der ethnischen Struktur des Wohngebietes in keiner analysierten Teilpopulation nennenswert beeinflußt. Es ist nicht zu entscheiden, ob hier überhaupt keine Effekte vorliegen oder ob sich positive und negative Effekte z.B. hoher Ausländerkonzentration neutralisieren. Um diese Frage zu entscheiden, müßten die entsprechenden Überlegungen genau herausgearbeitet und operationalisiert werden.

Die **ethnische Umorientierung** wird bei den relativ wenig assimilierten Türken der ersten Generation und den stark assimilierten Jugoslawen der zweiten Generation nicht von der Struktur des Wohngebietes beeinflußt. Nur bei den intermediären Teilpopulationen zeigen sich Wirkungen. Bei den Türken der zweiten Generation spielt der *Jugoslawen*anteil im Wohngebiet bei den Jugoslawen der ersten Generation die *Türken*dichte eine gewisse Rolle: Je stärker die andere Gruppe, desto eher behält ein junger Türke seine ethnische Identität bei, je schwächer, desto eher ist eine Umorientierung möglich. Auch diese Betrachtung leidet unter der geringen Stärke der Effekte. Außergewöhnlich ist nur der starke kontextuelle Effekt der OT-Variablen bei den Jugoslawen der ersten Generation. Hier zeigt sich aber auch, wie weit der Weg zu einer befriedigenden Erklärung der identifikativen Assimilation noch ist: Eine gute Erklärung müßte in allen untersuchten Teilpopulationen gelten, hier bestehen aber gewaltige Unterschiede in der Erklärungskraft der Kontextvariablen. Weiterführende Analysen müßten die (Individual?-) Variablen identifizieren, die für die "differential suspectability" der einzelnen Substichproben verantwortlich sind.

Es muß deutlich gesagt werden, daß die Überlegungen zur Zerlegung der Effekte eines spekulativen Charakters nicht entbehren. Die Unterschiede in der Erklärungskraft der einzelnen vertikalen und horizontalen Teilmodelle sind teilweise so gering, daß es nicht gerechtfertigt ist, hieraus Hinweise auf substantielle Mechanismen abzuleiten. Es ist vielmehr zu befürchten, daß diese kleinen Unterschiede auf Zufällen bei der Datenerhebung beruhen.

Der einzig - neben der Wirkung auf die identifikative Assimilation der Jugoslawen der ersten Generation - diskutierenswerte Effekt der ethnischen Struktur des Wohngebietes besteht bei der kognitiven und sozialen Assimilation der jungen Jugoslawen, und nur hier ließe sich darüber streiten, ob das Kriterium der "zusätzlich erklärten Varianz" angebracht ist. Weiterführende Kontextanalysen müßten vor allem mit der Teilpopulation der jungen Jugoslawen durchgeführt werden, was mit dem hier benutzten Datensatz leider nicht möglich ist.

So wird die eingehendere Analyse des hier beobachteten Phänomens zukünftigen Untersuchungen vorbehalten bleiben müssen, denen es gelingt, eine ausreichende Zahl von Kontexten mit einer ausreichenden Zahl von jungen Jugoslawen in die Erhebung einzubeziehen. Ganz abgesehen von den praktischen Schwierigkeiten bei der Realisierung eines solchen Designs ist nicht zu vermuten, daß das Problem der (sozialen) Assimilation junger Jugoslawen in der Zukunft viel Aufmerksamkeit und damit Fördermittel finden wird.

Die Analysen dieses Kapitels haben bei den Türken, die die ausländerpolitische Diskussion der letzten Jahre bestimmt haben, gezeigt, daß kaum Effekte der ethnischen Struktur der Wohngebiete vorhanden sind. Ignoriert man die geringe absolute Stärke der gemessenen Effekte (dann und nur dann) lassen sich die Hypothesen aus Kapitel 7 als weitgehend bestätigt ansehen: Bei nahezu allen Variablen, die ethnische Anteile oder Dichte beschreiben, zeigt sich eine negative Korrelation zu Konstrukten der Eingliederung (H 1). Die stärksten Effekte konnten tatsächlich bei der sozialen Assimilation (H 1.1.), die schwächsten hinsichtlich der personalen Integration (H 1.4) gemessen werden. Unerwartet hingegen ist das weitgehende Fehlen von Wirkungen der ethnischen Struktur auf den Erwerb von Sprachkompetenz (H 1.3), unerwartet schwach - mit Ausnahme bei Substichprobe J1 - auch die Wirkungen auf die identifikative Assimilation (H.1.2)

Kapitel 10: Eingliederung und ethnisches Milieu im Wohngebiet

(Empirische Analysen II: Untersuchungsgebiete)

Wenn die aus den Daten der amtlichen Statistik gewonnenen Charakterisierungen der ethnischen Struktur des Wohngebietes also für die zentralen Konstrukte der Eingliederung in vielen Bereichen irrelevant sind, so ist es doch möglich, daß andere Eigenschaften des Kontextes einen Einfluß haben.

Um dieser Frage nachzugehen, wurden - ineinander verschachtelte - Untersuchungsgebiete gebildet bzw. abgegrenzt. Innerhalb der einzelnen Gebiete sollte jeweils eine ausreichende Zahl von Befragten vorhanden sein, um die Gebiete über die Eigenschaften (aggregierte Daten) ihrer Bewohner charakterisieren zu können. Im Unterschied zu den zuvor diskutierten Einheiten der amtlichen Statistik werden hier nur drei Untersuchungsebenen unterschieden: Die Ebene E1 (Stadt) ist identisch mit der Ebene "Stadt" der amtlichen Statistik, die Ebene E2 (Stadtteil) entspricht ungefähr der "Stadtteil"-Ebene und die Ebene E3 (Quartier) entspricht ungefähr den Ortsteilen, wenn auch mehrfach mehrere Ortsteile zu einem Quartier zusammengefaßt wurden und andererseits Ortsteile in Quartiere aufgeteilt wurden (vgl. die Identifizierungen der einzelnen Untersuchungsgebiete in der ersten Spalte von Übersicht 10.1).

In der Arbeit von Esser (1982a) werden innerhalb einer Stadt vier Stadtteile mit je 4 Wohnquartieren miteinander verglichen. Die vorliegende Untersuchung bietet eine breitere Basis: Fünf Städte gehen in die Untersuchung ein. In jeder Stadt wurden drei Stadtteile untersucht, die sich ihrerseits in zwei Wohnquartiere unterteilen ließen.

10.1   Probleme der Gebietsabgrenzung und der Stichprobe

In der vorliegenden Untersuchung ergaben sich vor allem Schwierigkeiten, in allen Gebieten die gewünschte Anzahl an Interviews mit Jugoslawen der zweiten Generation zu realisieren. Dadurch, daß Türken oder Angehörige der ersten Generation in der Stichprobe einzelner Gebiete überrepräsentiert sind, können sich nationalitäten- bzw. generationsspezifische Verzerrungen (hier: in den Mittelwerten bestimmter Merkmale der Bewohner eines Gebietes) ergeben, wenn die gesamte Stichprobe analysiert wird.

Aber auch Subgruppenanalysen, in denen nur eine Nationalität und/oder eine Generation betrachtet werden, stehen vor einem Problem: In einzelnen Gebieten konnten nur sehr wenige Befragungen durchgeführt werden. Da aber Gebietsmittelwerte zur Kennzeichnung der Gebiete herangezogen werden sollen und da auch die Unterschiede in den Gebietsmittelwerten zu erklären sind, sollte gewährleistet sein, daß nur Gebiete in die Analyse eingehen, die durch eine ausreichende Anzahl von Befragten repräsentiert werden.

Die "ausreichende Anzahl" wird in der vorliegenden Untersuchung durch folgendes Kriterium definiert: Für den Datensatz, mit dem in diesem Kapitel gearbeitet wird, werden nur Bewohner von Gebieten berücksichtigt, die eine Stichprobengröße von:

- mindestens 10 im Stadtteil

- mindestens 8 im Quartier aufweisen.

Das führt für die Subgruppen zu folgenden Ausschlüssen:

```
T1:                        keine
T2:                        keine
J1:       Stadtteile:      keine
          Quartiere:       2,3,4,5,6       (Duisburg);    es bleiben: 25 von 30
J2:       Stadtteile:      1,2             (Duisburg)
                           4,5,6           (Essen)
                           13              (Hamburg);     es bleiben:  9 von 15
          Quartiere:       2,3,4,5,6       (Duisburg)
                           7,8,9,10,11,12  (Essen)
                           20,21,24        (Nürnberg)
                           25,26,28        (Hamburg);     es bleiben: 13 von 30
```

Die Analysen sind für die Türken in beiden Generationen ohne Einschränkungen möglich. Für die Jugoslawen der ersten Generation sind die Analysen ebenfalls ohne größere Schwierigkeiten möglich, da nur ein geringer Teil der Gebiete ausgeschlossen wird. Es gehen alle Stadtteile in die Berechnungen ein und nur fünf Quartiere (bzw. fast ganz Duisburg) fallen aus der Analyse heraus.

Die Jugoslawen der zweiten Generation können nicht ohne weiteres mit den anderen Subgruppen verglichen werden, da für sie eine Reihe von Gebieten nicht ausreichend besetzt ist. Eingehalten werden konnte der Auswahlplan nur in München, mit einigen Abstrichen könnte man die Analysen auch noch für Nürnberg rechnen. Duisburg und Essen fallen nahezu vollständig aus, Hamburg ist nur noch zur Hälfte vertreten.

Um die gesamte Breite des Untersuchungsdesigns in räumlicher Hinsicht ausschöpfen zu können, werden die Analysen zuerst einmal für die Subgruppe der Türken gerechnet, da hier keine Gebiete aus der Analyse ausgeschlossen werden müssen. Generationsunterschiede werden dann nur bei den Türken analysiert. Der Vergleich zwischen Türken und Jugoslawen ist nur zwischen Angehörigen der ersten Generation ohne größere Ausfälle möglich.

Die verschiedenen Untersuchungsgebiete sind in Übersicht 10.1 kurz dargestellt und charakterisiert. Da die Gebietseinteilung z.T. auf Blockebene, z.T. aber auch über relativ abstrakte Ortsteilziffern erfolgte, ist es an dieser Stelle unmöglich, alle 30 Quartiere und 15 Stadtteile genauer zu beschreiben. Das Auswahlkriterium für die Gebiete war der Ausländeranteil, der eine möglichst hohe Zwischengruppenvarianz (Zwischengebietsvarianz) aufweisen sollte. In Übersicht 10.1 wird also der allgemeine Ausländeranteil, sowie der Anteil an Türken und an Jugoslawen dargestellt.

Die Abgrenzungen der Gebiete sind uneinheitlich und willkürlich. Die für die jeweiligen Städte verantwortlichen Mitglieder der Forschungsgruppe haben die Gebiete aus ihrer Kenntnis der Städte heraus so gebildet, bzw. ausgewählt, daß zu erwarten war, daß eine ausreichende Anzahl an Interviews in den Subgruppen zu realisieren war und daß die Gebiete keine außergewöhnlichen Besonderheiten aufweisen (näheres vgl. Endbericht 1986). Es handelt sich nicht um "natural areas" in dem Sinne, daß die Gebiete eine relativ große Homogenität hinsichtlich der Struktur der Wohnbebauung oder der Bevölkerungsstruktur aufweisen (zumindest war das kein Abgrenzungskriterium). Auch sind die Untersuchungseinheiten nicht identisch mit den räumlichen Einheiten der amtlichen Statistik, da zum einen mehrere Einheiten (z.B.Ortsteile) zusammengefaßt wurden (z.B. in Hamburg-Wandsbek Teilgebiet niedriger Ausländeranteil), zum anderen nur ausgewählte Elemente (Baublöcke) aus verschiedenen Einheiten zu einer neuen Einheit kombiniert wurden (in Duisburg Neudorf-Nord/Duissern).

In Hamburg-Wandsbek oder Nürnberg-Östlicher Stadtrand ist festzustellen, daß das Wohnquartier mit niedrigem Ausländeranteil das Quartier mit hohem Ausländeranteil teilweise umschließt, so daß zumindest bei dem - ringförmigen - Gebiet mit niedrigem Ausländeranteil von einem homogenen Wohngebiet nicht die Rede sein kann.

Über die Größe der Gebiete, die die Homogenität beeinflußt, läßt sich nur sagen, daß sie recht unterschiedlich ist. Dies liegt unter anderem an dem Design, das vorsah, auch in den Gebieten mit niedrigem Ausländeranteil 60 (Stadtteil) bzw. 30 (Quartier) Jugoslawen zu befragen. Je geringer der Ausländeranteil, desto größer mußte das Gebiet sein, um die Befragtenzahl zu erreichen.

In Hamburg sind die kleinsten Gebietseinheiten der Untersuchung (also die Quartiere) in der Größe mit Ortsteilen zu vergleichen. Friedrichs (1979: 28) spricht sich dagegen aus, räumliche Einheiten zu verwenden, die größer als Baublöcke sind. Er gibt z.B. zu bedenken, "daß in Hamburg aufgrund der Kriegszerstörungen in den einzelnen Ortsteilen zahlreiche Neubauten entstanden sind, so daß die ursprüngliche Homogenität der Bausubstanz und der Wohnungsgröße nicht mehr besteht". Meier referiert als theoretisches Argument den Wirkungsmechanismus "soziale Kontrolle", der nur relativ kleinräumigen Einheiten zugeschrieben werden könne und als empirisches Argument "die Heterogenität von Ortsteilen", die sich in der Arbeit von Manhart (1977) über die "Abgrenzung homogener städtischer Teilgebiete" in Hamburg erwiesen habe (1985: 173). Manhart selbst weist aber auch auf die "Probleme kleinräumiger Daten" hin (1977: 15). Mit einer kleinen Einheit sind auch zwangsläufig kleinere Fallzahlen in der Stichprobe verbunden. Mit abnehmenden Fallzahlen erhöht sich aber die Gefahr von 'sampling errors' beträchtlich.

Übersicht 10.1 zeigt, was an Informationen über die Ausländeranteile bzw. Türken- und Jugoslawenanteile in den Gebieten vorliegt. Hier soll nur auf die relativ geringe Variation der Ausländeranteile in der Untersuchung hingewiesen werden, die sich auch in anderen Städten der Bundesrepublik nicht anders darstellt und von daher einen Unterschied zu amerikanischen Verhältnissen aufweist. Die

Ausländeranteile variieren zwar in den Stadtteilen zwischen 4% und 47%, in den Quartieren zwischen 4% und 71%, es findet sich aber kein Stadtteil, der überwiegend von Ausländern bewohnt wird und nur bei zwei Quartieren übersteigt der Ausländeranteil 50%.

Tabelle 10.1: Stichprobe nach Untersuchungsgebieten, Ausländer-, Türken- und Jugoslawenanteile

		FALLZAHLEN				AUSLÄNDERANTEIL		
		TOTAL	TÜRK ERST	TÜRK ZWEIT	JUGO ERST	JUGO ZWEIT	in %	TÜRKEN in %	JUGOSL in %
TOTAL		1846	470	463	482	431			
GEBIET STADT									
1	DUISBURG	363	92	91	97	83	14.00	8.40	1.00
2	ESSEN	378	94	104	90	90	6.00	2.00	.80
3	MÜNCHEN	361	91	89	98	83	16.00	3.10	3.80
4	NÜRNBERG	373	92	94	99	88	12.00	4.20	2.00
5	HAMBURG	371	101	85	98	87	10.00	3.20	1.20
GEBIET STADTTEIL									
1	D-NI NEUDORF+DUISSERN	99	33	29	28	9	6.00	2.10	.90
2	D-DU UNTERMEIDERICH	77	30	28	14	5	12.00	8.50	.60
3	D-HO BRUCKHAUSEN	106	29	34	32	11	47.00	41.30	3.00
4	E-NI	100	33	36	31		4.00	.80	.60
5	E-DU	96	29	36	28	3	7.00	3.40	1.00
6	E-HO	95	32	32	31		12.00	7.00	2.60
7	M-NI OBERMENZING+HAD.	119	32	28	30	29	8.00	1.60	1.60
8	M-DU GIESING	120	31	29	34	26	20.00	5.50	3.90
9	M-HO SCHWANTHALERHÖHE	122	28	32	34	28	34.00	6.80	12.00
10	N-NI ÖSTL. STADTRAND	113	30	34	34	15	5.00	1.40	.50
11	N-DU WESTL. STADTRAND	107	34	27	26	20	14.00	3.80	2.50
12	N-HO NÖRDL. STADTRAND	100	28	33	29	10	17.00	6.60	2.30
13	H-NI RAHLSTEDT	100	39	23	31	7	5.00	.80	.30
14	H-DU WANDSBEK	101	31	29	30	11	9.00	2.50	1.20
15	H-HO ST.GEORG	110	31	33	30	16	34.00	8.50	3.70
GEBIET QUARTIER									
1	D-NI-NI	67	20	14	25	8	5.00		
2	D-NI-HO	32	13	15	3	1	21.00		
3	D-DU-NI	35	15	15	3	2	9.00		
4	D-DU-HO	29	15	13	1		56.00		
5	D-HO-NI	30	13	17			21.00		
6	D-HO-HO	36	16	15	3	2	71.00		
7	E-NI-NI	47	15	17	15		4.00		
8	E-NI-HO	53	18	19	16		7.00		
9	E-DU-NI	48	16	16	14	2	4.00		
10	E-DU-HO	48	13	20	14	1	9.00		
11	E-HO-NI	49	15	19	15		8.00		
12	E-HO-HO	46	17	13	16		32.00		
13	M-NI-NI OBERMENZING	59	15	15	14	15	7.00		
14	M-NI-HO HADERN	60	17	13	16	14	13.00		
15	M-DU-NI 1712	60	17	13	17	13	18.00		
16	M-DU-HO 1713	60	14	16	17	13	26.00		
17	M-HO-NI 2014	59	12	17	17	13	25.00		
18	M-HO-HO 2022	63	16	15	17	15	43.00		
19	N-NI-NI 91,93-96	65	13	19	21	12	4.00		
20	N-NI-HO 90,92	48	17	15	13	3	8.00		
21	N-DU-NI 60,63	41	17	13	8	3	11.00		
22	N-DU-HO 64	66	17	14	18	17	23.00		
23	N-HO-NI 23,24	56	14	16	19	7	14.00		
24	N-HO-HO 22	44	14	17	10	3	39.00		
25	H-NI-NI RAHLSTEDT W.	52	21	12	13	6	4.00		
26	H-NI-HO RAHLSTEDT OST	48	18	11	18	1	6.00		
27	H-DU-NI 505-509	56	16	14	18	8	8.00		
28	H-DU-HO 507	45	15	15	12	3	19.00		
29	H-HO-NI 113	64	16	18	22	8	28.00		
30	H-HO-HO 114	44	16	15	8	8	38.00		

(Stand 1984, verschiedene Stichtage)
(E-DU-NI: Essen, Stadtteil mit durchschnittlichem, Quartier mit niedrigem Ausländeranteil)

Die Alternative zu Daten aus der amtlichen Statistik bietet sich in den Informationen, die die Befragten über das Gebiet liefern. Auch hier müssen einige Einschränkungen hinsichtlich der Datenlage hingenommen werden. Dem Forschungsvorhaben lag in erster Linie ein individualistisches Konzept zur Erklärung von Assimilation und Integration zugrunde. Dementsprechend wurde in erster Linie versucht, relevante Individualvariable zu operationalisieren. Es wurde nicht ausdrücklich versucht, von Individuen Informationen über Kontextmerkmale zu erhalten, so daß Kontexte nur über Eigenschaften (bzw. Mittelwerte von Eigenschaften) von Individuen operationalisiert werden können.

Es ist sicher in Frage zu stellen, ob eine Anzahl von 30 Personen als ausreichend angesehen werden kann, ein größeres Gebiet zu charakterisieren. Ein Beispiel soll die Problematik des Vorgehens erläutern: Zwei Quartiere in München, die mit den Einheiten der amtlichen Statistik identisch sind (die Ortsteile 2014 und 2022) seien anhand der verfügbaren Kennzahlen dargestellt. Der Leser mag selbst beurteilen, inwieweit er die Angaben von 30 zufällig ausgewählten Türken (bzw. Jugoslawen) für angemessen hält, wesentliche Eigenschaften des ethnischen Milieus der Kontexte zu beschreiben.

Tabelle 10.2: Beispielhafte Darstellung zweier Quartiere und eines Stadtteils (München)

	Sample Tü Ju	Fläche in ha	Bevölkerung	Ausländer	Türken	Jugoslawen
Ebene E3:						
Ortsteil 2014	29 29	169	4.469	1.154	233	450
2022	31 31	296	9.529	4.064	888	1.612
Ebene E2:						
Stadtteil Schwanthalerhöhe (= 2014+2022)	60 60	465	13.998	5.218	1.121	2.062

(Stand 20.9.1984)

Neben dem Problem der fehlenden Befragten (unit-non-response) in einzelnen Teilstichproben und Gebieten verlangt auch das Problem der fehlenden Werte bei einzelnen Variablen (item-non-response) einige Überlegung. Wie Schnell (1986: 1) einführend feststellt, werden Probleme dieser Art häufig erst dann bemerkt, wenn die Durchführung von Analysen an der Voreinstellung der benutzten Statistik-Programmpakete scheitert. Das bedeutet nicht, daß Analysen, die mit fehlenden Werten problemlos durchzuführen sind, frei von diesbezüglichen Mängeln sind: Die Ergebnisse können durch das Fehlen von Werten verzerrt sein.

Auch im hier verfolgten Analysegang werfen fehlende Werte bei der Beschreibung der Variablen oder der Berechnung der Individualmodelle (mit paarweisem Ausschluß bei fehlenden Werten) kaum praktische Probleme bei der Durchführung auf. Schwieriger wird dies bei den Varianz- und Kovarianzanalysen und den Kontextanalysen nach Boyd und Iversen.

Wenn sich bei der Varianzanalyse die fehlenden Werte der abhängigen Variablen in einzelnen Gebieten (sprich: Gruppen oder Kategorien) konzentrieren, kann es passieren, daß diese Gebiete völlig aus der Analyse herausfallen, bzw. durch unzureichende Fallzahlen repräsentiert werden. Bei der Kovarianzanalyse summiert sich das Problem, da in der ANOVA- Prozedur des SPSS Fälle mit einem fehlenden Wert auf der abhängigen Variablen oder den Kovariaten gänzlich ('listwise') aus der Analyse ausgeschlossen werden.

In der Kontextanalyse nach Boyd und Iversen (vgl. Anhang 5) werden die Parameter aus gebietsspezifischen ('within') Regressionsanalysen benötigt, um Kontexteffekte nach dem Ansatz der separaten Gleichungen zu bestimmen und evtl. notwendige Transformationen der abhängigen Variablen vorzunehmen. Wenn diese Regressionen (im hier angewandten, selbst geschriebenen Analyseprogramm mit fallweisem Ausschluß bei fehlenden Werten) mit zu wenig Befragten durchgeführt werden, wächst die Gefahr unzuverlässiger Ergebnisse.

Es ist also in allen Phasen der Untersuchung darauf zu achten (Erhebung, Indexbildung, Modellkonstruktion), die Zahl der fehlenden Werte zu minimieren. Bei den meisten der hier benutzten Variablen lagen ohnehin sehr wenige Ausfälle vor. Die Variablen, die die im Freundeskreis vorwiegend gehörte Musikrichtung (FFM, ethnisch vs. deutsch) beschreiben, wiesen relativ viele Ausfälle auf, weil Befragte angaben, keinen festen Freundeskreis zu haben. Dies wurde so interpretiert, daß die Befragten ohne Freundeskreis auch überhaupt keine Deutschen im festen Freundeskreis hätten und auch überhaupt keine deutsche Musik im Freundeskreis hören würden. Derart entstandene fehlende Werte wurden also den entsprechenden Kategorien der Frage zugeordnet. Ebenso wurde bei der Frage nach der Nationalität der drei besten Freunde (FDE) verfahren. Der Index der Diskriminierungserfahrung (DIS), der ursprünglich aus vier Items zusammengesetzt war, wurde als Durchschnittswert mindestens zweier der vier Items umformuliert, um auch bei Angehörigen der zweiten Generation, die in den Bereichen "Wohnungssuche" und "Behörden" aufgrund fehlender Erfahrungen keine Angaben machen konnten, auf der Basis der Bereiche "Arbeit/ Schule" und "Einkauf" zu gültigen Werten zu kommen.

Von den übrigen vorgestellten Variablen weisen die Bildung der Eltern (BIE) und der Ausländeranteil der zuletzt besuchten Klasse (AKL) eine größere Anzahl fehlender Werte auf, die aber nicht in der zuvor dargestellten Weise ausgeglichen werden konnten. Diese Variablen mußten im Zweifelsfall in den Analysen unberücksichtigt gelassen werden.

Es wurde überprüft, inwieweit sich an den vorgestellten Individualmodellen etwas ändert (vgl. Kap. 8.5), wenn die Transformationen an den Freundeskreis- und Drei-Freundes-Variablen unterbleiben und die Regressionen (bei paarweisem Ausschluß fehlender Werte) mit einer größeren Anzahl von fehlenden Werten, also den Originalvariablen der Untersuchung gerechnet werden: Der Erklärungswert der Modelle nimmt nur geringfügig ab (bis max. ca. drei Prozentpunkte an erklärter Varianz, Ausnahme die Erklärung der personalen Integration bei Türken: - 6 und bei den Türken der zweiten Generation: - 10 Prozentpunkte); die Koeffizienten der transformierten Variablen werden etwas schwächer, die der anderen Variablen bleiben nahezu konstant. Das Weglassen von BIE und AKL verringert die erklärte Varianz der Modelle um 2-3 Prozentpunkte, die Koeffizienten der anderen Variablen steigen spürbar an. Das Ergebnis dieser Überprüfung zeigt, daß die geschilderten Transformationen den Charakter der Modelle (mit den Originalvariablen der Untersuchung) nicht grundlegend beeinflussen und von daher als zulässig zu betrachten sind.

Auch mit dem so entstandenen Datensatz, der relativ wenig fehlende Werte aufweist, kommt es in einzelnen Gebieten bei fallweisem Ausschluß fehlender Werte in den Kovarianzanalysen auf der Ebene E3 zu Fallzahlen, die die (willkürlich gesetzte) Untergrenze von acht Befragten unterschreiten. Dies ist in der Übersicht über die Ergebnisse der Varianzanalyse und Kovarianzanalyse kenntlich gemacht worden. Für die Ergebnisse der Analysen macht es aber keinen Unterschied, ob diese Gebiete ausgeschlossen werden oder nicht (identische Ergebnisse).

10.2: Ethnische Struktur der Untersuchungseinheiten und die zentralen Konstrukte der Eingliederung

Unsere Untersuchungsgebiete lassen sich neben der Charakterisierung über Eigenschaften der ethnischen Bevölkerung auch ebenso wie die Einheiten der amtlichen Statistik über einige ausgewählte Daten zur ethnischen Struktur kennzeichnen. (Dabei liegen hier keine Angaben zur Fläche und damit Bevölkerungsdichte vor; auch die Effekte der Türken- und Jugoslawenanzahl werden nicht analysiert.) Die Effekte der ethnischen Struktur sollen zu Beginn der Analysen der Effekte der Untersuchungsgebiete kurz dargestellt werden, um die Verbindung zwischen den Analysen in Kapitel 9 und den Kontextanalysen nach Boyd und Iversen in diesem Kapitel herzustellen. Teilweise wiederholen sich hier die Analysen aus Kapitel 9, daher soll auch nur noch auf Besonderheiten hingewiesen werden; auf der Ebene E1 sind die Korrelationskoeffizienten die gleichen wie in Kapitel 9 auf der Ebene "Stadt" und werden hier nur aufgeführt, um die Koeffizienten einzelner Ebenen besser vergleichen zu können.

Die bivariaten Beziehungen zwischen kognitiver Assimilation und Elementen der ethnischen Struktur (s. Übers. 10.3) unterscheiden sich nicht von den in Kap. 9 dargestellten bivariaten Beziehungen. Die Beziehungen auf der E3 (Quartier) entsprechen ungefähr den Beziehungen auf Ortsteilebene, die Beziehungen auf der Ebene E 2 (Stadtteil) den Beziehungen auf Stadtteilebene in der Analyse des vorangehenden Kapitels. Auch die Besonderheit der positiven Beziehungen zwischen Ausländeranzahl im Quartier und Spracherwerb bei der ersten Generation von Türken und Jugoslawen läßt sich hier wieder beobachten. Es sei daran erinnert, daß die Berücksichtigung der Fläche der Einheiten beim Item "Ausländerdichte" zum völligen Verschwinden dieser Beziehung geführt hat, daß dieser "Effekt" also

Tabelle 10.3: *Kognitive Assimilation* (SUB) in Abhängigkeit von Eigenschaften der Untersuchungsgebiete auf verschiedenen Ebenen (Pearson r)

	Anzahl Ausl.	Anteil an der Bevölkerung			Anteil an Ausländern	
		Ausl.	Türken	Jugosl.	Türken	Jugosl.
Türken						
E3 (Quartier)	.0585	-.0840*				
E2 (Stadtteil)	.0223	-.0489	-.0603	-.0419	-.0877*	-.0315
E1 (Stadt)	.0386	-.0026	-.0423	.0096	-.0491	.0163
Türken 1. Gen.						
E3 (Quartier)	.1593**	-.1241*				
E2 (Stadtteil)	.0536	-.0942	-.1478**	-.0273	-.1945**	.0120
E1 (Stadt)	.1250*	.0232	-.0928	.0541	-.1200*	.0602
Türken 2. Gen.						
E3 (Quartier)	.0046	-.0928				
E2 (Stadtteil)	-.0326	-.0664	-.0327	-.1108*	-.0585	-.1189*
E1 (Stadt)	.0145	-.0032	.0042	-.0265	.0006	-.0330
Jugoslawen 1. Gen.						
E3 (Quartier)	.1030	-.0667				
E2 (Stadtteil)	-.0420	-.1963**	-.2033**	-.0738	-.1715**	-.0348
E1 (Stadt)	.0787	-.0196	-.0887	.0286	-.0857	.0455
Jugoslawen 2. Gen.						
E1 (Stadt)	-.0546	-.1232*	-.0281	-.1178*	.0360	-.0936

auf der Größe der Einheiten und somit wahrscheinlich auf der Entfernung vom Zentrum der Stadt beruht.

Wird die ethnische Struktur der von uns abgegrenzten bzw. definierten Untersuchungsgebiete in Regressionsanalysen zur Erklärung der Sprachkompetenz herangezogen, so können die Ergebnisse des vorangehenden Kapitels (keine Erklärungskraft) bei den Türken und ihren beiden Teilpopulationen bestätigt werden. Bei den Jugoslawen der ersten Generation (die zweite Generation wird hier nicht untersucht), erklären die Merkmale der ethnischen Struktur der Gebiete allein 19% der Varianz in der Sprachfertigkeit, die Erklärungskraft des Individualmodells wird durch die Einbeziehung der ethnischen Struktur von 37% um 6 Prozentpunkte auf 43% erklärter Varianz verbessert.

Die Gebietsvariablen können also über die Individualvariable hinaus noch einmal 6% der Varianz in den Sprachkenntnissen erklären, was als nennenswerte Verbesserung der Erklärungskraft des Modells angesehen werden kann.

Zwei Fragen stellen sich nach diesem Befund:

1) Warum sind bei dieser Gebietseinteilung bei Jugoslawen der ersten Generation Effekte vorzufinden und bei der Analyse nach administrativen Einheiten nicht? Und warum finden sich bei den Türken der ersten Generation hier keine Effekte, während sich bei der Analyse administrativer Einheiten doch feststellbare Effekte gezeigt hatten?

2) Warum sind bei Jugoslawen Effekte festzustellen und nicht bei Türken?

Die einfachste Antwort auf diese Fragen greift den bereits diskutierten Umstand auf, daß Effekte vielfach nur bei der Betrachtung *aller* Variablen einer Ebene zu beobachten waren. Bei der Betrachtung der Effekte der Eigenschaften der Untersuchungsgebiete konnten aber nicht sämtliche dieser Eigenschaften ermittelt und einbezogen werden. Da es nicht gelungen ist, die Ursachen der gefundenen Effekte bei den administrativen Einheiten exakt zu identifizieren, kann auch die Instabilität der Erklärungskraft einzelner Modelle bei unterschiedlichen Gebiets- bzw. Kontextabgrenzungen und unterschiedlichen Kennzeichnungen durch Strukturvariablen nicht überraschen.

Dazu kommen weitere mögliche Ursachen: Das Design, nach dem die Untersuchungsgebiete konstruiert und definiert wurden, ist ein varianzmaximierendes Design. Von daher sind extreme Eigenschaften (von Gebieten) überproportional häufig in dieser Stichprobe vertreten. In der Realität weist die ethnische Struktur wesentlich weniger Varianz auf und kann daher in einer repräsentativen Stichprobe auch weniger Varianz erklären. Entsprechend ist die Stärke von Gebietseffekten, die auf der ethnischen Struktur basieren, als Obergrenze von in der Realität vorkommenden Effekten anzusehen.

Wenn die Befragten nicht nach Untersuchungsgebieten, sondern nach administrativen Einheiten betrachtet werden, reduziert sich damit die Varianz in der unabhängigen Variablen, da nicht darauf geachtet wurde, daß die extremen Positionen stark besetzt sind. Entsprechend ist dann auch in Modellen, die auf der ethnischen Struktur von administrativen Einheiten basieren, weniger erklärte Varianz in der unabhängigen Variablen zu erwarten.

Zur Beantwortung der Frage, warum sich bei der einen Nationalität Effekte der ethnischen Struktur auf die Sprachkenntnisse zeigen, bei der anderen hingegen nicht, ist man auf Spekulationen verwiesen. In der Literatur findet sich jedenfalls kaum ein Hinweis auf "differential suspectability", also unterschiedliche Empfänglichkeit gegenüber Effekten von Umgebungseigenschaften. Einzig bei Huckfeldt (1983b: 109) findet sich ein - ebenfalls spekulativer - Hinweis: Demnach hätte die ethnische Struktur keinen Effekt auf die Sprachkenntnis der z.B. Türken, weil deren Sprachkenntnis so schlecht ist, daß auch negative Bedingungen sie nicht verschlechtern können (negativer ceiling Effekt) bzw. positive Bedingungen ihre Wirkung nicht entfalten können. Diese Überlegung trifft hier nicht zu, da - wie in Kap. 8.3 dargestellt, die Sprachkenntnis der Türken der zweiten Generation besser ist als die der Jugoslawen der ersten Generation.

Die andere Überlegung (im Gefolge von Huckfeldt) besagt, daß bei Türken keine Wirkungen ethnischer Struktur im Wohngebiet zu beobachten seien, weil die Verwandtschafts-Netzwerke ("kinship-networks") bei ihnen stärker seien. Ihr Bedürfnis nach sozialen Kontakten wird demnach durch Verwandtschaftsbeziehungen abgedeckt, so daß sie unabhängig von der ethnischen Struktur im Wohngebiet leben. Entsprechend wären die familiären Bindungen der Jugoslawen schwächer, so daß soziale Kontakte auch außerhalb der Familie gepflegt werden, und nur dann könnte die ethnische Struktur des Wohngebietes von Bedeutung sein. (Nauck 1986: 98 referiert Befunde, die diese Überlegung bei Türken

Tabelle 10.4: *Strukturelle Assimilation* (STR) in Abhängigkeit von Eigenschaften der Untersuchungsgebiete auf verschiedenen Ebenen (Pearson r)

	Anzahl Ausl.	Anteil an der Bevölkerung			Anteil an Ausländern	
		Ausl.	Türken	Jugosl.	Türken	Jugosl.
Türken 1. Gen.						
E3 (Quartier)	.0139	-.1649**				
E2 (Stadtteil)	-.0929	-.1646**	-.1744**	-.1279*	-.1723**	-.1056
E1 (Stadt)	.0427	-.1134*	-.0957	-.0909	-.0505	-.0636
Jugoslawen 1. Gen,						
E3 (Quartier)	.1878**	-.1416*				
E2 (Stadtteil)	-.0296	-.1580**	-.1905**	-.1124*	-.2129**	-.0886
E1 (Stadt)	.0558	-.0596	-.0835	-.0414	-.0673	-.0230

stützen.) Leider läßt sich diese Überlegung mit dem vorliegenden Datenmaterial nicht überprüfen, da keine Angaben über die Verwandtschafts-Netzwerke der Befragten erhoben wurden.

Hinsichtlich der strukturellen Assimilation ergeben sich bei den Türken keine Unterschiede zu den Ergebnissen in Kap. 9 (s. Übers. 10.4); bei den Jugoslawen fällt die starke positive Beziehung zwischen Ausländeranzahl im Quartier und struktureller Assimilation auf, die sich weder auf Block- noch auf Ortsteilebene finden läßt, wenn administrative Einheiten zugrunde gelegt werden. Da es hier nicht möglich ist, die Größe der Untersuchungsgebiete zu kontrollieren, kann nicht entschieden werden, ob es sich um eine Scheinbeziehung handelt, die auf die Größe der Untersuchungsgebiete zurückzuführen ist. Die negativen Beziehungen des Ausländeranteils im Gebiet zur strukturellen Assimilation zeigen, daß eine steigende Ausländerzahl bei konstanter Einwohnerzahl negative Effekte zu haben scheint. Demnach wären also in den Gebieten, die - ohne den Ausländeranteil damit allzusehr zu erhöhen - eine größere absolute Anzahl an Ausländern beherbergen können, die besten Chancen für die strukturelle Assimilation der Jugoslawen gegeben: Dies sind die größeren, in weiter Entfernung von der Stadtmitte liegenden Gebiete. Möglicherweise liegt hier ein selbst-selektiver Prozeß mit Hinblick auf die abhängige Variable zugrunde: Wohnlagen mit größerer Entfernung zum Stadtzentrum werden erst mit einer gewissen strukturellen Assimilation für Ausländer zugänglich.

Die Koeffizienten bewegen sich mit der dargestellten Ausnahme im Bereich dessen, was bereits in Kap. 9 diskutiert wurde. Bei den Türken erklärt auch hier die gemeinsame Einbeziehung der Strukturmerkmale kaum zusätzlich Varianz zum Individualmodell, bei den Jugoslawen ist hingegen ein Zuwachs um 8 Prozentpunkte von 26% auf 34% festzustellen. Da die Strukturmerkmale der Untersuchungsgebiete auch allein ungefähr 8% der Varianz erklären, kann auch hier von einem deutlich beobachtbaren, eigenständigen Effekt gesprochen werden.

Die Ausschaltung des Verdachtes, daß diese Effekt auf selektiver Migration, also innerstädtischer Mobilität in Abhängigkeit von struktureller Assimilation beruhen könne, war mit dem vorliegenden Datenmaterial nur schlecht möglich, da

Angaben zu innerstädtischen Umzügen nur in Hamburg erfragt wurden: von 1.846 Befragten wurden nur 371 in Hamburg befragt, von diesen gehören nur 98 zur Gruppe der Jugoslawen der ersten Generation; von diesen weisen 29 keine innerstädtische Migration auf. Bei dieser wiederum sehr selektiven Teilstichprobe konnte der Effekt der ethnischen Struktur des Quartiers auf die strukturelle Assimilation - bei aller angebrachten Vorsicht - bestätigt werden. Es ergaben sich auf beiden Ebenen E3 und E2 Zuwächse an erklärter Varianz von 20% im Individualmodell auf 29% im Gesamtmodell.

Die soziale Assimilation weist bei den Türken in allen Gruppierungen ähnliche Beziehungen auf wie in Kap. 9 (s. Übers. 10.5). Auch die Ergebnisse der Regressionsanalysen unterscheiden sich nicht: *Die ethnische Struktur unserer Untersuchungsgebiete kann also keinen nennenswerten Beitrag zur Erklärung der sozialen Assimilation der Türken leisten!*

Tabelle 10.5: *Soziale Assimilation* (SOA) in Abhängigkeit von Eigenschaften der Untersuchungsgebiete auf verschiedenen Ebenen (Pearson r)

	Anzahl Ausl.	Anteil an der Bevölkerung Ausl.	Türken	Jugosl.	Anteil an Ausländern Türken	Jugosl.
Türken						
E3 (Quartier)	.0349	-.1221**				
E2 (Stadtteil)	.0401	-.0935*	-.0951*	-.0508	-.1154**	-.0112
E1 (Stadt)	.0284	-.0503	-.1102**	.0124	-.0951*	.0484
Türken 1. Gen.						
E3 (Quartier)	.0581	-.1612**				
E2 (Stadtteil)	.0334	-.1068	-.1528**	.0143	-.1914**	.0600
E1 (Stadt)	.0688	-.0891	-.1736**	.0090	-.1423*	.0610
Türken 2. Gen.						
E3 (Quartier)	.0248	-.1009				
E2 (Stadtteil)	.0374	-.1037	-.0672	-.1214*	-.0692	-.0812
E1 (Stadt)	.0061	-.0119	-.0566	.0175	-.0591	.0369
Jugoslawen 1. Gen.						
E3 (Quartier)	.1741**	-.1467*				
E2 (Stadtteil)	-.1642**	-.2009**	-.1410*	-.1796**	-.0923	-.1830**
E1 (Stadt)	.0441	-.0256	.0434	-.0876	.0546	-.1124*
Jugoslawen 2. Gen.						
E1 (Stadt)	-.1458*	-.2154**	.0051	-.2371**	.1227*	-.2041**

Anders hingegen wieder die Situation bei den Jugoslawen. Zuerst fällt die positive Beziehung zwischen der Anzahl der Ausländer im Quartier und interethnischer Kontaktaufnahme auf, während hohe Ausländerzahlen im Stadtteil offenbar wenig interethnische Kontakte bedeuten. Neben diesen von den vorigen Befunden deutlich abweichenden Werten bleiben die anderen Koeffizienten dagegen im Bereich der entsprechenden Koeffizienten auf Kap. 9. Überraschend kommt nach den Analysen, daß die hier diskutierten Variablen der ethnischen Struktur gemeinsam 26% der Varianz in der sozialen Assimilation erklären und die Erklärungskraft des Individualmodells um 13 Prozentpunkte von 26% auf 39% verbessern.

Überraschend ist an diesem Befund die Stärke der Erklärungskraft. Nicht überraschend ist nach den Ergebnissen aus Kap. 9 hingegen, daß gerade im Bereich der sozialen Assimilation bei den Jugoslawen Effekte festzustellen sind. Es zeigt sich hier wieder, daß das varianzmaximierende Design den Effekt eines "Vergrößerungsglases" hat: Die bei der Analyse der administrativen Einheiten zu beobachtenden "Spuren" von Effekten treten hier deutlicher hervor.

Offensichtlich wirkt diese "Lupe" nur bei den Jugoslawen, nicht jedoch bei den Türken, was als weiteres Indiz dafür zu werten ist, daß das Auftreten der postulierten Effekte vom Vorhandensein weiterer Bedingungen abhängig ist.

Tabelle 10.6: *Personale Integration* (PIN) in Abhängigkeit von Eigenschaften der Untersuchungsgebiete auf verschiedenen Ebenen (Pearson r)

	Anzahl Ausl.	Anteil an der Bevölkerung		Anteil an Ausländern	
		Ausl.	Türken	Jugosl.	Türken	Jugosl.
Türken						
E3 (Quartier)	.0056	-.0079				
E2 (Stadtteil)	-.0101	-.0233	.0139	-.0719	.0134	-.0905*
E1 (Stadt)	-.0276	.0073	.0638	-.0377	.0643	-.0563
Türken 1. Gen.						
E3 (Quartier)	-.0521	.0286				
E2 (Stadtteil)	-.0414	.0084	.0691	-.0774	.0871	-.1262*
E1 (Stadt)	-.1235*	-.1193*	.0581	-.1659**	.1225*	-.1594**
Türken 2. Gen.						
E3 (Quartier)	.0600	-.0410				
E2 (Stadtteil)	.0128	-.0551	-.0350	-.0711	-.0537	-.0625
E1 (Stadt)	.0621	.1175*	.0706	.0765	.0124	.0348
Jugoslawen 1. Gen.						
E3 (Quartier)	.0217	-.1664**				
E2 (Stadtteil)	-.1153	-.1042	-.0139	-.1445*	.0310	-.1163
E1 (Stadt)	-.0514	-.0753	.0509	-.1108	.1026	-.1201*
Jugoslawen 2. Gen.						
E1 (Stadt)	.0175	-.0226	-.0433	.0058	-.0339	.0193

Die personale Integration weist über alle Teilstichproben ähnliche Beziehungen zur ethnischen Struktur der Untersuchungsgebiete wie zu der der administrativen Einheiten auf (s. Übers. 10.6). Die Prüfung der Erklärungskraft von Modellen, in die alle Operationalisierungen der ethnischen Struktur eingingen, zeigt noch einmal die Bedeutungslosigkeit dieses Faktors für die Zufriedenheit von Arbeitsmigranten in allen hier untersuchten Gruppen: Weder zusätzlich zum Individualmodell noch allein können nennenswerte Varianzanteile erklärt werden.

Bei der identifikativen Assimilation könnten die Ausführungen zur strukturellen Assimilation wiederholt werden: Bei allen Gruppen der Türken gibt es keine aus dem Rahmen der Analysen des vorigen Kapitels fallenden bivariaten Beziehungen und auch multivariat erklärt die ethnische Struktur der Untersuchungsgebiete ebenso wenig wie die der administrativen Einheiten.

Tabelle 10.7: *Identifikative Assimilation* (IDA) in Abhängigkeit von Eigenschaften der Untersuchungsgebiete auf verschiedenen Ebenen (Pearson r)

	Anzahl Ausl.	Anteil an der Bevölkerung Ausl.		Türken	Jugosl.	Anteil an Ausländern Türken	Jugosl.
Türken							
E3 (Quartier)	-.0097	-.1001*					
E2 (Stadtteil)	-.0339	-.1256**	-.0757		-.1227**	-.0393	-.0396
E1 (Stadt)	-.0924*	-.1532**	-.0755		-.1093**	.0022	-.0597
Türken 1. Gen.							
E3 (Quartier)	.0058	-.0755					
E2 (Stadtteil)	-.0279	-.1144*	-.0885		-.1023	-.0538	-.0315
E1 (Stadt)	-.0974	-.1388*	-.0375		-.1177*	.0353	-.0812
Türken 2. Gen.							
E3 (Quartier)	-.0213	-.1272*					
E2 (Stadtteil)	-.0454	-.1437*	-.0710		-.1462*	-.0324	-.0499
E1 (Stadt)	-.0856	-.1676**	-.1076		-.1068	-.0250	-.0466
Jugoslawen 1. Gen.							
E3 (Quartier)	.1977**	-.1534*					
E2 (Stadtteil)	-.1562**	-.1546**	-.1637**		-.0971	-.1778**	-.0703
E1 (Stadt)	.0642	-.1545**	-.1364*		-.1115*	-.0752	-.0711
Jugoslawen 2. Gen.							
E1 (Stadt)	.0128	-.0144	.0127		-.0294	.0225	-.0363

Bei den Jugoslawen der ersten Generation ist hingegen wieder die gegensätzliche Wirkung der Ausländerzahl auf Quartiers- (positiv) und Stadtteilebene (negativ) zu nennen, die sich so in Kap. 9 nicht finden ließen. Die Interpretation dieses Befundes - der sich in den obenstehenden Analysen dieses Kapitels auch bei anderen Dimensionen der Eingliederung finden ließ - ist sehr schwierig: Wird die Ausländeranzahl des Quartiers auf die Zahl der Einwohner des Untersuchungsgebiets bezogen, so hat sie einen negativen Effekt. Wäre dies nicht der Fall, so könnte man einen positiven Effekt kleinräumiger Ballung und einen negativen Effekt großräumiger Ballung auf die Assimilation vermuten. Die Beziehungen stellen sich aber offensichtlich wesentlich komplexer dar. Interpretativ-intuitiv gesehen, scheint es also ein Bedingungsgefüge zu geben, das die Assimilation von Jugoslawen der ersten Generation fördert: demnach müßte in der unmittelbaren Umgebung eine hinreichende Anzahl von Ausländern, aber auch eine hinreichende Anzahl von Deutschen leben. So könnten hohe Ausländerzahlen in Verbindung mit geringen Ausländeranteilen zustande kommen. Die weitere Wohnumgebung dürfte dann weder hohe Ausländeranzahlen noch -anteile aufweisen, um der Assimilation förderlich zu sein.

Da es hier nicht möglich ist, die Fläche der Untersuchungsgebiete und andere Merkmale wie Wohnlage etc. in die Analyse einzubeziehen, soll darauf verzichtet werden, diesem auffälligen Befund weiter nachzugehen.

Insgesamt betrachtet, können die Eigenschaften der Untersuchungsgebiete, die hier die ethnische Struktur beschreiben, bei den Jugoslawen der ersten Generation 8% der Varianz in der identifikativen Assimilation erklären und die Erklärungskraft des Individualmodells um immerhin 7 Prozentpunkte von 18% auf 25% erklärter Varianz verbessern. (Damit bleiben die Struktureffekte hier hinter den in Kapitel 9 festgestellten maximalen Effekten, die von allen OT-Variablen ausgingen, zurück.)

Zusammenfassung

Unter der Lupe des varianzmaximierenden Designs zeigt sich, *daß nur bei den Jugoslawen nennenswerte Effekte der ethnischen Struktur auf die Assimilation festzustellen sind.* Bei der Betrachtung der Assimilation in Abhängigkeit von Eigenschaften administrativer Einheiten waren die effektvergrößernden Konsequenzen des Untersuchungsdesigns nicht so stark gewesen, wenngleich auch dort keine Zufallsauswahl über alle Einheiten vorgelegen hat. Dort, wo sich in Kap. 9 Anzeichen struktureller Effekte finden ließen, konnten in diesem Kapitel bei den Jugoslawen der ersten Generation deutliche Effekte ausgemacht werden. Bei den Jugoslawen der zweiten Generation konnten diese Analysen leider nicht durchgeführt werden, da sich das Untersuchungsdesign für diese Gruppe nicht realisieren ließ.

Bei den Türken haben sich hingegen in den obigen Betrachtungen keine Effekte feststellen lassen, die in ihrer Stärke über die in Kap. 9 festgestellten Spuren struktureller Effekte hinausgingen.

Wenn in Kap. 9 bei den Jugoslawen der ersten Generation größere Varianzanteile erklärt werden konnten, so läßt sich dieser Befund möglicherweise darauf zurückführen, daß die Berücksichtigung *aller* OT-Variablen wichtige Aspekte der ethnischen Struktur einbezieht (z.B. Dichte), die bei der Analyse der Untersuchungsgebiete nicht vorlagen.

Das Anwachsen des Anteils an erklärter Varianz läßt sich andererseits mit der durch das Design maximierten Varianz in der unabhängigen Variablen "ethnische Struktur" und ihren Operationalisierungen erklären. Die Unterschiede, die in diesen Analysen zwischen Türken und Jugoslawen zu beobachten waren, konnten nicht erklärt werden. Huckfeldts (1983b) Überlegung, daß Personen mit stärkeren Verwandtschafts-Netzwerken unabhängiger von Merkmalen der ethnischen Struktur des Wohngebietes seien, konnte mit den vorliegenden Daten nicht überprüft werden.

Es lagen lediglich Angaben der zweiten Generation darüber vor, ob die jeweiligen Eltern regelmäßigen Kontakt zu Verwandten in der Bundesrepublik haben und in welcher Entfernung diese Verwandten wohnen. Die Gruppenunterschiede in dieser Frage sprechen nicht unbedingt dafür, daß dieser Variablenkomplex allein für die unterschiedliche Sensibilität der Nationalitäten gegenüber strukturellen Effekten verantwortlich gemacht werden kann: Türken berichten zwar über mehr (82% zu 61%) und häufigere Verwandtschaftskontakte der Eltern, der Koeffizient der Gruppenunterschiede kann mit eta= .23 aber als eher schwach bezeichnet werden.

Da in dieser Arbeit zuerst einmal nur geprüft werden soll, ob bei Ausländern Effekte der ethnischen Struktur ihrer Wohngebiete auf die Assimilation und Integration festzustellen sind, wird die Analyse der unterschiedlichen Reaktion von Türken und Jugoslawen weiterführenden Arbeiten vorbehalten bleiben müssen. Diese Arbeiten werden mit einem speziell auf diese Frage zugeschnittenen Instrumentarium arbeiten müssen, um einerseits die Effekte aufdecken zu können und andererseits relevante Variablen, die für die Unterschiede verantwortlich sein könnten (wie z.B. die Verwandtschafts-Netzwerke), einbeziehen zu können.

Als Fazit dieser Kontrollanalysen bleibt, daß die Prüfung der Einflüsse der ethnischen Struktur der Untersuchungsgebiete die Ergebnisse der Analysen in Kapitel 9, denen administrative Einheiten zugrunde lagen, im Großen und Ganzen bestätigt hat.

10.3 Zwischengebietsunterschiede

Neben der ethnischen Struktur sind auch andere Eigenschaften des Wohngebietes als Einflußfaktoren auf die Assimilation von Ausländern denkbar. Bevor jetzt versucht wird, relevante Kontexteigenschaften zu spezifizieren, soll erst einmal festgestellt werden, ob überhaupt interkontextuelle Unterschiede so groß sind, daß die Existenz von Kontexteffekten vermutet werden darf. Firebaugh (1979) hat in einem Vergleich von Kovarianzanalyse und Kontextanalyse (mittels multipler Regression) auf den heuristischen Wert der Kovarianzanalyse hingewiesen. Boyd und Iversen (1979) bezeichnen die Kovarianzanalyse als Instrument zur Feststellung nicht spezifizierter Kontexteffekte: mit ihr kann festgestellt werden, ob es interkontextuelle Unterschiede gibt und erst dieses Vorliegen läßt die Spezifikation der relevanten Kontexteigenschaften und damit eine echte Kontextanalyse, also die Analyse, *warum* es Kontexteffekte gibt, bzw. *welche* Eigenschaften der Kontexte dafür verantwortlich sind, lohnend erscheinen.

So wird die Kovarianzanalyse hier als Filter benutzt: für die einzelnen Konstrukte wird in den Subgruppen festgestellt, ob das Ausmaß der interkontextuellen Unterschiede weitere Analysen rechtfertigt. Nur wenn auch nach Kontrolle der relevanten Individualvariablen hinreichend große Zwischengebietsunterschiede verbleiben, sollen Kontextanalysen durchgeführt werden.

In den Übersichten (vgl. Übersicht 10.8ff.), die die Ergebnisse der Varianz- und Kovarianzanalysen darstellen, sind folgende Informationen enthalten: für jede Gruppierungsvariable ("by"), die die jeweilige Ebene bezeichnet, für die die Zwischengebietsunterschiede analysiert werden sollen, finden sich zwei Eta- Koeffizienten: "Eta1" steht für das Ergebnis einer Varianzanalyse (SPSS- Prozedur BREAKDOWN), in die alle Fälle eingingen, die auf der Gruppierungsvariablen und der abhängigen Variablen gültige Werte aufwiesen. Da in der ANOVA-Prozedur (SPSS) Fälle mit fehlenden Werten auf einer dieser beiden Variablen oder einer Kovariaten ganz ausgeschlossen werden, verändert sich die Basis für die einfachen Varianzanalysen, die im Rahmen der ANOVA-Prozedur durchgeführt werden, wenn Kovariaten mit fehlenden Werten behaftet sind. Auf diese veränderte Basis bezieht sich der Koeffizient "Eta2", der im allgemeinen etwas höher liegt als "Eta1". Das bedeutet, daß Gruppenunterschiede mit zunehmenden Fallzahlen zur Nivellierung tendieren!

Das Ausmaß der Zwischengebietsunterschiede, das nach der Adjustierung durch die Kovariaten verbleibt, wird durch den "Beta"-Koeffizienten ausgedrückt. Hier wird der "reine" Gebietseffekt, also der vom Einfluß aller Individual- bzw. Kontrollvariablen bereinigte Effekt dargestellt. Dadurch lassen sich Effekte selektiver Migration kontrollieren. Das multiple "R^2" bezeichnet den Anteil an Varianz in der abhängigen Variablen, der durch Gruppierungsvariablen und Kovariaten erklärt wird. Dieser Anteil entspricht dem Varianzanteil, der in einer Regressionsanalyse erklärt wird, in die die Gruppierungsvariable mit Hilfe von Dummy-Variablen eingeht. Abschließend wird unter "MinMaxN" angegeben, welche minimalen und maximalen Fallzahlen in den einzelnen Gebieten (bzw. Gruppen) vorgefunden wurden. Dieses Maß ist informativer als die Gesamtzahl der untersuchten Fälle, da hier deutlich wird, daß die Informationen über die einzelnen Gebiete im Falle der Ebene E3 auf recht geringen Fallzahlen beruhen. Diese geringen Fallzahlen in den Gebieten werden aber zumindest teilweise durch die mit 30 relativ hohe Zahl der Gebiete auf der Ebene E3 kompensiert. Auf den höheren Ebenen verhält es sich anders herum: größeren Fallzahlen in den Gebieten steht eine kleinere Anzahl an Gebieten gegenüber.

Wenn die Kovarianzanalysen als Filter dienen sollen, um festzulegen, in welchen Fällen Kontextanalysen mit Spezifikation von Kontexteigenschaften lohnend erscheinen, so müssen Schwellenwerte festgelegt werden. Werden diese Schwellenwerte nicht erreicht, so erscheint die Durchführung von Kontextanalysen nicht lohnend, wobei auch dies als substantielles Ergebnis gewertet werden kann.

Als kritischer Wert wird hier ein Koeffizient von Beta= .30 festgelegt. Zwischengruppen- oder Kontextunterschiede in dieser Größenordnung entsprechen einem maximal durch Kontextzugehörigkeit erklärten Varianzanteil von 9% in der abhängigen Variablen. Da die durch spezifizierte Kontexteigenschaften erklärbare Varianz (nur) im Idealfall den gleichen Betrag erreichen kann, normalerweise aber deutlich darunter liegen wird, stellt dieser Schwellenwert die unterste Grenze dar: Sollte es gelingen, von 9 bis 10% durch Gebietszugehörigkeit erklärter Varianz die Hälfte durch spezifizierte Kontexteigenschaften zu erklären, so liefe das auf einen Betrag von um 5% zusätzlich erklärter Varianz hinaus.

Berücksichtigt werden muß bei der Interpretation der folgenden Analysen noch, daß es sich beim R^2 der Kovarianzanalyse im Gegensatz zum R^2 der Individualmodelle (vgl. Kap. 8) nicht um ein bezüglich der Anzahl der Regressoren bzw. Kovariaten adjustiertes Maß handelt.

Es muß an dieser Stelle kurz darauf hingewiesen werden, welche interkontextuellen Unterschiede bei den exogenen Variablen (vgl. Anhang 2) auf der Ebene E3 zu beobachten waren:

Eta über .40 : WOQ (!!), RME (T2,J1), FDE (J1)

Eta über .35 : BIE (T1, T2, J1), SME (T2), SBRD AKL DIS (T1, J1)

Vor allem die Wohnqualität ist also kontextabhängig verteilt. Dagegen weisen Schulbildung (insgesamt), kulturelles Milieu im Elternhaus und Musikgeschmack im Freundeskreis keine Zwischengebietsunterschiede auf.

Übersicht 10.8: Varianz- und Kovarianzanalysen auf drei Ebenen

KOGNITIVE ASSIMILATION (SUB)

```
Türken, (SBI, FDE:    R²=.50)
by Eta1  Eta2  Beta  R²   MinMaxN
E3 .19   .19   .17   .53   25- 36
E2 .12   .13   .10   .51   53- 65
E1 .08   .08   .04   .50  171-186


Türken 1.Gen, (SBI, FDE: R²=.40)     Türken 2.Gen, (SBRD,FDE,AKL: R²=.48)
by Eta1  Eta2  Beta  R²   MinMaxN    by Eta1  Eta2  Beta  R²   MinMaxN
E3 .37   .37   .27   .48   12- 21    E3 .28   .33   .20   .47    8- 17
E2 .24   .25   .18   .44   25- 39    E2 .19   .26   .14   .45   17- 29
E1 .17   .16   .10   .41   88-101    E1 .10   .08   .08   .43   57- 91


Jugoslawen 1.Gen, (SBI, FDE: R²=.37)  Jugosl. 2.Gen, (SBRD,FDE,AKL: R²=.44)
by Eta1  Eta2  Beta  R²   MinMaxN    by Eta1  Eta2  Beta  R²   MinMaxN
E3 .33   .32   .21   .42    8- 24    E3 .28
E2 .35   .34   .19   .43   14- 34
E1 .12   .11   .09   .38   90- 98    E1 .14   .18   .13   .36   61- 82


Erläuterungen (gelten auch im folgenden):
In Klammern die unabhängigen Variablen des Individualmodells mit adjust. R²;
Eta1: Koeffizient aus einer Varianzanalyse ohne solche Ausfälle, die durch feh-
      lende Werte bei den Kovariaten bedingt sind;
Eta2 und Beta: Ergebnisse der Varianz- und Kovarianzanalyse, also Zwischen-
      gebietsunterschiede vor und nach Adjustierung durch die Kovariaten;
R²: In der Kovarianzanalyse ermittelte, durch Gruppierungsvariable und Kovaria-
      ten erklärte Varianz;
MinMaxN: Die jeweils niedrigste und höchste Fallzahl in den Untersuchungs-
      gebieten;
* : Die Zahl hinter dem Stern bezeichnet die Anzahl der Untersuchungsgebiete,
      die die minimale Fallzahl von 8 auf der Ebene E3 nicht erreichten.
```

Im Bereich der *kognitiven Assimilation* erreicht kein Modell die geforderte Stärke der Zwischengebietsunterschiede von Beta= .30. Die vor der Adjustierung feststellbaren Kontextunterschiede werden durch die Einführung der Kovariaten deutlich reduziert. Die stärksten Kontextunterschiede sind auf der kleinräumigsten Ebene E3 festzustellen. Hier wird die Erklärungskraft des Individualmodells maximal (bei T1) um 8 Prozentpunkte verbessert. Eine besondere Empfänglichkeit der Jugoslawen für Kontexteffekte - wie im vorigen Abschnitt (10.2) diskutiert - ist hier nicht festzustellen.

Dieses zentrale Ergebnis der Analysen verdient einmal mehr, festgehalten zu werden: die kognitive Assimilation, als eine zentrale Dimension der Assimilation, die der Assimilation in vielen anderen Dimensionen vorgeschaltet ist, weist nahezu keine Kontextabhängigkeit auf! Zu dem gleichen Ergebnis kommt schon Esser (1982a und b, vgl. hierzu auch Endbericht 1986: 353-417).

Bei der *strukturellen Assimilation* der Türken finden sich Kontextunterschiede, die den gesetzten Schwellenwert auf der Stadtteilebene fast erreichen und auf der Quartiersebene übertreffen. Entsprechend wird hier auch die Erklärungskraft des Individualmodells um mehr als 10 Prozentpunkte verbessert. Hier soll also mit

Kontextanalysen versucht werden, den für die feststellbaren Kontextunterschiede verantwortlichen Kontexteigenschaften auf die Spur zu kommen.

Übersicht 10.9: Varianz- und Kovarianzanalysen auf drei Ebenen

STRUKTURELLE ASSIMILATION (STR)

```
                                              (alternatives Modell mit weniger MV)

Türken 1.Gen, (SBI, SUB, BIE: R²=.19)    Türken 1.Gen, (SBI, SUB: R²=.17)
by Eta1  Eta2 Beta  R²  MinMaxN          by Eta1  Eta2 Beta  R²  MinMaxN
E3 .41   .44  .36  .33    8- 15*³        E3 .41   .43  .36  .30   12- 21
E2 .31   .35  .30  .29   15- 28          E2 .31   .32  .28  .26   24- 39
E1 .20   .23  .21  .25   60- 73          E1 .20   .21  .18  .21   87-101


Jugosl. 1.Gen,(SBI,SUB,BIE: R²=.26)      Jugoslawen 1.Gen, (SBI,SUB: R²=.24)
by Eta1  Eta2 Beta  R²  MinMaxN          by Eta1  Eta2 Beta  R²  MinMaxN
E3 .31   .38  .28  .35    8- 18*²        E3 .31   .31  .26  .31    8- 23
E2 .31   .34  .25  .35   12- 26          E2 .31   .31  .24  .32   14- 34
E1 .17   .19  .16  .30   52- 77          E1 .17   .18  .15  .26   90- 98
```

Zu den Quartieren mit der fortgeschrittensten durchschnittlichen strukturellen Assimilation seiner Bewohner gehören die Quartiere 7 und 25, also Quartiere in Essen und Hamburg mit dem niedrigsten Ausländeranteil, aber auch die beiden Hamburger Quartiere 29 und 30 mit dem höchsten Ausländeranteil (vgl. zur Numerierung der Gebiete Tab 10.1). Zu den Gebieten mit der niedrigsten strukturellen Assimilation gehören die Quartiere 16 und 23, also in München das Quartier mit hohem Ausländeranteil im Stadtteil mit durchschnittlichem Ausländeranteil (M-DU-HO) und in Nürnberg das Quartier (N-HO-NI) mit eher niedrigem im Stadtteil mit hohem Ausländeranteil. (Im folgenden werden nur noch die in Übers. 10.1. benutzten Nummern der Einheiten wiedergegeben).

Es kann also hier keineswegs von einem einheitlichen Muster gesprochen werden, nach dem in Quartieren mit hohem Ausländeranteil Türken bzw. Ausländer mit niedriger struktureller Assimilation wohnen und umgekehrt. Auch auf der Ebene E2 (Stadtteil) sind keine eindeutigen Tendenzen festzustellen. Wenn auch die Bewohner der Gebiete 4 und 13 die höchste und die Bewohner der Gebiete 3 und 12 die niedrigste strukturelle Assimilation aufweisen (sowohl vor als auch nach Adjustierung der Mittelwerte durch die Kovariaten), so liegen andererseits die Untersuchungsgebiete mit niedrigem Ausländeranteil in München und Nürnberg (7 und 10) am Ende der Skala der strukturellen Assimilation, während das Gebiet mit hohem Ausländeranteil in Hamburg (15) über dem Durchschnitt liegt.

Auch hier ist wieder festzustellen, daß die kleinräumigen Ebenen größere Kontextunterschiede aufweisen. Dennoch sollen im nächsten Abschnitt auch Kontextanalysen auf der Ebene Stadt durchgeführt werden, da die strukturelle Assimilation der Türken der ersten Generation die größten Unterschiede zwischen den Städten von allen untersuchten Konstrukten in allen Teilstichproben aufweist (dies als Vorgriff auf das folgende).

Bei den Jugoslawen werden die Schwellenwerte nicht erreicht, die Verbesserung des Individualmodells um 9 Prozentpunkte bewegt sich im Rahmen dessen, was zuvor als Einfluß der ethnischen Struktur identifiziert werden konnte. Dabei muß in Rechnung gestellt werden, daß in Abschnitt 10.2 Eigenschaften aller drei Kontextebenen zur Bestimmung der erklärten Varianz herangezogen wurden, während hier jeweils nur Kontextunterschiede auf einer Ebene berücksichtigt werden.

Insgesamt ist das Ergebnis der Kovarianzanalysen mit den Überlegungen des vorangehenden Abschnittes vereinbar, daß Jugoslawen eher von der ethnischen Struktur des Wohngebietes beeinflußt werden, während bei Türken (wenn überhaupt) eher andere Eigenschaften der Kontexte eine Wirkung ausüben.

Nach den Analysen in Kap. 9 und 10.2 kann nicht überraschen, daß die Jugoslawen der ersten Generation interkontextuelle Unterschiede in der *sozialen Assimilation* aufweisen. Nennenswert sind diese Unterschiede auch hier nur auf der Ebene E3 (Quartier), so wie in allen Teilstichproben die Unterschiede auf den kleinräumigeren Ebenen größer sind. Auch bei den Türken der ersten Generation sind interkontextuelle Unterschiede festzustellen, die Nachforschungen über die Ursachen dieser Unterschiede lohnend erscheinen lassen.

Bei Jugoslawen konnte schon über die Einbeziehung der ethnischen Struktur der administrativen Einheiten bis zu acht, bzw. der Untersuchungsgebiete sogar bis zu 13 Prozentpunkte zusätzlicher Varianz zum Individualmodell erklärt werden, so daß anzunehmen ist, daß ein großer Teil der Zwischengebietsvarianz mit der ethnischen Struktur der Gebiete zu erklären sein dürfte.

Wenn die Kenntnis der Gebietszugehörigkeit in diesem Falle 6 Prozentpunkte zusätzlich zum Individualmodell erklären kann, so fragt man sich, wieso die

Übersicht 10.10: Varianz- und Kovarianzanalysen auf drei Ebenen

SOZIALE ASSIMILATION (SOA)

Türken, (SUB: R^2=.21)

by Eta1	Eta2	Beta	R^2	MinMaxN
E3 .23	.24	.20	.25	27- 36
E2 .18	.19	.15	.23	56- 68
E1 .11	.11	.09	.22	174-189

Türken 1.Gen, (SUB: R^2=.16)

by Eta1	Eta2	Beta	R^2	MinMaxN
E3 .32	.34	.31	.26	11- 21
E2 .27	.29	.24	.22	25- 39
E1 .19	.19	.15	.19	87-100

Türken 2.Gen, (SUB, SME: R^2=.28)

by Eta1	Eta2	Beta	R^2	MinMaxN
E3 .33	.36	.24	.35	11- 18
E2 .22	.24	.17	.32	21- 34
E1 .08	.09	.04	.30	75- 94

Jugoslawen 1.Gen, (SUB, STR: R^2=.26)

by Eta1	Eta2	Beta	R^2	MinMaxN
E3 .42	.43	.34	.32	8- 23[*1]
E2 .39	.39	.28	.32	14- 32
E1 .17	.18	.17	.30	83- 95

Jugosl. 2.Gen, (SUB,SME: R^2=.38)

by Eta1	Eta2	Beta	R^2	MinMaxN
E1 .25	.25	.13	.40	71- 87

Kenntnis von Eigenschaften der Gebiete (ethnische Struktur) in dieser Population (in Kap. 10.2) die Erklärungskraft des Individualmodells um 13 Prozentpunkte steigern konnte. Diese Effekte können nur darauf beruhen, daß a) mehr als eine Ebene mit den Eigenschaften ihrer Einheiten betrachtet wurde und daß b) die Eigenschaften der Einheiten mit bislang nicht spezifizierten, relevanten Individualeigenschaften kovariieren und so zu einer Verbesserung des Erklärungswertes des Modelles beitragen.

Bei den Türken der ersten Generation hingegen trägt die Kenntnis der Gebietszugehörigkeit ca. 10 Prozentpunkte zusätzlich zum Individualmodell zur Erklärung der Varianz in der sozialen Assimilation bei. In den vorhergehenden Analysen war es nicht gelungen, durch die Kenntnis der ethnischen Struktur der Wohngebiete nennenswerte zusätzliche Beiträge zur Erklärung zu leisten. Offensichtlich sind es also bei den Türken im Gegensatz zu den Jugoslawen andere Eigenschaften der Gebiete als die ethnische Struktur, die für die feststellbaren interkontextuellen Unterschiede verantwortlich sind. Gerade in diesem Fall scheint die Kontextanalyse, die die Gebiete über (aggregierte) Merkmale der ausländischen Bewohner beschreibt, weitere Einsichten liefern zu können.

Da die Untersuchungsgebiete unter dem Aspekt der Varianzmaximierung bei der unabhängigen Variablen "Ausländeranteil" ausgesucht wurden, müßten sich hier in Designs, die die Varianz in anderen relevanten unabhängigen Variablen maximieren, noch deutlichere Effekte finden lassen.

Auch bei der sozialen Assimilation sind keine eindeutigen Muster festzustellen. Am weitesten fortgeschritten sind bei der sozialen Assimilation der Türken der ersten Generation die Bewohner der Gebiete 26, 17, 7 und 9 (vgl. Übers. 10.1), am weitesten hinten die Bewohner der Duisburger Quartiere 4, 5 und 2 (jeweils sowohl vor als auch nach der Adjustierung durch die Kovariaten).

Bei den Jugoslawen scheint die Ausländerkonzentration eher eine Rolle zu spielen, da die Bewohner der Quartiere 25, 20, 26 und 19, die alle in Stadtteilen mit niedrigem Ausländeranteil liegen, die höchste durchschnittliche soziale Assimilation aufweisen. Die geringsten Durchschnittswerte weisen hier die Bewohner der Gebiete 18, 16 und 21 auf.

Die ethnische Struktur der Wohngebiete vermochte keinen Beitrag zur Erklärung der *personalen Integration* zu leisten. Bei den Teilstichproben der Türken der zweiten Generation und vor allem der Jugoslawen der ersten Generation sind aber interkontextuelle Unterschiede festzustellen, die darauf hinweisen, daß andere Eigenschaften der Kontexte als deren ethnische Struktur durchaus erklärungskräftig sein könnten (s. Übersicht 10.11). Aber auch hier ist wieder festzustellen, daß der Schwellenwert von Beta= .30 nur in zwei Teilstichproben und auch hier nur auf der kleinräumigsten Ebene überschritten wird.

Die Tatsache, daß sich deutliche interkontextuelle Unterschiede nicht in allen Teilpopulationen finden, spricht dafür, daß bestimmte - in der Literatur bislang nicht spezifizierte - Bedingungen vorliegen müssen, damit Populationen sensitiv auf Wohnkontexte reagieren.

Übersicht 10.11: Varianz- und Kovarianzanalysen auf drei Ebenen

PERSONALE INTEGRATION (PIN)

```
Türken,  (WOQ,SOA,DIS:  R²=.23)
by Eta1  Eta2 Beta  R²   MinMaxN
E3 .22   .22  .17  .27   17- 31
E2 .14   .12  .11  .25   37- 56
E1 .07   .06  .07  .25  133-163
```

```
Türken 1.Gen,  (STR,  DIS:  R²=.21)    Türken 2.Gen,  (SOA,DIS,KME:  R²=.25)
by Eta1  Eta2 Beta  R²   MinMaxN       by Eta1  Eta2 Beta  R²   MinMaxN
E3 .37   .38  .28  .29    9- 18*¹      E3 .31   .42  .31  .34    8- 17*2
E2 .24   .25  .18  .24   21- 33        E2 .23   .31  .23  .30   15- 30
E1 .17   .18  .09  .22   72- 84        E1 .12   .21  .16  .27   64- 76
```

```
Jugosl. 1.Gen,  (WOQ,SOA,DIS:  R²=.29)   Jugosl. 2.Gen,  (SUB,WOQ,DIS:  R²=.18)
by Eta1  Eta2 Beta  R²   MinMaxN         by Eta1  Eta2 Beta  R²   MinMaxN
E3 .32   .41  .35  .39    8- 19*²
E2 .21   .27  .26  .33   10- 29
E1 .14   .15  .10  .28   44- 85          E1 .06   .08  .06  .18   69- 85
```

Die größere Wirksamkeit kleinräumiger Kontexte ist entweder durch zufällige Variationen verursacht, die den relativ kleinen Stichprobenzahlen in den Kontexten zugeschrieben werden können: So findet sich in der Gruppe der "Türken-Gesamt", wo die Stichproben doppelt so groß sind, wie in den generationsspezifischen Gruppen, kein Koeffizient, der über Beta= .23 hinausgeht. Andererseits kann dieser Befund aber auch dafür sprechen, daß Kontexteffekte eher auf Mechanismen direkter persönlicher Begegnungen und Beeinflussungen basieren, als auf abstrakteren "klimatischen" Faktoren und Identifizierungen.

In beiden Subpopulationen (T2, J1) erscheinen Kontextanalysen also lohnend, weil die ethnische Struktur der Gebiete (vgl. Kap. 9.1, Übers. 9.33-36) wenig Hinweise auf die Ursachen der Kontextunterschiede liefern konnte. Mit diesem Befund läßt sich auch die Erkenntnis vereinbaren, daß die Rangfolge der Gebiete nach der durchschnittlichen personalen Integration ihrer Bewohner kein Muster erkennen läßt, das sich am Ausländeranteil der Gebiete orientieren würde. Bei den Türken der zweiten Generation rangieren sowohl Gebiete mit niedrigem (13, 20) als auch mit hohem Ausländeranteil (6) an der Spitze, ebenso ist es bei den Jugoslawen der ersten Generation (27, 13, 23). Aber auch am unteren Ende der Skala finden sich Gebiete mit niedrigem Ausländeranteil (Türken: 7, 8; Jugoslawen: 17, 14, 30). Hier schlägt möglicherweise die bereits diskutierte ambivalente Wirkung ethnischer Konzentration auf die Zufriedenheit durch.

Bei der *identifikativen Assimilation* sind geringe interkontextuelle Unterschiede feststellbar. Schon in den vorangegangenen Analysen (Kap. 9 und 10.3) hatten die Jugoslawen der ersten Generation die deutlichste Sensibilität gegenüber kontextuellen Eigenschaften aufgewiesen, so kommt auch hier nicht überraschend, daß sie diejenigen sind, die die größten Zwischengebietsunterschiede aufweisen. Der Wert, der als Voraussetzung für weitergehende Analysen gesetzt worden war, wird aber nur erreicht, wenn zusätzlich zu den in allen Kovarianzanalysen bei den

Übersicht 10.12: Varianz- und Kovarianzanalysen auf drei Ebenen

IDENTIFIKATIVE ASSIMILATION (IDA)

```
Türken,  (SUB,SOA,FDE: R²=.17)
by Eta1  Eta2 Beta  R²  MinMaxN
E3 .24   .25  .23  .23   25- 34
E2 .22   .23  .20  .22   51- 65
E1 .16   .16  .16  .20  160-181
```

```
Türken 1.Gen,  (SUB,SOA,RME: R²=.13)        Türken 2.Gen,  (SOA,RME,KME: R²=.30)
by Eta1  Eta2 Beta  R²  MinMaxN             by Eta1  Eta2 Beta  R²  MinMaxN
E3 .30   .31  .26  .21    9- 19             E3 .28   .29  .27  .36    8- 16*1
E2 .22   .23  .20  .22   22- 36             E2 .26   .26  .23  .34   18- 31
E1 .14   .17  .15  .16   71- 88             E1 .17   .18  .15  .31   61- 75
```

```
Jugosl. 1.Gen,  (SUB,SOA,FFM: R²=.18)       Jugosl. 2.Gen,  (SOA,PIN,KME: R²=.34)
by Eta1  Eta2 Beta  R²  MinMaxN             by Eta1  Eta2 Beta  R²  MinMaxN
E3 .38   .38  .30  .27    8- 22*1
E2 .37   .37  .27  .25   11- 31
E1 .27   .25  .20  .21   76- 93             E1 .06   .11  .05  .36   43- 74
```

Jugoslawen der ersten Generation ausgeschlossenen Gebieten 2, 3, 4, 5 und 6 auch noch das Gebiet 21 (N= 7) wegen Unterschreitung der minimalen Fallzahl von N= 8 ausgeschlossen wird. Die Basis dieser Analyse der Zwischengebietsunterschiede ist also schwächer als in den anderen Teilstichproben.

Hingewiesen sei darauf, daß die Türken (gesamt) in den bisherigen Analysen der vorhergehenden Kapitel einzig beim Konstrukt der identifikativen Assimilation Spuren von kontextueller Beeinflußbarkeit gezeigt hatten. Auch in den hier diskutierten Kovarianzanalysen sind mit Beta= .23 auf der Ebene E 3 die stärksten Zwischengruppenunterschiede von allen bei Türken durchgeführten Kovarianzanalysen festzustellen. Nur wenn die identifikative Assimilation betrachtet wird, übersteigt der Koeffizient also den Wert von Beta= .20. Aus diesem Grund sollen hier versuchsweise weitergehende Analysen durchgeführt werden (auch wenn der kritische Wert von Beta= .30 nicht erreicht wird). Dies erscheint auch deshalb wünschenswert, weil die Fallzahlen innerhalb der einzelnen Kontexte wesentlich größer werden, wenn man beide Generationen der Türken gemeinsam betrachtet. Es hat sich gezeigt, daß es - zumindest in dieser Studie - nicht möglich war, dort bedeutsame interkontextuelle Unterschiede festzustellen, wo die Stichprobengröße in den einzelnen Kontexten mindestens N= 50 betrug. Es kann nicht entschieden werden, ob dieser Befund damit zu erklären ist, daß bei größeren Stichproben Zufallsfehler eliminiert werden oder damit, daß größere Stichproben nur in großräumigeren Kontexten zu realisieren sind, die ihrerseits keinen Einfluß auf individuelles Verhalten haben.

Bei den Türken haben Gebiete mit niedrigem Ausländeranteil (7, 8) die höchste und Gebiete mit hohem Ausländeranteil (17, 18) die niedrigste identifikative Assimilation zu verzeichnen. (Aber auch Gebiet 20 N-NI-HO gehört zu den Gebieten mit niedrigster identifikativer Assimilation seiner Bewohner). Bei den Jugoslawen sind keine einheitlichen Tendenzen festzustellen: weder die Gebiete mit der höchsten durchschnittlichen identifikativen Assimilation seiner Bewohner (11, 26, 25, 29, 21), noch die mit der niedrigsten (15, 9, 23, 24), lassen sich eindeutig einem Typus zuordnen.

Zusammenfassung

Das Ergebnis der Kovarianzanalysen läßt sich dahingehend zusammenfassen, daß nur ein kleiner Teil der untersuchten Zwischengebietsunterschiede den kritischen Wert erreicht, der eine weitergehende Analyse der Ursachen dieser Unterschiede lohnend erscheinen läßt. Die festgestellten Unterschiede bewegen sich maximal in einem Bereich bis Beta= .36, die Verbesserung der erklärten Varianz im Gesamtmodell gegenüber dem Individualmodell beträgt maximal ungefähr 10 bis 13 Prozentpunkte.

In kleinen Teilstichproben und auf kleinräumiger Ebene waren die Gebietsunterschiede durchweg größer als in größeren Teilstichproben oder auf großräumigen Ebenen. Hier zeigt sich ein Basisdilemma von Kontextanalysen: Theoretisch kann von kleinräumigen Kontexten der stärkste Effekt angenommen werden. In kleinen Räumen sind aber auch nur kleine Stichproben zu realisieren, so daß die Gefahr von 'sampling errors' wächst.

Die Ergebnisse der Analysen aus Kap. 9 und 10.2 wurden dahingehend bestätigt, daß in den Fällen, in denen die ethnische Struktur des Wohngebietes eine gewisse - wenn auch teilweise sehr schwache - Wirkung gezeigt hatte, auch in den Kovarianzanalysen die deutlichsten Zwischengruppenunterschiede festzustellen waren. Dabei hatten sich aber doch Unterschiede zwischen Türken und Jugoslawen gezeigt: Jugoslawen scheinen stärker auf die ethnische Struktur (Ausländer-

Übersicht 10.13: Zwischengebietsunterschiede als Basis für die weiteren Analysen

	Konstrukt	Teilstichprobe	Ebene	Beta	(Ind.Varn.)
1	Strukt. Ass.	T1	E3	.36	(SBI, SUB)
2	Strukt. Ass.	T1	E2	.30	(SBI, SUB)
3	Strukt. Ass.	T1	E1	.21[*]	(SBI, SUB)
4	Soz. Ass.	T1	E3	.31	(SUB)
5	Soz. Ass.	J1	E3	.34	(SUB, STR)
6	Pers. Int.	T2	E3	.31	(SOA, DIS, KME)
7	Pers. Int.	J1	E3	.35	(WOQ, SOA, DIS)
8	Ident. Ass.	T	E3	.23[*]	(SUB, SOA, FDE)
9	Ident. Ass.	J1	E3	.30	(SUB, SOA, FFM)

[*] Die Analysen 3 und 8 werden nur versuchsweise durchgeführt, da sich hier die stärksten Zwischengebietsunterschiede auf der Ebene E1 (Stadt) bzw. in der Gruppe der Türken (gesamt) gezeigt hatten.

und Nationalitätsangehörigen-Anzahl, - Anteil und -Dichte) zu reagieren. Türken weisen hingegen in den Kovarianzanalysen in mindestens dem gleichen Ausmaß Zwischengebietsunterschiede auf wie Jugoslawen. Es bleibt zu klären, welche Kontexteigenschaften für diese Unterschiede verantwortlich sind. Übersicht 10.13 zeigt, welche Zwischengebietsunterschiede im folgenden Abschnitt einer eingehenderen Kontextanalyse unterzogen werden sollen; die Analysen 6 bis 9 können im folgenden aus Platzgründen nicht dokumentiert werden, erst in der abschließenden Diskussion wird auf sie eingegangen. (Die detaillierten Ergebnisse können beim Autor angefordert werden.)

10.4 Kontextanalysen nach Boyd und Iversen

Im folgenden wird über die Ergebnisse von Kontextanalysen nach dem Ansatz von Boyd und Iversen (1979) berichtet. Als Operationalisierung von Kontexteigenschaften werden hier Aggregatentsprechungen (Kontextmittelwerte) der jeweils relevanten Individualvariablen (vgl. Kap. 8) herangezogen. Dabei wird nur jeweils eine Individualvariable und eine Kontextebene zur Zeit analysiert, um die methodischen Probleme des Verfahrens in Grenzen zu halten.

Die Anlage der Untersuchung ist in weiten Teilen als heuristisch zu bezeichnen: Die praktische Durchführung von Kontextanalysen soll nicht zuletzt die Möglichkeiten und Grenzen des Machbaren aufzeigen. Andererseits ist mit dem vorgestellten SESA-Modell (vgl. Kap. 5) ein Rahmen gesetzt worden, der die Verbindung der praktischen Analyse zu theoretischen Erwägungen herstellt. *Eine explizite Operationalisierung und Prüfung des SESA-Modells kann an dieser Stelle nicht erfolgen, da der zur Verfügung stehende Datensatz keine ausdrücklichen Informationen darüber enthält, nach welchen Kriterien Kontextmitglieder soziale Anerkennung gewähren bzw. erwarten.*

10.4.1 Balanciertes versus verankertes Modell

In der Literatur wird die von Iversen (1986) vorgestellte Unterscheidung zwischen balanciertem und verankertem Modell nicht behandelt. Abgesehen von den Stellungnahmen von Tate (1984) findet sich in der soziologischen Literatur auch keine Diskussion der für diese Modelle zentralen Prozedur der Zentrierung (vgl. allgemein zum Problem der Zentrierung Belsley 1984, sowie die daran anknüpfenden Debatte im American Statistician). Auch Anwendungen der zentrierten Modelle sind äußerst selten (vgl. Abschnitt 6.2.2.1), eine kritische Diskussion der Verfahren wird so gut wie nie vorgenommen.

Folgende Kriterien sollen für die Entscheidung zwischen verankertem und balanciertem Modell angelegt werden: Bedeutet die Zugehörigkeit zu einem bestimmten Kontext gleichzeitig die Festlegung der unabhängigen Individualvariablen auf einen bestimmten Spielraum, so erscheint das balancierte Modell geeigneter, um die Information über die kontextuelle Unterschiedlichkeit der unabhängigen Individualvariablen zu bewahren. Wenn zum Beispiel der Effekt unterschiedlicher Schularten analysiert wird, wobei Klasse als Kontext definiert wird: Grundschulklassen haben geringere Besuchsdauer als Gymnasialklassen. Soll dieser Unterschied erhalten werden, ist das balancierte Modell angezeigt, soll der Unterschied ignoriert werden (bzw. das Merkmal konstant gehalten werden), das verankerte Modell.

Abbildung 10.14: Basismodell und zentrierte Modelle

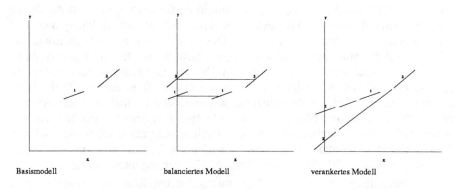

Basismodell   balanciertes Modell   verankertes Modell

Je nach Entscheidung kann das zu großen Unterschieden in den Parametern führen, wie die Abbildungen verdeutlichen.

Als zweites Kriterium dient die Frage, ob die Erklärung für Kontexteffekte auf dem Mechanismus des sozialen Vergleichs aufbaut. Diese Frog-Pond- Effekte werden im balancierten Modell gut abgebildet, da die Individualvariable als Abweichung vom Gruppenmittelwert und als Abweichung vom Gesamtmittelwert ausgedrückt wird, *also die relative Stellung des Individuums in seinem Kontext und die relative Stellung des Kontextes im Gesamtzusammenhang berücksichtigt wird, ohne daß die Kriteriumsvariable verändert wird.* Im Sinne einer Interpretation über sozialen Vergleich und relative Deprivation bzw. relative Gratifikation entfällt also im balancierten Modell die Notwendigkeit der von Tate (1984: 265) geforderten "Rücktransformation".

Sollte hingegen weder gewünscht sein, kontextbedingte Unterschiede im Streuungsintervall der unabhängigen Individualvariablen zu erhalten, noch die Mechanismen der Kontexteffekte über die Wirkungen eines sozialen Vergleiches zu erklären, so erscheint die ursprünglich von Boyd und Iversen vorgeschlagene verankerte Form des zentrierten Modells angezeigt.

Darüber hinaus kann die von Iversen entwickelte Überlegung angewandt werden, nach der eine kurvilineare Beziehung zwischen den Kontextmittelwerten der unabhängigen und der abhängigen Variablen auf die Adäquatheit des veran-

kerten Modells hinweist (vgl. Anhang 5). Eine lineare Beziehung spricht hingegen
für die Adäquatheit des balancierten Modells, wenn kein Interaktionseffekt vorliegt. Wenn ein Interaktionseffekt vorliegt, ist bei linearer Beziehung durch Inspektion des $\bar{y}_k/\bar{x}_k$ Diagramms keine Entscheidung für eine der beiden Varianten
möglich. Schwierig wird es übrigens auch, wenn aus der Inspektion des Diagramms nicht abzulesen ist, ob die Gruppenmittelwerte in einem kurvilinearen
oder linearen Zusammenhang stehen. Die Entscheidung zwischen balanciertem
und verankertem Modell wird unerheblich, wenn kein Interaktionseffekt vorliegt
und die unabhängige Individual-Variable sich nicht kontextabhängig verteilt.

Im Rahmen der ersten Analyse werden diese Überlegungen noch einmal verdeutlicht: Es liegen keine Anzeichen dafür vor, daß die Türken der ersten Generation sich systematisch nach Schulbildung über die Kontexte (E3) verteilen. Ein
derartiger Effekt würde z.B. vorliegen, wenn in bestimmten Kontexten der Zuzug
oder die Anwerbung von Migranten von einer Mindestschulbildung abhängig
gewesen wäre, in anderen hingegen nicht. Des weiteren war angenommen worden,
daß die absolute Dauer des Schulbesuchs (und nicht die relative im Kontext) einen
Effekt auf die strukturelle Assimilation hat. Die absolute Höhe der durchschnittlichen kontextuellen Schulbildung sollte ebenso einen Effekt haben. Da die Kontextebene aber die höchste differenzierte Kontextebene ist und in dieser Analyse
nicht mehr als Teil einer höheren in sich differenzierten Ebene betrachtet wird, ist
es konzeptionell unerheblich, ob die Kontextmittelwerte als absolute oder relative
Werte behandelt werden. Aus dieser Überlegung heraus wird in der ersten
Analyse (vgl. Übers. 10.15) das verankerte Modell für angemessen erachtet.

Die Darstellung der einzelnen hier durchgeführten Kontextanalysen ist sehr
umfangreich. Es erscheint aber angezigt, die Analysen ausführlich zu dokumen-
tieren, da es bislang derartige Dokumentationen mit empirischem Material nicht
gibt. Erst der durch die Darstellung mögliche Vergleich unterschiedlicher Analy-
sensätze erlaubt es dem interessierten Leser, sich ein eigenes Urteil über Stärke
und Schwächen der einzelnen Verfahren zu bilden. Interessant dürfte vor allem
der Vergleich der Analysen sein, die bei der gleichen Untersuchungspopulation
hinsichtlich der gleichen abhängigen Variablen auf der gleichen Kontextebene mit
variierenden unabhängigen Variablen durchgeführt werden. Aber auch die systematische Variation der Analyseebenen (E3, E2, E1) dürfte lohnende Vergleiche
ermöglichen.

10.4.2   *Strukturelle Assimilation bei Türken der ersten Generation*

10.4.2.1   *Strukturelle Assimilation in Abhängigkeit von Schulbildung auf der Ebene des Wohnquartiers (E3)*

Zur Einführung soll die erste Analyse ausführlich erläutert werden (Übers. 10.15):
Untersucht wird die strukturelle Assimilation von Türken der ersten Generation in

Abhängigkeit von der individuellen Schulbildung (x steht im folgenden für das ausführlichere x_{ik}), der durchschnittlichen Schulbildung der Türken der ersten Generation im Wohnquartier ($\bar{x}_k$) und einem multiplikativen Interaktionsterm ($x\bar{x}_k$), der eine gegenseitige Bedingtheit der Wirkungen von Individual- und Kontextvariable ausdrückt; wenn also Schulbildung nur in Kontexten mit hoher Schulbildung einen Effekt hat und umgekehrt, so liegt ein Interaktionseffekt vor.

Die bivariaten Korrelationen zwischen den unabhängigen Variablen und der strukturellen Assimilation zeigen eine starke Beziehung zwischen Interaktionsterm und abhängiger Variable, die durch die hohe Interkorrelation von ($x\bar{x}_k$) mit x zu erklären ist. Die weitere Analyse wird zeigen, inwieweit die moderate Beziehung zwischen Kontextwert und struktureller Assimilation (r= .15) auch unter Kontrolle der anderen Variablen des Modells bestehen bleibt.

Die Korrelationen der unabhängigen Variablen untereinander weisen auf starke Multikollinearität hin, die vor allem durch den Interaktionsterm ($x\bar{x}_k$) verursacht wird: er korreliert r= .96 mit der Individualvariablen x und r= .52 mit der Kontextvariablen $\bar{x}_k$. Daher ist eine Bestimmung der Effekte im Basismodell nicht möglich, Regressionsanalysen ergeben keine stabilen Parameterschätzungen. Dennoch werden hier die Ergebnisse der Schätzungen nach den separaten Gleichungen und der singulären Gleichung berichtet (erstellt mit der REGRESSION-Prozedur im SPSS). Darüber hinaus wurden auch separate Gleichungen mit einer Gewichtung der Parameter durch die Gruppengröße (s. Anhang) durchgeführt (mittels Datentransformationen im SPSS). Diese "handgerechneten", also selbst programmierten Regressionsanalysen, unterscheiden sich in ihren Parametern kaum von den ungewichteten separaten Gleichungen, da die Kontexte gerade bei den Türken sehr gleichmäßig besetzt sind.

Einzig der Anteil an erklärter Varianz, ausgedrückt durch R^2, das in diesen Analysen generell nicht adjustiert wurde, da die Anzahl der unabhängigen Variablen konstant blieb, ist interpretierbar: gegenüber dem reinen (Ein-Variablen-) Individualmodell erbringt die Einbeziehung der Kontext- und der Interaktionsvariablen mit R^2= .11 keine zusätzlich erklärte Varianz.

Die durch die Individualvariable im Basismodell erklärte Varianz läßt sich auch aus den Varianzzerlegungs-Tabellen ablesen. Ausgangsbasis ("Gesamt") ist das Ergebnis der Regressionsanalysen mit dem vollständigen Modell. Hieraus ergeben sich die erklärten Abweichungsquadrate (SS, 'Sum of Squares due to regression') und die nicht erklärten Abweichungsquadrate (RSS, 'Residual Sum of Squares'). Wird nur die Individualvariable in die Analyse einbezogen, ergeben sich SS, die kleiner oder gleich den Gesamt-SS sein müssen. Die RSS, die Individualvariablen zugeschrieben werden können, ergeben sich aus der Summierung der RSS aus den einzelnen kontextspezifischen "within"-Regressionen (vgl. Boyd & Iversen 1979: 62ff., sowie Anhang). Der "Rest" ergibt sich dann aus Subtraktion der Individual-SS von den Gesamt-SS (bzw. jeweils RSS). In der Randspalte sind dann die aus der Addition von SS und RSS sich ergebenden Anteile an Varianz angegeben, die den jeweiligen Ebenen zuzuordnen sind. Die Varianzzerlegungstabelle mit Prozentwerten informiert über das Verhältnis der einzelnen Abweichungsquadratsummen zur Gesamtheit der in diesem Modell zu beobachtenden Varianz.

Übersicht 10.15: Ergebnisse der Kontextanalyse nach Boyd und Iversen

Abhängige Variable: Strukturelle Assimilation (y)
Unabhängige Variable: Schulbildung (x)
Stichprobe: Türken, erste Generation   Kontextebene: E3

(r_xw = .33, R²w = .11)

	MW	Std.Abw.	N	y	x	x_w
y	2.08	1.17	459			
x	5.38	3.30	459	.33		
x_w	5.38	1.01	459	.15	.31	
(x·x_w)	29.99	20.46	459	.33	.96	.52

	MW	Std.Abw.	N	y'	x'	x_w'
y'	1.46	1.21	459			
x'	0.00	3.14	459	.28		
x_w'	0.00	1.01	459	.15	.00	
(x·x_w)'	0.00	3.03	459	.04	.10	.00

SCHÄTZUNG DER REGRESSIONS-PARAMETER

Basismodell

	Const.	x	x_w	(x·x_w)	Beta x	x_w	(x·x_w)
sep. equations	1.38	0.05	0.01	0.01			
gew. sep. eq.	1.35	0.06	0.02	0.01			
singl. eq.	1.21	0.09	0.05	0.00	.26	.04	.06

nicht adjust. R² = .11

Balanciertes Modell

	Const.	x	x_w	(x·x_w)	Beta x	x_w	(x·x_w)
sep. equations	2.06	0.11	0.18	0.01			
gew. sep. eq.	2.06	0.11	0.18	0.01			
singl. eq.	2.08	0.11	0.18	0.00	.29	.15	.01

nicht adjust. R² = .11

Verankertes Modell

	Const.	x	x_w	(x·x_w)	Beta x	x_w	
sep. equations	1.44	0.11	0.01		.28	.01	R²=.08
singl. eq.	1.46	0.11	0.02		.30	.01	R²=.09
singl. eq. y2	1.46	0.11	0.02	0.00			
singl. eq. y3	1.59	0.09	0.09	0.00	.29	.08	R²=.09

ZERLEGUNG DER VARIANZ

Basismodell

	SS	RSS	
Individual-effekt	66,71	408,74	475,45
Rest	2,01	151,39	153,40
Gesamt	68,72	560,13	628,85

	in %		
Individual	10,61%	65,00%	75,6%
Rest	0,32%	24,07%	24,4%
Gesamt	10,93%	89,07%	100,0%

Erklärte Varianz	mit Interaktion		ohne Interaktion	
	SS	in %	SS	in %
eindeutig x	1,30	1,39%	54,05	78,70%
eindeutig x_w	0,35	0,51%	1,97	2,87%
eindeutig xx_w	0,04	0,06%	--	--
gemeinsam gehalten	67,03	97,54%	12,66	18,43%
gesamte erkl. Var.	68,72	100,00%	68,68	100,00%

SS (x):	66,71
SS (x_w):	14,63
SS (xx_w):	67,19
SS (x·(xx_w)):	68,68
SS (x_w·(xx_w)):	67,42

Balanciertes Modell

	SS	RSS	
Individual-effekt	54,05	408,74	462,79
Kontext-effekt	14,63	97,81	112,44
Interaktions-effekt	0,95	53,76	54,71
Gesamt	68,74	560,11	628,85
Probe	69,63	560,31	629,94
	101,29%	100,04%	100,17%

Individual	8,6%	64,9%	73,5%
Kontext	2,3%	15,5%	17,8%
Interaktion	0,2%	8,5%	8,7%
Gesamt	10,9%	89,1%	100,0%
Probe	11,1%	88,9%	

Verankertes Modell

	SS	RSS	
Individual-effekt	54,05	408,74	462,79
Kontext-effekt	0,11	155,62	155,73
Interaktions-effekt	0,95	53,76	54,71
Gesamt	54,22	617,93	672,15
Probe	55,11	618,12	673,23
	101,64%	100,03%	100,16%

Individual	8,0%	60,7%	68,7%
Kontext	0,0%	23,1%	23,1%
Interaktion	0,1%	8,0%	8,1%
Gesamt	8,1%	91,9%	100,0%
Probe	8,2%	91,8%	

Es zeigt sich also, daß dieses Modell insgesamt 10,93% (rd. 11%) der Varianz in der strukturellen Assimilation bei Türken erklärt. 10,61% werden durch die alleinige Betrachtung der Individualvariablen erklärt, die zusätzliche Einbeziehung von Kontext und Interaktion erbringt also nur 0,32 Prozentpunkte an erklärter Varianz hinzu. Die unerklärte Varianz ist nach diesem Ansatz im Verhältnis von 65: 24 nicht spezifizierten Individualvariablen gegenüber nicht spezifizierten Kontext- und/oder Interaktionsvariablen zuzuordnen, so daß ca. 75% der Varianz spezifizierten und nicht spezifizierten Individualvariablen zugeschrieben werden können.

Nun ist diese Betrachtungsweise nicht ohne weiteres zu akzeptieren: Es muß eine Begründung dafür gegeben werden, daß die Varianz, die durch Individualvariablen erklärt wird, als gegeben angesehen wird und alle weiteren Variablen nur daraufhin betrachtet werden, ob sie *zusätzlich* zur Individualvariablen Varianz erklären können. Wie in Kap. 9 diskutiert, ist auch ein umgekehrtes Vorgehen denkbar. Eine Begründung wäre z.B., daß man nur an einer möglichst guten Erklärung im Sinne erklärter Varianzanteile interessiert sei (zur Prognose), nicht aber daran, zu erfahren, welche Variablen auf welcher Analyseebene ursächlich für die Effekte verantwortlich seien. Eine andere (theoretischere) Argumentation könnte auf der zeitlichen Anordnung der Effekte basieren. Demnach würden hier z.B. die Effekte der heimatlichen Schulbildung bei Migranten in ihrer Wirkung wesentlich früher eingesetzt haben und den Effekten der aktuellen Wohnumgebung nur noch wenig Entfaltungsmöglichkeiten bieten (vgl. hierzu Sewell & Armer 1966b: 709f.).

Das Kriterium der zusätzlich erklärten Varianz findet sich in vielen Arbeiten, ohne das bei Vorliegen von hohen Kollinearitäten die Wahl der als gegeben genommenen Variablen begründet wird (vgl. Fernandez & Kulik 1981: 841; Mastekaasa & Moum 1984: 395; Tate 1985: 230; Willms 1986: 237; vgl. Kap. 6). Einzig Knoke (1981: 151) zeigt, daß Varianzzerlegungen unter verschiedenen Perspektiven vorgenommen werden können.

Um eine derartige Zerlegung vornehmen zu können, werden neben den Gesamt-SS auch die SS für alle anderen aus den drei unabhängigen Variablen kombinierbaren Modelle benötigt. Diese Teil-SS sind in der Übersicht aufgeführt. Ein Zwei-Variablen-Modell mit Kontext- und Interaktionsterm ($\bar{x}_k$ und ($x \bar{x}_k$)) erklärt 67,42 SS. Wird zu diesem Modell die Individualvariable hinzugefügt, so läßt sich aus der Steigerung der erklärten Varianz ablesen, welcher Anteil eindeutig durch die Individualvariable erklärt wird. Das sind in diesem Fall 68,72 SS - 67,42 SS = 1,30 SS. Entsprechend läßt sich die SS ermitteln, die eindeutig dem Kontext- oder Interaktionsterm zuzuordnen ist. Die nicht diesen drei Komponenten eindeutig ('unique') zuzuordnende Varianz ist dann der Anteil der gemeinsam gehaltenen ('jointly held') Varianz, der Bereich also, in dem im Basismodell die Effekte nicht zu trennen sind:

$$68,72 - (1,30+0,35+0,04) = 67,03$$

Da vor allem der Interaktionsterm für hohe Kollinearität verantwortlich ist, dieser Term andererseits aber schwierig zu interpretieren und zu handhaben ist, wurde versuchsweise auch die Zerlegung der erklärten Varianz in einem Basismodell ohne Interaktionseffekt vorgenommen. Hier wurden also nur die nicht allzu hoch interkorrelierenden Individual- und Kontextvariablen berücksichtigt (dieses Modell wird im folgenden als 'Zwei-Variablen-Modell' bezeichnet). In diesem Modell, in dem nur unwesentlich geringere Varianzanteile erklärt werden als im kompletten Drei- Variablen-Modell, wird der überwiegende Teil (78,7%) eindeutig von der Individualvariablen beigesteuert, sehr wenig (2,9%) von der Kontextvariablen und ein geringer Betrag (18,4%) ist nicht eindeutig zuzuordnen. Das heißt, daß im vereinfachten Kontextmodell (dem Zwei-Variablen-Modell) zwischen 78,7% und 97,13% der erklärten Varianz der Individualvariablen zuzuschreiben ist. (Die standardisierten Regressionskoeffizienten im Zwei-Variablen-Modell betragen für die Individualvariable Beta= .31 gegenüber Beta= .06 für die Kontextvariable).

Um die Probleme, die durch Multikollinearität verursacht werden, zu umgehen, werden die unabhängigen Variablen im Modell von Boyd und Iversen zentriert. Im verankerten Modell wird die Kriteriumsvariable einer Transformation unterzogen (vgl. Anhang) im balancierten Modell bleibt sie unverändert. Die veränderten Variablen werden in der Darstellung ihrer wichtigsten Parameter und gegenseitigen Beziehungen mit einem Apostroph (') gekennzeichnet; bei der Schätzung der Regressionsparameter ist diese Kennzeichnung nicht nötig, da die Modellüberschriften auf die benutzten Modelle hinweisen.

Es zeigt sich, daß die zentrierten unabhängigen Variablen einen Mittelwert von Null aufweisen und untereinander nicht, bzw. nur noch schwach korrelieren. Aus den obigen Überlegungen heraus wird in diesem Fall das verankerte Modell für angemessen erachtet, so daß die bivariaten Beziehungen zur transformierten Variablen y' interessieren: Einzig die Individualvariable x' steht in einer nennenswerten Beziehung zur (transformierten) strukturellen Assimilation (r= .28).

Die Parameter-Schätzung zeigt im verankerten Modell nahezu identische Werte für die Methoden der separaten und singulären Gleichungen (die Schätzungen für das balancierte Modell werden hier nicht betrachtet). Da die unabhängigen Variablen untereinander kaum korrelieren, entsprechen die standardisierten Regressionskoeffizienten (Beta) in etwa den bivariaten Korrelationskoeffizienten. Es ist nur zu beobachten, daß der Erklärungswert des verankerten Modells mit 8% erklärter Varianz etwas geringer ist, als der Erklärungswert des Basismodells (bzw. des reinen Individualmodells). Der Erklärungswert des verankerten Modells verbessert sich leicht, wenn zur Transformation der Kriteriumsvariablen (Boyd & Iversen 1979: 69) nicht die Parameter aus den kontextspezifischen ("within") Regressionen, sondern die geschätzten Parameter aus dem Basismodell herangezogen werden (vgl. Anhang). Neben den Informationen aus dem jeweiligen Kontext (within-Regressionen) gehen in die alternative Berechnung auch Informationen aus allen anderen Kontexten ein (y2: gewichtete separate Gleichungen; y3: singuläre Gleichung im Basismodell). Da aus den Ausführungen von Iversen aber nicht deutlich wird, inwieweit die durch Multikollinearität möglicherweise verzerrten Parameter aus dem Basismodell bessere Schätzungen der kontextspezifischen Achsenschnittpunkte und Steigungen ('intercepts' und 'slopes') ergeben können, werden die Ergebnisse der Modelle im folgenden vor allem dokumentiert, um Aufschluß über die Stabilität des verankerten Modells zu erhalten.

Die Koeffizientenschätzung im verankerten Modell zeigt, daß Kontext- und Interaktionseffekte bei der Wirkung der Schulbildung auf die strukturelle Assimilation bei Türken der ersten Generation im Wohnquartier zu vernachlässigen sind. Die feststellbaren Effekte gehen nahezu ausschließlich von der individuellen Schulbildung aus.

Wenn in Kap. 9 Effekte der ethnischen Zusammensetzung der Wohnkontexte unter Kontrolle relevanter individueller Merkmale analysiert wurden, so wurde implizit davon ausgegangen, daß die Wirkung der individuellen Kontrollvariablen eindeutig auf der Individualebene anzusiedeln ist. Mit der hier vorgelegten Analyse wird der Forderung von Boyd und Iversen (1979: 195) Rechnung getragen, nach der immer zu prüfen sei, inwieweit die Wirkung von Individualvariablen nicht auf der Wirkung von nicht berücksichtigten Aggregatentsprechungen dieser Variablen beruhen, die (hoch) mit der Individualvariablen korrelieren.

Die Zerlegung der Varianz im verankerten Modell ermöglicht jetzt eine eindeutige Zuordnung der erklärten und nicht erklärten Varianz zu den einzelnen Ebenen (Boyd & Iversen 1979: 72-74). In den Varianzzerlegungs- Tabellen sind die SS und RSS angegeben, die nach den Formeln des Modells berechnet wurden. Darüber sind die SS und RSS der einzelnen Ebenen auch zur und als "Probe" addiert worden, um den Grad der Übereinstimmung mit den Modellannahmen (ausgedrückt in %) zu ermitteln. Die leichten Fehler (in der Tabelle kleiner als 2%) sind darauf zurückzuführen, daß die unabhängigen Variablen untereinander nicht gänzlich unkorreliert sind. (Dies mag daran liegen, daß die Binnenvarianzen von x innerhalb der einzelnen Kontexte leicht unterschiedlich sind; vgl. Anhang. Von einer Transformation von x, die die Kontext-Binnenvarianzen homogenisiert, also z.B. der Verwendung der Wurzel von x als Individualvariable wird hier abgesehen).

Die Varianzzerlegung macht deutlich, daß im verankerten Modell über 99% der erklärten SS (54,05 von 54,22) durch die Individualvariable erklärt wird, die Erklärungskraft der spezifizierten Kontext- und Interaktionsvariablen gegen Null geht. Der größte Anteil an unerklärter Varianz ist auf der Ebene der Individualvariablen angesiedelt, hier sind noch fast 61% der gesamten Varianz erklärbar. Hier sollten weitere Analysen also primär ansetzen (vgl. zum diagnostischen Wert der Analyse: Boyd & Iversen 1979: 72). In der Kovarianzanalyse konnte nur festgestellt werden, welcher Varianzanteil durch die Zugehörigkeit zu den spezifierten Kontexten erklärt wird. In der Varianzzerlegung kann man weiter gehen und betrachten, wie sich die *unerklärte Varianz* auf die einzelnen Aggregatstufen verteilt. Dieses diagnostisches Instrument ist in einer heuristisch-explorativen Untersuchung von großem Wert. Es läßt sich nach den Ergebnissen sagen, daß es durchaus lohnend sein kann, sich weiter auf die Suche nach Kontexteffekten zu begeben, da immerhin knapp ein Viertel der Varianz in der strukturellen Assimilation über Kontexteffekte erklärbar ist.

Die Randspalte der Varianzzerlegungstabelle zeigt, daß die strukturelle Assimilation der Türken der ersten Generation zu gut zwei Dritteln (68,7%) über Individualvariablen zu erklären sein dürfte, knapp ein Viertel (23,1%) Kontextvariablen auf der Ebene E3 zuzurechnen ist und ca. 8% über Interaktionseffekte
läuft.

Während auf Individualebene immerhin 11,7% (54,05: 462,79) aller durch Individualvariablen prinzipiell erklärbaren Varianz durch die spezifizierte Variable
erklärt wurde, ist der Beitrag der spezifizierten Kontextvariablen (0,1%; aus: 0,11:
155,73) und Interaktionsvariablen (1,7%; aus: 0,95: 54,71) auch im Rahmen des
Möglichen verschwindend gering.

Zusammenfassend: die durchschnittliche Schulbildung der Landsleute (der
ersten Generation) im Wohnquartier hat *keinen* Einfluß auf die individuelle strukturelle Assimilation bei Türken der ersten Generation.

10.4.2.2 *Strukturelle Assimilation in Abhängigkeit von kognitiver Assimilation auf der Ebene des Quartiers (E3)*

Der Vergleich von Übersicht 10.15 und Übersicht 10.16 müßte deutlich machen,
wie genau die Zerlegung der Varianz den einzelnen Ebenen Effekte zuordnen
kann, wie es also um den Anspruch dieses Verfahrens als diagnostisches Instrument bestellt ist. Die Individualvariable "kognitive Assimilation" (gemessen über
subjektive Sprachkenntnis) erklärt die strukturelle Assimilation der Türken besser
als die Schulbildung.

Die Interaktionsvariable ist auch hier extrem hoch mit der Individualvariablen
korreliert, auch die anderen Beziehungen zwischen den unabhängigen Variablen
im Basismodell sind deutlich ausgeprägt. Die Beziehungen zur abhängigen Variablen liegen in allen Fällen über r= .30, die gemeinsame Einbeziehung im Basismodell erhöht die erklärte Varianz gegenüber dem Individualmodell um 3 Prozentpunkte. Schon die Varianzzerlegung im Basismodell weist also auf einen
spürbaren Kontexteffekt hin. Da die Individualvariable hier besser erklärt, ist auch
der dem "Rest" zuzuordnende Varianzanteil hier mit 18,6% geringer als im
vorigen Fall (24,4%).

Bedingt durch die hohe Multikollinearität lassen sich im vollständigen Basismodell keiner Variablen größere erklärte Varianzanteile eindeutig zuordnen. Wird
der Interaktionseffekt nicht berücksichtigt, so ergibt die Zerlegung der erklärten
Varianz, daß die individuelle kognitive Assimilation für 51% bis 84%, die kollektive oder kontextuelle kognitive Assimilation für 16% bis 49% der in diesem
Modell erklärten Varianz verantwortlich ist. Ausgehend von der sich im folgenden
erweisenden Bedeutungslosigkeit des Interaktionsterms kann also festgehalten
werden, daß im Zwei-Variablen-Modell mindestens 16% der erklärten Varianz der
Kontextvariablen zugeschrieben werden kann. Es spricht demnach einiges dafür,

Übersicht 10.16: Ergebnisse der Kontextanalyse nach Boyd und Iversen

Abhängige Variable: Strukturelle Assimilation (y)

Unabhängige Variable: Kognitive Assimilation (x)

Stichprobe: Türken, erste Generation   Kontextebene: E3

	MW	Std.Abw.	N	x_m	x	y
y	2.09	1.17	458			
x	10.58	3.78	458			.41
x_m	10.58	1.38	458		.36	.31
(xx_m)	113.83	48.93	458		.95	.44

	MW	Std.Abw.	N	y'	x'	x_m'
y'	0.90	1.40	458			
x'	0.00	3.52	458	.27		
x_m'	0.00	1.37	458	.32	.31	
(x'x_m')	0.00	5.29	458	.06	.05	.21	.00

ZERLEGUNG DER VARIANZ

Basismodell

	SS	RSS
Individual-effekt	103,94	404,94
Rest	19,39	97,06
Gesamt	123,33	502,00

	SS	RSS	in %
Individual	16,62%	64,76%	81,4%
Rest	3,10%	15,52%	18,6%
Gesamt	19,72%	80,28%	100,0%

Erklärte Varianz — mit Interaktion

	SS	in %
eindeutig x	0,93	0,75%
eindeutig x_m	2,23	1,81%
eindeutig xx_m	0,04	0,03%
gemeinsam gehalten	120,13	97,41%
gesamte erkl. Var.	123,33	100,00%

ohne Interaktion

SS	in %
SS (x): 62,43	50,64%
SS (x_m): 19,35	15,69%
SS (x,x_m): --.-	--.-
41,51	33,67%
123,29	100,00%

SCHÄTZUNG DER REGRESSIONS-PARAMETER

$(r_{yx} = .41, R^2 = .17)$

Basismodell

	unstand. Koeffizienten (B)				stand. koeff. (Beta)		
	Const.	x	(x x_m)		x	(x x_m)	
sep. equations	-0.62	0.09	0.14	0.00			
gew. sep. eq.	-0.87	0.11	0.17	0.00			
singl. eq.	-0.54	0.09	0.14	0.00	.28	.17	.07

nicht adjust. R² = .20

Balanciertes Modell

	Const.	x	(x x_m)		x	(x x_m)	
sep. equations	2.07	0.11	0.26	0.00			
gew. sep. eq.	2.07	0.11	0.27	0.00			
singl. eq.	2.09	0.11	0.27	0.00	.32	.31	.01

nicht adjust. R² = .20

Verankertes Modell

	Const.	x	(x x_m)		x	(x x_m)	
sep. equations	0.90	0.11	0.14	-0.00			
singl. eq.	0.90	0.11	0.17	-0.00	.27	.16	-.01	R²=.10
singl. eq. y2	0.92	0.11	0.15	-0.00	.33	.18	-.01	R²=.14
singl. eq. y3	1.14	0.11	0.18	-0.00	.33	.21	-.01	R²=.15

Balanciertes Modell

	SS	RSS	
Individual-effekt	62,43	404,94	467,37
Kontext-effekt	60,86	51,61	112,47
Interaktions-effekt	1,95	54,88	56,83
Gesamt Probe	123,38 / 125,24	501,95 / 511,43	625,33 / 636,61
	101,51%	101,89%	101,81%

	SS	RSS	in %
Individual	9,8%	63,6%	73,4%
Kontext	9,6%	8,1%	17,7%
Interaktion	0,3%	8,6%	8,9%
Gesamt Probe	19,7%	80,3%	100,0%

Verankertes Modell

	SS	RSS	
Individual-effekt	62,43	404,94	467,37
Kontext-effekt	24,10	354,29	378,39
Interaktions-effekt	1,96	54,88	56,84
Gesamt Probe	86,61 / 88,49	804,37 / 814,11	890,98 / 902,60
	102,17%	101,21%	101,30%

	SS	RSS	in %
Individual	6,9%	44,9%	51,8%
Kontext	2,7%	39,3%	41,9%
Interaktion	0,2%	6,1%	6,3%
Gesamt Probe	9,7% / 9,8%	90,3% / 90,2%	100,0%

SS (x): 103,94
SS (x_m): 60,86
SS (x,x_m): 120,43
SS (x,(xx_m)): 121,10
SS (x_m(xx_m)): 122,40

daß die bisher diskutierte Wirkung der Individualvariablen "kognitive Assimilation" auf individuelle strukturelle Assimilation zum Teil auf Kontexteffekten basiert.

Auch hier soll wieder von der Adäquatheit des verankerten Modells ausgegangen werden. Allerdings ließe sich hier auch das balancierte Modell rechtfertigen, da plausibel erscheint, daß sich gute *relative* Sprachkenntnisse positiv auf den Statuserwerb auswirken.

Die Parameter-Schätzungen im verankerten Modell deuten auf einen starken Effekt der Individualvariablen, daneben aber auch auf einen deutlichen Kontexteffekt hin. Durch die Transformationen wird der Erklärungswert des Modells mit 10% erklärter Varianz deutlich geringer. Er verbessert sich durch die alternativen Transformationsverfahren (y2, y3) auf 14% bzw. 15%, ohne die 20% des Basismodells (oder auch des balancierten Modells) erreichen zu können.

Die Varianzzerlegung im verankerten Modell weist darauf hin, daß die Effekte von Individual- und Kontextvariablen annähernd gleich stark sein dürften (52%: 42%). *Dieses Ergebnis steht in deutlichem Widerspruch zum Ergebnis der vorigen Untersuchung, nach dem das Verhältnis 69: 23 betragen soll.* Die größte Fehlerquelle liegt anscheinend in der Transformation der abhängigen Variablen mit Hilfe der durch verschiedene Schätzverfahren ermittelten Steigung der kontextspezifischen Regressionsgeraden.

Im balancierten Modell wird ein Kontexteffekt festgestellt, dessen Stärke dem Individualeffekt gleicht. Unabhängig davon, ob Schulbildung oder Sprachkenntnis als x-Variable genommen wird, zeigen sich in der Varianzzerlegung nahezu identische Ergebnisse, nach denen 73% der Varianz durch Individualvariablen, 18% durch Kontextvariablen und 9% durch Interaktionseffekte zu erklären sein dürften. Es überrascht, daß die spezifizierte Kontexteigenschaft mit 9,6% der erklärten Varianz schon über die Hälfte der gesamten, durch Kontextvariablen erklärbaren Varianz erklären soll.

Insgesamt weisen die Analysen darauf hin, daß die strukturelle Assimilation der Türken der ersten Generation zu mindestens 20% durch Variablen zu erklären sein dürfte, die den Wohnkontext beschreiben. Eine derartige Variable mit relativ hoher Erklärungskraft scheint die durchschnittliche Sprachkenntnis der Türken der ersten Generation im Wohngebiet zu sein, die sich positiv auf die strukturelle Assimilation der Angehörigen dieser Population auswirkt. Mindestens genauso wichtig, wahrscheinlich aber weit wichtiger bleibt aber die individuelle Sprachkenntnis. Der Effekt dieser Variablen sollte in zukünftigen Untersuchungen auf Einflüsse ihrer Aggregatentsprechungen kontrolliert werden.

Übersicht 10.17: Ergebnisse der Kontextanalyse nach Boyd und Iversen

Abhängige Variable: Strukturelle Assimilation (y)

Unabhängige Variable: Schulbildung (x)

Stichprobe: Türken, erste Generation   Kontextebene: E2 (k)

$(r_{yk} = .33, \ P^2 = .11)$

	MW	Std.Abw.	N	x	y	x_k
y	2.08	1.17	459		.33	
x	5.38	3.30	459		.06	.22
x_k	5.38	0.73	459		.31	.97
(xx_k)	29.52	19.27	459			.41

	MW	Std.Abw.	N	y	y'	x'	x_k'
y'	1.49	1.19	459	.32			
x'	0.00	3.22	459	.32	.06		
x_k'	0.00	0.73	459	-.04	-.04	.00	
$(x'x_k')$	0.00	2.42	459			.05	.00

SCHÄTZUNG DER REGRESSIONS-PARAMETER

Basismodell

	unstand. Koeffizienten (B) Const.	x	x_k	$(x \ x_k)$	stand. Koeff. (Beta) x	x_k	$(x \ x_k)$
sep. equations	1.16	0.17	0.06	-0.01	.72	.07	-.42
gew. sep. eq.	1.08	0.19	0.08	-0.02			
singl. eq.	0.86	0.25	0.11	-0.03	nicht adjust. R^2 = .11		

Balanciertes Modell

	unstand. Koeffizienten (B) Const.	x	x_k	$(x \ x_k)$	stand. Koeff. (Beta) x	x_k	$(x \ x_k)$
sep. equations	2.06	0.11	0.09	-0.01	.32	.06	-.05
gew. sep. eq.	2.06	0.11	0.10	-0.02			
singl. eq.	2.08	0.12	0.09	-0.03	nicht adjust. R^2 = .11		

Verankertes Modell

	unstand. Koeffizienten (B) Const.	x	x_k	$(x \ x_k)$	stand. Koeff. (Beta) x	x_k	$(x \ x_k)$
singl. eq.	1.48	0.06		-0.01	.32	.05	-.05 R^2=.11
singl. eq. y2	1.48	0.06		-0.03	.32	.05	-.05 P^2=.11
singl. eq. y3	1.51	0.12	0.09	-0.03	.32	.04	-.05 R^2=.11

Balanciertes Modell

	SS	RSS	
Individual-effekt	64.62	468.69	533.31
Kontext-effekt	2.21	63.12	65.33
Interaktions-effekt	1.01	32.50	33.51
Gesamt	66.71	560.15	628.86
Probe	67.84	564.31	632.15
	98.73%	100.74%	100.52%
Individual	10.2%	74.1%	84.4%
Kontext	0.3%	10.0%	10.3%
Interaktion	0.2%	5.1%	5.3%
Gesamt	10.9%	89.1%	100.0%
Probe	10.7%	89.3%	

Verankertes Modell

	SS	RSS	
Individual-effekt	64.62	468.69	533.31
Kontext-effekt	1.39	79.54	80.93
Interaktions-effekt	1.01	32.50	33.51
Gesamt	67.90	576.76	644.66
Probe	67.02	580.73	647.75
	98.70%	100.69%	100.48%
Individual	10.0%	72.4%	82.3%
Kontext	0.2%	12.3%	12.5%
Interaktion	0.2%	5.0%	5.2%
Gesamt	10.5%	89.5%	100.0%
Probe	10.3%	89.7%	

ZERLEGUNG DER VARIANZ

Basismodell

	SS	RSS	
Individual-effekt	66.71	468.69	535.40
Rest	1.93	91.53	93.46
Gesamt	68.64	560.22	628.86
Individual	10.61%	74.53%	85.1%
Rest	0.31%	14.55%	14.9%
Gesamt	10.91%	89.09%	100.0%

	SS (x):	66.71
	SS (x_k):	2.21
	SS (xx_k):	59.29
	SS (x,(xx_k)):	66.83
	SS (x_k,(xx_k)):	67.75
		62.57

Erklärte Varianz

	mit Interaktion SS	in %	ohne Interaktion SS	in %
eindeutig x	6.07	8.84%	64.62	96.69%
eindeutig x_k	0.89	1.30%	0.12	0.18%
eindeutig xx_k	1.81	2.64%	--	--
gemeinsam gehalten	59.87	87.22%	2.09	3.13%
gesamte erkl. Var.	68.64	100.0%	66.83	100.0%

Übersicht 10.18: Ergebnisse der Kontextanalyse nach Boyd und Iversen

Abhängige Variable: Strukturelle Assimilation (y)
Unabhängige Variable: Schulbildung (x)
Stichprobe: Türken, erste Generation (N= 459)
Kontextebene: El (k)

$(r_{xy} = .33, \ R^2 = .11)$

	Mw	Std.Abw.	N	y	x	x_k	$(x x_k)$
y	2.08	1.17	459		.33		.07
x	5.36	3.30	459	.33		.01	1.00
x_k	5.38	0.24	459	.01	.01		.15
(xx_k)	29.04	17.90	459	.32	1.00	.15	

	Mw	Std.Abw.	N	y'	x'	x_k'	$(x x_k')$
y'	1.46	1.17	459		.33	.01	-.01
x'	0.00	3.29	459	.33		-.00	.00
x_k'	0.00	0.24	459	.01	-.00		-.03
$(x x_k')$	0.00	0.77	459	-.01	-.01	-.03	

SCHÄTZUNG DER REGRESSIONS-PARAMETER

Basismodell

	\multicolumn{4}{}{unstand. Koeffizienten (B)}				\multicolumn{3}{}{stand. Koeff. (Beta)}		
	Const.	x	x_k	$(x x_k)$	x	x_k	$(x x_k)$
sep. equations	1.70	0.14	-0.05	-0.00			
gew. sep. eq.	1.55	0.15	-0.02	-0.01	.57	.01	-.24
singl. eq.	1.26	0.20	0.04	-0.02	nicht adjust. P^2 = .11		

Balanciertes Modell

	Const.	x	x_k	$(x x_k)$	x	x_k	$(x x_k)$
sep. equations	2.07	0.12	0.05	-0.00			
gew. sep. eq.	2.07	0.12	0.07	-0.01	.33	.01	-.00
singl. eq.	2.08	0.12	0.07	-0.00	nicht adjust. R^2 = .11		

Verankertes Modell

	Const.	x	x_k	$(x x_k)$	x	x_k	$(x x_k)$	
sep. equations	1.45	0.12	0.05	-0.00				
singl. eq.	1.46	0.12	0.07	-0.00	.33	-.00	-.00	R^2= .11
singl. eq. y2	1.46	-0.02	-0.02	0.00	.33	-.00	-.00	R^2= .11
singl. eq. y3	1.59	0.12	0.08	-0.00	.33	.02	-.00	R^2= .11

ZERLEGUNG DER VARIANZ

Basismodell

	SS	RSS
Individual- effekt	66,71	526,82
Rest	0,14	35,19
Gesamt	66,85	562,01

	in %	in %
Individual	10,61%	83,77%
Rest	0,02%	5,60%
Gesamt	10,63%	89,37%

Erklärte Varianz	mit Interaktion SS	in %	ohne Interaktion SS	in %
eindeutig x	0,38	0,57%	66,67	99,84%
eindeutig x_k	0,01	0,01%	0,07	0,10%
eindeutig xx_k	0,07	0,10%	-.-	-.-
gemeinsam gehalten	66,39	99,31%	0,04	0,06%
gesamte erkl. Var.	66,85	100,00%	66,78	100,00%

	SS
SS (x):	66,71
SS (x_k):	0,11
SS ($x x_k$):	65,73
SS (x,x_k):	66,78
SS (x,($x x_k$)):	66,84
SS (x_k,($x x_k$)):	66,47

Balanciertes Model

	SS	RSS
Individual- effekt	66,67	526,82
Kontext- effekt	0,11	26,14
Interaktions- effekt	0,07	9,22
Gesamt	66,78	562,07
Probe	66,85	562,18
	100,0%	100,0%

Individual	10,6%	83,8%
Kontext	0,0%	4,2%
Interaktion	0,0%	1,5%
Gesamt	10,6%	89,4%
Probe	10,6%	89,4%

Verankertes Modell

	SS	RSS
Individual- effekt	66,67	526,82
Kontext- effekt	0,01	21,36
Interaktions- effekt	0,07	9,22
Gesamt	66,68	557,32
Probe	66,75	557,40
	100,0%	100,01%

Individual	10,7%	84,4%
Kontext	0,0%	3,4%
Interaktion	0,0%	1,5%
Gesamt	10,7%	89,3%
Probe	10,7%	89,3%

unstand. Koeffizienten (B)

	x	x_k	$(x x_k)$
sep. equations	0.12	-0.05	-0.00
gew. sep. eq.	0.15	-0.02	-0.01
singl. eq.	0.20	0.04	-0.02

	SS	RSS
	593,53	593,49
	35,33	21,37
	628,86	9,29

| 94,4% |
| 5,6% |
| 100,0%|

| 622,00 |
| 624,15 |
| 100,02% |
| 95,1% |
| 3,4% |
| 1,5% |
| 100,0% |

10.4.2.3 Vergleich auf drei Ebenen (Übers. 10.15, 10.17, 10.18): Strukturelle As-
similation in Abhängigkeit von Schulbildung auf verschiedenen Ebenen bei
Türken der ersten Generation

Auf der *Ebene E2 (Stadtteil)* sind bivariat noch geringere Beziehungen zwischen
der Kontextvariablen und struktureller Assimilation festzustellen. Die Varianzzerlegung im Basismodell zeigt geringere zusätzlich erklärte Varianz durch "Rest"-
Variablen gegenüber der Individualvariablen; wenn der Interaktionseffekt vernachlässigt wird, so kann die Individualvariable fast 100% der gemeinsam mit der
Kontextvariablen erklärten Varianz für sich beanspruchen (mindestens 96,7%).

Die stärkere durchschnittliche Gruppengröße in den einzelnen Gruppen (auf
Ebene E2 ca. 30 gegenüber ca. 15 auf Ebene E3) schlägt sich offensichtlich in
besseren kontextspezifischen Schätzungen und somit einer verbesserten
Transformationsgrundlage für die Kriteriumsvariablen im verankerten Modell
nieder: Alle drei Verfahren ergeben nahezu identische Parameter, die erklärte
Varianz ist genauso hoch wie im Basismodell.

Weil keine nennenswerten Kontext- oder Interaktionseffekte zu beobachten
sind, ergeben verankertes und balanciertes Modell auch annähernd identische Ergebnisse. Demnach spielt die kontextuelle Schulbildung keine Rolle bei der Erklärung von struktureller Assimilation bei Türken der ersten Generation. Über 80%
der gesamten Varianz scheint durch Individualvariablen zu erklären sein, wenn
man als Quelle für alternative Prädiktoren die Ebene E2 angibt.

Noch einmal erheblich unbedeutender wird die kontextuelle Sprachkenntnis
auf der Ebene E1 (Stadt). Was an Varianz in der strukturellen Assimilation erklärt
wird, wird eindeutig durch Individualvariable erklärt. Balanciertes und verankertes
Modell zeigen fast identische Ergebnisse, denen zufolge Kontext- und Interaktionsvariablen auf dieser Ebene maximal für 5% erklärter Varianz verantwortlich
sein können.

10.4.2.4 Strukturelle Assimilation in Abhängigkeit von kognitiver Assimilation
(Vergleich der Übersichten 10.16, 10.19 und 10.20)

Die bivariate Beziehung zwischen Kontextvariable und struktureller Assimilation
wird mit aufsteigender Ebene immer schwächer (E3: r=.31, E2: r=.19, E1: r= .12),
ebenso verhält es sich mit der durch Einbeziehung von Kontextvariablen und Interaktionsterm zusätzlich erklärten Varianz (E3: +3,1 Prozentpunkte, E2: +0,9
Prozentpunkte, E1: +0,3 Prozentpunkte). Der (im Zwei-Variablen-Modell) eindeutig der Individualvariablen zuzurechnende Anteil erklärter Varianz steigt mit großräumiger Ebene (E3: 51%, E2: 79%, E1: 92%), die eindeutig der Kontextvariablen
zuzurechnende erklärte Varianz nimmt ab (E3: 16%, E2: 5%, E1: 1%), ebenso die
gemeinsam gehaltene Varianz. Von daher ergeben sich die gleichen Schlußfolge-

Übersicht 10.19: Ergebnisse der Kontextanalyse nach Boyd und Iversen

Abhängige Variable: Strukturelle Assimilation (y)
Unabhängige Variable: Kognitive Assimilation (x)

Stichprobe: Türken, erste Generation   Kontextebene: E2

$(r_{xy} = .41, R^2 = .17)$

	Mw	Std.Abw.	N	y	x	x_w	x_w
y	2.09	1.17	458				
x	10.58	3.78	458	.41			
x_w	10.58	0.92	458	.19	.24		
(xx_w)	112.79	43.95	458	.42	.97	.44	

	Mw	Std.Abw.	N	y'	x'	x_w'	x_w'
y'	0.79	1.34	458				
x'	0.00	3.66	458	.37	.32		
x_w'	0.00	0.92	458	.19	.15	.00	
(x'x_w')	0.00	3.53	458	.05	.04	.16	.00

SCHÄTZUNG DER REGRESSIONS-PARAMETER

Basismodell

	unstand. Koeffizienten (B)			stand. Koeff. (Beta)		
	Const.	x	(x x_w)	x	x	(x x_w)
sep. equations	-1.26	0.18	-0.01	.35	.09	.04
gew. sep. eq.	-1.52	0.19	-0.01			
singl. sep. eq.	-0.41	0.12	-0.00	nicht adjust. R^2 = .18		

Balanciertes Modell

	Const.	x	(x x_w)	x	x	(x x_w)
sep. equations	2.08	0.23	-0.01	.37	.19	-.01
gew. sep. eq.	2.08	0.12	-0.01			
singl. sep. eq.	2.09	0.12	-0.00	adjust. R^2 = .18		

Verankertes Modell

	Const.	x	(x x_w)	x	x	(x x_w)	
sep. equations	0.77	0.12	-0.01	.33	.15	-.01	R^2=.13
singl. eq.	0.79	0.12	-0.00				
singl. eq. y2	0.78	0.12	-0.00	.38	.15	-.01	R^2=.16
singl. eq. y3	0.93	0.12	-0.00	.38	.11	-.01	R^2=.15

ZERLEGUNG DER VARIANZ

Basismodell

	SS	RSS			mit Interaktion SS in %	ohne Interaktion SS in %
Individual-effekt	103,94	450,77	SS (x):	103,94	72,09%	86,58 78,85%
Rest	5,86	64,76	SS (x_w):	23,22	0,94%	5,86 5,34%
			SS (xx_w):	109,80		
Gesamt	109,80	515,53	SS (x,(xx_w)):	109,11	82,44%	92,44%
			SS (x_w,(xx_w)):	109,18		

Erklärte Varianz	mit Interaktion SS in %	ohne Interaktion SS in %			
eindeutig x	0,62 0,56%	86,58 78,85%	554,71 86,7%		
eindeutig x_w	0,69 0,63%	5,86 5,34%	70,62 11,3%		
eindeutig xx_w	0,00 0,00%	-,-			
gemeinsam gehalten	108,49 98,81%	17,36 15,81%	625,33 100,0%		
gesamte erkl. Var.	109,80 100,00%	109,80 100,00%			

Balanciertes Modell

	SS	RSS	
Individual-effekt	86,58	450,77	537,35
Kontext-effekt	23,22	36,98	60,20
Interaktions-effekt	1,38	38,53	39,91
Gesamt	109,98	515,44	625,42
	111,18	526,28	637,46
	101,09%	102,10%	101,93%
Individual	13,6%	70,7%	84,3%
Kontext	3,6%	5,8%	9,4%
Interaktion	0,2%	6,0%	6,3%
Gesamt	17,6%	82,6%	100,0%
Probe	17,4%	82,6%	

Verankertes Modell

	SS	RSS	
Individual-effekt	86,58	450,77	537,35
Kontext-effekt	17,67	242,81	260,48
Interaktions-effekt	1,38	38,53	39,91
Gesamt	104,38	721,04	825,42
	105,63	732,11	837,74
	101,20%	101,54%	101,49%
Individual	10,3%	53,8%	64,1%
Kontext	2,1%	29,0%	31,1%
Interaktion	0,2%	4,6%	4,8%
Gesamt	12,6%	87,4%	100,0%
Probe	12,6%	87,4%	

rungen wie zuvor, daß nämlich der Einfluß kontextueller Variablen mit großräumigerer Ebene kleiner wird.

Aus den genannten Gründen wird in diesen Analysen das verankerte Modell für angemessen erachtet. Mit aufsteigender Ebene nähern sich die erklärten Varianzanteile den Werten des Basismodells wieder an, die unterschiedlichen Schätzverfahren zur Gewinnung der Transformationswerte für y ergeben ähnliche Parameter.

Während der Interaktionsterm auf allen Ebenen unbedeutend bleibt, sind doch deutliche Kontexteffekte feststellbar: auf der Ebene E3 ist die durchschnittliche Sprachkenntnis der Landsleute der gleichen Generation für 27,8% (24,1: 86,6) der in diesem Modell erklärten Varianz zuständig, auf den Ebenen E2 und E1 sind es immerhin noch 16,9 bzw. 14,8%. So zeigt sich zwar auf allen Ebenen ein deutliches Überwiegen der Stärke des Individualeffektes und dennoch ein deutlicher Kontexteffekt. Bei der Interpretation der Wirkungen der Individualvariablen Sprachkenntnis (bzw. kognitive Assimilation) ist also immer in Rechnung zu stellen, daß diese Effekte mit den Effekten der kontextuellen kognitiven Assimilation bei Türken der ersten Generation konfundiert sind, die ihrerseits einen eigenständigen - wenn auch relativ schwachen - Effekt auf die strukturelle Assimilation dieser Teilpopulation ausübt.

Inhaltlich bedeutet das, daß in einem Milieu mit guten Sprachkenntnissen die Chance für ein Aufsteigen auf der Statusdimension besser ist als in einem Milieu mit schlechten Sprachkenntnissen. Es kann mit dem hier vorgelegten Ansatz nicht beantwortet werden, ob dieser Effekt darauf beruht, daß Türken durch gute Sprachkenntnisse im Umfeld motiviert werden, deutsche Sprachkenntnisse zu erwerben, bzw. ob verbesserte Sprachkenntnisse im Umfeld den Informationsgrad im Umfeld und damit die Chancen zum Aufstieg erhöhen (im Sinne von Granovetters "Strength of Weak Ties").

Die Überprüfung dieser und weiterer Überlegungen zu der Wirkung von Kontexteffekten ist hier nicht möglich, sondern bedarf eigener Untersuchungen mit der Konstruktion von Modellen, die diese Gedanken möglichst genau abbilden. Die hier vorgelegten Untersuchungen sind demgegenüber eher deskriptiv-heuristisch zu verstehen.

Auch im verankerten Modell läßt sich (wie im Basismodell) die Tendenz ablesen, daß Kontexteffekte mit aufsteigender Ebene immer unbedeutender werden. Während auf der Ebene E3 die noch nicht erklärte Varianz ungefähr zu gleichen Teilen der Individualebene (44,9%) und der Kontextebene (39,3%) zuzuordnen ist, scheint es auf der Ebene E2 schon fast doppelt so lohnend, sich bei der Erweiterung des Modells vorrangig um Individualvariablen zu bemühen (53,8%: 29,0%) und auf der Ebene Stadt brächte die Einbeziehung *aller* relevanten Kontextvariablen maximal nur noch knapp 4,1% zusätzlich erklärter Varianz. In diesem Zusammenhang zeigt sich hier die sehr starke Bedeutung der kontextuellen Sprachkenntnis: sie erklärt fast 40% (17,01: 43,11) *aller* durch Kontextvariablen überhaupt als erklärbar erscheinenden Varianz. Möglicherweise steht die kontextuelle Sprachkenntnis für eine Reihe weiterer Faktoren (z.B. der ökonomi-

Übersicht 10.20: Ergebnisse der Kontextanalyse nach Boyd und Iversen

Abhängige Variable: Strukturelle Assimilation (y)

Unabhängige Variable: Kognitive Assimilation (x)

Stichprobe: Türken, erste Generation (N= 458) Kontextebene: E1 (k)

(r_{yw}= .41, R^2=.17)

	MW	Std.Abw.	N	y	x	x_w
y	2.09	1.17	458			
x	10.58	3.78	458	.41		
x_w	10.58	0.66	458	.12	.18	
(xx_w)	112.39	42.10	458	.41	.99	.33

	MW	Std.Abw.	N	y	y'	x'	x_w'
y'	0.78	1.19	458				
x'	0.00	3.72	458	.39	.39		
x_w'	0.00	0.66	458	.12	.16	.00	
(x'x_w')	0.00	2.51	458	-.00	-.00	.10	.00

SCHÄTZUNG DER REGRESSIONS-PARAMETER

Basismodell	unstand. Koeffizienten (B) Const.	x	x_w	(x x_w)	stand. Koeff. (Beta) x	x_w	(x x_w)
sep. equations	-2.15	0.31	0.28	-0.02			
gew. sep. eq.	-2.31	0.32	0.29	-0.02			
singl. eq.	-1.61	0.26	0.23	-0.01	.85	.12	-.47
					nicht adjust. R^2 = .17		

Balanciertes Modell	unstand. Koeffizienten (B) Const.	x	x_w	(x x_w)	stand. Koeff. (Beta) x	x_w	(x x_w)
sep. equations	2.08	0.12	0.20	-0.02			
gew. sep. eq.	2.08	0.12	0.21	-0.02			
singl. eq.	2.09	0.13	0.21	-0.02	.40	.12	-.04
					nicht adjust. R^2 = .17		

Verankertes Modell	unstand. Koeffizienten (B) Const.	x	x_w	(x x_w)	stand. Koeff. (Beta) x	x_w	(x x_w)
sep. equations	0.77	0.12	0.28	-0.02			
singl. eq.	0.78	0.13	0.29	-0.02	.39	.16	-.04 R^2=.18
singl. eq. y2	0.78	0.13	0.28	-0.02	.40	.16	-.04 R^2=.18
singl. eq. y3	0.46	0.13	0.16	-0.02	.40	.09	-.04 R^2=.17

ZERLEGUNG DER VARIANZ

Basismodell	SS	RSS	
Individual-effekt	103,94	499,75	603,69
Rest	1,97	19,67	21,64
Gesamt	105,91	519,42	625,33
Individual	16,62%	79,92%	96,5%
Rest	0,32%	3,15%	3,5%
Gesamt	16,94%	83,06%	100,0%

SS (x):	103,94
SS (x_w):	8,88
SS (xx_w):	103,93
SS (x,x_w):	105,40
SS (x,(xx_w)):	104,74
SS (x_w,(xx_w)):	104,13

Erklärte Varianz	mit Interaktion SS	in %	ohne Interaktion SS	in %
eindeutig x	1,78	1,68%	96,52	91,57%
eindeutig x_w	1,17	1,10%	1,46	1,39%
eindeutig xx_w	0,51	0,48%	-.-	-.-
gemeinsam gehalten	102,45	96,73%	7,42	7,04%
gesamte erkl. Var.	105,31	100,00%	105,40	100,00%

	Balanciertes Model SS	RSS		Verankertes Modell SS	RSS	
Individual-effekt	95,53	499,75	595,28	95,53	499,75	595,28
Kontext-effekt	8,36	16,88	25,74	17,01	26,10	43,11
Interaktions-effekt	0,01	2,25	2,26	0,01	2,25	2,26
Gesamt	106,64	518,69	625,33	114,77	527,37	642,64
Probe	104,40	518,88	623,28	112,55	528,10	640,65
	97,90%	100,04%	99,67%	98,07%	100,04%	99,69%
Individual	15,3%	80,2%	95,5%	14,9%	78,0%	92,9%
Kontext	1,4%	2,7%	4,1%	2,7%	4,1%	6,7%
Interaktion	0,0%	0,4%	0,4%	0,0%	0,4%	0,4%
Gesamt	17,1%	82,9%	100,0%	17,9%	82,1%	100,0%
Probe	16,3%	83,2%		17,5%	82,4%	

schen Struktur der Städte), die in weitergehenden Analysen kontrolliert werden müßten. Ein Erklärungsmechanismus würde also auf selektiver Migration basieren. Hier handelte es sich dann aber nicht um selektive Migration nach unabhängigen Individualvariablen - wie sie in der Kovarianzanalyse (ANOVA) ansatzweise überprüft wurde - sondern um selektive Migration nach der abhängigen Variablen, die sich in Abhängigkeit von strukturellen Faktoren vollzogen hätte. Bei Vorliegen von stärkeren Kontexteffekten auf der Ebene Stadt wäre also z.B. eine Erweiterung des Modells um verschiedene sozio-strukturelle Variablen der Städte angezeigt gewesen.

Übersicht 10.21: Zerlegung der gesamten Varianz in der strukturellen Assimilation (T1) im balancierten Modell nach Ebenen (spezifizierte *und* nicht spezifizierte Variablen), in % erklärbarer Varianz

Verankertes Modell

	E3 (Übers.10.15,16)		E2 (Übers.10.17,19)		E1 (Übers.10.18,20)	
	SBI	SUB	SBI	SUB	SBI	SUB
Individual	68,7	51,8	82,3	64,1	95,1	92,9
Kontext	23,1	41,9	12,5	31,1	3,4	6,7
Interaktion	8,1	6,3	5,2	4,8	1,5	0,4

Balanciertes Modell

	E3 (Übers.10.15,16)		E2 (Übers.10.17,19)		E1 (Übers.10.18,20)	
	SBI	SUB	SBI	SUB	SBI	SUB
Individual	75,3	73,4	84,4	84,3	94,4	95,5
Kontext	17,8	17,7	10,3	9,4	4,2	4,1
Interaktion	8,7	8,9	5,3	6,3	1,5	0,4

Abschließend seien noch die Randspalten der Varianzzerlegungstabellen für die beiden Modelle verglichen (Übersicht 10.21), in denen entweder die Schulbildung (SBI) oder die kognitive Assimilation (SUB) als Prädiktor eingesetzt wurde. Es fällt auf, daß die Varianzzerlegung im verankerten Modell keine einheitlichen Ergebnisse liefert. Die Unterschiede betragen teilweise fast 20 Prozentpunkte und werden erst auf der Ebene E1, auf der ohnehin kaum Kontext- und Interaktionseffekte wirksam sein dürften, geringer. Das Modell der Varianzzerlegung von Boyd und Iversen postuliert aber, daß in der Varianzzerlegung u.a. deutlich wird, welche Anteile der insgesamt erklärbaren Varianz den spezifizierten und nicht spezifizierten Kontextvariablen zuzuordnen sind. Diese Zuordnung der Varianz zu einzelnen Ebenen läßt sich aber im verankerten Modell (hier) nicht eindeutig vornehmen, es lassen sich lediglich Aussagen zur Tendenz machen.

Interessant ist hingegen die aus der Übersicht hervorgehende interne Konsistenz im balancierten Modell, das aus theoretischen Gründen für weniger angemessen als das verankerte Modell angesehen worden war. Hier liefert die Varianzzerlegung unabhängig von der Wahl des Regressors nahezu identische Ergebnisse.

Die Ergebnisse dieser Varianzzerlegungen sprechen darüber hinaus für eine wesentlich geringere kontextuelle Beeinflussung der strukturellen Assimilation bei Türken der ersten Generation als die Resultate des verankerten Modells es vermuten ließen.

Die wesentlichen Ergebnisse der inhaltlichen Betrachtungen finden sich aber auch im Basismodell: deutlicher Effekt der kontextuellen Sprachkenntnis auf der Ebene E3, abnehmende Effektstärke mit großräumigerer Ebene und Dominanz individueller Faktoren bei der Erklärbarkeit der strukturellen Assimilation.

Damit soll der relativ ausführliche erste Block der Kontextanalysen nach Boyd und Iversen abgeschlossen sein. In den folgenden Analysen soll neben inhaltlichen Fragen der Assimilation auch untersucht werden, ob sich folgende Teilergebnisse replizieren lassen:

- Verlust an erklärter Varianz im verankerten Modell,
- Instabilität der Schätzungen bei Anwendung alternativer Schätzverfahren in Analysen mit kleinen Kontext-Stichproben,
- Instabilität der Zerlegung der Gesamtvarianz nach Ebenen im verankerten Modell (gegenüber Stabilität im balancierten Modell),
- Starke Anteile der insgesamt Kontextvariablen zuzurechnenden Varianz im verankerten Modell (gegenüber den Ergebnissen der Varianzzerlegungen im balancierten Modell,
- Stärkere Anteile an der erklärten Varianz durch die spezifizierte Kontextvariable im balancierten Modell (gegenüber dem verankerten Modell).

10.4.3 Soziale Assimilation bei Türken und Jugoslawen der ersten Generation (Übersichten 10.22, 10.23 und 10.24)

Die kontextuelle Sprachkenntnis (kognitive Assimilation) hatte bei den Türken der ersten Generation einen deutlich meßbaren eigenständigen Effekt auf die strukturelle Assimilation gehabt. Zur Erklärung der sozialen Assimilation der Angehörigen dieser Population trägt sie aber zumindest nach den Ergebnissen des Basismodells wenig bei. Die bivariate Beziehung von r= .15 ist als eher schwach zu bezeichnen, der Anteil an erklärter Varianz im Basismodell ist nicht größer (16%) als im reinen Individualmodell und die Zerlegung der erklärten Varianz im Zwei-Variablen-Modell ergibt keine eindeutig zuordnenbare Varianzanteile für die Kontextvariable und nur 13,6% gemeinsam mit der Individualvariablen gehaltene Varianz.

Es lassen sich in diesem Modell theoretische Argumente für die Angemessenheit des balancierten Modells anführen: Demnach empfindet der einzelne Migrant schon relativ (zum Kontext gesehen) gute Sprachkenntnisse als Motivation und Verpflichtung, Kontakte zur einheimischen Bevölkerung aufzunehmen,

Übersicht 10.22: Ergebnisse der Kontextanalyse nach Boyd und Iversen

Abhängige Variable: Soziale Assimilation (y)

Unabhängige Variable: Kognitive Assimilation (x)

Stichprobe: Turken, erste Generation (N= 449)   Kontextebene: E3 (k)

$(r_{yx} = .41, R^2 = .16)$

	MW	Std.Abw.	N	y	x	x_k	(xx_k)
y	7.67	2.40	449				
x	10.63	3.80	449	.41			
x_k	10.63	1.38	449	.15	.36		
(xx_k)	114.91	49.40	449	.39	.95	.61	

	MW	Std.Abw.	N	y'	y	x'	x	x_k'
y'	2.98	6.02	449					
y	0.00	3.54	449	.38				
x'	0.00	1.38	449	.38	-.28			
x	0.00	5.29	449	.15	-.12	.00		
$(x'x_k')$	0.00		449	.11	.08	.23	.00	

SCHÄTZUNG DER REGRESSIONS-PARAMETER

Basismodell

	unstand. Koeffizienten (B)				stand. Koeff. (Beta)		
	Const.	x	x_k	$(x\,x_k)$	x	x_k	$(x\,x_k)$
sep. equations	9.60	-0.29	-0.62	0.07	.50	.03	-.11
gew. sep. eq.	8.54	-0.20	-0.52	0.06	nicht adjust. R^2 = .16		
singl. eq.	1.47	0.58		-0.01			

Balanciertes Modell

	Const.	x	x_k	$(x\,x_k)$	x	x_k	$(x\,x_k)$
sep. equations	7.67	0.42	0.46	0.07	.37	.15	.02
gew. sep. eq.	7.67	0.42	0.48	0.06	nicht adjust. R^2 = .17		
singl. eq.	7.67	0.46	0.48	0.02			

Verankertes Modell

	Const.	x	x_k	$(x\,x_k)$	x	x_k	$(x\,x_k)$
sep. equations	3.05	0.42	-0.62	0.07	.27	-.12	.02 R^2=.09
singl. eq.	2.98	0.46	-0.51	0.02			
singl. eq. y2	3.06	0.46	-0.60	0.02	.37	-.19	.02 R^2=.17
singl. eq. y3	2.66	0.46	0.11	0.02	.38	.04	.02 R^2=.15

ZERLEGUNG DER VARIANZ

Basismodell

	SS	RSS	
Individual-effekt	1429.62	5814.80	7244.42
Rest	1.45	1441.00	1442.45
Gesamt	1431.07	7255.80	8686.87
Individual	16.46%	66.94%	83.4%
Rest	0.02%	16.59%	16.6%
Gesamt	16.47%	83.53%	100.0%

SS (x):	1429.62
SS (x_k):	193.77
SS $(x\,x_k)$:	1429.14
SS $(x,(xx_k))$:	1429.65
SS $(x_k,(xx_k))$:	1391.00

Erklärte Varianz

	Basismodell SS	in %	mit Interaktion SS	in %
eindeutig x	40.07	2.80%	1.35	
eindeutig x_k	0.03	0.09%		
eindeutig xx_k		0.10%	1.42	
gemeinsam gehalten	1388.23	97.01%	1386.23	
gesamte erkl. Var.	1431.07	100.00%	1431.07	

	ohne Interaktion SS	in %
	1235.88	86.45%
	0.03	0.00%
	-.-	-.-
	193.74	13.55%
	1429.65	100.00%

Balanciertes Modell

	SS	RSS	
Individual-effekt	1235.88	5814.80	7050.68
Kontext-effekt	193.77	821.43	1015.20
Interaktions-effekt	96.68	837.48	934.16
Gesamt	1433.36	7252.52	8686.88
Probe	1526.33	7473.71	9000.04
	106.49%	103.04%	103.60%
Individual	13.7%	64.6%	78.3%
Kontext	2.2%	9.1%	11.3%
Interaktion	1.1%	9.3%	10.4%
Gesamt	16.5%	83.5%	100.0%
Probe	17.0%	83.0%	

Verankertes Modell

	SS	RSS	
Individual-effekt	1235.88	5814.80	7050.68
Kontext-effekt	225.83	8323.57	8549.40
Interaktions-effekt	96.68	837.48	934.16
Gesamt	1465.41	14744.85	16210.26
Probe	1558.39	14975.85	16534.24
	106.34%	101.57%	102.00%
Individual	7.5%	35.2%	42.6%
Kontext	1.4%	50.3%	51.7%
Interaktion	0.6%	5.1%	5.6%
Gesamt	9.0%	91.0%	100.0%
Probe	5.4%	90.6%	

Übersicht 10.23: Ergebnisse der Kontextanalyse nach Boyd und Iversen

Abhängige Variable: Soziale Assimilation (y)

Unabhängige Variable: Kognitive Assimilation (x)

Stichprobe: Jugoslawen, erste Generation (N= 379)   Kontextebene: E3 (k)

$(r_{yx_m} = .44, R^2 = .20)$

	MW	Std.Abw.	N	y	x	x_m
y	9.33	4.94	379			
x	14.17	3.79	379	.44		
x_m	14.17	1.32	379	.31	.35	
$(x x_m)$	202.49	64.28	379	.48	.95	.63

	MW	Std.Abw.	N	y'	x'	x_m'
y'	2.42	7.52	379			
x'	0.00	3.55	379	.36		
x_m'	0.00	1.32	379	.31	.24	
$(x x_m')$	0.00	3.90	379	.07	.05	-.12	.00

SCHÄTZUNG DER REGRESSIONS-PARAMETER

Basismodell

	unstand. Koeffizienten (B)				stand. Koeff. (Beta)		
	Const.	x	x_m	$(x x_m)$	x	x_m	$(x x_m)$
sep. equations	11.50	-0.92	-0.61	0.10			
gew. sep. eq.	12.17	-0.87	-0.66	0.09			
singl. eq.	31.11	-1.83	-2.07	0.17	-1.40	-.55	2.15

nicht adjust. $R^2 = .24$

Balanciertes Modell

	unstand. Koeffizienten (B)				stand. Koeff. (Beta)		
	Const.	x	x_m	$(x x_m)$	x	x_m	$(x x_m)$
sep. equations	9.32	0.45	1.17	0.10			
gew. sep. eq.	9.32	0.45	1.15	0.09			
singl. eq.	9.32	0.51	1.15	0.14	.37	.31	.11

nicht adjust. $R^2 = .24$

Verankertes Modell

	unstand. Koeffizienten (B)			stand. Koeff. (Beta)		
	Const.	x	x_m	$(x x_m)$	x	x_m	$(x x_m)$
sep. equations	0.45	2.83	0.10	-0.61	.24	-.11	.07 $R^2 = .07$
singl. eq.	2.42	0.51	-0.65	0.14			
singl. eq. y2	2.86	0.51	-0.81	0.14	.35	-.22	.12 $R^2 = .20$
singl. eq. y3	0.83	0.51	-2.21	0.14	.33	-.53	.10 $R^2 = .39$

ZERLEGUNG DER VARIANZ

Basismodell

	SS	RSS
Individual- effekt	1806,06	5581,44
Rest	455,87	1392,06
Gesamt	2261,93	6973,50

	in %	
Individual	19,56%	60,44%	7367,50
Rest	4,94%	15,07%	1847,93
Gesamt	24,49%	75,51%	9235,43

Balanciertes Modell

	SS	RSS
Individual- effekt	1180,76	5581,44	6762,20
Kontext- effekt	872,73	812,29	1685,02
Interaktions- effekt	50,43	740,58	791,01
Gesamt	2171,58	7063,85	9235,43
Probe	2103,92	7134,31	9238,23
	96,88%	101,00%	100,03%

	in %	
Individual	12,8%	60,4%	73,2%
Kontext	9,4%	8,8%	18,2%
Interaktion	0,5%	8,0%	8,6%
Gesamt	23,5%	76,5%	100,0%
Probe	22,8%	77,2%	

Verankertes Modell

	SS	RSS
	1180,76	5581,44	6762,20
	281,57	13625,80	13907,37
	50,43	740,58	791,01
Gesamt	1580,42	19612,05	21392,47
Probe	1512,76	19947,82	21460,58
	95,72%	100,69%	100,32%

	in %	
	5,5%	26,0%	31,5%
	1,3%	63,5%	64,8%
	0,2%	3,5%	3,7%
Gesamt	7,4%	92,6%	100,0%
Probe	7,0%	93,0%	

Erklärte Varianz

mit Interaktion	SS	in %
einöeutig x	127,66	5,64%
einöeutig x_m	114,89	5,08%
einöeutig $x x_m$	208,45	9,22%
gemeinsam gehalten	1810,93	80,06%
gesamte erkl. Var.	2261,93	100,00%

	SS
SS (x):	1806,06
SS (x,):	872,73
SS ($x x_m$):	2133,69
SS (x,$(x x_m)$):	2053,48
SS (x_m,$(x x_m)$):	2147,04
SS (x,x_m,$(x x_m)$):	2134,27

ohne Interaktion	SS	in %
einöeutig x	1180,75	57,50%
einöeutig x_m	247,42	12,05%
--	--	--
gemeinsam gehalten	625,31	30,45%
	2053,48	100,00%

die Migranten mit den schlechtesten Sprachkenntnissen werden die Migranten, die am besten die Sprache des Aufnahmelandes sprechen, mit der Kontaktaufnahme beauftragen.

Das balancierte Modell zeigt eine minimale Verbesserung der erklärten Varianz von 16,457% auf 16,500%), aber - gemessen am Beta-Koeffizienten - einen meßbaren eigenständigen Kontexteffekt. Die Kontextvariable ist im balancierten Modell für 13,5% (193,77 : 1433,36) der erklärten Varianz verantwortlich und auch der Interaktionsterm kann noch 6,7% für sich beanspruchen (ähnliche Größenordnungen übrigens im verankerten Modell).

Insgesamt kann auch hier ein deutliches Überwiegen des Einflusses spezifizierter und nicht spezifizierter Individualvariablen konstatiert werden. Die Kontexteffekte sind dagegen schwach und zweitrangig. Im hier nicht betrachteten verankerten Modell fällt erneut die Instabilität der Parameterschätzungen auf, die bei alternativen Verfahren sogar zu Vorzeichenwechseln führt. Von daher wären die Ergebnisse der Varianzzerlegungstabelle, die auf den ursprünglich von Boyd & Iversen vorgeschlagenen Transformationsverfahren beruhen (R^2= .09) mit Vorsicht zu interpretieren.

Im Gegensatz zu den Türken scheinen sich bei den Jugoslawen der ersten Generation schon aus der Analyse des Basismodells (vgl. Übers. 10.23) einige Anzeichen für die Existenz eines kontextuellen Effektes ableiten zu lassen (starke bivariate Beziehungen, Zuwachs an erklärter Varianz im Basismodell und eindeutig zuzuordnende Varianzanteile für Kontext- und Interaktionsterm über 5%). Die eindeutig auf die Existenz von Interaktionseffekten hindeutenden Varianzanteile verbieten eine Betrachtung des Zwei-Variablen-Modells, das auf Auslassung des Interaktionsterms basiert.

Auch im balancierten Modell findet sich ein Zuwachs an Erklärungskraft von ca. 4 Prozentpunkten gegenüber dem reinen Individualmodell. Die einzelnen Schätzverfahren führen zu nahezu identischen Parameterschätzungen, die auf starke kontextuelle Effekte schließen lassen. Von der im Modell insgesamt erklärten Varianz wird 40,2% durch die kontextuelle Sprachkenntnis und 2,3% durch den Interaktionsterm erklärt. Die insgesamt erklärbare Varianz ist aber zu 73% Individualvariablen und zu 18% Kontextvariablen zuzuordnen. Über die Hälfte der durch Kontextvariablen erklärbaren Varianz in der sozialen Assimilation der Jugoslawen wird demnach durch die kontextuelle Sprachkenntnis dieser Population erklärt. Dieser hohe Anteil muß zur Vorsicht mahnen: wenn mit einer relativ stark heuristisch orientierten Vorgehensweise eine Variable gefunden wird, die derartig gut erklärt, so müssen verschiedene Möglichkeiten sehr sorgfältig erwogen werden: 1.) die kontextuelle Sprachkenntnis bei Jugoslawen der ersten Generation ist tatsächlich von herausragender Bedeutung, 2.) die Variable steht als Indikator-Variable für ein Bündel relevanter Kontextvariablen, die hoch mit ihr korrelieren, 3.) der starke gefundene Effekt basiert auf einem Fehler in der Methode oder im Vorgehen (Meßfehler).

Die Ergebnisse des Basismodells geben hier zumindest Hinweise darauf, inwieweit die Ergebnisse der zentrierten Lösungen als plausibel anzusehen sind.

Übersicht 10.24: Ergebnisse der Kontextanalyse nach Boyd und Iversen

Abhängige Variable: Soziale Assimilation   (y)

Unabhängige Variable: Strukturelle Assimilation (x)

Stichprobe: Jugoslawen, erste Generation (N= 379) Kontextebene: E3   (k)

	MW	Std.Abw.	N	y	x	x_w	(xx_w)
y	9.44	4.97	379				
x	2.54	1.34	379	.31			
x_w	2.54	0.42	379	.24	.31		
(xx_w)	6.63	4.16	379	.33	.95	.55	

	MW	Std.Abw.	N	y'	x'	x_w'	(x'x_w')
y'	7.43	5.53	379				
x'	0.00	1.28	379	.24			
x_w'	0.00	0.42	379	.24	.00		
(x'x_w')	0.00	0.57	379	.01	.31	.00	

$(r_{xx_w} = .31, R^2 = .09)$

SCHÄTZUNG DER REGRESSIONS-PARAMETER

Basismodell

	unstand. Koeffizienten (B)				stand. Koeff. (Beta)		
	Const.	x	x_w	(x·x_w)	x	x_w	(x·x_w)
sep. equations	-0,32	1,31	3,09	-0,22	.32	.19	-.08
gew. sep. eq.	-0,59	1,40	3,19	-0,25			
singl. sep. eq.	1,41	1,22	2,21	-0,10		nicht adjust. R^2 = .12	

Balanciertes Modell

	Const.	x	x_w	(x·x_w)	x	x_w	(x·x_w)
sep. equations	9,41	0,76	2,84	-0,22	.26	.24	-.07
gew. sep. eq.	9,41	0,76	2,87	-0,25			
singl. sep. eq.	9,44	1,03	2,87	-0,60		nicht adjust. R^2 = .12	

Verankertes Modell

	Const.	x	x_w	(x·x_w)	x	x_w	(x·x_w)
sep. equations	7,53	0,76	3,09	-0,22	.23	.24	-.06 R^2=.11
singl. eq.	7,43	1,03	3,20	-0,60			
singl. eq. y2	7,56	1,03	2,36	-0,60	.25	.24	-.07 R^2=.12
singl. eq. y3	7,00	1,03	2,20	-0,60	.27	.19	.07 R^2=.10

ZERLEGUNG DER VARIANZ

Basismodell

	SS	RSS	
Individual-effekt	871,20	6606,71	7477,91
Rest	221,45	1649,80	1871,25
Gesamt	1092,65	8256,51	9349,16

SS (x):	871,20
SS (x_w):	542,50
SS (xx_w):	1020,03
SS (x,(xx_w)):	1091,30
SS (x_w,(xx_w)):	1028,76
	1065,91

	SS	RSS	in %
Individual	9,32%	70,67%	80,0%
Rest	2,37%	17,65%	20,0%
Gesamt	11,69%	88,31%	100,0%

Erklärte Varianz	mit Interaktion		ohne Interaktion	
	SS	in %	SS	in %
eindeutig x	26,74	2,45%	548,80	50,29%
eindeutig x_w	63,89	5,85%	220,10	20,17%
eindeutig xx_w	1,35	0,12%	--	--
gemeinsam gehalten	1000,67	91,58%	322,40	29,54%
gesamte erkl. Var.	1092,65	100,00%	1091,30	100,00%

Balanciertes Modell

	SS	RSS	
Individual-effekt	548,80	6606,71	7155,51
Kontext-effekt	542,50	1114,98	1657,48
Interaktions-effekt	1,42	697,38	698,80
Gesamt	1131,44	8217,73	9349,17
Probe	1092,72	8419,07	9511,79
	96,58%	101,74%	101,74%
Individual	5,8%	69,5%	75,2%
Kontext	5,7%	11,7%	17,4%
Interaktion	0,0%	7,3%	7,3%
Gesamt	12,1%	87,9%	100,0%
Probe	11,5%	88,5%	

Verankertes Modell

	SS	RSS	
Individual-effekt	548,80	6606,71	7155,51
Kontext-effekt	672,99	3213,98	3888,87
Interaktions-effekt	1,42	697,38	698,80
Gesamt	1263,83	10312,52	11576,35
Probe	1225,11	10518,07	11743,18
	96,94%	101,99%	101,44%
Individual	4,7%	56,3%	60,9%
Kontext	5,7%	27,4%	33,1%
Interaktion	0,0%	5,9%	6,0%
Gesamt	10,9%	89,1%	100,0%
Probe	10,4%	89,6%	

Wenn im Basismodell über 5 % der erklärten Varianz eindeutig Kontextvariablen zuzuordnen sind, so spricht das zumindest nicht gegen das Ergebnis eines deutlichen eigenständigen Kontexteffektes im balancierten Modell. Wenn aber 9,2% erklärter Varianz, die schon im Basismodell eindeutig dem Interaktionseffekt zuzuordnen waren, sich weder im balancierten (2,3%) noch im verankerten (3,2%) Modell erreichen lassen, so spricht das gegen das Verfahren der Zentrierung!

Hingewiesen werden muß an dieser Stelle auch auf die Probleme, die sich bei einer Interpretation des verankerten Modells ergeben würden: schon die Methoden der separaten und der singulären Gleichungen ergeben völlig unterschiedliche Parameterschätzungen und die alternativen Transformationsverfahren liefern Modelle, die ebenfalls völlig unterschiedliche Erklärungskraft haben. Die Ursache für diese Instabilitäten dürften in den instabilen Schätzungen der kontextspezifischen Regressionsparameter begründet liegen, die durch kleine Fallzahlen in den Kontexten zustande kommen. Ein Indiz dafür ist ein Beta-Koeffizient von -1.40 im Basismodell (single equation). Noch problematischer wird in solchen Fällen die Berechnung von within-Regressionen mit mehreren unabhängigen Variablen, wie sie von Boyd und Iversen (1979: 102ff.) prinzipiell für möglich gehalten werden.

Zum Vergleich mit den Wirkungen der kognitiven Assimilation bietet sich die Analyse der kontextuellen Wirkungen der strukturellen Assimilation auf die soziale Assimilation von Jugoslawen der ersten Generation (vgl. Übers. 10.24) an: Auch hier verbessert das Basismodell die erklärte Varianz des Individualmodells um ca. 3 Prozentpunkte, liegen nennenswerte bivariate Beziehungen zwischen Kontextvariablen und sozialer Assimilation vor und lassen sich - wenn auch nicht überaus bedeutende - Anteile an der erklärten Varianz eindeutig der Kontextvariablen zuordnen.

Es lassen sich sowohl für die Angemessenheit des balancierten als auch des verankerten Modells Argumente finden. Relative Deprivation hinsichtlich struktureller Assimilation dürfte sich ebenso hinderlich auf Kontakte zu Deutschen auswirken wie absolute Deprivation. Beide Modelle ergeben im übrigen nahezu identische Parameterschätzungen, denen zufolge ca. die Hälfte der durch strukturelle Assimilation erklärten Varianz in der sozialen Assimilation der kontextuellen Wirkung zuzuschreiben ist. Die hier gefundenen 5,7% sind auch fast mit dem im Basismodell eindeutig der Kontextvariablen zuzuordnenden Anteil an der erklärten Varianz von 5,9% zu vereinbaren.

Im Vergleich der Varianzzerlegungen des balancierten und verankerten Modells zeigt sich wieder, daß das verankerte Modell den Anteil der durch nicht spezifizierte Kontextvariablen erklärbaren Varianz deutlich höher veranschlagt als das balancierte Modell. Beide Modelle sehen aber ein deutliches Übergewicht der Erklärungskraft individueller Faktoren gegenüber Kontext- und Interaktionsvariablen (60,9% bzw. 75,2% der Varianz sind durch Individualvariablen zu erklären).

Der Vergleich mit dem zuvor diskutierten Modell (Übers. 10.23) weist noch einmal auf die bereits diskutierte Instabilität der Ergebnisse im verankerten

Modell hin, während das balancierte Modell auch hier wieder nahezu konsistente Ergebnisse liefert.

Übersicht 10.25: Soziale Assimilation - Zerlegung der gesamten Varianz im balancierten Modell nach Ebenen, spezifizierte *und* nicht spezifizierte Variablen, (in % erklärbarer Varianz)

	verankertes Modell			balanciertes Modell		
	T1	J1	J1	T1	J1	J1
	SUB	SUB	STR	SUB	SUB	STR
Individual	42,6	31,5	60,9	78,3	73,2	75,2
Kontext	51,7	64,8	33,1	11,3	18,2	17,4
Interaktion	5,6	3,7	6,0	10,4	8,6	7,3

Jugoslawen der ersten Generation reagieren also auch in diesen Teilanalysen sensibler auf die kontextuellen Variablen als Türken der ersten Generation. Die spezifizierten Kontextvariablen sind für einen erheblichen Anteil der erklärten Varianz verantwortlich. Dabei ist nicht nur auf die Anteile an zusätzlich erklärter Varianz zu verweisen, sondern auch auf die im Basismodell nicht zu trennenden Anteile an gemeinsam mit Individualvariablen gehaltener Varianz. Interaktionseffekte spielen in diesen Modellen eine zu vernachlässigende Rolle.

Die an dieser Stelle vorgesehene Diskussion der kontextuellen Einwirkungen auf PIN und IDA kann aus Platzgründen nicht erfolgen. Der Leser wird auf einen Beitrag des Autors zum Sonderheft "Stadtsoziologie" der Kölner Zeitschrift für Soziologie und Sozialpsychologie (1988) verwiesen.

10.5   Bewertung der Kontextanalysen

Insgesamt sind 21 Kontextanalysen nach Boyd und Iversen durchgeführt worden. Dabei sind sieben Analysegruppen nach der abhängigen Variablen und Teil-Stichproben unterschieden gewesen. Dadurch konnte eine Reihe von Vergleichen angestellt werden:

- mehrere unabhängige Variablen wurden mit ihren Aggregatentsprechungen in die Modelle eingebracht und ermöglichten so vor allem einen Vergleich der in den Modellen den einzelnen Analyseeinheiten zugeordneten Anteile an der gesamten Varianz in der abhängigen Variablen,

- zwei Teilmodelle wurden auf jeweils drei verschiedenen Kontextebenen einer Analyse unterzogen; so konnte festgestellt werden, wie sich die Stärke der Effekte abhängig von der Kontextebene verändert,

- identische Teilmodelle wurden in verschiedenen Teilstichproben geprüft; daraus ergaben sich Hinweise für eine unterschiedliche Kontextsensibilität der einzelnen Gruppen, aber auch - im Sinne interner Replikationen - Hinweise auf die Stabilität bestimmter Strukturen in den Analyseergebnissen,

- nicht zuletzt wurden in den Ergebnistabellen sowohl die Ergebnisse des balancierten Modells als auch die des verankerten Modells berichtet; neben dem daraus resultierenden Vergleich der Ansätze im Text ermöglicht dies dem Leser, der die im Text getroffene Entscheidung für eine der Modellvarianten nicht nachvollziehen will, auch die Konsequenzen des alternativen Modellansatzes zu überschauen.

Die wichtigsten Überlegungen zu den Problemen der Kontextanalyse nach Boyd und Iversen sind im Rahmen der Erläuterungen und Interpretationen der jeweiligen Analysen vorgenommen worden. Von daher sind diese Analysen auch vorrangig als Beispiels-Analysen aufzufassen, die verdeutlichen sollen, welche Stärken und Schwächen die Kontextanalyse aufweist, wenn sie mit den üblichen Umfragedaten durchgeführt wird und nicht mit künstlichen, kleinen Beispiels-Datensätzen. (Es war allerdings deutlich gemacht worden, daß ein derartig geschichteter Datensatz, wie er hier für die Mehrebenenanalyse benutzt werden konnte, keineswegs ein "üblicher" Datensatz ist.)

Folgende Aussagen werden durch die Ergebnisse der hier durchgeführten und dokumentierten Analysen gestützt:

1.)

Die auf der Basis relevanter individueller Variablen spezifizierten Kontext- und Interaktionsvariablen können nur geringe über die Erklärungskraft der reinen Individualmodelle hinausgehende Varianzanteile erklären. Das hier gefundene Maximum waren 5 Prozentpunkte zusätzlich erklärter Varianz:

J1: SOA durch SUB: von 20% auf 24% erklärter Varianz, (Übers.10.23)

J1: IDA durch FFM: von 6% auf 11% erklärter Varianz, (nicht dokumentiert)

J1: IDA durch SOA: von 12% auf 17% erklärter Varianz, (nicht dokumentiert)

J1: IDA durch SUB: von 14% auf 18% erklärter Varianz, (nicht dokumentiert)

Bedingt durch die Korrelation der Kontextvariablen mit der Individualvariablen geht ein Kontexteffekt zu ca. einem Drittel zu Lasten der Erklärungskraft des Individualeffektes. Eigenständige Kontexteffekte konnten also nicht gefunden werden, es wurde aber deutlich, daß die Wirkung von sogenannten Individualvariablen zu einem gewissen Teil auf kontextuellen Effekten beruhen kann. Von daher erscheint die Forderung angebracht, bei der Einführung individueller Regressoren auch deren Aggregatentsprechungen als Kontrollvariablen zu berücksichtigen.

2.)

Die Zuordnung der insgesamt erklärbaren Varianz zu den einzelnen Analyse-
einheiten Individual-, Kontext- und Interaktionsvariable hat im balancierten
Modell relativ konstante Ergebnisse gebracht.

Bei aller Unterschiedlichkeit der Ergebnisse in den einzelnen Analysen lassen
sich doch aus den Erfahrungen Maßstäbe zur Beurteilung der relativen
Erklärungskraft von Effekten gewinnen: Demnach ist der weit überwiegende Teil
der Varianz in den individuellen Dimensionen der Assimilation und der Integration von Migranten durch Individualvariablen zu erklären (ca. 70-80%).

Kontextvariablen können überhaupt nur ca. 10-20% der gesamten Varianz erklären und Interaktionseffekte weisen nur ein Erklärungspotential von ca. 10%
auf. Bedenkt man dazu, daß es sich hierbei um die Ergebnisse in den balancierten
Modellen handelt, in denen die Variablen orthogonalisiert wurden und daß in der
Realität die Individualvariablen durch ihre Kollinearität mit Kontext- und Interaktionsvariablen einen großen Teil der Informationen dieser Variablen enthalten, so
wird deutlich, daß zu prognostischen Zwecken Individualvariablen ausreichen
dürften. Zum Zweck sozialer Intervention kann aber die Lokalisierung der Effekte
durchaus nützlich sein: Wenn z.B. der Effekt der Individualvariablen "Alter" zu
einem Drittel auf kontextuellen Wirkungen beruht, so ist das unter sozialtechnologischen Gesichtspunkten interessant, da sich das Durchschnittsalter in einem
Kontext eher verändern läßt als das Alter einer Person. (Es ließe sich aber auch
vermuten, daß die Individualvariable "Alter" für ein Bündel von - veränderbaren -
individuellen Hintergrundvariablen steht, die es dann zu identifizieren gilt; vgl.
hierzu Esser 1981).

3.)

Je großräumiger die Kontextebene, desto schwächer werden die tatsächlichen
und potentiellen Kontexteffekte. Dieses Ergebnis hatte sich schon in den
einführenden Kovarianzanalysen und den Analysen des Kapitels 9 gezeigt.

Auf der anderen Seite steigen mit der Großräumigkeit der Kontexte auch die
Stichprobengrößen innerhalb der Kontexte. Diese größeren Stichproben bedeuten
kleinere 'sampling errors' und das wirkt sich positiv auf die Stabilität der Modelle
aus. Einschränkend ist darauf hinzuweisen, daß in der vorliegenden Untersuchung
nur auf der Ebene E3 eine reine Zufallsauswahl der Befragten vorgelegen hat. Außerdem ist es möglich, daß die Modelle auf den Ebenen E2 und E1 nur deshalb so
stabil waren, weil nur schwache Kontext- und Interaktionseffekte vorhanden sind.
Es war deutlich gemacht worden, daß die Wahl des Modellansatzes in diesem Fall
relativ unerheblich sein dürfte.

Hier wird aber das generelle Dilemma des Ansatzes nach Boyd und Iversen,
also der Kontextanalyse mit Aggregatmerkmalen, die aus den Daten einer
Individualstichprobe gewonnen wurden, deutlich: einerseits müssen die Kontexte
groß genug geschnitten sein, um eine ausreichende Anzahl an Befragten zur Charakterisierung der Kontexte lokalisieren zu können. (Das Kriterium der ausreichenden Anzahl wird übrigens nirgendwo diskutiert.) Andererseits kann gerade
von kleinen Kontexten eine kontextuelle Wirkung erwartet werden.

4.)

Die Analysen ergaben eine Reihe von Kritikpunkten am verankerten Modell: Zum einen war vielfach ein deutlicher Verlust an erklärter Varianz im verankerten Modell gegenüber dem Basismodell und auch dem balancierten Modell festzustellen. In den Fällen, in denen dies zu beobachten war, ließ sich ebenfalls feststellen, daß dann, wenn mit alternativen Transformationsverfahren gearbeitet wurde, andere Parameter geschätzt wurden und eine völlig andere Erklärungskraft verzeichnet werden konnte. Zumindest in diesen Fällen liegt es nahe, das verankerte Modell als nicht angemessen anzusehen.

Darüber hinaus ließ sich gerade in diesen Fällen der Instabilität des verankerten Modells feststellen, daß die Ergebnisse der Zerlegung der erklärten Varianz den Anteil der durch Kontextvariablen erklärten Varianz extrem hoch einschätzten. *Die daraus resultierenden Schwankungen und Inkonsistenzen in der Varianzzuordnung haben das Vertrauen in die diagnostische Qualität dieses Instruments im verankerten Modell erheblich erschüttert.*

5.)

Auch die Ergebnisse im balancierten Modell sind mit Vorsicht zu interpretieren. Die Forderung nach einer Rück-Transformation (Tate 1984) behält vor allem angesichts der Tatsache Gewicht, daß - durchaus erklärlich - die Vorzeichen der Kontexteffekte zwischen balanciertem und verankertem Modell wechseln können. Von daher muß immer wieder der Bezug zum Basismodell hergestellt werden.

Außerdem ist Vorsicht geboten, wenn im balancierten Modell eine spezifizierte Kontextvariable bereits ein Drittel (in einem Fall sogar über die Hälfte) sämtlicher durch Kontextvariablen überhaupt erklärbaren Varianz erklärt. Eine derartig hohe Erklärungskraft muß vor allem vor dem Hintergrund mißtrauisch stimmen, daß die theoretischen Begründungen zur Auswahl dieser Variablen erst in Ansätzen entwickelt sind, bzw. die Auswahl von heuristisch-deskriptiven Motiven geleitet wurde. Es ist nicht anzunehmen, daß diese Phänomene durch hohe ökologische Korrelation der relevanten Kontextvariablen untereinander erklärt werden können.

6.)

Ein letzter Kritikpunkt an den zentrierten Modellen besteht darin, daß in einzelnen Fälle Diskrepanzen zu den Ergebnissen der Zerlegung der erklärten Varianz im Basismodell auftraten. Gerade wenn Individualvariable und Interaktionsterm *relativ* niedrig korrelieren (unter r= .95), ergab die Varianzzerlegung doch diskutierenswerte Anteile an erklärter Varianz, die eindeutig einer Variablen zugeschrieben werden konnten. Diese eindeutigen Zuschreibungen im Basismodell stellen die Mindeststärke der Wirkungen dar, die in der Varianzzerlegung in einem zentrierten Modell nicht unterschritten werden dürften. Wenn dies dennoch geschieht, ist das ein Indiz für Fehler im Modell.

Es muß berücksichtigt werden, daß sich die Mindeststärke von Kontext- und Interaktionseffekten zwar in der Größenordnung von maximal zwischen 10% und

30% an der erklärten Varianz bewegt, was ungefähr einer Erklärungskraft von 1% bis 2% insgesamt erklärter Varianz entspricht. Legt man diesen Maßstab an, können die diskutierten Fehler durchaus toleriert werden.

7.)

Die inhaltlichen Ergebnisse der Analysen sollten nicht überbewertet werden: sie sind eher als Orientierungspunkte für weitere vertiefende Analysen zu verstehen.

Die stärksten spezifizierten Kontexteffekte (balanciertes Modell):

```
T1: STR durch SUB auf Ebene E3:    9,6% erklärter Varianz, (Übers.10.15)
J1: SOA durch SUB auf Ebene E3:    9,4% erklärter Varianz, (Übers.10.23)
J1: IDA durch SUB auf Ebene E3:    6,5% erklärter Varianz, (nicht dokumentiert)
J1: SOA durch STR auf Ebene E3:    5,7% erklärter Varianz, (Übers.10.24)
J1: IDA durch SOA auf Ebene E3:    5,6% erklärter Varianz, (nicht dokumentiert)
```

die stärksten spezifizierten Interaktionseffekte (balanciertes Modell):

```
J1: IDA durch FFM auf Ebene E3:    3,4% erklärter Varianz, (nicht dokumentiert)
J1: PIN durch DIS auf Ebene E3:    2,3% erklärter Varianz, (nicht dokumentiert)
T2: PIN durch SOA auf Ebene E3:    2,1% erklärter Varianz, (nicht dokumentiert)
J1: IDA durch SOA auf Ebene E3:    2,0% erklärter Varianz, (nicht dokumentiert)
```

Die stärkste Erklärbarkeit durch spezifizierte und nicht spezifizierte Kontexteffekte (im balancierten Modell):

```
J1: SOA auf Ebene E3:    18,2% erklärbarer Varianz, (Übers.10.23)
T1: STR auf Ebene E3:    17,8% erklärbarer Varianz, (Übers.10.15)
```

die schwächste Erklärbarkeit durch spezifizierte und nicht spezifizierte Kontexteffekte (im balancierten Modell):

```
J1: PIN auf Ebene E3:    10,1% erklärbarer Varianz, (nicht dokumentiert)
T2: PIN auf Ebene E3:     9,3% erklärbarer Varianz, (nicht dokumentiert)
T : IDA auf Ebene E3:     5,9% erklärbarer Varianz, (nicht dokumentiert)
T1: STR auf Ebene E1:     4,2% erklärbarer Varianz, (Übers.10.18)
```

Die stärkste Erklärbarkeit durch spezifizierte und nicht spezifizierte Interaktionseffekte (im balancierten Modell):

```
J1: IDA auf Ebene E3:    12,9% erklärbarer Varianz, (nicht dokumentiert)
J1: PIN auf Ebene E3:    12,9% erklärbarer Varianz, (nicht dokumentiert)
T2: PIN auf Ebene E3:    12,8% erklärbarer Varianz, (nicht dokumentiert)
```

die schwächste Erklärbarkeit durch spezifizierte und nicht spezifizierte Interaktionseffekte (im balancierten Modell):

```
T1: STR auf Ebene E1:     0,4% erklärbarer Varianz, (Übers.10.20)
T : IDA auf Ebene E3:     3,8% erklärbarer Varianz, (nicht dokumentiert)
J1: SOA auf Ebene E3:     7,3% erklärbarer Varianz, (Übers.10.24)
J1: PIN auf Ebene E3:     7,5% erklärbarer Varianz, (nicht dokumentiert)
```

Die Aufstellungen zeigen die gefundenen Unter- und Obergrenzen der Effekte der (spezifizierten) Kontext- und Interaktionsvariablen. Ebenso wird deutlich, in welchem Rahmen sich die Erklärungskraft derartiger Effekte bewegen kann.

Dabei sei daran erinnert, daß die hier durchgeführten Analysen zuvor den "Filter" der Kovarianzanalysen passiert haben.

Eindeutige Tendenzen hinsichtlich einer besonderen Kontextsensibilität einzelner Teilpopulationen oder einzelner abhängiger Variablen lassen sich nicht ausmachen, es fällt lediglich auf, daß die kontextuelle kognitive Assimilation (Sprachkenntnis "SUB" auf E3) für die drei stärksten gefundenen Kontexteffekte verantwortlich ist, so daß es lohnend erscheint, in weiteren Analysen auf diese Variable Rücksicht zu nehmen.

Die durchgeführten Analysen sind unter dem Aspekt als erfolgreich zu betrachten, daß zum erstenmal eine umfangreiche Anwendung des Ansatzes von Boyd und Iversen dokumentiert wurde. *Dabei sind einerseits eine Reihe von ungelösten Problemen und Fehlerquellen genauer herausgearbeitet und benannt worden. Zum anderen konnten Maßstäbe entwickelt werden, nach denen die relative Stärke von Kontexteffekten beurteilt werden kann. Es ist also gelungen, ein "Gefühl für Kontextanalysen" zu entwickeln. Ein derartiges Gefühl für das Machbare und für die Relevanz von Ergebnissen gehört m. E. zu den wichtigsten Hilfsmitteln, wenn neuere Ansätze erprobt und - gerade angesichts sozialtechnologischer Fragestellungen - auch angewandt werden sollen.*

Es ist mit dem vorliegenden Material nur in Ansätzen gelungen, die Frage der Kontextabhängigkeit der Assimilation und Integration von Migranten unterschiedlicher Herkunft und Generation zu klären. Eine eingehendere Prüfung dieser Frage hätte davon auszugehen, die Wirkungsmechanismen möglichst genau zu modellieren und Individual- und Kontextvariablen entsprechend zu operationalisieren. In diesem Zusammenhang wäre auch die Definition der Kontext- bzw. Gebietsabgrenzungen neu zu diskutieren. Mit den vorgelegten Analysen ist eine Reihe von Vorarbeiten für derartige Untersuchungen geleistet worden.

Kapitel 11: Schlußbetrachtung

Als ich daran ging, eine Arbeit über Kontextanalyse zu schreiben, bin ich von der festen Vorstellung ausgegangen, daß lokale soziale Kontexte von Bedeutung für das Verhalten von Individuen seien. Diese Vorstellung ist für viele stadtsoziologische Untersuchungen von Bedeutung. Zwar wird in diesen Arbeiten überwiegend die Verteilung von Personen auf lokale Einheiten als Zielvariable, die es zu erklären gilt, angesehen, ein solches Explanandum kann aber nur von Interesse sein, wenn es seinerseits für andere - politisch oder ethisch wichtige - Sachverhalte verantwortlich ist. Das Interesse an residentieller Segregation sollte sich eigentlich aus Erkenntnissen über die Folgen rechtfertigen.

Interessanterweise gibt es aber in der Stadtforschung neben einer Vielzahl von Untersuchungen, die Segregation beschreiben oder sogar erklären, nur relativ wenige Arbeiten, die etwas über die Folgen von Segregation aussagen. Entsprechend gibt es auch nur wenig Hilfe, um die Frage der Wünschbarkeit von Segregation oder De-Segregation im Wohnbereich zu beantworten. Zumeist ist hier nur eine implizite Argumentation herauszulesen: Segregation ist ungleiche Verteilung von irgendetwas und Ungleichheit ist per se negativ zu bewerten.

Schon während der Beschäftigung mit dem theoretischen Konzept von Konteffekten ist dann aber mehr und mehr deutlich geworden, daß vieles, was als Effekt einer räumlich abgegrenzten sozialen Umgebung behauptet wird, überhaupt nicht besteht. Das wird schon an der Alltagserfahrung deutlich: Die soziale Zusammensetzung der Nachbarschaft übt auf mein Verhalten deutlich weniger Einfluß aus, als meine - zumeist nicht in der Nachbarschaft wohnenden - Freunde, Verwandten oder Arbeitskollegen.

Obgleich diese Zusammenhänge deutlich sind, hält sich auch im Alltagswissen der Mythos von kontextuellen Effekten der Nachbarschaft. Dieser Mythos rührt wahrscheinlich von einer archetypischen Vorstellung des Lebens in der agrarischen Dorfgemeinschaft her, in der alle Bewohner sich vom Kindesalter an untereinander kennen und täglich in sozialer Interaktion stehen. Derartige Vorstellungen tauchen hin und wieder als rückwärts gerichtete Utopien wieder auf.

In Kapitel 5 dieser Arbeit sind Wirkungsmechanismen eines kontextuellen Effektes dargestellt worden. Es hat sich gezeigt, daß sich die Effekte und Wirkungsmechanismen, die in der Literatur zu finden sind, individualtheoretisch erklären lassen. Die soziale Anerkennung (oder Mißbilligung), mit der ein Individuum als Antwort "des Kontextes" auf sein Verhalten rechnet (= subjektiv erwartete soziale Anerkennung), war (mit de Vos 1986) als der zentrale Wirkungsmechanismus von Kontexteffekten benannt worden. Soziale Anerkennung wird in Prozessen sozialer Interaktion gezollt. Auf der Basis von in der Vergangenheit realisierter sozialer Interaktion zwischen einem Individuum und anderen Kontextmitgliedern wird sich eine Erwartung der Wahrscheinlichkeit einer Interaktion, in der die Person Anerkennung oder Mißbilligung für ein gezeigtes Verhalten erntet, entwickeln. Diese Erwartung kann für eine Person, neben anderen Aspekten, handlungsrelevant sein. Eine Person "rechnet" damit, daß ein Verhalten "honoriert" wird, daß ihr Anerkennung "gezollt" wird, die sie dann "erntet": der 'Homo Oeconomicus' in der Alltagssprache.

Die Erwartung, daß ein Verhalten von der Umgebung honoriert oder mißbilligt wird, ist nichts anderes als die Erwartung sozialer Kontrolle. Wenn auch der Mangel an sozialer Kontrolle im modernen Großstadtleben vom aufgeklärten Mitteleuropäer beklagt wird, er andererseits auf die dadurch entstehenden Freiheiten nicht verzichten will, so schreibt er doch *dem* Ausländer eine besondere Empfänglichkeit für kontextuelle Einflüsse zu, und bedenkt dabei nicht, daß die wenigsten Arbeitsmigranten direkt aus einem traditionalen ruralen Ort in die Städte der Bundesrepublik wandern. Aber auch die Sozialisation innerhalb eines derartigen Umfeldes mit hoher sozialer Kontrolle muß noch nicht bedeuten, daß Personen ihr Verhalten weiterhin stark am Kontext orientieren, wenn die soziale Kontrolle schwach wird.

Die Erwartung, Ausländer unterlägen in besonderer Weise dem Einfluß des (ethnischen) Kontextes, basiert nach den hier dargelegten Überlegungen zur Wirkungsweise von Kontexteffekten darauf, daß sich die Ausländer untereinander kennen und in Prozessen sozialer Interaktion soziale Kontrolle ausüben. Da die Fremden alle gleich sind, müssen sie auch alle viel Kontakt untereinander haben, da sie alle aus unterentwickelten Dörfern stammen, leben sie auch hier in quasi-ruralen, lokal eng umgrenzten Gemeinschaften. Die Relevanz dieser Annahmen wird aber nirgendwo überprüft. Eine Ausnahme stellt die Arbeit von Nauck (1988) dar, der zu dem Ergebnis kommt, daß es sich bei dieser Annahme offensichtlich um ein "ethnozentristisches Vorurteil" handelt. Es handelt sich hier offenbar um sehr stabile Vorurteile, die möglicherweise durch Arbeiten Nahrung erhalten haben, die vor längerer Zeit in ethnischen Wohngebieten in Städten der Vereinigten Staaten durchgeführt wurden. Für die Bundesrepublik gibt es keine Bestätigung für diese Vorurteile. Es ist eher anzunehmen, daß auch Ausländer ihre verhaltensrelevanten Verkehrskreise unter Ausnutzung von modernen Kommunikationsmitteln unabhängig von der lokalen Basis selbst zusammenstellen.

So machen schon wenige Überlegungen deutlich, daß Kontexte auf der Basis räumlicher Abgrenzungen (Nachbarschaften, 'community contexts') in der Bundesrepublik der achtziger Jahre weder bei Deutschen noch bei Ausländern größere Einflüsse auf das Verhalten von Personen haben dürften.

Zu Beginn meiner Beschäftigung mit Kontextanalyse war mir dieser Umstand aber keineswegs klar. Wie viele Stadtforscher und -planer hatte ich eine eher diffuse Vorstellung, daß es derartige Effekte geben müsse. In Kapitel 7 ist dargestellt worden, wie diese Vorstellungen sich äußern und wo sie sich in der Planungspraxis wiederfinden lassen.

Die empirischen Analysen im zweiten Teil der Arbeit haben dann ergeben, daß sich die postulierten Beziehungen zwischen Kontexteigenschaften und Eingliederungsverhalten von Ausländern nicht finden lassen. Die wenigen vorgefundenen

Effekte ließen sich mit den angewandten Methoden nicht eindeutig auf eine Komponente reduzieren, sondern basieren offenbar auf dem hier nicht zu trennenden Zusammenspiel mehrerer Faktoren. Der Ausländeranteil eines Wohngebietes hat also für sich genommen kaum eine Wirkung auf die zentralen Dimensionen der Assimilation und Integration gezeigt. Das "Leben im Getto", das es schon rein deskriptiv in der Bundesrepublik nicht gibt, hat also hier nicht die erwarteten Folgen gehabt.

Die Tatsache, daß bei allen Analysen die kleinräumigsten Kontexte die stärksten interkontextuellen Unterschiede aufweisen, spricht dafür, daß Prozesse sozialer Interaktion für kontextuelle Effekte verantwortlich sind. Deutlicher dürften diese Effekte werden, wenn anstelle räumlicher Abgrenzungen die tatsächlichen Interaktionspartner einer Person herangezogen werden, um das soziale Umfeld zu bestimmen. Damit wäre dann der Schritt von der Kontextanalyse zur Netzwerkanalyse vollzogen (vgl. Exkurs 2). Wenn auch von Netzwerken ein wesentlich stärkerer Einfluß auf das individuelle Verhalten ausgehen dürfte, so wird die empirische Erhebung von Netzwerken und deren relevanten Eigenschaften noch schwieriger sein als die Durchführung einer Erhebung mit einem kontextanalytischen Design. Allein aus diesen forschungspraktischen Gesichtspunkten heraus erscheint die Beschäftigung mit lokal definierten Kontexten lohnend, sie werden dann aber in erster Linie als Surrogate von Netzwerken angesehen.

Auf der anderen Seite haben auch egozentrierte Netzwerke eine räumliche Komponente und hier sollten Analysen zur Wirkung der räumlich definierten sozialen Umgebung ansetzen: Raum als eine Dimension, die die Ausdehnung des Netzwerkes und die Wahrscheinlichkeit des Zustandekommens eines Kontaktes mit Angehörigen des Netzwerkes beeinflußt; eines Kontaktes, der soziale Anerkennung oder Mißbilligung zum Inhalt haben kann.

Subjektiv erwartete soziale Anerkennung war als der zentrale Mechanismus von Kontexteffekten bezeichnet worden. Soziale Kontrolle basiert auf eben diesem Mechanismus. Neben diesen sozialisatorischen Effekten des Kontextes sind andererseits "Effekte" zu berücksichtigen, die auf Selektivität des Kontextes basieren. Moksony (1986b: 3) hat den Unterschied zwischen einem "Kompositionseffekt", der auf selektiver Zusammensetzung des Kontextes nach unabhängigen Variablen beruht und dem "Effekt selektiver Migration", der darauf beruht, daß Personen auf der Basis der abhängigen Variablen in den Kontext wandern, hervorgehoben. Während in Kapitel 10 der Kompositionseffekt kontrolliert werden konnte, war es nicht möglich, Informationen über die selektive Migration nach der jeweils abhängigen Variablen zu erhalten.

In Analysen egozentrierter Netzwerke dürften die Probleme der Selektivität noch weitaus stärker in Erscheinung treten als in den hier durchgeführten Kontextanalysen. *Der überwiegende Teil dessen, was in Analysen als "Wirkung des sozialen Umfeldes" identifiziert wird, dürfte meines Erachtens auf Selektivität und nur ein sehr geringer Teil auf Sozialisation zurückzuführen sein. So würden die geringen empirisch nachweisbaren interkontextuellen Unterschiede also kaum auf Ef-*

fekten des Kontextes, sondern auf zeitlich früher liegenden Prozessen der Selektion beruhen. Wenn erst einmal die Entscheidung gefallen ist, welche Personen einen Kontext bilden, dann ließe sich anhand der individuellen Eigenschaften dieser Personen schon der überwiegende Teil dessen prognostizieren, was später als "typisch für den Kontext" bezeichnet wird. Entsprechend basiert der Erfolg eines Trainers im Sport nicht auf dem Einfluß, den er als Teil des Kontextes auf seinen Athleten ausübt, sondern überwiegend auf seiner Auswahl (Selektion) der geeigneten Individuen für den Kader.

Ein Ziel dieser Arbeit war, den Ansatz von Boyd und Iversen (1979) einer praktischen Überprüfung mit "realen" sozialwissenschaftlichen Daten zu unterziehen. Eine derartig umfangreiche Anwendung und Dokumentation, wie die hier vorgestellte, hat es bislang nicht gegeben. Die vorliegenden Arbeiten berichten nur über wenige Analysen, die zudem nur sehr knapp dokumentiert werden. Erstaunlicherweise wird nirgendwo über praktische Probleme bei der Durchführung der Analysen berichtet, so daß sich der Verdacht aufdrängt, daß Ergebnisse nur sehr selektiv dargestellt werden.

In den Analysen hat sich gezeigt, daß das Verfahren von Boyd und Iversen eigentlich nur dann in allen dazugehörigen Teilen problemlos anzuwenden ist, wenn weder Kontext- noch Interaktionseffekte vorliegen. Beim Vorliegen derartiger Effekte werden die Ergebnisse hingegen instabiler, die Modelle erklären unterschiedlich hohe Varianzanteile, die Effekte erscheinen je nach Wahl des zentrierten Modells stärker oder schwächer und die Varianzzerlegung führt - auch und gerade innerhalb des verankerten Modells - zu völlig unterschiedlichen Ergebnissen. *Als Schlußfolgerung bleibt hier, daß das Verfahren in seiner gegenwärtigen Form relativ ungeeignet ist, von einem breiten Kreis von Anwendern genutzt zu werden.* Nach der praktischen Prüfung der Anwendbarkeit wird der Ansatz hiermit wieder an die Sozialwissenschaftler mit mathematischem Schwerpunkt, bzw. die Mathematiker mit sozialwissenschaftlichem Interesse zurücküberwiesen (vgl. De Leeuw & Kreft 1986, Wiedenbeck & Rothe 1986).

Ein weiterer Nachteil des Konzeptes von Boyd und Iversen ist, daß es das Interesse des Forschers in starkem Maße auf die Operationalisierung von Kontexteigenschaften über Aggregatmittelwerte lenkt. Die Konzentration auf "X-K-QUER" bzw. "XKBAR" bedeutet zwar eine Erleichterung bei der Datenerhebung und der Konzeptualisierung, da keine zusätzlichen Messungen erforderlich sind und keine über individualtheoretische Erwägungen hinausgehende Theorien berücksichtigt oder aufgestellt werden müssen. Die Versuchung, die theoretischen Konzepte dem vorhandenen Datenmaterial anzupassen, ist sehr groß. Das ist mir auch am Beispiel dieser Arbeit aufgefallen. Andererseits war es mein Ziel, den Ansatz von Boyd und Iversen einer praktischen Prüfung zu unterziehen und den vorhandenen Datensatz auf Kontexteffekte hin zu analysieren: "Ideally, it would be helpful to find theoretical rationales for each of the alternative possibilities (Kontexteigenschaften zu operationalisieren; H.A.). Practically speaking, however, the best we probably hope for are some theoretical suggestions or hints at appropriate models combined with a series of exploratory empirical analyses" (Blalock & Wilken 1979: 297).

Auch die relativ geringe Stärke hier festgestellter kontextueller Effekte ist kein Argument, von der weiteren Anwendung von Kontextanalysen abzusehen. Selbst kleine kontextuelle Effekte können sich über die Zeit summieren und zu größeren sozialen Veränderungen führen: "At any one moment the breakage may be trivial ... but over a period of time it is considerable" (Berelson, Lazarsfeld & McPhee 1954: 100; s. a. Brown 1981: 431). Und vielfach lassen sich Kontexteigenschaften, auch wenn sie nur geringe Effekte haben, leichter verändern als Individualeigenschaften.

Blalock und Wilken (1979: 300) halten es für verständlich, daß die groben Indikatoren von Kontexteigenschaften keine größeren Varianzanteile erklären können. Sie plädieren dafür, Kontextanalysen - auch unter Verwendung von Aggregatmittelwerten - routinemäßig durchzuführen, und in den Fällen, in denen sich Kontexteffekte zeigen, weitergehende Untersuchungen durchzuführen. Ein solches Untersuchungsfeld ist nach den Ergebnissen dieser Arbeit der kontextuelle Effekt auf die kognitive und soziale Assimilation junger Jugoslawen. Hier konnten deutliche Einflüsse der Umgebung entdeckt werden, deren Ursachen nicht geklärt werden konnten.

Da die Welt der Mathematik doch nicht so eindeutig ist, wie es oft den Anschein hat, muß bei der abschließenden Bewertung der Stärke der kontextuellen Effekte Zuflucht zum "Gefühl" gesucht werden, das sich im Verlaufe der Durchführung der Kontextanalysen entwickelt hat. Ungeachtet der instabilen Ergebnisse haben sich doch in den Analysen Tendenzen gezeigt, die Aufschluß über das Ausmaß kontextueller Beeinflussung geben können. Der überwiegende Teil der hier betrachteten Aspekte der Eingliederung basiert auf dem Einfluß von Individualvariablen. Kontextvariablen können nach diesen Analysen maximal 10 bis 20 Prozent der Varianz in diesen Dimensionen erklären, Interaktionsterme noch weniger.

Die Zukunft der Kontextanalyse scheint mir eher darin zu liegen, einerseits Daten der amtlichen Statistik mit Umfragedaten zu verbinden und zum anderen die Konzepte der Individualumfragen so zu gestalten, daß aus den Angaben der Befragten theoretisch relevante Kontextmerkmale konstruiert werden können. So ließe sich dann im Rahmen des SESA-Modells auch besser operationalisieren, welche Kontakte ein Individuum innerhalb seines Kontextes aufweist, in welchem Maße es auf soziale Anerkennung aus seinem Kontext Wert legt, mit welchen Reaktionen aus seinem Kontext es rechnet und vor allem, wie andere - zufällig ausgesuchte - Mitglieder des Kontextes bestimmte Verhaltensweisen von ego bewerten und sanktionieren würden.

Die Verbindung von Individualdaten und Aggregatdaten aus der amtlichen Statistik ist, wie in Kapitel 9 demonstriert, im Prinzip bei allen Individualerhebungen möglich. Als Problem stellt sich hier nur, daß möglicherweise die Abgrenzungen der Erhebungseinheiten bei den Aggregatdaten nicht den Vorstellungen des Forschers entsprechen oder daß die relevanten Variablen nicht direkt operationalisiert werden können. Der Ausweg ist hier die eigene Erhebung von Kontextmerkmalen als konstruierten Merkmalen. Problematisch ist bei diesem

Vorgehen, daß kontextanalytische Designs mit einer Vielzahl von Kontexten arbeiten sollten, und daß diese Kontexte wiederum durch ausreichend große Stichproben repräsentiert werden sollten. So kommt man schnell zu sehr umfangreichen Gesamtstichproben, die im Rahmen eines einzelnen Forschungsvorhabens
nicht zu finanzieren sind.

Als Ausweg bietet sich hier ein umfassenderer Ansatz an, der das Interesse
verschiedener Disziplinen am Zusammenhang von "räumlichen Eigenschaften"
und "individuellen Eigenschaften" integriert. So ist es denkbar, daß in einer Stadt
verschiedene Institutionen an einem Vorhaben arbeiten: das Statistische Amt
liefert die Aggregatdaten aus Volkszählung und einzelnen Registern, die Umwelt-
behörde ermittelt die Schadstoffbelastung der einzelnen Territorien; und in einer
Individualerhebung fragen Mediziner nach gesundheitlichen Faktoren, Soziologen
nach sozialen Eigenschaften, Kriminologen nach abweichendem Verhalten, etc.
Die Informationen lassen sich dann zu Aggregatmerkmalen bündeln: Urbanismusgrad eines Gebietes, Anzahl von Straftaten und -tätern im Gebiet, Lebenserwar-
tung im Gebiet, etc. Somit ließen sich die Informationen zu einem Datensatz verbinden, der in Mehrebenen-Analysen Auswertungen erlaubt, die eher in der Lage
sind, individuelle Eigenschaften als Resultat eines multifaktoriellen Mehrebenen-
Geschehens zu erklären.

Anhang 1: Darstellung der wichtigsten Konstrukte nach Nationalität und Generation

Kreuztabelle A-1.1: SBIN (Schulbildung, recodiert) nach Teilstichproben

```
                       TEILSTICHPROBEN
            ANZAHL |
            SPALTEN % |   T1        T2        J1        J2      ZEILEN
                    |                                          TOTAL
  SBIN      --------|-------|-------|-------|-------|
            1.00    |    71 |     2 |    13 |     8 |    94
  KURZ      | 15.4  |   .5  |  2.7  |  1.9  |   5.2
            --------|-------|-------|-------|-------|
            2.00    |   312 |   162 |   277 |    95 |   846
            | 67.5  |  36.6 |  57.7 |  22.5 |  46.8
            --------|-------|-------|-------|-------|
            3.00    |    79 |   268 |   190 |   315 |   852
            | 17.1  |  60.5 |  39.6 |  74.5 |  47.1
            --------|-------|-------|-------|-------|
            4.00    |       |     9 |       |     5 |    14
            |       |  2.0  |       |  1.2  |   .8
            --------|-------|-------|-------|-------|
            5.00    |       |     2 |       |       |     2
  LANG      |       |   .5  |       |       |   .1
            --------|-------|-------|-------|-------|
            SPALTEN    462      443      480      423     1808
            TOTAL     25.6     24.5     26.5     23.4    100.0
```

Fehlende Werte = 38

Kreuztabelle A-1.2: SUBN (Subjektive Sprachkenntnis, recodiert) nach Teil-stichproben

```
                       TEILSTICHPROBEN
            ANZAHL |
            SPALTEN % |   T1        T2        J1        J2      ZEILEN
                    |                                          TOTAL
  SUBN      --------|-------|-------|-------|-------|
            1.00    |    27 |       |     8 |       |    35
  NIEDRIG   |  5.9  |       |  1.7  |       |   1.9
 (schlechte)--------|-------|-------|-------|-------|
            2.00    |   163 |    23 |    64 |     4 |   254
            | 35.4  |  5.0  |  13.4 |   .9  |  13.9
            --------|-------|-------|-------|-------|
            3.00    |   177 |   105 |   146 |    16 |   444
            | 38.4  |  22.8 |  30.7 |  3.7  |  24.3
            --------|-------|-------|-------|-------|
            4.00    |    73 |   190 |   159 |   111 |   533
            | 15.8  |  41.3 |  33.4 |  25.8 |  29.2
            --------|-------|-------|-------|-------|
            5.00    |    21 |   142 |    99 |   299 |   561
  HOCH      |  4.6  |  30.9 |  20.8 |  69.5 |  30.7
 (gute Kenntnis)----|-------|-------|-------|-------|
            SPALTEN    461      460      476      430     1827
            TOTAL     25.2     25.2     26.1     23.5    100.0
```

Fehlende Werte = 19

Kreuztabelle A-1.3: STRN (Strukturelle Assimilation, recodiert) nach Teilstichproben

```
                        TEILSTICHPROBEN
             ANZAHL |
             SPALTEN % |   T1   |   J1   |  ZEILEN
                      |        |        |  TOTAL
STRN         ─────────|────────|────────|
               .00    |   154  |   107  |   502
NIEDRIG               |  33.0  |  22.5  |  27.5
                      |────────|────────|
              1.00    |   211  |   189  |   885
                      |  45.2  |  39.7  |  48.5
                      |────────|────────|
              2.00    |    78  |   139  |   363
                      |  16.7  |  29.2  |  19.9
                      |────────|────────|
              3.00    |    15  |    23  |    47
                      |   3.2  |   4.8  |   2.6
                      |────────|────────|
              4.00    |     9  |    18  |    29
HOCH                  |   1.9  |   3.8  |   1.6
                      |────────|────────|
             SPALTEN      467      476     1826
             TOTAL       25.6     26.1    100.0
```

Fehlende Werte = 20

Kreuztabelle A-1.4: SOAN (Soziale Assimilation, recodiert) nach Teilstichproben

```
                        TEILSTICHPROBEN
             ANZAHL |
             SPALTEN % |   T1   |   T2   |   J1   |   J2   |  ZEILEN
                      |        |        |        |        |  TOTAL
SOAN         ─────────|────────|────────|────────|────────|
              1.00    |   212  |   111  |   154  |    44  |   521
NIEDRIG               |  46.3  |  24.2  |  33.4  |  10.4  |  28.9
(wenig intereth.      |────────|────────|────────|────────|
Kontakte)     2.00    |   120  |   141  |   117  |    59  |   437
                      |  26.2  |  30.7  |  25.4  |  13.9  |  24.2
                      |────────|────────|────────|────────|
              3.00    |    62  |    92  |    93  |    80  |   327
                      |  13.5  |  20.0  |  20.2  |  18.8  |  18.1
                      |────────|────────|────────|────────|
              4.00    |    45  |    76  |    52  |   113  |   286
                      |   9.8  |  16.6  |  11.3  |  26.6  |  15.9
                      |────────|────────|────────|────────|
HOCH          5.00    |    19  |    39  |    45  |   129  |   232
(viele intereth.      |   4.1  |   8.5  |   9.8  |  30.4  |  12.9
Kontakte)             |────────|────────|────────|────────|
             SPALTEN      458      459      461      425     1803
             TOTAL       25.4     25.5     25.6     23.6    100.0
```

Fehlende Werte = 43

Kreuztabelle A-1.5: PINN (Personale Integration, recodiert) nach Teilstichproben

```
                    TEILSTICHPROBEN
           ANZAHL |
           SPALTEN % |  T1      T2      J1      J2     ZEILEN
                   |       |       |       |       |   TOTAL
PINN       --------|-------|-------|-------|-------|
              1.00 |   13  |   12  |    7  |    4  |    36
NIEDRIG            |  3.2  |  2.6  |  1.7  |   .9  |   2.1
(unzufrieden)      |-------|-------|-------|-------|
              2.00 |   71  |   64  |   28  |   15  |   178
                   | 17.5  | 14.1  |  6.7  |  3.5  |  10.5
                   |-------|-------|-------|-------|
              3.00 |  151  |  153  |  125  |   79  |   508
                   | 37.3  | 33.7  | 29.8  | 18.7  |  29.8
                   |-------|-------|-------|-------|
              4.00 |  162  |  193  |  235  |  257  |   847
                   | 40.0  | 42.5  | 56.0  | 60.8  |  49.8
                   |-------|-------|-------|-------|
              5.00 |    8  |   32  |   25  |   68  |   133
HOCH               |  2.0  |  7.0  |  6.0  | 16.1  |   7.8
(zufrieden)        |-------|-------|-------|-------|
           SPALTEN   405     454     420     423    1702
           TOTAL     23.8    26.7    24.7    24.9   100.0
```

Fehlende Werte = 144

Kreuztabelle A-1.6: IDAN (Identifikative Assimilation, recodiert) nach Teilstich-proben

```
                     TEILSTICHPROBEN
            ANZAHL |
            SPALTEN % |  T1      T2      J1      J2     ZEILEN
                    |       |       |       |       |   TOTAL
IDAN        --------|-------|-------|-------|-------|
               1.00 |  333  |  280  |  312  |  154  |  1079
NIEDRIG             | 74.7  | 63.5  | 69.8  | 39.3  |  62.5
(eher als Fremder)  |-------|-------|-------|-------|
               2.00 |   92  |  116  |   97  |  102  |   407
                    | 20.6  | 26.3  | 21.7  | 26.0  |  23.6
                    |-------|-------|-------|-------|
               3.00 |   20  |   37  |   24  |   79  |   160
                    |  4.5  |  8.4  |  5.4  | 20.2  |   9.3
                    |-------|-------|-------|-------|
               4.00 |    1  |    8  |   14  |   48  |    71
                    |   .2  |  1.8  |  3.1  | 12.2  |   4.1
                    |-------|-------|-------|-------|
               5.00 |       |       |       |    9  |     9
HOCH                |       |       |       |  2.3  |    .5
(eher Deutscher)    |-------|-------|-------|-------|
            SPALTEN   446     441     447     392    1726
            TOTAL     25.8    25.6    25.9    22.7   100.0
```

Fehlende Werte = 120

Anhang 2: Beschreibung der exogenen unabhängigen Variablen

SBI   Schulbildung

(additiver Index aus absolvierten Schuljahren im Herkunftsland und der Bundesrepublik)

	MW	STD ABW	MIN	MAX	VALID	MV
gesamt	8.022	3.321	.00	15.00	1808	38
T1	5.426	3.332	.00	13.00	462	8
T2	9.190	2.569	.00	15.00	443	20
J1	8.127	3.237	.00	13.00	480	2
J2	9.515	2.289	.00	15.00	423	8

Eta= .48

SBRD   Schulbildung

(in der Bundesrepublik absolvierte Schuljahre, nur 2. Gen.)

	MW	STD ABW	MIN	MAX	VALID	MV
gesamt	6.522	3.540	.00	13.00	831	1015
T2	5.523	3.533	.00	13.00	415	48
J2	7.519	3.258	.00	13.00	416	15

Eta= .28

AKL   Ausländeranteil der zuletzt besuchten Schulklasse

(Höchswert 5, wenn Ausländer- oder Nationalklasse, nur 2. Gen.)

	MW	STD ABW	MIN	MAX	VALID	MV
gesamt	2.901	1.507	1.00	5.00	724	1122
T2	3.340	1.567	1.00	5.00	347	116
J2	2.496	1.329	1.00	5.00	377	54

Eta= .28

BIE   Bildungsstand der Eltern
(absolvierte Schuljahre Vater und Mutter, addiert)

	MW	STD ABW	MIN	MAX	VALID	MV
gesamt	8.280	4.665	2.00	16.00	1411	435
T1	5.045	3.696	2.00	16.00	337	133
T2	7.650	3.724	2.00	16.00	408	55
J1	8.226	4.402	2.00	16.00	340	142
J2	12.469	3.710	2.00	16.00	326	105

Eta= .55

RME   Religiöses Milieu im Elternhaus
(additiver Index: Praktiken Vater und Mutter, z.B. Beten, Erwartung religiösen Verhaltens durch Vater und Mutter)

	MW	STD ABW	MIN	MAX	VALID	MV
gesamt	10.166	5.247	1.00	17.00	1621	225
T1	13.568	3.743	1.00	17.00	428	42
T2	11.389	4.110	1.00	17.00	422	41
J1	9.276	5.058	1.00	17.00	410	72
J2	5.715	4.710	1.00	17.00	361	70

Eta= .54

SME   Soziales Milieu im Elternhaus
(additiver Index: Besuche der Eltern von und bei Deutschen, Kontakte der Eltern zu Deutschen innerhalb und außerhalb der Nachbarschaft, nur 2. Gen.)

	MW	STD ABW	MIN	MAX	VALID	MV
gesamt	10.964	4.203	1.00	17.00	829	1017
T2	12.314	3.716	1.00	17.00	420	43
J2	9.577	4.227	1.00	17.00	409	22

Eta= .33

KME   Kulturelles Milieu im Elternhaus

(additiver Index: Ethnische Gewohnheiten der Eltern beim Kochen, Musikhören; Sprache der Eltern untereinander und mit Kindern, nur 2. Gen.)

	MW	STD ABW	MIN	MAX	VALID	MV
gesamt	14.424	3.029	1.00	17.00	769	1077
T2	15.855	1.816	4.00	17.00	401	62
J2	12.864	3.306	1.00	17.00	368	63

Eta= .49

WOQ   Wohnqualität

(additiver Index: Vorhandensein von WC, Bad, Zentralheizung, Warmwasser innerhalb der Wohnung)

	MW	STD ABW	MIN	MAX	VALID	MV
gesamt	3.125	1.093	1.00	4.00	1749	97
T1	2.870	1.128	1.00	4.00	438	32
T2	2.847	1.144	1.00	4.00	437	26
J1	3.333	1.032	1.00	4.00	454	28
J2	3.455	.917	1.00	4.00	420	11

Eta= .25

FDE   Anzahl der Deutschen unter den drei besten Freunden

(3= keine Freunde= keine deutschen Freunde)

	MW	STD ABW	MIN	MAX	VALID	MV
gesamt	3.685	1.045	3.00	6.00	1846	0
T1	3.243	.610	3.00	6.00	470	0
T2	3.477	.818	3.00	6.00	463	0
J1	3.587	.996	3.00	6.00	482	0
J2	4.499	1.233	3.00	6.00	431	0

Eta= .45

FFM   Art der im festen Freundeskreis überwiegend gehörten Musik
      (niedriger Wert: ethnische Musik)

	MW	STD ABW	MIN	MAX	VALID	MV
gesamt	2.124	1.389	1.00	5.00	1764	82
T1	1.529	.869	1.00	5.00	431	39
T2	2.188	1.262	1.00	5.00	446	17
J1	1.861	1.216	1.00	5.00	468	14
J2	2.962	1.694	1.00	5.00	419	12

Eta= .38

DIS   Diskriminierungserfahrung
      (additiver gemittelter Index: persönlich erfahrene Diskriminierung in den Bereichen
      Arbeit/Schule, Wohnungssuche, Behörden, Einkauf)

	MW	STD ABW	MIN	MAX	VALID	MV
gesamt	1.507	.630	1.00	4.00	1694	152
T1	1.529	.715	1.00	4.00	429	41
T2	1.653	.657	1.00	4.00	414	49
J1	1.327	.481	1.00	3.67	445	37
J2	1.320	.536	1.00	3.75	406	25

Eta= .29

Zu den fehlenden Werten (missing values) in FDE, FFM, DIS, AKL, BIE vgl. die
Anmerkungen in Kapitel 10.

Anhang 3: Beschreibung der Indikatoren der ethnischen Struktur

Anzahl Ausländer

	Mittelw.	Median	Modus	Std.-Abw.	Min.	Max.	ValidN	MV
ANZBLO	106.4	62	23	120.26	1	703	1844	2
ANZOT	889.0	545	1235	917.75	4	4064	1840	6
ANZST	074.3	2546	9053	2388.66	66	9917	1844	2
ANZAMT	9074.5	8363	14371	5528.29	1543	21463	1844	2
ANZBEZ	8006.2	22281	22281	8040.32	21383	39731	371	1475
ANZSTADT	105993.8	70446	35536	66087.13	35536	205348	1846	0

Anzahl Türken

	Mittelw.	Median	Modus	Std.-Abw.	Min.	Max.	ValidN	MV
TUEOT	298.4	167	323	324.39	0	1917	1740	106
TUEST	1075.0	854	1918	955.54	9	5241	1844	2
TUEAMT	3835.2	2437	10982	3483.23	155	10982	1844	2
TUEBEZ	8130.8	4681	4681	4717.24	4681	14955	371	1475
TSTADT	34315.0	41043	12704	15367.30	12704	52091	1846	0

Anzahl Jugoslawen

	Mittelw.	Median	Modus	Std.-Abw.	Min.	Max.	ValidN	MV
JUGOT	183.7	80	178	306.29	1	1612	1740	106
JUGST	577.0	344	3382	837.30	8	3382	1844	2
JUGAMT	1293.9	1084	848	908.97	90	3282	1844	2
JUGBEZ	3359.6	2141	2141	1641.44	2141	5737	371	1475
JSTADT	17815.6	9640	4798	16908.60	4798	50345	1846	0

Ausländeranteil an der Wohnbevölkerung (in %)

	Mittelw.	Median	Modus	Std.-Abw.	Min.	Max.	ValidN	MV
PCTBLO	24.8	19.	48.5	19.	00.	100.	1844	2
PCTOT	18.1	12.	28.1	13.	01.	63.	1840	6
PCTST	16.4	11.	34.2	12.	01.	47.	1844	2
PCTAMT	13.1	11.	16.2	07.	03.	34.	1844	2
PCTBEZ	09.8	05.	05.8	05.	05.	17.	371	1475
PCTSTATD	11.1	11.	05.6	03.	05.	15.	1846	0

Türkenanteil an der Wohnbevölkerung (in %)

	Mittelw.	Median	Modus	Std.-Abw.	Min.	Max.	ValidN	MV
TCTOT	08.1	05.	07.3	10.	00.	61.	1740	106
TCTST	06.8	04.	07.2	09.	00.	41.	1844	2
TCTAMT	05.0	04.	12.4	03.	00.	12.	1844	2
TCTBEZ	03.0	01.	01.2	02.	01.	06.	371	1475
TCTSTD	04.2	03.	02.0	02.	02.	08.	1846	0

Jugoslawenanteil an der Wohnbevölkerung (in %)

	Mittelw.	Median	Modus	Std.-Abw.	Min.	Max.	ValidN	MV
JCTOT	03.9	02.	04.1	03.	00.	16.	1740	106
JCTST	02.8	01.	12.8	03.	00.	18.	1844	2
JCTAMT	02.3	01.	01.0	02.	00.	12.	1844	2
JCTBEZ	01.2	00.	00.6	00.	00.	02.	371	1475
JCTSTD	01.7	01.	00.8	01.	00.	03.	1846	0

Ausländerdichte (Ausländer pro km²)

	Mittelw.	Median	Modus	Std.-Abw.	Min.	Max.	ValidN	MV
AKMOT	2274.98	975.06	1304.11	3261.80	7.82	13917.80	1380	466
AKMST	1161.90	574.06	4331.57	1180.68	25.98	4331.57	1843	3
AKMAMT	817.30	443.87	474.13	1027.64	34.78	4331.57	1843	3
AKMBEZ	254.18	150.87	150.87	125.32	133.19	421.74	371	1475
AKMSTD	329.87	302.34	169.21	172.26	169.21	662.41	1846	0

Türkendichte (Anzahl Türken pro km²)

	Mittelw.	Median	Modus	Std.-Abw.	Min.	Max.	ValidN	MV
TKMOT	639.11	320.36	341.07	845.37	.00	3952.66	1380	466
TKMST	413.71	265.32	917.70	456.02	1.60	1841.75	1843	3
TKMAMT	262.47	147.86	362.32	234.70	3.51	917.70	1843	3
TKMBE	76.53	31.69	31.69	55.00	31.69	150.95	371	1475
TKMSTD	113.32	109.23	60.49	49.82	60.49	198.89	1846	0

Jugoslawendichte (Anzahl Jugoslawen pro km²)

	Mittelw.	Median	Modus	Std.-Abw.	Min.	Max.	ValidN	MV
JKMOT	608.19	161.99	187.96	1236.95	.98	5520.54	1380	466
JKMST	225.87	93.96	1522.48	373.05	2.15	1522.48	1843	3
JKMAMT	180.42	53.78	27.97	371.27	2.65	1570.33	1843	3
JKMBE	31.55	14.49	14.49	20.68	14.49	57.90	371	1475
JKMST	56.78	26.10	22.84	53.20	22.84	162.40	1846	0

Anteil der Türken an der ausländischen Wohnbevölkerung (in %)

	Mittelw.	Median	Modus	Std.-Abw.	Min.	Max.	ValidN	MV
TACTOT	37.4	33.	26.2	21.	00.	97.	1740	106
TACTST	36.0	30.	21.2	19.	05.	88.	1844	2
TACTAMT	36.6	33.	76.4	17.	10.	76.	1844	2
TACTBEZ	26.9	21.	21.0	07.	21.	49.	371	1475
TACTSTD	37.7	35.	35.7	15.	20.	65.	1846	0

Anteil der Jugoslawen an der ausländischen Wohnbevölkerung (in %)

	Mittelw.	Median	Modus	Std.-Abw.	Min.	Max.	ValidN	MV
JACTOT	19.1	18.	14.4	09.	00.	73.	1740	106
JACTST	15.2	13.	37.4	08.	03.	81.	1830	15
JACTAM	15.2	12.	05.9	07.	05.	36.	1844	2
JACTBE	11.4	09.	09.6	02.	09.	14.	371	1475
JACTST	14.9	13.	13.5	05.	07.	24.	1846	0

Anhang 4: Scatterplots der Kontextmittelwerte

Eine Hilfe bei der Entscheidung zwischen verankertem und balanciertem Modell bietet die Inspektion der Scatterplots der Kontextmittelwerte. Im folgenden sind die zu den einzelnen Tabellen in Kapitel 10 gehörenden standardisierten Scatterplots wiedergegeben.

Waagerecht ist der Kontextmittelwert der unabhängigen Variablen ("XK-BAR") abgetragen und senkrecht der Kontextmittelwert der abhängigen Variablen ("YKBAR").

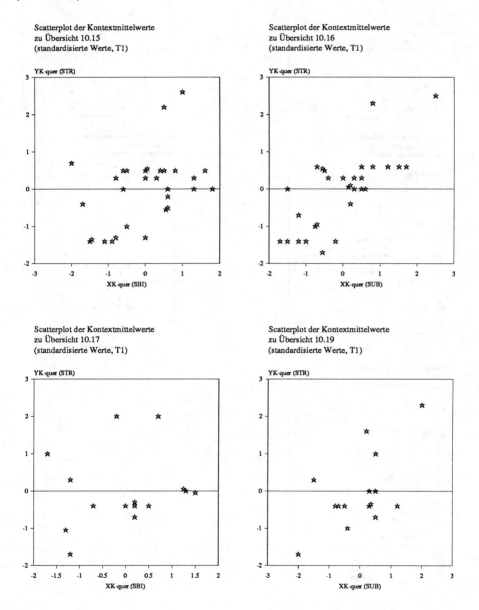

Scatterplot der Kontextmittelwerte
zu Übersicht 10.18
(standardisierte Werte, T1)

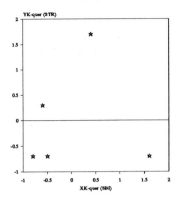

Scatterplot der Kontextmittelwerte
zu Übersicht 10.20
(standardisierte Werte, T1)

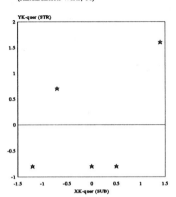

Scatterplot der Kontextmittelwerte
zu Übersicht 10.22
(standardisierte Werte, J1)

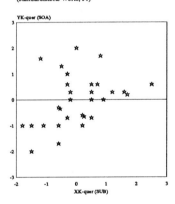

Scatterplot der Kontextmittelwerte
zu Übersicht 10.23
(standardisierte Werte, J1)

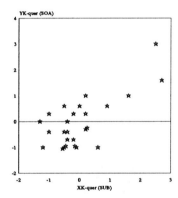

Scatterplot der Kontextmittelwerte
zu Übersicht 10.24
(standardisierte Werte, J1)

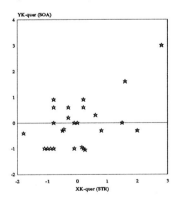

Anhang 5: Kontextanalyse nach Boyd und Iversen

INHALT

Zum besseren Verständnis der Kontextanalyse soll eine Einführung in das Verfahren gegeben werden. Dies ist für das Verständnis der Analysen in Kap. 10 hilfreich, wenn auch nicht unbedingt notwendig. In Kap. 6 findet sich eine kurze Darstellung. Es erscheint sinnvoll, auf diesen Ansatz einzugehen, da das Lehrbuch von Boyd und Iversen (1979) vergriffen ist (eine Neuauflage ist nicht beabsichtigt). Das Folgende ist eine Wiedergabe der Ausführungen von Gudmund Iversen auf dem ZUMA-Workshop zur Kontextanalyse (15.-19.9. 1986 in Mannheim; vgl. Iversen 1986). Diese Anhangs-Darstellung kann nur den Anspruch haben, den Ansatz zu skizzieren, bzw. so darzustellen, daß der Leser eine Idee von den Überlegungen Boyd und Iversens erhält.

"The general logic is to examine the effects of a specified individual- level variable, while controlling for the effects of a specified group variable and vice versa. This basic approach to the multilevel analysis of variation in individual behavior is referred to as 'contextual analysis'." (Boyd & Iversen 1979: 12)

Kontextanalyse geht von der Überlegung aus, daß analog zu ökologischen Fehlschlüssen (Robinson 1950) auch individualistische Fehlschlüsse möglich sind (vgl. Alker 1969: 81f). Ein individualistischer Fehlschluß liegt dann vor, wenn von einer beobachtbaren Beziehung zwischen Individualvariablen auf einen entsprechenden Individualeffekt geschlossen wird, während die Berücksichtigung der Gruppenzugehörigkeit der Individuen eine völlig anders geartete Individualbeziehung offenbart.

Ein einfaches Beispiel soll diesen Fehlschluß illustrieren: In Abb. 1 wird eine Beziehung zwischen zwei Individualvariablen x und y dargestellt. Anscheinend liegt eine stark positive Korrelation von x und y vor (r=.69). In Abb. 2 wird die

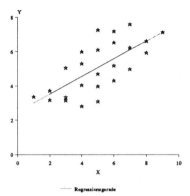

Abbildung 1: Beziehung zwischen Individualvariablen ohne Berücksichtigung
der Kontextzugehörigkeit

Gruppen- oder Kontextzugehörigkeit der Individuen berücksichtigt. Es zeigt sich, daß je nach Kontext zwischen den Individualvariablen völlig unterschiedliche Beziehungen bestehen: z.B. führt innerhalb der Gruppe 1 ein Zuwachs in x zu einer Abnahme von y (z.B. in Gruppe 1: r=-.72).

Schon Durkheim kontrollierte im "Suicide" die Gruppenzugehörigkeit bei der Darstellung von Individualbeziehungen (Durkheim 1974, vgl. auch Selvin 1972). Kendall und Lazarsfeld (1950) stellten Tabellen getrennt nach Gruppenzugehörigkeiten dar; Blau demonstrierte (1960) die Existenz von "strukturellen Effekten" über einen Prozentwertvergleich in dreidimensionalen Tabellen mit dichotomisierten Merkmalen. Sehr wichtig für die Entwicklung der Kontextanalyse war die Arbeit von Davis, Spaeth und Huson (1961), in der angeregt wurde, kontextspezifische Regressionen graphisch darzustellen und entsprechend zu interpretieren. Tannenbaum und Bachmann (1964) nahmen diesen Gedanken auf und forderten, Individualmerkmale und Kontextmerkmale in einer regressionsanalytischen Vorgehensweise gemeinsam zu berücksichtigen.

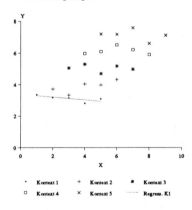

Abbildung 2: Beziehung zwischen Individualvariablen mit Berücksichtigung
der Kontextzugehörigkeit

Neben diesen methodisch-theoretischen Arbeiten hat aber vor allem der Fortschritt in der elektronischen Datenverarbeitung dazu beigetragen, daß neue, verfeinerte Analyseverfahren entwickelt und angewandt wurden. Multiple Regressionsanalysen mit einer Vielzahl von Variablen und großen Datensätzen sind heutzutage ohne weiteres verfügbar (während in den Anfängen der multivariaten Statistik die entsprechenden Koeffizienten mühsam "von Hand" berechnet werden mußten).

A-5.1 Entwicklung des Basismodells, separate Gleichungen

Die zu erklärende (individuelle) Variable heiße y, sie sei eine Funktion der Individualvariablen x sowie anderer Variablen: y= f(x, sowie anderen). In der Schreibweise von Regressionsgleichungen wird dieser Sachverhalt üblicherweise (z.B. Benninghaus 1974: 200) folgendermaßen ausgedrückt:

$$y = a + b x + f$$

Die Parameter a (Konstante) und b (Steigung) werden im folgenden mit d0 und d1 bezeichnet werden. Die Variablen y und x (und der Residualwert f) bekommen zur Kennzeichnung, daß es sich um Individualvariablen handelt, das Subscript i (wie Individuum):

$$y_i = d0 + d1\, x_i + f_i$$

Da hier die Gruppenzugehörigkeit berücksichtigt werden soll, sind Subscripte notwendig, die indizieren, zu welcher Gruppe ein Individuum gehört, bzw. welche Gruppe betrachtet wird. Das Subscript, das im Text benutzt wird ist k (wie Kontext):

$$y_{ik} = d0_k + d1_k\, x_{ik} + f_{ik}$$

Der Wert y_{ik} stellt also den y-Wert für das i-te Individuum in der k-ten Gruppe dar. Die Konstanten in den einzelnen Gruppen werden durch $d0_1$, $d0_2$, $d0_3$ usw. dargestellt, entsprechend werden die gruppenspezifischen Steigungen durch $d1_1$, $d1_2$, $d1_3$, usw. repräsentiert und die Residuen mit f_{ik} bezeichnet.

y_{ik}	Wert der abh. Variablen, i-te Person in k-ter Gruppe
x_{ik}	Wert der unabh. Variablen, i-te Person in k-ter Gruppe
f_{ik}	Residuum, i-te Person in der k-ten Gruppe
$d0_k$	Konstante der Regressionsgeraden in der k-ten Gruppe
$d1_k$	Steigung der Regressionsgeraden in der k-ten Gruppe

Folgende empirische Relation sei also innerhalb der Gruppe gegeben (s.o.):

$$y_{ik} = d0_k + d1_k\, x_{ik} + f_{ik}$$

Dem liege folgende theoretische Relation zugrunde:

$$y_{ik} = \delta0_k + \delta1_k\, x_{ik} + \varepsilon_{ik}$$

(zur Kennzeichnung der theoretischen Relation werden hier und im folgenden griechische Buchstaben verwandt).

Die Parameter $\delta0_k$ und $\delta1_k$ sind Funktionen von irgendetwas, hier handelt es sich um Modellgleichungen, die aufgrund theoretischer Überlegungen mit Inhalt zu füllen sind:

$$\delta0_k = f\,(???) \text{ und } \delta1_k = f\,(???).$$

Da geprüft werden soll, ob Eigenschaften der Gruppen einen Einfluß auf die abhängige Variable haben, soll anstelle der Fragezeichen ein Gruppenmerkmal eingesetzt werden. Die Ausführungen von Boyd und Iversen basieren darauf, den Gruppenmittelwert der unabhängigen Variablen: $\bar{x}_k$ als diese Gruppeneigenschaft anzusehen und einzusetzen:

$$\delta 0_k = f(\bar{x}_k) \text{ und } \delta 1_k = f(\bar{x}_k).$$

Übersetzt in Regressionsgleichungen bedeutet das also:

$$\delta 0_k = \beta 0 + \beta 2\, \bar{x}_k \quad \text{(Konstanten)} \quad \text{und}$$
$$\delta 1_k = \beta 1 + \beta 3\, \bar{x}_k \quad \text{(Steigungen)}$$

Die gruppenspezifischen Konstanten und Steigungen werden also als Funktion bestimmter Gruppeneigenschaften (hier operationalisiert über den Gruppen- mittelwert von x) angesehen. Die theoretisch-inhaltliche Begründung für dieses Vorgehen wird in jedem jeweiligen Einzelfall neu zu leisten sein (vgl. dazu Kap. 5 dieser Arbeit).

(Die Numerierung der β-Parameter erfolgt, um sie unterscheiden zu können, die Zahlenzuweisung beruht - wie noch zu sehen sein wird - auf didaktischen Ge- sichtspunkten.)

Die Eigenschaften der β-Parameter sollen jetzt illustriert werden. Gleichzeitig dient diese Illustration als Einführung in die graphische Analyse von Individual-, Gruppen- und Interaktionseffekten (vgl. hierzu Davis, Spaeth & Huson 1961) . Es werden zwei Gruppen auf die in ihnen herrschende Beziehung zwischen x und y betrachtet. Gruppe 1 und Gruppe 2 unterscheiden sich hier in ihrem gruppenspezi- fischen Mittelwert $\bar{x}_k$.

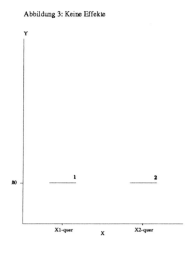

Abbildung 3: Keine Effekte

$$\delta 0_k = \beta 0 + \beta 2\, \bar{x}_k \implies \delta 0_k = \beta 0$$
$$\delta 1_k = \beta 1 + \beta 3\, \bar{x}_k \implies \delta 1_k = 0$$

$$\beta 0 \neq 0 \quad \beta 1 = 0 \quad \beta 2 = 0 \quad \beta 3 = 0$$

Beide Regressionsgeraden liegen in Abb. 3 auf dem gleichen Niveau, haben die gleiche Konstante ($\neq 0$) und keine Steigung. Unab- hängig von x_{ik} oder $\bar{x}_k$ haben alle Individuen den gleichen Wert in y.

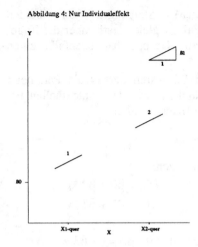

Abbildung 4: Nur Individualeffekt

nach Einsetzen:

$$\delta 0_k = \beta 0$$
$$\delta 1_k = \beta 1$$

$$\beta 0 \neq 0 \quad \beta 1 \neq 0 \quad \beta 2 = 0 \quad \beta 3 = 0$$

Die Regressionsgeraden weisen die gleiche Steigung auf. Die Zugehörigkeit zur Gruppe spielt keine Rolle (gleiche Konstanten). Unabhängig von der Zugehörigkeit zur Gruppe wirkt x_{ik} in gleicher Weise auf y.

$\beta 1$ ist der Parameter für den individuellen Effekt.

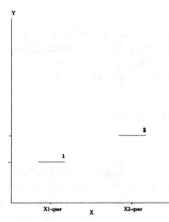

Abbildung 5: Nur Gruppeneffekt

nach Einsetzen:

$$\delta 0_k = \beta 0 + \beta 2 \, \bar{x}_k$$
$$\delta 1_k = 0$$

$$\beta 0 \neq 0 \quad \beta 1 = 0 \quad \beta 2 \neq 0 \quad \beta 3 = 0$$

Beide Regressiongeraden verlaufen parallel und ohne Steigung aber auf unterschiedlichem Niveau. Hier ist ein reiner Gruppeneffekt zu beobachten: Allein die Zugehörigkeit zu einer der beiden Gruppen bestimmt die Ausprägung von y.

$\beta 2$ ist der Parameter für den Gruppeneffekt.

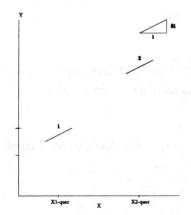

Abbildung 6: Individualeffekt und Gruppeneffekt gemeinsam

nach Einsetzen:

$$\delta 0_k = \beta 0 + \beta 2 \, \bar{x}_k$$
$$\delta 1_k = \beta 1$$

$$\beta 0 \neq 0 \quad \beta 1 \neq 0 \quad \beta 2 \neq 0 \quad \beta 3 = 0$$

Das Vorliegen von Gruppen- und Individualeffekt äußert sich in unterschiedlichen Konstanten der Regressionsgeraden (Gruppeneffekt) und identischen (aber von Null

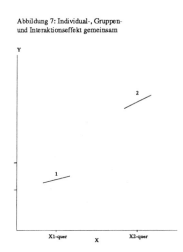

Abbildung 7: Individual-, Gruppen-
und Interaktionseffekt gemeinsam

verschiedenen) Steigungen. In beiden Gruppen wirkt x gleich stark, aber die Zugehörigkeit zur Gruppe hat ebenfalls einen Effekt.

$\beta1$ und $\beta2$ waren bereits als Parameter des individuellen bzw. des kontextuellen Effektes identifiziert worden.

nach Einsetzen:
$$\delta0_k = \beta0 + \beta2\ \overline{x}_k$$
$$\delta1_k = \beta1 + \beta3\ \overline{x}_k$$

$$\beta0 \neq 0 \quad \beta1 \neq 0 \quad \beta2 \neq 0 \quad \beta3 \neq 0$$

In dieser Abbildung zeigt sich neben Individual- und Gruppeneffekt auch ein Interaktionseffekt: Die Individualvariable wirkt je nach Kontext unterschiedlich stark. Die Regressionsgeraden haben unterschiedliche Konstanten und unterschiedliche Steigungswerte, die jeweils von Null verschieden sind.

$\beta3$ ist also als Parameter des Interaktionseffektes identifiziert.

Ausgangspunkt für die obigen Überlegungen waren die Regressionsgleichungen, die die gruppenspezifischen Konstanten und Steigungen, in denen sich ja Individual-, Gruppen- und Interaktionseffekte manifestieren, als Funktion der Gruppenmittelwerte von x ansahen:

$$\delta0_k = \beta0 + \beta2\ \overline{x}_k \quad \text{(Konstanten)} \quad \text{und}$$
$$\delta1_k = \beta1 + \beta3\ \overline{x}_k \quad \text{(Steigungen)}$$

Konstanten $\approx$ $\beta0$ + Gruppeneffektparameter $\beta2\ \overline{x}_k$

Steigungen $\approx$ Ind.effektparameter $\beta1$ + Interaktionseff.param. $\beta3\ \overline{x}_k$

Das zentrale Verfahren der Kontextanalyse - sozusagen der Clou - beruht jetzt auf zwei kombinierten Schätzungen:

Ich bin daran interessiert, die Parameter $\beta 1$, $\beta 2$ und $\beta 3$ näher kennenzulernen. Dazu werde ich die Parameter $\delta 0$ und $\delta 1$ schätzen. Ich schätze sie in gruppenspezifischen Regressionen von y_{ik} auf x_{ik}:

$$y_{i1} = d0_1 + d1_1\ x_{i1}\ + f_{i1}$$
$$y_{i2} = d0_2 + d1_2\ x_{i2}\ + f_{i2}$$
$$y_{i3} = d0_3 + d1_3\ x_{i3}\ + f_{i3}$$
$$\vdots \quad \vdots \quad \vdots \quad \vdots \quad \vdots$$
$$y_{ik} = d0_k + d1_k\ x_{ik}\ + f_{ik}$$

Die so geschätzten gruppenspezifischen Konstanten und Steigungen werden in die Modellgleichung eingesetzt:

$$d0_k = \beta 0 + \beta 2\ \bar{x}_k + u_k \qquad \text{und}$$
$$d1_k = \beta 1 + \beta 3\ \bar{x}_k + v_k$$

Wenn also sowohl die Gruppenmittelwerte von x bekannt sind ($\bar{x}_k$), als auch die Konstanten und Steigungen der gruppenspezifischen Regressionen von y_{ik} auf x_{ik} geschätzt worden sind, können die Parameter für Individual-, Gruppen- und Interaktionseffekt geschätzt werden, indem je eine Regression der gruppenspezifischen Konstanten und der gruppenspezifischen Steigungen auf die Gruppenmittelwerte von x durchgeführt wird:

METHODE DER SEPARATEN GLEICHUNGEN

$$d0_k = B0 + B2\ \bar{x}_k + u_k \qquad \text{und}$$
$$d1_k = B1 + B3\ \bar{x}_k + v_k$$

Lateinische Buchstaben zeigen hier an, daß es sich nicht um die theoretischen, sondern um geschätzte Parameter handelt. Großbuchstaben werden gewählt, um darauf hinzuweisen, daß die Parameter aus zwei Gleichungen - "separate equations" - gewonnen wurden.

A-5.2   Ansatz der singulären Gleichung

Die Alternative zu den separaten Gleichungen, der Ansatz der singulären Gleichung, ("single equation") soll im folgenden dargestellt werden. Dieses Verfahren stellt das zweite zentrale Element der Kontextanalyse dar.

Wir waren von folgender theoretischer Relation ausgegangen (s.o.):

$$y_{ik} = \delta 0_k + \delta 1_k \, x_{ik} + \varepsilon_{ik}$$

Wenn wir die Parameter aus den beiden bereits bekannten Gleichungen einsetzen:

$$\delta 0_k = \beta 0 + \beta 2 \, \overline{x}_k \quad \text{(Konstanten)} \quad \text{und}$$
$$\delta 1_k = \beta 1 + \beta 3 \, \overline{x}_k \quad \text{(Steigungen)}$$

so erhalten wir:

$$y_{ik} = (\beta 0 + \beta 2 \, \overline{x}_k) + (\beta 1 + \beta 3 \, \overline{x}_k) \, x_{ik} + \varepsilon_{ik}$$
$$= \beta 0 + \beta 1 \, x_{ik} + \beta 2 \, \overline{x}_k + \beta 3 \, (x_{ik})(\overline{x}_k) + \varepsilon_{ik}$$

In der "single equation" werden also neben dem Individualwert x_{ik} auch der Gruppenmittelwert $\overline{x}_k$ und der Interaktionsterm $(x_{ik})(\overline{x}_k)$ benötigt, diese Variablen müssen also zuerst berechnet werden. Dann kann eine multiple Regressionsanalyse durchgeführt werden, um die einzelnen Parameter zu schätzen:

METHODE DER SINGULÄREN GLEICHUNG

$$y_{ik} = b0 + b1 \, x_{ik} + b2 \, \overline{x}_k + b3 \, (x_{ik})(\overline{x}_k) + e_{ik}$$

(die Parameter werden hier mit kleinen Buchstaben bezeichnet, um anzuzeigen, daß sie mit der single equation Methode geschätzt wurden.)

A-5.3   Ein Vorschlag zur besseren Schätzung der gruppenspezifischen Regressionsparameter

Nachdem das Basismodell der Kontextanalyse mit den zentralen Herangehensweisen über den 'separate equations' und über den 'single equation' Ansatz vorgestellt ist, wird jetzt eine Möglichkeit erörtert, die geeignet erscheint, die Schätzung der zentralen Parameter des Modells zu verbessern. Diese Schätzungen beziehen sich auf die gruppenspezifischen Konstanten (d0) und Steigungen (d1). Diese beiden Parameter (vgl. Abb. 3 bis 7) enthalten die Informationen über eventuell vorhandene Individual-, Gruppen- und Interaktionseffekte und stellen somit die zentralen Parameter der Kontextanalyse dar. Die Verbesserung der Schätzungen ist außerdem interessant, weil in den folgenden Zentrierungen diese Parameter eine wichtige Rolle spielen. Der Ansatz zur Verbesserung ist ein explizit kontextanalytischer Ansatz: Neben den Informationen über die Individuen in der betrachteten Gruppe k, werden auch Informationen aus anderen Gruppen berücksichtigt, um den wahren Werten $\delta 0$ und $\delta 1$ möglichst nahe zu kommen.

Im einfachen Ansatz wurde innerhalb einer jeden Gruppe eine Regression von y auf x durchgeführt:

$$y_{ik} = d0_k + d1_k\, x_{ik} + f_{ik}$$

"But I can do better": Die Informationen aus den anderen Gruppen können bei der Schätzung von $d0_k$ und $d1_k$ berücksichtigt werden.

Dazu können die B-Parameter aus den 'separat equations' herangezogen werden:

$$d0_k' = B0 + B2\, \bar{x}_k$$
$$d1_k' = B1 + B3\, \bar{x}_k$$

In diesen Gleichungen sind $\bar{x}_k$, sowie die (zuvor geschätzten) B-Parameter bekannt, somit kann d' berechnet werden.

Das Einsetzen der Parameter aus den separaten Gleichungen ist also der dritte Schritt: Nachdem zuerst die gruppenspezifischen Konstanten und Steigungen geschätzt wurden, und auf der Grundlage dieser Schätzung die B-Parameter geschätzt wurden, wird dann mit Hilfe dieser - geschätzten - Parameter eine neue Schätzung ("re-estimation") der gruppenspezifischen Konstanten und Steigungen durchgeführt. In diese Schätzung gehen auch Informationen aus anderen Gruppen ein.

Eine dritte Möglichkeit ist das Einsetzen der Parameter aus der 'single equation' in folgende Gleichungen:

$$d0_k'' = b0 + b2\, \bar{x}_k$$
$$d1_k'' = b1 + b3\, \bar{x}_k$$

In diese neuen Schätzung gehen Informationen über alle untersuchten Individuen, und nicht nur über die Individuen aus der jeweilig betrachteten Gruppe ein.

Wenn die Information aus den anderen Gruppen sich nicht von den Informationen aus den beobachteten Gruppen unterscheidet (wenn also keine Kontextunterschiede vorhanden sind), wird die Rückschätzung keine neuen Ergebnisse bringen. Wozu werden die erneut geschätzten gruppenspezifischen Regressionsparameter benötigt? Im Falle starker Gruppeneffekte und kleiner Stichproben in den Gruppen können die gruppenspezifischen Schätzungen stark fehlerhaftet sein.

a) Wenn gewünscht, können auf der Basis dieser Neuschätzungen wieder Regressionsanalysen zur Neuschätzung der B-Parameter durchgeführt werden:

$$d0_k' \text{ bzw. } d0_k'' = B0^{neu} + B2^{neu} \bar{x}_k + u_k^{neu}$$
$$d1_k' \text{ bzw. } d1_k'' = B1^{neu} + B3^{neu} \bar{x}_k + v_k^{neu}$$

(Es besteht jetzt wiederum die Möglichkeit einer erneuten Schätzung, einer re-re-estimation der gruppenspezifischen Regressionsparameter über ein Einsetzen der B-Parameter in die Gleichungen:

$$d0_k''' = B0^{neu} + B2^{neu} \bar{x}_k$$
$$d1_k''' = B1^{neu} + B3^{neu} \bar{x}_k$$

Diese Rück-Rück-Rück-Schätzungen lassen sich beliebig weiterführen.)

b) Wenn gewünscht, kann die Transformation der abhängigen Variablen im zentrierten Modell (s.u.) mit Hilfe der neuen, besseren Schätzung von $d1_k$ vorgenommen werden:

$$y' = y - d1_k' \bar{x}_k$$
$$\text{bzw. } y' = y - d1_k'' \bar{x}_k$$

Nach den von Iversen berichteten Erfahrungen mit selbst konstruierten, kleinen künstlichen Datensätzen ist der einfache Ansatz der gruppenspezifischen Regressionen besser zur Schätzung der Konstanten und Steigungen geeignet, wenn die Mittelwerte $\bar{x}_k$ stark variieren. Wenn die $\bar{x}_k$ im Mittelbereich liegen, scheint das Einsetzen der Parameter aus den separate und single equations wirklichkeitsnähere Schätzungen zu erbringen.

A-5.4 Das Verfahren der Zentrierung (verankertes Modell)

Eine Zerlegung der Effekte ist im Basismodell wegen der Kollinearität der unabhängigen Variablen nicht möglich. Ein Beispiel verdeutlicht die Interkorrelationen:

Gruppe	x_{ik}	$\bar{x}_k$	$(x_{ik})(\bar{x}_k)$
1	1	2	2
1	2	2	4
1	3	2	6
2	2	3	6
2	3	3	9
2	4	3	12
3	3	4	12
3	4	4	16
3	5	4	20

Abbildung 8: Interkorrelationen der Modellvariablen im Basismodell

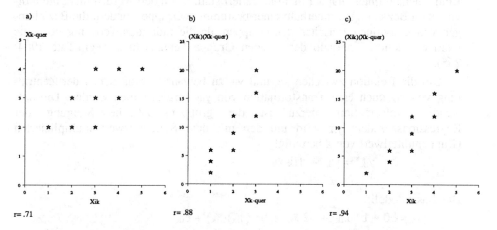

Derartig hohe Interkorrelationen liegen nicht immer, aber doch sehr oft vor.

Die Überlegung, auf der das Verfahren der Zentrierung von Boyd und Iversen beruht, besagt, daß die Informationen über die Ausprägungen der Individual-, Gruppen- und Interaktionseffekte in den Konstanten und Steigungen der gruppenspezifischen Regressionsgeraden enthalten sind.

Bei sämtlichen Datentransformationen, die vorgenommen werden, um die Multikollinearität zu beseitigen, muß also darauf geachtet werden, daß die gruppenspezifischen Konstanten und Steigungen der Regressionsgeraden erhalten bleiben.

Die von Boyd und Iversen vorgeschlagene Zentrierung läßt sich graphisch als eine Verschiebung der gruppenspezifischen Werte entlang der Regressiongeraden beschreiben. Es wird eine Standardisierung vorgenommen, die bewirkt, daß der neue Gruppenmittelwert gleich Null ist und die einzelnen Werte x_{ik}' als Abweichungen vom Gruppenmittelwert ausgedrückt werden. Entsprechend werden auch die Gruppenmittelwerte um den Gesamtmittelwert zentriert und die Interaktionsvariable aus dem Produkt der beiden zentrierten Variablen (Individual- und Gruppenvariablen) gebildet:

$$x_{ik}' = x_{ik} - \overline{x}_k$$

Der Gruppen-Mittelwert der neuen, zentrierten Variablen x_{ik}' ist Null.

Der alte Gruppenmittelwert wird ebenfalls zentriert, das Ergebnis ist die Abweichung vom Gesamtmittelwert, (die zumeist ungleich Null ist, da der Gruppenmittelwert der zentrierten Individualvariablen nicht identisch mit dem zentrierten Gruppenmittelwert der unzentrierten Individualvariablen ist):

$$\overline{x}_k' = (\overline{x}_k - \overline{x})$$

Diese Zentrierung der unabhängigen Variablen führt dazu, daß die einzelnen Komponenten untereinander nicht korreliert sind. Verändert werden nicht die individuellen Beziehungen innerhalb einer bestimmten Gruppe, sondern die Beziehungen von Individuen zwischen den Gruppen, da die Individualwerte nur noch die relative Position innerhalb der eigenen Gruppe kennzeichnen (vgl. Tate 1984: 265).

Um die Relation zwischen x_{ik} und y_{ik} zu bewahren, muß neben der Zentrierung von x_{ik} auch eine Transformation von y_{ik} vorgenommen werden. Die notwendige Information hierzu ist die gruppenspezifische Steigung der Regressionsgeraden: y_{ik} wird um den mit dem Steigungswert multiplizierten Gruppenmittelwert von x bereinigt:

$$y_{ik}' = y_{ik} - d1_k \overline{x}_k$$

Das Basismodell:

$$y_{ik} = b0 + b1\, x_{ik} + b2\, \overline{x}_k + b3\, (x_{ik})(\overline{x}_k) + e_{ik}$$

wird also zu:

$$y_{ik}' = a0 + a1\, x_{ik}' \quad + a2\, \overline{x}_k' \quad + a3\, (x_{ik}')\, (\overline{x}_k') \quad + e_{ik}$$
$$= a0 + a1\, (x_{ik}-\overline{x}_k) \quad + a2\, (\overline{x}_k-\overline{x}) \quad + a3\, (x_{ik}-\overline{x}_k)(\overline{x}_k-\overline{x}) \quad + e_{ik}$$

Es gilt:

$$y_{ik}' = d0_k + d1_k\, x_{ik}' + f_{ik}$$

Die gruppenspezifischen Regressionen weisen im zentrierten Modell also die gleichen Konstanten und Steigungen wie im Basismodell auf. (Im zentrierten Modell werden die Parameter zur Unterscheidung vom Basismodell mit "a" bezeichnet.)

Abbildung 7: Individual-, Gruppen-
und Interaktionseffekt gemeinsam

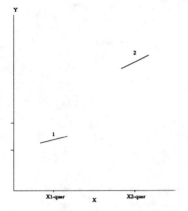

Die Modellgleichungen sehen dann im zentrierten Modell wie folgt aus:

Separate Gleichungen:

$$\delta 0_k = \alpha 0 + \alpha 2\,(\bar{x}_k - \bar{x})$$
$$\delta 1_k = \alpha 1 + \alpha 3\,(\bar{x}_k - \bar{x})$$

Singuläre Gleichung:

$$y_{ik}' = \alpha 0 + \alpha 1\,(x_{ik} - \bar{x}_k) + \alpha 2\,(\bar{x}_k - \bar{x}) + a3\,((x_{ik} - \bar{x}_k)*(\bar{x}_k - \bar{x})) + e_{ik}$$

In den separaten Gleichungen des zentrierten Modells ist a0 der Mittelwert der Konstanten und a1 der Mittelwert der Steigungen. Das Ergebnis der Zentrierung ist, daß sich eindeutige Koeffizientenschätzungen durchführen lassen. Die Ergebnisse der Methoden der singulären und separaten Gleichungen unterscheiden sich nicht mehr, die Effekte sind eindeutig zuzuordnen. Und es ist nicht zuletzt möglich, die RSS, also die unerklärte Varianz den Analyseeinheiten Individual-, Kontext- und Interaktionsvariable zuzuordnen.

Interkorrelationen nach Zentrierung

Gruppe	x_{ik}	$\bar{x}_k$	$(x_{ik})(\bar{x}_k)$	x_{ik}'	$\bar{x}_k'$	$(x_{ik}')(\bar{x}_k')$
1	1	2	2	-1	0	0
1	2	2	4	0	0	0
1	3	2	6	1	0	0
2	2	3	6	-1	0	0
2	3	3	9	0	0	0
2	4	3	12	1	0	0
3	3	4	12	-1	0	0
3	4	4	16	0	0	0
3	5	4	20	1	0	0

Abbildung 10: Interkorrelationen der unabh. Variablen im zentrierten Modell

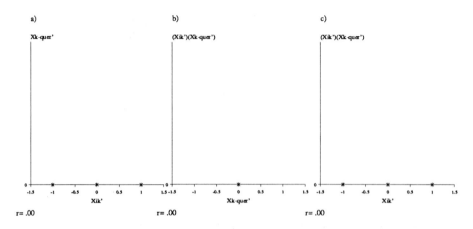

Abschließend sei noch einmal darauf hingewiesen, daß im zentrierten Modell die möglichst gute Schätzung der gruppenspezifischen Steigungen von elementarer Bedeutung ist:

$$y_{ik}' = y_{ik} - \delta 1_k \, \bar{x}_k$$

Um den wahren Wert $\delta 1$ möglichst gut zu schätzen, waren oben drei Verfahren vorgestellt worden: neben der gruppenspezifischen Regression das Einsetzen der aus separaten oder singulären Gleichungen gewonnenen Parameter in die entsprechenden Gleichungen:

1) $y_{ik} = d0_k + d1_k \, x_{ik} + f_{ik}$ Durchführen within-Regression

2) $d1_k' = B1 + B3 \, \bar{x}_k$ Einsetzen der geschätzten Werte

3) $d1_k'' = b1 + b3 \, \bar{x}_k$ Einsetzen der geschätzten Werte

Die Schätzungen werden besser, wenn zu den Informationen aus der betrachteten Gruppe auch die Informationen aus den anderen Gruppen herangezogen werden. Es ist also zu empfehlen, separate oder singuläre Gleichungen zu berechnen, und die so gewonnenen Parameter in Verbindung mit dem Gruppenmittelwert zur Berechnung der Schätzung des gruppenspezifischen Steigungswertes zu benutzen.

A-5.5   Das balancierte Modell

Iversen stellte auf dem Workshop (1986) eine neue Überlegung vor, die in der Darstellung von Boyd und Iversen (1979) nicht enthalten ist. Dort wird nur ein Modell behandelt, das Iversen zur Unterscheidung von dem im folgenden zu diskutierenden balancierten Modell das "anchored model" (verankertes Modell) genannt hat.

Das verankerte Modell hat seinen Namen daher, daß die Interpretation der Regressionsgeraden die Konstanten, also die Schnittpunkte der Regressionsgeraden mit der y-Achse berücksichtigt. Unterschiedliche Konstanten der gruppenspezifischen Regressionsgeraden werden als Indiz für das Vorhandensein von Gruppeneffekten interpretiert. Dabei wird unberücksichtigt gelassen, ob der Wertebereich von x_{ik} Null einschließt (bzw. einschließen kann). Die Regressionsgerade ist in dieser Betrachtungsweise also in der y-Achse **verankert** bzw. dort angebunden.

In der Betrachtungsweise des balancierten Modells wird der (logisch) mögliche Wertebereich der x_i in jeder Gruppe berücksichtigt. Ein Gruppeneffekt wird nicht mehr in Unterschieden der Konstanten gesehen, sondern in Unterschieden der y-Werte auf den sogenannten Balance-Punkten. Während im verankerten Modell die Regressionsgerade also bis zum Schnittpunkt mit der y-Achse verlängert gedacht wird, ist diese Gerade im balancierten Modell eine endliche Linie, deren Ausdehnung durch den Wertebereich der x_i in der betrachteten Gruppe bestimmt wird.

Dem balancierten Modell liegt folgende Überlegung zugrunde: Ausgehend von der Basisgleichung:

$$y_{ik} = \delta 0_k + \delta 1_k \, x_{ik} + \varepsilon_{ik}$$

wird auf der rechten Seite der Gleichung einmal $\delta 1_k \bar{x}_k$ addiert und einmal subtrahiert, dadurch bleibt der Ausdruck äquivalent:

$$y_{ik} = (\delta 0_k + \delta 1_k \bar{x}_k) + (\delta 1_k \, x_{ik} - \delta 1_k \bar{x}_k) + \varepsilon_{ik}$$

nach Ausklammern ergibt sich:

$$y_{ik} = \delta 0_k + \delta 1_k \bar{x}_k + \delta 1_k (x_{ik} - \bar{x}_k) + \varepsilon_{ik}$$

Um die Notation zu vereinfachen, gelte:

$$\mu 0_k = \delta 0_k + \delta 1_k \bar{x}_k$$
$$\mu 1_k = \delta 1_k$$

$$y_{ik} = \mu 0_k + \mu 1_k (x_{ik} - \bar{x}_k) + \varepsilon_{ik}$$

O Wunderwelt der Mathematik!

(Wenn $x_{ik} = \bar{x}_k$, also gleich dem Mittelwert, dann ist $y_{ik} = m0_k = \bar{y}_k$, da es sich um eine lineare Transformation handelt.)

Die gruppenspezifischen Parameter werden als Funktion der zentrierten Gruppenmittelwerte gedacht:

$$\mu0_k = \beta0_k + \beta2\,(\overline{x}_k - \overline{x})$$
$$\mu1_k = \beta1_k + \beta3\,(\overline{x}_k - \overline{x})$$

so ergibt sich nach Einsetzen folgende Modellgleichung:

$$y_{ik} = \beta0 + \beta1x_{ik}' + \beta2\overline{x}_k' + \beta3(x_{ik}')(\overline{x}_k') + e_{ik}$$

Es zeigt sich, daß y_{ik} hier nicht auf die jeweiligen absoluten x-Werte der Grup-
penmitglieder zurückgeführt wird, sondern auf deren relative Position in der
Gruppe. Dadurch wird die gruppenspezifische Limitation des Range in x berücksichtigt. Die relative Position eines individuellen x_{ik} in der Gruppe k ist der
gleiche Wert, die bereits als zentrierter x- Wert eingeführt worden ist. Neben der
Zentrierung der unabhängigen Variablen wird aber im balancierten Modell keine

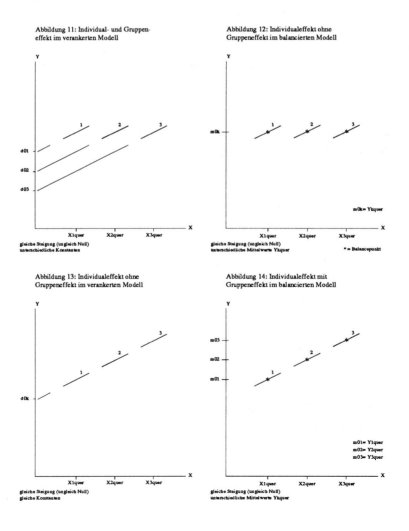

Transformation der abhängigen Variablen durchgeführt, da das Konzept des balancierten Modelles ein anderes Verständnis von Gruppeneffekten beinhaltet:

A-5.6 Verankertes oder balanciertes Modell - eine Entscheidungshilfe

Das balancierte Modell versucht, den Balancepunkt $\mu 0_k$ und die Steigung $\mu 1_k$ in jeder einzelnen Gruppe zu erklären. Es stellt sich die Frage, ob das balancierte Modell das geeignete Modell ist, um Individual-, Gruppen- und Interaktionseffekte zu bestimmen. Einige Hinweise auf die Adäquatheit des Modells lassen sich in den Daten finden.

Die Addition der jeweiligen Gruppengleichungen ergibt im verankerten Modell eine andere Gleichung für die Gruppenmittelwerte als im balancierten Modell. Aus der Inspektion der graphischen Darstellung der Gruppenmittelwerte lassen sich entsprechende Hinweise auf die Gültigkeit des einen oder anderen Modells ableiten.

Verankertes Modell

$$y_{ik} = \beta 0 + \beta 1 \; x_{ik} + \beta 2 \; \overline{x}_k + \beta 3 \; x_{ik}\overline{x}_k + \varepsilon_{ik}$$

ergibt nach Addition

$$\overline{y}_k = \beta 0 + \beta 1 + \beta 2 \; \overline{x}_k + \beta 3 \; \overline{x}_k^2 + \overline{\varepsilon}_k$$

Balanciertes Modell

$$y_{ik} = \beta 0 + \beta 1 \; (x_{ik} - \overline{x}_k) + \beta 2 \; (\overline{x}_k - \overline{x}) + \beta 3 \; (x_{ik} - \overline{x}_k)(\overline{x}_k - \overline{x}) + \varepsilon_{ik}$$

ergibt nach Addition (da $\Sigma \; (x_{ik}-\overline{x}_k) = 0$)

$$\overline{y}_k = \beta 0 + \beta 2 \; (\overline{x}_k - \overline{x}) + \overline{\varepsilon}_k$$

Es zeigt sich ein Unterschied in der Regressionskurve der beiden Modelle, wenn es einen Interaktionseffekt gibt, wenn also $\beta 3$ ungleich Null ist.

Wenn es einen Interaktionseffekt zwischen Individual- und Gruppenvariable gibt, so muß die Abbildung der x- und y-Mittelwerte Aufschluß über die das adäquate Modell geben: im verankerten Modell verläuft die Regressionslinie in Kurvenform, im zentrierten Modell als Gerade (vgl. Abb. 15 und Anhang 4).

Wenn also die Darstellung der Mittelwerte eher dem Bild A) entspricht, so ist es wahrscheinlich, daß das verankerte Modell adäquat ist. Entspricht der "Plot" der Mittelwerte eher dem Bild B), so ist entweder das balancierte Modell angezeigt, **oder** - für den Fall, daß kein Interaktionseffekt besteht - **auch** das verankerte Modell. Entsprechend könnte man unter der Voraussetzung, daß man sich für

Abbildung 15: Vergleich der Mittelwertbeziehungen in beiden Modellen

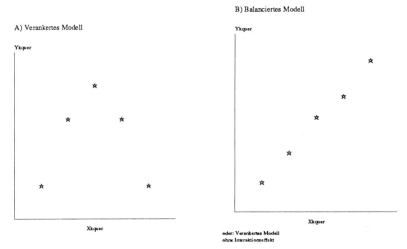

das verankerte Modell entschieden hat, aus der Darstellung der Mittelwerte Schlüsse über das Vorhandensein von Interaktionseffekten ziehen. Dies ist ein interessanter Beitrag zum Inferenzproblem, also zur Frage, inwieweit es möglich ist, von der Beziehung zwischen Aggregatdaten (hier Mittelwerten) auf Beziehungen zwischen Individualdaten (hier: Vorliegen von Interaktionseffekten) zu schließen.

A-5.7 Bestimmung der erklärten Varianzanteile

Im folgenden soll, analog dem Vorgehen bei der Illustration der einzelnen Effekte und der zugehörigen Parameter im verankerten Modell, dargestellt werden, wie einzelne Effekte im balancierten Modell konzipiert sind.

Abbildung 16: Keine Effekte

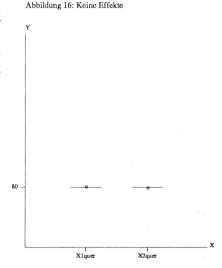

$$y_{ik} = \beta 0 + \beta 1 x_{ik}' + \beta 2 \overline{x}_k' + \beta 3 (x_{ik}')(\overline{x}_k') + \varepsilon_{ik}$$

$$\mu 0_k = \beta 0$$
$$\mu 1_k = 0$$

nach Einsetzen ergibt sich:

$$y_{ik} = \beta 0 + \varepsilon_{ik}$$

$\mu 0_k = \beta 0$

$\mu 1_k = \beta 1$ (konstant)

    nach Einsetzen ergibt sich:

$y_{ik} = \beta 0 + \beta 1 \ (x_{ik} - \overline{x}_k) + \varepsilon_{ik}$

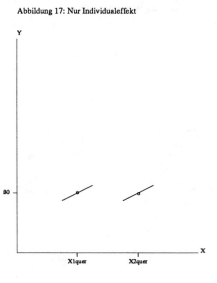

Abbildung 17: Nur Individualeffekt

Ohne Individualeffekt verlaufen die gruppen-spezifischen Regressionslinien alle parallel zur x-Achse. Wird jetzt der Individualeffekt eingeführt, drehen sich, bzw. rotieren die Linien um den Balance-Punkt ("it pivots by the balance-point"):

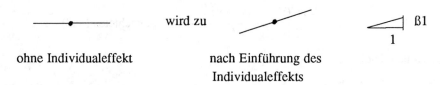

wird zu

$\beta 1$

ohne Individualeffekt   nach Einführung des
                                       Individualeffekts

Für die Zerlegung der erklärten Varianz wird die Stärke des Individualeffektes be-rechnet. Der Individualeffekt läßt sich als die Summe der quadrierten Abweichun-gen von der Horizontalen ausdrücken:

$$\textbf{Individualeffekt} = \beta 1^2 \ \Sigma(x_{ik} - \overline{x}_k)^2$$

Die Parameter sind über eine Regression von y_{ik} auf $(x_{ik} - \overline{x}_k)$ zu schätzen. Dabei wird also y_{ik} auf die relative Position des Individuums hinsichtlich x innerhalb seiner Gruppe zurückgeführt:

$$y_{ik} = b0 + b1 \ (x_{ik} - \overline{x}_k) + \varepsilon_{ik}$$

Dabei gilt:

$$b0 = \overline{y} \qquad \text{(weil der Mittelwert } (x_{ik} - \overline{x}_k) = 0)$$

$$b1 = \frac{\Sigma\Sigma \ (x_{ik} - \overline{x}_k)(y_{ik} - \overline{y}_k)}{\Sigma\Sigma \ (y_{ik} - \overline{y}_k)^2}$$

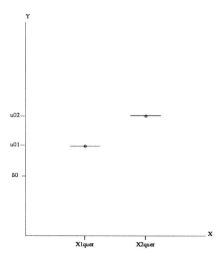

Abbildung 18: Nur Gruppeneffekt

Innerhalb der Gruppen gilt:

$$y_{ik} = \mu 0_k + \mu 1_k \, (\, x_{ik} - \overline{x}_k \,) + \varepsilon_{ik}$$

In den Modellgleichungen wird ein reiner Gruppeneffekt folgendermaßen aussehen:

$$\mu 0_k = \beta 0 + \beta 2 \, (\, \overline{x}_k - \overline{x} \,) + \varepsilon_{ik}$$
$$\mu 1_k = 0$$

Nach Einsetzen lassen sich die Parameter über die Regressionsgleichung schätzen:

$$y_{ik} = \beta 0 + \beta 2 \, (\overline{x}_k - \overline{x}) + \varepsilon_{ik}$$

$$b0 = \overline{y}$$

$$b2 = \frac{\Sigma \, n_k \, (\overline{x}_k - \overline{x})(\overline{y}_k - \overline{y})}{\Sigma \, n_k \, (\overline{x}_k - \overline{x})^2} \qquad \text{(gewichtetes Maß)}$$

Separate Gleichung:

$$\hat{\delta} = \overline{y}_k$$
$$\overline{y}_k = B0 + B2 \, (\overline{x}_k - \overline{x}) + u \qquad \text{(ungewichtetes Maß)}$$

Der Gruppeneffekt zeigt sich in einer parallel zur x-Achse verschobenen Regressionslinie:

$$\uparrow \quad \uparrow \quad \uparrow \qquad b2 \, (\overline{x}_k - \overline{x})$$

Um die Stärke des Gruppeneffektes zu bestimmen, werden die summierten Distanzen (quadriert) herangezogen:

$$\textbf{Gruppeneffekt} = \beta 2^2 \, \Sigma \, \textbf{n}_{k(\overline{x}_{ik}} - \overline{x})^2$$

In den Modellgleichungen stellt sich das gemeinsame Vorliegen von Individual- uind Gruppeneffekt (vgl. Abb. 19) so dar:

$$\mu 0_k = \beta 0 + \beta 2 \, (\, \overline{x}_k - \overline{x} \,) + \varepsilon_{ik}$$
$$\mu 1_k = \beta 1$$

Nach Einsetzen in die Regressionsgleichung ergibt sich:

$$y_{ik} = \beta 0 + \beta 1 \, (x_{ik} - \overline{x}_k) + \beta 2 \, (\overline{x}_k - \overline{x}) + \varepsilon_{ik}$$

Die gemeinsamen Effekte werden folgendermaßen bestimmt:

TSS

$$= b1^2 \, \Sigma\Sigma \, (x_{ik} - \overline{x}_k)^2 + b2^2 \, (\overline{x}_k - \overline{x})^2 + RSS$$

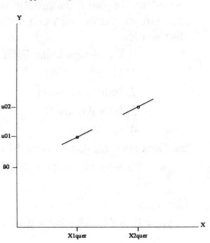

Abbildung 19: Individualeffekt und Gruppeneffekt gemeinsam

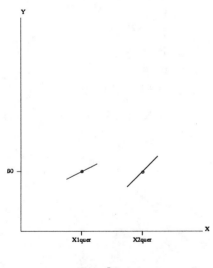

Abbildung 20: Nur Interaktionseffekt

Ein Interaktionseffekt schlägt sich in unterschiedlichen gruppenspezifischen Steigungen nieder. Die Balance-Punkte verbleiben auf gleicher Höhe, es existiert also kein Gruppeneffekt. Wie sähe dann ein zusätzlicher Individualeffekt aus? Die obige Graphik wäre auch mit einem zusätzlichen Individualeffekt zu vereinbaren. Ein Individualeffekt würde sich erst einmal in einer gleichmäßigen Rotation aller Regressionslinien äußern. Diese gleiche Steigung der Regressionslinien gäbe dann die Basis ab, von der aus die Interaktionseffekte ihre Wirkung entfalten könnten und für unterschiedliche Steigungen der Regressionslinien sorgen.

Die in Abb. 20 dargestellte Konstellation sieht in den Modellgleichungen so aus:

$$\mu 0_k = \beta 0 \qquad \text{(konstant)}$$
$$\mu 1_k = 0 + \beta 3 \, (\overline{x}_k - \overline{x})$$

Eingesetzt in die gruppenspezifischen Regressionen sieht die Gleichung dann folgendermaßen aus:

$$y_{ik} = \beta 0 + \beta 3 \, (x_{ik} - \overline{x}_k)(\overline{x}_k - \overline{x}) + \varepsilon_{ik}$$
$$\textbf{Interaktionseffekt} = \mathbf{b3^2} \, \Sigma\Sigma \, ((x_{ik} - \overline{x}_k)(\overline{x}_k - \overline{x}))^2$$

Die Logik des gesamten Modelles läßt sich in der folgenden Abbildung gut verfolgen: Hier wird dargestellt, wie sich die Regressionslinie (within) innerhalb einer Gruppe verändert, wenn nacheinander die verschiedenen Effekt-Arten eingeführt werden:

      0. Überhaupt keine Effekte

      1. Gruppeneffekt

      2. Individualeffekt

      3. Interaktionseffekt

      4. Residuum

Die Gleichung für das gesamte Modell lautet:

$$y_{ik} = \beta 0 + \beta 1 \, (x_{ik} - \bar{x}_k) + \beta 2 \, (\bar{x}_k - \bar{x}) + \beta 3 \, (x_{ik} - \bar{x}_k)(\bar{x}_k - \bar{x}) + \varepsilon_{ik}$$

oder auch

$$y_{ik} = \bar{y} + \beta 1 \, (x_{ik} - \bar{x}_k) + \beta 2 \, (\bar{x}_k - \bar{x}) + \beta 3 \, (x_{ik} - \bar{x}_k)(\bar{x}_k - \bar{x}) + \varepsilon_{ik}$$

	Summe der Abweichungsquadrate	Freiheitsgrade
Individual	$b1^2 \, \Sigma\Sigma \; (x_{ik} - \bar{x}_k)^2$	1
Gruppe	$b2^2 \, \Sigma \, n_k \, (\bar{x}_k - \bar{x})^2$	1
Interaktion	$b3^2 \, \Sigma\Sigma \, ((x_{ik} - \bar{x}_k)(\bar{x}_k - \bar{x}))^2$	1
Residuum	$\Sigma\Sigma \, (y_{ik} - {}^{\wedge}y_{ik})^2$	n - 4
TOTAL	$\Sigma\Sigma \, (y_{ik} - \bar{y})^2$	n - 1

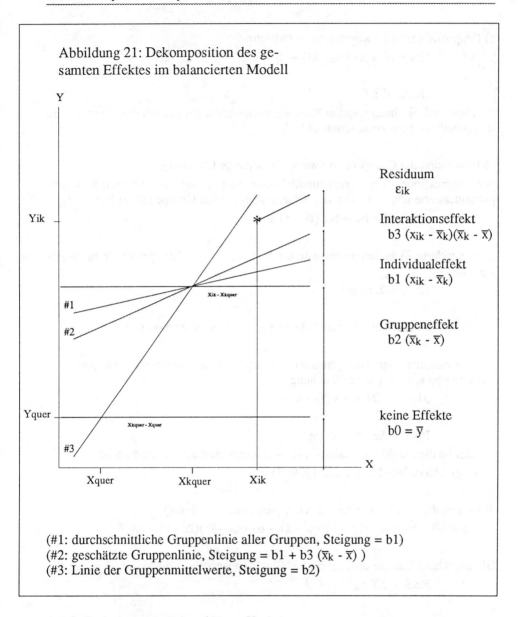

Abbildung 21: Dekomposition des gesamten Effektes im balancierten Modell

(#1: durchschnittliche Gruppenlinie aller Gruppen, Steigung = b1)
(#2: geschätzte Gruppenlinie, Steigung = b1 + b3 $(\bar{x}_k - \bar{x})$)
(#3: Linie der Gruppenmittelwerte, Steigung = b2)

A-5.8 Zerlegung der nicht erklärten Varianz

Die Betrachtung der Residuen erlaubt weitere Erkenntnisse über die Struktur von Individual-, Gruppen- und Interaktionseffekten (hier demonstriert am balancierten Modell).

a) Gruppenspezifische Regressionen, (within)

$$y_{ik} = a0 + a1\,(x_{ik} - \bar{x}_k) + f_{ik}$$

$$RSS_k = \Sigma\,f_{ik}^2$$

Dies sind die Innergruppen-RSS, sie entsprechen der unerklärten Varianz, die Individualvariablen zuzuordnen ist.

b) Regression der Gruppenmittelwerte, (1. separate Gleichung)

Die Regressionen der Gruppenmittelwerte von y auf die zentrierten Gruppenmittelwerte von x ergeben die Schätzungen für den Gruppeneffekt B2:

$$a0_k = \bar{y} = B0 + B2\,(\bar{x}_k - \bar{x}) + u_k$$

Die unerklärte Zwischengruppenvarianz $\Sigma\,u^2$ ist mit der Gruppenstärke n_k zu gewichten:

$$RSS_k = \Sigma\,n_k\,u_k^2$$

Das ist die unerklärte Varianz, die Gruppenvariablen zuzuordnen ist.

c) Regressionen der Gruppensteigungswerte auf die zentrierten Gruppenmittelwerte von x, (2. separate Gleichung)

$$a1_k \quad = B1 + B3\,(\bar{x}_k - \bar{x}) + v_k$$

$$RSS \; = \Sigma\Sigma\,(\bar{x}_k - \bar{x})^2\,v_k^2$$

Das ist die unerklärte Varianz, die Interaktionseffekten zuzuordnen ist.
(Vgl. hierzu Boyd & Iversen 1979: 71)

d) Gesamt-Regression der Einzelwerte, (singuläre Gleichung)

$$y_{ik} = b0 + b1\,(x_{ik} - \bar{x}_k) + b2\,(\bar{x}_k - \bar{x}) + b3\,(x_{ik} - \bar{x}_k)(\bar{x}_k - \bar{x}) + e_{ik}$$

Die unerklärte Varianz im Gesamtmodell wird ausgedrückt durch:

$$RSS \; = \Sigma\Sigma\,e_{ik}^2$$

Wenn die Werte für a0 und a1 in die Innergruppen-Regression eingesetzt werden (siehe Gleichungen unter a), b) und c), so ergibt sich folgende Gleichung:

$$y_{ik} = B0 + B1\,(x_{ik} - \bar{x}_k) + B2\,(\bar{x}_k - \bar{x}) + B3\,(x_{ik} - \bar{x}_k)(\bar{x}_k - \bar{x}) +$$
$$(f_{ik} + uk + v_k\,(x_{ik} - \bar{x}_k))$$

es gilt dann:

$$\Sigma\Sigma\, e_{ik}^2 \qquad\qquad \leq \quad \Sigma\Sigma\,(\, f_{ik} + u_k + v_k\,(x_{ik} - \bar{x}_k)\,)^2$$

Residuen aus	$\leq$ Summe der Residuen aus
Gesamt-Regression	Einzel-Regressionen
(singuläre Gleichung)	(within und separate Gleichungen)

Unter der Bedingung, daß die Werte bi (Parameter aus der singulären Glei-chung) gleich den Werten Bi (Parametern aus den separaten Gleichungen) sind, sind die Residuen aus der Gesamtregression gleich den Werten aus der Einzelre-gression. Diese Bedingung ist bei gleichen Gruppengrößen (und bei gleichen Vari-anzen innerhalb der Gruppen) gegeben. Wenn also Interesse an einer Zerlegung der unerklärten Varianz besteht, so ist auf gleiche Gruppengrößen zu achten. Wenn diese Gleichheit nicht im Design der Untersuchung sichergestellt werden kann, so ist die Gleichheit mit Gewichtungsverfahren zu simulieren.

Problematisch ist bei Gewichtungsverfahren allerdings, daß Informationen verlo-ren gehen: Die Schätzungen in größeren Gruppen sind besser als in kleinen Gruppen, bei Gewichtung geht die jeweils unterschiedliche Qualität der Schätzun-gen verloren.

Wenn Bi = bi:

$$\Sigma\Sigma\, e_{ik}^2 \qquad = \qquad \Sigma\Sigma\, f_{ik}^2 + \Sigma\, n_k u_k^2 + \Sigma\, v_k^2\, \Sigma\,(x_{ik} - \bar{x}_k)^2$$

DF.:   n - 3   n - 2k   k - 2   k - 2

Wenn nun die Parameter aus den separate und single equations voneinander abweichen, so schlägt Iversen vor, die Parameter aus der single equation auch in den separate equations zu benutzen:
Die singuläre Gleichung ergibt die Parameter b0, b1, b2, b3

Die separaten Gleichungen schätzen eigentlich die Parameter B0, B1, B2 und B3. Aus diesen Schätzungen ergeben sich die Residuen u_k bzw. v_k. In die separa-ten Gleichungen werden jetzt die aus der single equation geschätzten Parameter eingesetzt, so daß dann die Residuen ausgerechnet werden können. Die ausgerech-neten Residuen heißen g_k bzw. h_k.

Schätzgleichung separate Gleichungen:
$$a0_k = \bar{y} = B0 + B2\,(\bar{x}_k - \bar{x}) + u_k$$
$$a1_k \quad = B1 + B3\,(\bar{x}_k - \bar{x}) + v_k$$

Bekannt sind die gruppenspezifischen Parameter a0 und a1, dazu werden die Parameter b0, b1, b2, b3 aus der single equation eingesetzt:

$$a0_k = \overline{y} = b0 + b2\,(\overline{x}_k - \overline{x}) + g_k$$
$$a1_k \quad = b1 + b3\,(\overline{x}_k - \overline{x}) + h_k$$

Dadurch sind die Residuen auszurechnen:

$$g_k = a0_k - (b0 + b2\,(\overline{x}_k - \overline{x}))$$
$$h_k = a1_k - (b1 + b3\,(\overline{x}_k - \overline{x}))$$

Entsprechend läßt sich dann die Varianz eindeutig zerlegen:
$$\Sigma\Sigma\, e_{ik}^2 \quad = \quad \Sigma\Sigma\, f_{ik}^2 + \Sigma\, n_k g_k^2 + \Sigma\, h_k^2\, \Sigma\,(x_{ik} - \overline{x}_k)^2$$

A-5.9 Gewichtete separate Gleichungen

Unterschiedliche Gruppengrößen spielen im Ansatz der singulären Gleichung keine Rolle. Im Ansatz der separaten Gleichungen sind gleiche Gruppengrößen wünschenswert. Je größer die einzelne Gruppe, desto besser wird die Schätzung dort sein; entsprechend muß diese Gruppe auch mehr Gewicht erhalten. In den separate equations wird aber jede Gruppe gleich behandelt. Eine Lösung für dieses Problem stellt die gewichtete Regression dar.

$$b \quad = \frac{\Sigma\,(x_k - \overline{x})\,(y_k - \overline{y})\,n_k}{\Sigma\,(x_k - \overline{x})^2\,n_k}$$

Entweder hat man ein Computerprogramm, das so etwas leistet, oder man rechnet die Regressionen von Hand (bzw. schreibt sich ein Programm). In der Praxis empfiehlt es sich, mit der singulären Gleichung zu arbeiten.
Begründung:
    -jeder einzelne Fall geht mit der Gewichtung von 1 in die Analyse ein
    -die Rückschätzung der Steigungswerte mit Ausrechnen gibt bei der single equation bessere Ergebnisse,
    -zur Varianzzerlegung arbeite man mit g und h um die unterschiedlichen Gruppengrößen zu umgehen.

Anhang 6: SPSS-Programm zur Kontextanalyse

```
//SO50180B JOB ,'ALPHEIS',USER=SO50180,PASSWORD=,MSGCLASS=A,
// MSGLEVEL=(0,0),REGION=2000K,TIME=(,19)
/*ROUTE PRINT RMT1
/*JOBPARM LINES=30
// EXEC SPSSX,PRIM=1000,SEK=500
//SYSUT1 DD SPACE=(TRK,(50,10))
//TOTAL DD DSN=&&TEMP1,UNIT=SYSDA,SPACE=(TRK,(30,5)),DISP=(NEW,PASS)
//TOTAL1 DD DSN=&&TEMP2,UNIT=SYSDA,SPACE=(TRK,(30,5)),DISP=(NEW,PASS)
//GRUPPE DD DSN=&&TEMP3,UNIT=SYSDA,SPACE=(TRK,(30,5)),DISP=(NEW,PASS)
//GRUPPE1 DD DSN=&&TEMP4,UNIT=SYSDA,SPACE=(TRK,(30,5)),DISP=(NEW,PASS)
//GRUPPE2 DD DSN=&&TEMP11,UNIT=SYSDA,SPACE=(TRK,(30,5)),DISP=(NEW,PASS)
//WORK DD DSN=&&TEMP5,UNIT=SYSDA,SPACE=(TRK,(30,5)),DISP=(NEW,PASS)
//WORK1 DD DSN=&&TEMP6,UNIT=SYSDA,SPACE=(TRK,(30,5)),DISP=(NEW,PASS)
//WORK2 DD DSN=&&TEMP7,UNIT=SYSDA,SPACE=(TRK,(30,5)),DISP=(NEW,PASS)
//INDRSS DD DSN=&&TEMP8,UNIT=SYSDA,SPACE=(TRK,(30,5)),DISP=(NEW,PASS)
//SUMFILE DD DSN=&&TEMP9,UNIT=SYSDA,SPACE=(TRK,(30,5)),DISP=(NEW,PASS)
//RSS DD DSN=&&TEMP10,UNIT=SYSDA,SPACE=(TRK,(30,5)),DISP=(NEW,PASS)
//SUSI DD DSN=IDEAL.NEUFILE,UNIT=TAPE,VOL=SER=B01689,LABEL=(1,SL),
//       DISP=SHR
//SYSIN DD *
NUMBERED
COMMENT
GET FILE=SUSI /KEEP= mindestens x-, y- und Gruppenvariable


COMPUTE X = unabhängige Individualvariable
COMPUTE Y = abhängige Individualvariable
COMPUTE GROUP = Gruppierungsvariable
COMPUTE E0 = 1          /* DAS IST EINE KONSTANTE
COMPUTE ANZ = 30        /* ANZAHL DER GRUPPEN
COMPUTE SPLITTI = 0     /* O= NICHT RECHNEN 1= RECHNEN VON SPLIT

SELECT IF NOT MISSING(GROUP) AND
          NOT MISSING(X)      AND NOT MISSING(Y)

SORT CASES BY GROUP

TABLES FORMAT=CWIDTH(25,7) MARGINS(1,160) BOX
 /OBS =X,Y
 /PTOTAL=TOTAL
 /TABLE=E0+GROUP  BY X+Y
 /STA = MEAN,STDDEV,VALIDN (X,Y)
 /TFOOTNOTE 'DFG-PROJEKT ETHNISCHE IDENTITAET'
'FORSCHUNGSSTELLE VERGLEICHENDE STADTFORSCHUNG'
  'UNIVERSITAET HAMBURG'

SUBTITLE '##################################GESAMTREGRESSION ##########'
COMMENT
+REGRESSION   DES=DEF / MIS=PAIR
/ VAR = X, Y  / DEP= Y  / ENTER
/SCATTERPLOT = (Y,X)

SUBTITLE '################## HERSTELLEN GESAMTMITTELWERTE ##########'
AGGREGATE OUTFILE=TOTAL
    /BREAK=E0
    /XBAR = MEAN (X)
    /YBAR = MEAN (Y)

MATCH FILES TABLES = TOTAL
    /FILE=*
    /BY E0
SAVE OUTFILE = WORK            /*SPEICHERT DIE ARBEITSDATEI
SUBTITLE '################## HERSTELLEN GRUPPENMITTELWERTE ############'
AGGREGATE   OUTFILE= *
    /BREAK = GROUP
    /XKBAR = MEAN (X)
    /YKBAR = MEAN (Y)
    /NK    = NU
    /E0    = MEAN (E0)
SAVE OUTFILE = GRUPPE

SUBTITLE '############# REGRESSION DER GRUPPENMITTELWERTE #########'
COMMENT
+REGRESSION  DES=DEF / MIS=PAIR
```

```
/VAR = XKBAR, YKBAR  /DEP= YKBAR/ ENTER  / SCATTERPLOT = (YKBAR,XKBAR)

MATCH FILES  TABLES=*
   /FILE= WORK
   /BY GROUP
COMMENT ### HIER BEREINIGTER MITTELWERT
   COMPUTE XKBAR = (XKBAR*NK - X)  / (NK -1)
COMPUTE INTERA = X * XKBAR

SAVE OUTFILE = WORK1

COMMENT   MIT DER HAND GERECHNETE WITHIN REGRESSION BASISMODELL
          DIE GELTEN AUCH F]R DAS ZENTRIERTE MODELL
+COMPUTE   YNEU = Y - YKBAR
+COMPUTE   NEWX = X - XKBAR
+COMPUTE   ZZ = NEWX * YNEU
+COMPUTE   NN = NEWX ** 2


+AGGREGATE OUTFILE =*
   /BREAK=GROUP
   /ZAHLER = SUM (ZZ)
   /NENNER = SUM (NN)
   /XKBAR  = MEAN (X)
   /YKBAR  = MEAN (Y)
   /NK     = MEAN (NK)

+COMPUTE   D1K = ZAHLER / NENNER
+COMPUTE   D0K = YKBAR - D1K * XKBAR
+COMPUTE E0= 1

COMMENT
+BREAKDOWN D0K,D1K BY GROUP

SAVE OUTFILE = GRUPPE1 /MAP
+MATCH FILES TABLE=*
   /FILE=WORK1
   /BY GROUP /MAP
+COMPUTE       RESI=(Y - (D0K + D1K * X))** 2

COMMENT
+AGGREGATE OUTFILE=*
   /BREAK=E0
   /INDIRSS = SUM (RESI)
+PRINT
   /'DIE HANDGERECHNETEN INDIVIDUAL RSS BETRAGEN: ' INDIRSS
MATCH FILES FILE=*
   /FILE=GRUPPE1
   /BY E0 /MAP
COMMENT


SUBTITLE '###########BASISMODELL SEPARATE GLEICHUNGEN #############'
REGRESSION  DES=DEF / VAR= XKBAR, D0K, D1K
   /DEP = D0K   /ENTER = XKBAR
   /DEP = D1K   /ENTER = XKBAR
SUBTITLE '## BASISMODELL SEP EQ. GEWICHTETE REGRESSION HANDGER. ###'
AGGREGATE OUTFILE=TOTAL
   /BREAK=E0
   /MEANX=MEAN(XKBAR)
   /MEAND0 = MEAN (D0K)
   /MEAND1 = MEAN (D1K)
   /INDIRSS = MEAN (INDIRSS)

MATCH FILES TABLES=TOTAL
   /FILE=*
   /BY E0

COMPUTE Z1  = XKBAR - MEANX
COMPUTE Z20 = D0K - MEAND0
COMPUTE Z21 = D1K - MEAND1
COMPUTE N1  = (XKBAR - MEANX) ** 2
COMPUTE WZ0 = Z1 * Z20 * NK
COMPUTE WZ1 = Z1 * Z21 * NK
COMPUTE WN  = N1 * NK

AGGREGATE  OUTFILE=*
   /BREAK=E0
   /ZAHLER0 = SUM(WZ0)
   /ZAHLER1 = SUM(WZ1)
   /NENNER  = SUM (WN)
   /MEANX  = MEAN(XKBAR)
   /MEAND0 = MEAN(D0K)
   /MEAND1 = MEAN(D1K)
   /INDIRSS=MEAN (INDIRSS)
COMPUTE     BB2 = ZAHLER0 / NENNER
```

```
COMPUTE       BB0 = MEAND0 - BB2 * MEANX
COMPUTE       BB3 = ZAHLER1 / NENNER
COMPUTE       BB1 = MEAND1 - BB3 * MEANX
PRINT
    /'################################################################'
    /'GEWICHTETE PARAMTER AUS DER SEPARATEN GLEICHUNG, BASISMODELL'
    /'                          B0 = 'BB0
    /'                          B1 = 'BB1
    /'                          B2 = 'BB2
    /'                          B3 = 'BB3
    /'################################################################'
EXECUTE
MATCH FILES   TABLE =*
    /FILE=WORK1
    /BY E0
    /MAP
SUBTITLE '############ BASISMODELL, SINGUL[RE GLEICHUNG #############'
REGRESSION  DES=DEF/MIS=PAIR / VAR = Y, X, XKBAR,INTERA
    /CRI = TOL(0.0001)
    /DEP = Y / ENTER

SUBTITLE '################# ZENTRIERUNGEN ##########################'
COMPUTE       NEWX     = X - XKBAR
COMPUTE       NEWXKBAR = XKBAR - XBAR
COMPUTE       NEWITA   = NEWX * NEWXKBAR

SAVE OUTFILE = WORK /MAP
COMMENT ################## VARIABLEN F]R VARIANZZERLEGUNG ########
COMPUTE       NXSQ = NEWX ** 2

COMMENT    MIT DER HAND GERECHNETE WITHIN REGRESSION BALANCEMODELL
+COMPUTE      YNEU = Y - YKBAR
COMMENT       #########  MEAN DER NEWX IST 0 BEI ZENTRIERUNG
+COMPUTE      NEWXA= NEWX - 0
+COMPUTE      ZZ = NEWXA * YNEU
+COMPUTE      NN = NEWXA ** 2

+AGGREGATE OUTFILE =*
    /BREAK=GROUP
    /ZAHLER = SUM (ZZ)
    /NENNER = SUM (NN)
    /XKBARA = MEAN (NEWX)
    /YKBAR  = MEAN (Y)
    /NK     = MEAN (NK)
    /NEWXKBAR = MEAN (NEWXKBAR)
    /SSQNEWX  = SUM (NXSQ)

+COMPUTE  A1K = ZAHLER / NENNER
+COMPUTE  A0K = YKBAR - A1K * XKBARA
+COMPUTE  E0= 1

COMMENT
+BREAKDOWN A0K,A1K BY GROUP

MATCH FILES FILE=*
    /FILE=GRUPPE1 /BY GROUP

SAVE OUTFILE = GRUPPE2 /MAP
+MATCH FILES TABLE=*
    /FILE=WORK1
    /BY GROUP /MAP
+COMPUTE      NEWX=X - XKBAR
+COMPUTE      RESI=(Y - (A0K + A1K * NEWX))** 2

COMMENT
+AGGREGATE OUTFILE=*
    /BREAK=E0
    /FIKA   = SUM (RESI)
+PRINT
    /'DIE HANDGERECHNETEN INDIVIDUAL RSS BETRAGEN: ' FIKA
+EXECUTE

MATCH FILES FILE = *
    / FILE = GRUPPE2
    /BY E0
    /MAP
PROCEDURE OUTPUT  OUTFILE = RSS


SUBTITLE ' ############### BALANCIERTES MODELL, SEPARATE GLEICHUNGEN ##'
REGRESSION DES=DEF /MIS=PAIR / VAR= NEWXKBAR, A0K,A1K
    /DEP = A0K / ENTER = NEWXKBAR / SAVE=RESID(UK)
    /DEP = A1K / ENTER = NEWXKBAR / SAVE=RESID(VK)

SUBTITLE '##### BALANCEMODELL SEP EQ. GEWICHTETE REGRESSION HANDGER.'
```

```
AGGREGATE OUTFILE=TOTAL
    /BREAK=E0
    /MEANX=MEAN(NEWXKBAR)
    /MEANA0 = MEAN (A0K)
    /MEANA1 = MEAN (A1K)
MATCH FILES TABLES=TOTAL
    /FILE=*
    /BY E0
COMPUTE Z1   = NEWXKBAR - MEANX
COMPUTE Z20  = A0K - MEANA0
COMPUTE Z21  = A1K - MEANA1
COMPUTE N1   = (NEWXKBAR - MEANX) ** 2
COMPUTE WZ0  = Z1 * Z20 * NK
COMPUTE WZ1  = Z1 * Z21 * NK
COMPUTE WN   = N1 * NK

SAVE OUTFILE=GRUPPE

AGGREGATE  OUTFILE=*
    /BREAK=E0
    /ZAHLER0 = SUM(WZ0)
    /ZAHLER1 = SUM(WZ1)
    /NENNER  = SUM (WN)
    /MEANX   = MEAN(NEWXKBAR)
    /MEANA0 = MEAN(A0K)
    /MEANA1 = MEAN(A1K)

COMPUTE      BBAL2 = ZAHLER0 / NENNER
COMPUTE      BBAL0 = MEANA0 - BBAL2 * MEANX
COMPUTE      BBAL3 = ZAHLER1 / NENNER
COMPUTE      BBAL1 = MEANA1 - BBAL3 * MEANX
PRINT
    /'######################################################'
    /'GEWICHTETE PARAMTER AUS DER SEPARATEN GLEICHUNG, BALANCEMODELL'
    /'                         B0 = 'BBAL0
    /'                         B1 = 'BBAL1
    /'                         B2 = 'BBAL2
    /'                         B3 = 'BBAL3
    /'######################################################'
EXECUTE

MATCH FILES TABLE=*
    /FILE=GRUPPE1
    /BY E0

COMMENT ######### VARIABLEN F]R VARIANZZERLEGUNG #################
COMMENT ++++++WENN Bi ungleich bi, BZW. BB0 UNGLEICH B0
COMPUTE  B0= 4.569089        /* IDADIS ALLE
COMPUTE  B1= -.076337
COMPUTE  B2= -.318012
COMPUTE  B3= -.004627

MATCH FILES  FILE=*
    /FILE = GRUPPE
    /BY GROUP

COMPUTE  GK = A0K - (B0 + B2 * NEWXKBAR)
COMPUTE  HK = A1K - (B1 + B3 * NEWXKBAR)
COMPUTE  UKSQNK = NK * (UK ** 2)
COMPUTE  VKSQ= (VK ** 2)
COMPUTE  GKSQNK = NK * (GK ** 2)
COMPUTE  HKSQ= (HK ** 2)
COMPUTE  E0=1
COMMENT RESIDUEN AUS DEN GEWICHTETEN REGRESSIONEN
COMPUTE  WUKSQ = (A0K - (BBAL0 + BBAL2 * NEWXKBAR)) ** 2
COMPUTE  WVKSQ = (A1K - (BBAL1 + BBAL3 * NEWXKBAR)) ** 2
COMPUTE  WUKSQNK = NK * WUKSQ




AGGREGATE OUTFILE=*
    /BREAK = E0
    /GRPRSS   = SUM (UKSQNK)
    /INTRSSA  = MEAN (SSQNEWX)
    /INTRSSB  = SUM (VKSQ)
    /INDRSS   = MEAN (FIKA)
    /GRPRSS2  = SUM (GKSQNK)
    /INTRSSB2 = SUM (HKSQ)
    /WGRPRSS  = SUM (WUKSQNK)
    /INTRSSBW= SUM (WVKSQ)
COMPUTE WINTRSS = INTRSSA * INTRSSBW
COMPUTE INTRSS = INTRSSA * INTRSSB
COMPUTE INTRSS2= INTRSSA * INTRSSB2
```

```
SUBTITLE '########### VARIANZZERLEGUNG ######################'
PRINT
   /'## BALANCIERTES MODELL ############## ERKLAERT #### UNERKLAERT##'
   /'##################################### SS    ####    RSS    ##'
   /' -----------------------------------I----------I--I-----------I-'
   /'  INDIVIDUALVARIABLE                 I          I  I ' INDRSS 'I'
   /' -----------------------------------I----------I--I-----------I-'
   /'  GRUPPENVARIABLE                    I          I  I ' GRPRSS 'I'
   /'  bei ungleichen BB und B: ' GRPRSS2
   /'  GEWICHTET: ' WGRPRSS
   /' -----------------------------------I----------I--I-----------I-'
   /'  INTERAKTIONSTERM                   I          I  I ' INTRSS 'I'
   /'  bei ungleichen BB und B: ' INTRSS2
   /'  GEWICHTET: ' WINTRSS
   /' -----------------------------------I----------I--I-----------I-'
   /'  TOTAL                             I          I  I            I-'
   /' -----------------------------------I----------I--I-----------I-'
   /'###############################################################'
EXECUTE

GET FILE = WORK


SUBTITLE '######## BALANCIERTES MODELL, SINGUL. GLEICHUNG ######'
REGRESSION DES = DEF/ MIS=PAIR / VAR = Y, NEWX, NEWXKBAR, NEWITA
   /DEP = Y / ENTER = NEWX
   /DEP = Y / ENTER = NEWXKBAR
   /DEP = Y / ENTER = NEWITA
   /DEP = Y / ENTER

AGGREGATE OUTFILE=*
   /BREAK = GROUP
   /INDIRSS = MEAN(INDIRSS)
MATCH FILES FILE=*
   /FILE= GRUPPE
   /BY GROUP



SUBTITLE ' ############## ZENTRIERTES MODELL, SEPARATE GLEICHUNGEN ##'
REGRESSION DES=DEF /MIS=PAIR / VAR= NEWXKBAR, D0K,D1K
   /DEP = D0K / ENTER = NEWXKBAR / SAVE=RESID(UZK)
   /DEP = D1K / ENTER = NEWXKBAR / SAVE=RESID(VZK)

COMMENT ######### VARIABLEN F]R VARIANZZERLEGUNG ################
COMPUTE  UKSQNK = NK * (UZK ** 2)
COMPUTE  VKSQ= (VZK ** 2)
COMPUTE  E0=1


AGGREGATE OUTFILE=*
   /BREAK = E0
   /GRPRSS  = SUM (UKSQNK)
   /INTRSSA = MEAN(SSQNEWX)
   /INTRSSB = SUM (VKSQ)
   /INDIRSS = MEAN (INDIRSS)
COMPUTE INTRSS = INTRSSA * INTRSSB

SUBTITLE '########### VARIANZZERLEGUNG ######################'
PRINT
   /'## ZENTRIERTES MODELL ############## ERKLAERT #### UNERKLAERT##'
   /'##################################### SS    ####    RSS    ##'
   /' -----------------------------------I----------I--I-----------I-'
   /'  INDIVIDUALVARIABLE                 I          I  I ' INDIRSS 'I'
   /' -----------------------------------I----------I--I-----------I-'
   /'  GRUPPENVARIABLE                    I          I  I ' GRPRSS 'I'
   /' -----------------------------------I----------I--I-----------I-'
   /'  INTERAKTIONSTERM                   I          I  I ' INTRSS 'I'
   /' -----------------------------------I----------I--I-----------I-'
   /'  TOTAL                             I          I  I            I-'
   /' -----------------------------------I----------I--I-----------I-'
   /'###############################################################'
EXECUTE

MATCH FILES FILE = GRUPPE
   /FILE = GRUPPE1
MATCH FILES TABLE= *
   /FILE=WORK
   /BY GROUP

COMMENT ##########################EINGEBEN DER PARAMETER B #####
COMPUTE    B0  = einsetzen    /* KLEIN B AUS SING EQ
COMPUTE    B1  = einsetzen    /*  BASISMODELL
COMPUTE    B2  = einsetzen    /*  im zweiten Lauf einzusetzen
COMPUTE    B3  = einsetzen
```

```
COMPUTE D1K2      = BB1 + BB3 * XKBAR  /* BASIS: SEP EQ
COMPUTE D1K3      = B1  +  B3 * XKBAR  /* BASIS: SING EQ


COMMENT ################ TRANSFORMATION VON Y UND ALTERNATIVEN ####
COMPUTE      NEWY = Y - (D1K * XKBAR)
COMPUTE      NEWY2= Y - (D1K2 * XKBAR)
COMPUTE      NEWY3= Y - (D1K3 * XKBAR)


SUBTITLE '############ ZENTRIERTES MODELL, SINGUL[RE GLEICHUNG ####'
REGRESSION DES=DEF / MIS=PAIR
   /VAR= NEWY, NEWY2, NEWY3, NEWX, NEWXKBAR ,NEWITA
   /DEP = NEWY     / ENTER = NEWX
   /DEP = NEWY     / ENTER = NEWXKBAR
   /DEP = NEWY     / ENTER = NEWITA
   /DEP = NEWY     / ENTER =NEWX,NEWXKBAR,NEWITA
   /DEP  = NEWY2    /ENTER = NEWX, NEWXKBAR, NEWITA
   /DEP  = NEWY3    /ENTER = NEWX, NEWXKBAR, NEWITA

FINISH

COMMENT   HIER KÖNNEN DIE WITHIN REGRESSION ANGESEHEN WERDEN
SPLIT FILE BY GROUP
PROCEDURE OUTPUT   OUTFILE=INDRSS
REGRESSION DES=MEAN/MIS=PAIR/VAR=X,Y/DEP=Y/ENTER
   /SCATTERGRAM(Y,X)/SAVE = RESID(WITHIN)
SPLIT FILE OFF
IF MISSING(WITHIN)  WITHIN=0
COMPUTE WSQR = WITHIN ** 2
AGGREGATE OUTFILE = *
   /BREAK=E0
   /INDRSS=SUM(WSQR)
PRINT
   /' SUMME DER RSS AUS WITHIN REGRESSIONEN: ' INDRSS
EXECUTE
MATCH FILES TABLE=*
   /FILE=GRUPPE
   /BY E0
/*
//
```

Literaturverzeichnis

Albrecht, Günter 1972: Soziologie der geographischen Mobilität - Zugleich ein Beitrag zur Theorie des sozialen Wandels. Stuttgart.

Albrecht, Günter 1983: Zur Bedeutung städtischer Kontexte für die Konstituierung sozialer Probleme am Beispiel der Kriminalität. S. 299-306 in: Heckmann, Friedrich & Winter, P. (Hrsg.) 1983: 21. Deutscher Soziologentag. Beiträge der Sektions- und ad hoc Gruppen. Opladen: Westdeutscher Verlag.

Aldrich, John H. & Nelson, Forrest D. 1986: Logit and Probit Models for Multivariate Analysis with Qualitative Dependent Variables. S. 115- 156 in: Berry, William D. & Lewis-Beck, Michael (Hrsg.) 1986: New Directions in Social Science Research. Beverly Hills, New Delhi, London: Sage.

Alexander, Karl L. & Griffin, Larry J. 1976: School District Effects on Academic Achievement: A Reconsideration (Comment on Bidwell & Kasarda 1975). American Sociological Review 41: 144-151.

Alihan, Milla A. 1961: "Community" and Ecological Studies. S. 93-97 in: Theodorson 1961. (zuerst 1938 in: Alihan, M. A. : Social Ecology. New York. S. 81-91.)

Alker Hayward R. jr. 1969: A Typology of Ecological Fallacies. S. 69-86 in: Dogan & Rokkan 1969.

Allardt, Erik 1968: The Merger of American and European Traditions of Sociological Research - Contextual Analysis. Social Sciences Information 7: 151-168.

Allardt, Erik 1969: Aggregate Analysis: The Problem of Its Informative Value. S. 41-51 in: Dogan & Rokkan 1969.

Alpheis, Hannes 1982: Rückkehrende Arbeitsmigranten. Eine Studie zur Integration von griechischen Arbeitnehmern in ihrem Heimatland. Hamburg: Selbstverlag.

Alpheis, Hannes, Klupp, Matthias & Peters, Lutz 1983: Probleme der Eingliederung von Ausländern für die Siedlungsentwicklung, insbesondere in Klein- und Mittelstädten. Studie im Auftrag der Akademie für Raumforschung und Landesplanung Hannover. Hamburg. (hekt.)

Alpheis, Hannes, Grabow, Dürten, Klupp, Matthias & Fahrenkrug, Renate 1984: Ethnische Infrastruktur in einer Großstadt: Nationale und ethnische Vereine und Gruppen in Hamburg und Umgebung. Hamburg. (unveröff. Forschungsbericht für die Technische Universität Hamburg-Harburg, FSP 6.)

Alpheis, Hannes 1984: Integration von rückkehrenden Migranten in Joannina, Griechenland. Zeitschrift für Soziologie 13: 371-376.

Alwin, Duane 1976: Assessing School Effects: Some Identities. Sociology of Education 49: 294-303.

Apple, Nancy & O'Brien, David J. 1983: Neighborhood Racial Composition and Resident's Evaluation of Police Performance. Journal of Police Science and Administration 2, 1: 76-83.

Astin, Alexander W. 1970: The Methodology of Research on College Impact, Part One. Sociology of Education 43: 223-254.

Atkins, Burton M. & Glick, Henry 1976: Environmental and Structural Variables as Determinants of Issues in State Courts of Last Resort. American Journal of Political Science 20: 97-115.

Atteslander, Peter & Hamm, Bernd (Hrsg.) 1974: Materialien zur Siedlungssoziologie. Köln: Kiepenheuer & Witsch.

Bahr, Howard M. & Gibbs, Jack P. 1967: Racial Differentiation in American Metropolitan Areas. Social Forces 45: 521-532.

Bahrdt, Hans Paul 1971: Plädoyer für eine Futurologie mittlerer Reichweite. S. 275-282 in: Wissenschaftssoziologie ad hoc. Düsseldorf. (zit. nach Konau 1977: 148).

Bammel, Harald & Becker, Hartmut (Hrsg.) 1985: Sport und ausländische Mitbürger. Fachtagung der Friedrich-Ebert-Stiftung in Zusammenarbeit mit dem Deutschen Sport Bund vom 9. -11. 11. 1984 in Freudenberg. Bonn.

Barthel, Michael 1982: Policies towards Labour Immigrants in the Federal Republic of Germany. S. 73-77 in: Kunst 1982.

Barton, Allen H. 1968: Bringing Society Back in. Survey Research and Macro-Methodology. American Behavioral Scientist 12: 1-9.

Barton, Allen H. 1970: Comment on Hauser's Context and Consex. American Journal of Sociology 76: 514-517.

Barton, Allen H. 1981: Book review on Contextual Analysis. Contemporary Sociology 10, 4: 554-555.

Bassis, Michael S. 1976: The Campus as a Frog Pond: A Theoretical and Empirical Reassessment. American Journal of Sociology 82: 1318-1326.

Becher, Herbert & Erpenbeck, Gabriele 1977: Freizeit ausländischer Arbeitnehmer. S. 1-147 in: "Siedlungswesen" 1977.

Beck, Ulrich 1986: Risikogesellschaft. Auf dem Weg in eine andere Moderne. Frankfurt/M.: Suhrkamp.

Bell, Wendell & Force, Maryanne T. 1956: Urban Neighborhood Types and Participation in Formal Organizations. American Sociological Review 21: 25-34.

Bell, Wendell 1961: The Utility of the Shevky Typology for the Design of Urban Sub-Area Field Studies. S. 244-252 in: Theodorson 1961. (zuerst 1958 in Journal of Social Psychology 47: 71-83.)

Belsley, David A. 1984: Demeaning Conditioning Diagnostics Through Centering. American Statistician 38, 2: 73-77. (mit Debatte bis S. 92.)

Benninghaus, Hans 1974: Deskriptive Statistik. Stuttgart: Teubner. (= Teubner Studienscripte, Statistik für Soziologen, Bd. 1).

Berelson, Bernhard R., Lazarsfeld, Paul F. & McPhee, William N. 1968: Voting. A Study of Opinion Formation in a Presidential Campain. 6. Auflage. Chicago, London: Chicago Univ. Press. (zuerst 1954.)

Berlin, Der Regierende Bürgermeister von Berlin (Hrsg.) 1978: Bericht zur Lage der Ausländer in Berlin. Berlin.

Bidwell, Charles E. & Kasarda, John D. 1975: School District Organization and Student Achievement. American Sociological Review 40: 55-70.

Bidwell, Charles E. & Kasarda, John D. 1976: Reply to Hannan, Freeman, and Meyer, and Alexander and Griffin. American Sociological Review 41: 152-159.

Blalock, Hubert M. jr. 1964: Causal Inferences in Nonexperimental Research. Chapel Hill: Univ. of North Carolina Press.

Blalock, Hubert M. jr. 1965: Theory Building and the Statistical Concept of Interaction. American Sociological Review 30: 374-380.

Blalock, Hubert M. jr & Wilken, Paul H. 1979: Intergroup Processes. A Micro-Macro Perspective. New York/London: Free.

Blalock, Hubert M. jr. 1984a: Basic Dilemmas in the Social Sciences. Beverly Hills/London/New Delhi: Sage.

Blalock, Hubert M. jr 1984b: Contextual-Effects Models: Theoretical and Methodological Issues. Annual Review of Sociology, 10: 353-372.

Blasius, Jörg 1988: Indizes der Segregation. In: Friedrichs, Jürgen (Hrsg.) 1988: Stadtsoziologie, Sonderheft 29 der Kölner Zeitschrift für Soziologie und Sozialpsychologie.

Blau, Peter M. 1957: Formal Organizations: Dimensions of Analysis. American Journal of Sociology 58: 58-69.

Blau, Peter M. 1960: Structural Effects. American Sociological Review 25, 2: 178-193.

Blau, Peter M. (Hrsg.) 1978: Theorien sozialer Strukturen. Ansätze und Probleme. Opladen: Westdeutscher Verlag. (Engl. 1975: Approaches to the Study of Social Structure).

Blau, Peter M. & Schwartz, Joseph E. 1984: Crosscutting Social Circles. Testing a Macrostructural Theory of Intergroup Relations. Orlando: Academic.

Bley, Katharina 1987: Kriminalität in der Stadt. Systematisierung und Vergleich ökologischer Studien städtischer Kriminalität im deutschsprachigen Raum. Trier. (=Trierer Beiträge zur Stadt- und Regionalplanung, Bd. 13).

Bohrnstedt, George W. & Carter, Michael T. 1971: Robustness in Regression Analysis. S. 118-146 in: Costner, Herbert L. (Hrsg.) 1971: Sociological Methodology. San Francisco: Jossey Bass.

Bonacker, Margit 1983: Zusammenhänge zwischen räumlicher und sozialer Integration ethnischer Minoritäten. S. 700-704 in: Heckmann, Friedrich & Winter, P. (Hrsg.): 21. Deutscher Soziologentag 1982, Beiträge der Sektions- und ad hoc Gruppen. Opladen.

Bonacker, Margit & Häufele, Reinhard 1986: Sozialbeziehungen von Arbeitsmigranten in unterschiedlichen Wohnquartieren. S. 118-142 in: Hoffmeyer-Zlotnik 1986.

Borgatta, Edgar F. & Jackson, David J. 1979: Aggregate Data Analysis: An Overview. Sociological Methods and Research 7: 379-383. (auch in Borgatta & Jackson 1980: 7-11.)

Borgatta, Edgar F. & Jackson, David J. (Hrsg.) 1980: Aggregate Data Analysis and Interpretation. Beverly Hills/London: Sage.

Borhek, J. T. 1970: Ethnic Group Cohesion. American Journal of Sociology 76: 33-46.

Boudon, Raymond 1969: Secondary Analysis and Survey Research. An Essay in the Sociology of Social Sciences. Social Science Information 8, 6: 7-32.

Boudon, Raymond 1976: Ökologische und Kontextanalyse. S. 465-505 in: Hummell & Ziegler 1976. (zuerst franz. 1967.)

Boyd, Lawrence H. & Iversen, Gudmund R. 1979: Contextual Analysis: Concepts and Statistical Techniques. Belmont, Cal. : Wadsworth.

Boyd, Lawrence H. jr. 1971: Multiple Level Analysis with Complete and Incomplete Data. Ann Arbor, Michigan: Univ. of Michigan. (zitiert nach Falter 1978.)

Boyle, Richard P. 1966: On Neighborhood Context and College Plans (III). American Sociological Review 31: 706-707. (s. Sewell & Armer 1966a.)

Breitenbach, Barbara von 1986: Ausländervereine und Interessenvertretung. Funktionen der Selbstorganisation von Ausländern im Kommunalbereich. Zeitschrift für Parlamentsfragen 2/86: 181-199.

Breton, Raymond 1965: Institutional Completeness of Ethnic Communities and the Personal Relations of Immigrants. American Journal of Sociology 70: 193-205.

Brown, Courtney 1982: The Nazi Vote: A National Ecological Study. American Political Science Review 76, 2: 285-301.

Brown, Thad A. 1981: On Contextual Change and Partisan Attributes. British Journal of Political Science 11: 427-447.

Buba, Hans Peter, Ueltzen, Werner, Vaskovics, Laszlo A. & Müller, Wolfgang 1984: Gemischt-nationale Ehen in der Bundesrepublik Deutschland. Zeitschrift für Bevölkerungswissenschaft, 10, 4: 421-448.

Burstein, Leigh, Fischer, Kathleen B. & Miller, David M. 1980: The Multilevel Effects of Background on Science Achievement: A cross-national comparison. Sociology of Education 53: 215-225.

Burt, Ronald S. 1982: Toward a Structural Theory of Action. Network Models of Social Structure, Perception and Action. New York: Academic.

Burt, Ronald S. & Minor, Michael J. 1983: Applied Network Analysis, A Methodological Introduction. Beverly Hills, London, New Delhi: Sage.

Campbell, A. 1958: The Political Implications of Community Identification. S. 318-328 in: Young, Roland (Hrsg.): Approaches to the Study of Politics, Evanston: Northwestern University Press. (Zitiert nach Putnam 1966).

Campbell, Ernest Q. & Alexander, Norman C. 1965: Structural Effects and Interpersonal Relationships. American Journal of Sociology 71, 3: 284-289.

Caplow, Theodore & Foreman, Robert 1950: Neighborhood Interaction in a Homogeneous Community. American Sociological Review 15: 357-366.

Cartwright, Dorwin & Harary, Frank 1956: Structural Balance: A Generalization of Heider's Theory. Psychological Review 63: 277- 293.

Clar, Michael R. 1981: Methodologische Probleme der Mehrebenenanalyse. Hamburg: Selbstverlag. (Phil. Diss. Universität Hamburg.)

Clar, Michael R. 1982: Some Methodological Remarks on Multilevel Analysis. Mannheim. (hekt. Manuskript.)

Clar, Michael 1986: Soziale Mobilität und Freundschaftswahlen. Ein Vergleich beider Prozesse in ihren Auswirkungen auf die soziale Lage der Personen. Zeitschrift für Soziologie 15, 2: 107-124.

Coleman, James S. 1961: Relational Analysis - the Study of Social Organizations with Survey Methods. S. 441-453 in: Etzioni 1961. (zuerst in: Human Organization 17 (1958/9): 28-36.)

Coleman, James S. 1964: Introduction to Mathematical Sociology. Glencoe, Ill. : Free.

Coleman, James S., Hoffer, Thomas & Kilgore, S. 1982: Cognitive Outcomes in Public and Private Schools. Sociology of Education 55: 65-76.

Cox, Kevin R. 1969: The Spatial Structuring of Information Flow and Partisan Attitudes. S. 157-185 in: Dogan & Rokkan 1969.

Crenson, Matthew A. 1978: Social Networks and Political Processes in Urban Neighborhoods. American Journal of Political Science 22: 578- 594.

DGS, Deutsche Gesellschaft für Soziologie (Hrsg.) 1982: Raumbezogenheit sozialer Probleme. Opladen: Westdeutscher Verlag. (Beiträge zur sozialwissenschaftlichen Forschung, Bd. 35. ; auch unter: Vaskovics (Hrsg.) 1982).

Dangschat, Jens S. 1988: Gentrification: Der Wandel innerstädtischer Nachbarschaften. In: Friedrichs, Jürgen (Hrsg.) 1988: Stadtsoziologie, Sonderheft 29 der Kölner Zeitschrift für Soziologie und Sozialpsychologie.

Davis, James A., Spaeth, Joe L. & Huson, Carolyn 1961: A Technique for Analyzing the Effects of Group Composition. American Sociological Review 26: 215-225. (Deutsch in: Hummell & Ziegler 1976: 451-464.)

Davis, James A. 1966a: Great Books and Small Groups. Glencoe: Free.

Davis, James A. 1966b: The Campus as a Frog Pond: An Application of the Theory of Relative Deprivation to Career Decisions of College Men. American Journal of Sociology 72: 17-31.

Davis, James A. 1966c: Structural Balance, Mechanical Solidarity and Interpersonal Relations. S. 74-99 in: Berger, J. et al. (Hrsg.) 1966: Sociological Theory in Progress. Boston. (zuerst 1963 in American Journal of Sociology 68: 444-462.)

De Leeuw, Jan & Kreft, Ita 1986: Random Coefficient Models for Multilevel Analysis. Journal of Educational Statistics 11: 57-85.

Dederichs, Erich 1980: Ausländische Jugendliche - nur ein Großstadtproblem? Informationsdienst zur Ausländerarbeit, H. 4: 38-39.

Dempster, A. P., Laird, N. M. & Ruben, D. B. 1977: Maximum Likelihood from Incomplete Data via the EM algorithm (with discussion). Journal of the Royal Statistical Society. Series A 140: 1-38.

Derenbach, Rolf 1980: Notwendigkeit und Probleme einer flächendeckenden Schulpolitik für ausländische Kinder und Jugendliche. Informationen zur Raumentwicklung, H. 11: 543-568.

Deutsch, Karl W. 1973: Politische Kybernetik, Modelle und Perspektiven. 3. Auflage, Freiburg: Rombach. (engl. zuerst 1966.)

Dogan, Mattei & Rokkan, Stein (Hrsg.) 1969: Quantitative Ecological Analysis in the Social Sciences. Cambridge: MIT.

Dumrese, Joachim 1980: Noch geringere Chancen auf dem Lande? Informationen zur Raumentwicklung, H. 11: 569-571.

Duncan, Otis D. & Davis, Beverly 1953: An Alternate to Ecological Correlation. American Sociological Review 18: 665-666.

Duncan, Otis D. & Duncan, Beverly 1955: A Methodological Analysis of Segregation Indexes. American Sociological Review 20: 210-217. (auch in Peach 1975: 35-47.)

Duncan, Otis D. & Lieberson, Stanley 1959: Ethnic Segregation and Assimilation. American Journal of Sociology 64: 364-374. (auch in Peach 1975: 96-109.)

Dunham, Warren H. 1961: The Ecology of Functional Psychoses in Chicago. S. 62-70 in: Theodorson 1961. (zuerst 1937 in American Sociological Review II: 467-479.)

Durkheim, Émile 1973: Der Selbstmord. Neuwied, Berlin: Luchterhand. (=Soziologische Texte, Bd. 32. Zuerst 1897.)

Durkheim, Émile 1977: Über die Teilung der sozialen Arbeit. Frankfurt/M: Suhrkamp. (zuerst 1893.)

Ebert, Klaus-Dieter 1985: Stadterneuerung in Hamburg. Vortrag, gehalten auf der Tagung: "Wohnungspolitik in sozialistischen Ländern", Hamburg 23. -27. 9. 1985. Hamburg: Baubehörde. (hekt.)

Eirmbter, Willy H. 1982: Bildungsaspirationen und sozialökologischer Kontext. S. 237-254 in: Vaskovics 1982b.

Eisenstadt, Shmuel N. 1954: The Absorption of Immigrants. London.

Elesh, David B. 1968: Causation in Contextual Analysis. Ann Arbor: University Microfilms. (Columbia University Diss.)

Elliot, David H. & Clark, Susan 1978: The Spatial Context of Urban Activities. S. 41-68 in: Michelson, William (Hrsg.) 1978: Public Policy in Temporal Perspective. The Hague: Mouton 1978.

Elwert, Georg 1982: Probleme der Ausländerintegration. Gesellschaftliche Integration durch Binnenintegration? Kölner Zeitschrift für Soziologie und Sozialpsychologie 34: 711-731.

Endbericht 1986: - Kulturelle und ethnische Identität bei Arbeitsmigranten im interkontextuellen und intergenerationalen Vergleich. Endbericht des Forschungsvorhabens. Unter Mitarbeit von H. Esser (Projektleiter), P. B. Hill, E. Korte, I. Kurosch, R. Schnell, E. Esser, R. Prust (Universität -GH- Essen), J. Friedrichs (Projektleiter), H. Alpheis (Universität Hamburg). hekt. Essen, Hamburg.

Erbring, Lutz & Young Alice, A. 1979: Individuals and Social Structure. Contextual Effects as Endogenous Feedback. Sociological Methods and Research 7: 396-430. (auch in Borgatta & Jackson 1980: 25-59.)

Esser, Elke 1982: Ausländerinnen in der Bundesrepublik Deutschland. Eine soziologische Analyse des Eingliederungsverhaltens ausländischer Frauen. Frankfurt/M. : R. G. Fischer.

Esser, Hartmut 1980: Aspekte der Wanderungssoziologie. Assimilation und Integration von Wanderern, ethnischen Gruppen und Minderheiten - eine handlungstheoretische Analyse. Darmstadt, Neuwied: Luchterhand. (= Soziologische Texte, Bd. 119.)

Esser, Hartmut 1981: Aufenthaltsdauer und die Eingliederung von Wanderern: Zur theoretischen Interpretation soziologischer "Variablen". Zeitschrift für Soziologie 10, 1: 76-97.

Esser, Hartmut 1982a: Sozialräumliche Bedingungen der sprachlichen Assimilation von Arbeitsmigranten. Zeitschrift für Soziologie 11, 3, : 279-306.

Esser, Hartmut 1982b: On the Explanation of Contextual Effects on Individual Behavior: The Case of Language Acquisition by Migrant Workers. S. 131-165 in: Raub, Werner (Hrsg.) : Theoretical Models and Empirical Analyses - Contributions to the Explanation of Individual Actions and Collective Phenomena. Utrecht: E. S.

Esser, Hartmut (Hrsg.) 1983a: Die fremden Mitbürger. Möglichkeiten und Grenzen der Integration von Ausländern. Düsseldorf: Patmos. (=Schriften der Katholischen Akademie in Bayreuth, Bd. 110.)

Esser, Hartmut (Hrsg.) 1983b: Multikulturelle Gesellschaft als Alternative zur Isolation und Assimilation. S. 25-38 in: Esser 1983a.

Esser, Hartmut 1984: Ghettoisierung und sprachliche Assimilation. S. 61- 84 in: Rosch, Marita (Hrsg.) 1984: Ausländische Arbeitnehmer und Immigranten - Sozialwissenschaftliche Beiträge zur Diskussion eines aktuellen Themas. Weinheim.

Esser, Hartmut 1985a: Zur Validität subjektiver Sprachkompetenzmessungen bei Arbeitsmigranten. S. 192-226 in: Sievering 1985.

Esser, Hartmut 1985b: Soziale Differenzierung als ungeplante Folge absichtsvollen Handelns: Der Fall der ethnischen Segmentation. Zeitschrift für Soziologie 14, 6: 435-439.

Esser, Hartmut (Hrsg.) 1985c: Ausländische Bevölkerung und großstädtische Entwicklungen. S. 117-146 in: Friedrichs 1985b.

Esser, Hartmut 1986a: Social Context and Inter-Ethnic Relations: The Case of Migrant Workers in West German Urban Areas. European Sociological Review 2, 1: 30-51.

Esser, Hartmut 1986b: Können Befragte lügen? Zum Konzept des "wahren Wertes" im Rahmen der handlungstheoretischen Erklärung von Situationseinflüssen bei der Befragung. Kölner Zeitschrift für Soziologie und Sozialpsychologie 38: 314-336.

Esser, Hartmut 1986c: Ethnische Kolonien: "Binnenintegration" oder gesellschaftliche Isolation? S. 106-117 in: Hoffmeyer-Zlotnik 1986a.

Esser, Hartmut 1988: Sozialökologische Stadtforschung und Mehr-Ebenen-Analyse. In: Friedrichs, Jürgen (Hrsg.) 1988: Stadtsoziologie, Sonderheft 29 der Kölner Zeitschrift für Soziologie und Sozialpsychologie.

Etzioni, Amitai (Hrsg.) 1961: Complex Organizations: A Sociological Reader. New York: Holt, Rinehart & Winston.

Eulau, Heinz 1980: Editor's Note. Political Behavior 2: 215- 219.

Eulau, Heinz 1981: Foreword: On Revolutions That Never Were. S. VII-XV in: Long, Samuel L. (Hrsg.) 1981: The Handbook of Political Behavior, Vol. I: Plenum Press.

Eulau, Heinz & Rothenberg, Lawrence 1986: Life Space and Social Networks as Political Contexts. Political Behavior 8: 130-157.

Falter, Jürgen W. 1978: Some Theoretical and Methodological Problems of Multilevel Analysis Reconsidered. Social Science Information 17: 841-869. (s. a. Van den Eeden & Hüttner 1981.)

Falter, Jürgen W. 1981: Some Misunderstandings of Multi-level research Reconsidered: Rejoinder to Van den Eeden and Hüttner. Social Science Information 20, 3: 570-575. (s. a. Van den Eeden & Hüttner 1981.)

Faris, Robert E. L. 1944: Ecological Factors in Human Behavior. S. 736- 757 in: Hunt, J. McV. (Hrsg.) 1944: Personality and the Behavior Disorders. A Handbook Based on Experimental and Clinical Research. New York: Ronald.

Faris, Robert E. L. & Dunham, Warren H. 1967: Mental Disorders in Urban Areas - An Ecological Study of Schezophrenia and other Psychoses. 2. Auflage, Chicago: Univ. Press, Phoenix. (zuerst 1939.)

Farkas, George 1974: Specification, Residuals and Contextual Effects. Sociological Methods and Research 2: 333-363.

Feldman, Kenneth A. & Newcomb, Theodore M. 1969: The Impact of College on Students. An analysis of four decades of research. Vol. I and Vol. II. San Francisco: Jossey-Bass.

Fernandez, Roberto M. & Kulik, Jane C. 1981: A Multilevel Model of Life Satisfaction: Effects of Individual Characteristics and Neighborhood Composition. American Sociological Review 46, 6: 840-850.

Festinger, Leon, Schachter, Stanley & Back, Kurt 1950: Social Pressures in Informal Groups. A Study of Human Factors in Housing. Stanford: Tavistock.

Firebaugh, Glenn 1978: A Rule for Inferring Individual-Level Relationships from Aggregate Data. American Sociological Review 43: 552-572.

Firebaugh, Glenn 1979: Assessing Group Effects: A Comparison of Two Methods. Sociological Methods and Research 7: 384-395. (auch in Borgatta & Jackson 1980: 13-24.)

Firebaugh, Glenn 1980: Groups as Contexts and Frog Ponds. S. 43-52 in: Roberts & Burstein 1980.

Firebaugh, Glenn & Gibbs, Jack P. 1985: User's Guide to Ratio Variables. American Sociological Review 50: 713-722.

Firebaugh, Glenn & Gibbs, Jack P. 1986: Using Ratio Variables to Control for Population Size. Sociological Methods And Research 15: 101-117.

Fischer, Claude S. 1973: On Urban Alienations and Anomie: Powerlessness and Social Isolation. American Sociological Review 38: 311-326.

Fischer, Claude S. 1977: Network Analysis and Urban Studies. S. 19-25 in: Fischer et al. 1977. New York.

Fischer, Claude S., Jackson, Robert M., Stueve, Anne C., Gerson, Kathleen, McCallister, Jones & Baldassare, Mark 1977: Networks and Places: Social Relations in the Urban Setting. New York.

Fischer, Claude S. 1982: To Dwell Among Friends: Personal Networks in Town and City. Chicago.

Fishman, Joshua A. 1985: Macrosociolinguistics and the Sociology of Language in the Early Eighties. Annual Review of Sociology 11: 113-127.

Forschungsgruppe Wahlen e.V. 1986: Wahl in Hamburg. Eine Analyse der Bürgerschaftswahl am 9. November 1986. Mannheim. (=Berichte der Forschungsgruppe Wahlen e.V., Nr. 44.)

Francis, Emerich K. (Hrsg.) 1983: Einige grundsätzliche Erwägungen zur Integration von Ausländern. S. 11-24 in: Esser 1983.

Frankel, Martin R. 1971: Inference from Survey Samples: An Empirical Investigation. Ann Arbor, Michigan. (Institute for Social Research, University of Michigan).

Frey, Bruno S. & Foppa, Klaus 1986: Human Behavior: Possibilities Explain Action. Journal of Economic Psychology 7: 137-160.

Friedrichs, Jürgen 1977: Stadtanalyse. Soziale und räumliche Organisation der Gesellschaft. Reinbek: Rowohlt.

Friedrichs, Jürgen 1979: Mensch und bauliche Umwelt aus der Sicht des Soziologen. S. 27-33 in: Bundeskriminalamt (Hrsg.) Städtebau und Kriminalität. Wiesbaden.

Friedrichs, Jürgen (Hrsg.) 1982: Spatial Disparities and Social Behaviour. A Reader in Urban Research. Hamburg: Christians.

Friedrichs, Jürgen 1985: Kriminalität und sozio-ökonomische Struktur von Großstädten. Zeitschrift für Soziologie 14, 1: 50-63.

Friedrichs, Jürgen 1985b: Die Städte in den achtziger Jahren. Opladen: Westdeutscher Verlag.

Friedrichs, Jürgen & Alpheis, Hannes (in Vorb.): Housing Segregation of Immigrants in the Federal Republic of Germany - Extent and Effects with Special References to Turks and Yugoslavs. In: Huttmann, Beth & Blauw, Wim (Hrsg.) in Vorb.: Urban Housing Segregation of Minorities in the U.S. and Western Europe. Duke University Press.

Frogner, Eli 1984: Freizeitgestaltung im eigenethnischen Milieu: Chance oder Hemmnis für die Eingliederung ausländischer Mitbürger? Angewandte Sozialforschung 12, 1, 2: 79-90.

Frogner, Eli 1985: Das "Integrationsmedium" Sport im Lichte einer sportsoziologischen Untersuchung bei türkischen Migranten. S. 34-50 in: Bammel & Becker 1085.

Fugita, Stephen J. & O'Brien, David J. 1985: Structural Assimilation, Ethnic Group Membership, and Political Participation Among Japanese Americans: A Research Note. Social Forces 63, 4: 986-995.

Galtung, Johan 1969: Theory and Methods of Social Research. Oslo: Universitetsforlaget.

Gans, Herbert J. 1962: The Urban Villagers. New York.

Gettys, Warner E. 1961: Human Ecology and Social Theory. S. 98-103 in: Theodorson 1961. (zuerst 1940 in: Social Forces 18: 469-476.)

Goodman, Leo A. 1953: Ecological Regressions and the Behavior of Individuals. American Sociological Review 18: 663-664.

Goodman, Leo A. 1959: Some Alternatives to Ecological Correlation. American Journal of Sociology 64: 610-625.

Gordon, Milton M. 1964: Assimilation in American Life: The Role of Race, Religion and National Origins. New York: Oxford University Press.

Gouldner, Alwin W. 1959: Reciprocity and Autonomy in Functional Theory. S. 247-248 in: Gros, L. (Hrsg.) 1959: Symposon on Sociological Theory. White Plains, New York: Row, Peterson. (Zitiert nach Sewell & Armer 1966b: 709).

Gove, Walter & Hughes, Michael 1980: Reexamining the Ecological Fallacy. Social Forces 58: 1157-1177.

Granovetter, Mark 1973: The Strength of Weak Ties. American Journal of Sociology 78: 1360-1380.

Granovetter, Mark 1978: Threshold Models of Collective Behavior. American Journal of Sociology 83: 1420-1443.

Granovetter, Mark 1982: The Strength of Weak Ties: A Network Theory Revisited. S. 105-130 in: Marsden & Lin 1982.

Granovetter, Mark 1985: Economic Action and Social Structure. The Problem of Embeddedness. American Journal of Sociology 91, 3: 481-510.

Guest, Averett M. & Lee, Barrett A. 1983: The Social Organization of Local Areas. Urban Affairs Quarterly 19: 217-240.

Habich, Roland 1986: Arbeitswerte, Arbeitsplatzrealität und Arbeitszufriedenheit. Ein Beitrag zum Problem der Anspruchsgewichtung bei der Erklärung von Arbeitszufriedenheit. Zeitschrift für Soziologie 15, 4: 278-294.

Hamburg, Senat der Freien und Hansestadt Hamburg (Hrsg.) 1976: Leitlinien für die Hamburgische Ausländerpolitik vom 2. 11. 1976. Hamburg. (=Drucksache 8/1990.)

Hamburg, Staatliche Pressestelle Hamburg (Hrsg.) 1982: Senat beschließt Fortentwicklung der Ausländerpolitik. Hamburg. (Berichte und Dokumente Nr. 676.)

Hamm, Bernd 1973: Betrifft: Nachbarschaft. Verständigung über Inhalt und Gebrauch eines vieldeutigen Begriffs. Düsseldorf. (=Bauwelt Fundamente Bd. 40.)

Hamm, Bernd 1977: Die Organisation städtischer Umwelt. Ein Beitrag zur sozialökologischen Theorie der Stadt. Frauenfeld, Stuttgart.

Handel, Warren 1981: The Danger of Committing the Ecological Fallacy Persists: Comment on Gove and Hughes. Social Forces 60, 2: 585-588.

Hannan, Michael T. 1971a: Aggregation and Disaggregation in Sociology. Lexington: Heath.

Hannan, Michael T. 1971b: Problems of Aggregation. S. 473-508 in: Blalock, Hubert M. (Hrsg.) 1971: Causal Models in the Social Sciences. Chicago: Aldline, Atherton.

Hannan, Michael T., Freemann, John H. & Meyer, John W. 1976: Specification of Models for Organizational Effectiveness (Comment on Bidwell and Kasarda). American Sociological Review 41: 136-143.

Hanushek, Eric A. 1974: Efficient Estimators for Regressing Regression Coefficients. The American Statistician 28: 66-67.

Harder, Theodor & Pappi, Franz-Urban 1976: Mehrebenen-Regressionsanalyse von Umfrage- und ökologischen Daten. S. 506-530 in: Hummell und Ziegler 1976. (zuerst engl. in Social Science Information 8 (1969): 43-67.)

Harms, Albert 1974: Das Interesse der Raumordnung an einer regional differenzierten Ausländerpolitik. Struktur 8.

Harré, Rom 1981: Philosophical Aspects of the Micro-Macro Problem. S. 139-160 in: Knorr-Cetina & Cicourel 1981.

Hatt, Paul 1961: The Concept of Natural Area. S. 104-108 in: Theodorson 1961. (zuerst 1946 in: American Sociological Review 11: 423-427.)

Hauer, Joost 1986: Regions as Contexts. Papier zur ZUMA-Arbeitstagung "Kontext- und Mehrebenenanalyse" 26. 05. - 28. 05 1986 in Mannheim. Utrecht. (hekt. Manuskript.)

Hauser, Robert M. 1969: Schools and the Stratification Process. American Journal of Sociology 74: 587-611.

Hauser, Robert M. 1970a: Context and Consex: A cautionary tale. American Journal of Sociology 75, 4: 645-664.

Hauser, Robert M. 1970b: Reply to Barton. American Journal of Sociology 76: 517-520.

Hauser, Robert M. 1974: Contextual Analysis Revisited. Sociological Methods and Research 2: 365-375.

Hauser, Robert M. 1977: On "A Reconceptualization of School Effects". Sociology of Education 51: 68-71.

Hausmann, Bernd 1981: Nicht die Konzentration, sondern das Getto verhindern. Probleme der Ausländer im Ballungsgebiet und Lösungsmöglichkeiten aus der Sicht eines Stadtplaners: Beispiel Frankfurt. Frankfurter Rundschau Nr. 195 vom 25. 8. 1981.

Hausmann, Bernd 1985: Die beste Ausländerpolitik ist eine vernünftige Beschäftigungspolitik für die Deutschen. Informationen zur Raumentwicklung, Heft 6: 485-497.

Hawley, Amos H. 1944a: Dispersion versus Segregation: Apropos of a Solution of Race Problems. Papers of the Michigan Academy of Science, Arts and Letters 30: 667-674.

Hawley, Amos H. 1944b: Ecology and Human Ecology. Social Forces 22: 398-405. (Deutsch in Atteslander & Hamm 1974: 113-124.)

Hayek, F. A. 1952: Individualismus und wirtschaftliche Ordnung. Erlenbach, Zürich: Rentsch.

Heckmann, Friedrich 1981: Die Bundesrepublik: Ein Einwanderungsland. Zur Soziologie der Gastarbeiterbevölkerung. Stuttgart: Klett-Cotta.

Heckmann, Friedrich 1985: Sport und die gesellschaftliche Integration von Minderheiten. S. 21-33 in: Bammel & Becker 1985.

Heidenreich, Frank 1978: Fachplan Ausländer -Entwurf- Stadtentwicklungsplan Erlangen. (Referat für Stadtentwicklung und Stadtplanung, Hrsg.)

Heider, Fritz 1946: Attitudes and Cognitive Organization. Journal of Psychology 21: 107-112.

Heinemann, Klaus 1985: Einführung in das Tagungsthema "Sport und ausländische Mitbürger". S. 5-11 in: Bammel & Becker 1985.

Heiss, Jerold 1967: Factors Related to Immigrant Assimilation: The Early Post-Migration Situation. Human Organization 26: 265-272.

Helmert, Uwe 1981: Konzentrations- und Segregationsprozesse der ausländischen Bevölkerung in Frankfurt a. M. S. 256-293 in: Hoffmann-Nowotny & Hondrich 1985.

Hermalin, Albert I. & Mason, William M. 1980: A Strategy for Comparative Analysis of WSF Data, with Illustrative Examples. S. 90-168 in: The United Nations Programme for Comparative Analysis of World Survey Fertility Data. New York: United Nations Fund for Population Activities.

Herrmann, Helga 1984: Ausländer. Informationen zur politischen Bildung, Heft 201. Hrsg. von der Bundeszentrale für politische Bildung.

Hero, Rodney E. & Durand, Roger 1985: Explaining Citizen Evaluations of Urban Services. A Comparison of Some Alternative Models. Urban Affairs Quarterly 20, 3: 344-354.

Hill, Paul B. 1984: Determinanten der Eingliederung von Arbeitsmigranten. Königstein: Hanstein. (=Materialien zur Arbeitsmigration und Ausländerbeschäftigung, Bd. 10.)

Hoffmann-Nowotny, Hans-Joachim & Hondrich, Karl-Otto (Hrsg.) 1981: Ausländer in der Bundesrepublik Deutschland und in der Schweiz. Segregation und Integration: Eine vergleichende Untersuchung. Frankfurt, New York.

Hoffmeyer-Zlotnik, Jürgen 1977: Gastarbeiter im Sanierungsgebiet. Das Beispiel Berlin-Kreuzberg. Hamburg: Christians. (=Beiträge zur Stadtforschung, Bd. 1.)

Hoffmeyer-Zlotnik, Jürgen (Hrsg.) 1983: "Gastarbeiter" - Zwischen Ghetto und Integration. S. 710-713 in: Heckmann, Friedrich & Winter, P. (Hrsg.): 21. Deutscher Soziologentag 1982. Beiträge der Sektions- und ad hoc Gruppen. Opladen.

Hoffmeyer-Zlotnik, Jürgen H. P. (Hrsg.) 1986a: Segregation und Integration. Die Situation von Arbeitsmigranten im Aufnahmeland. Mannheim: Forschung, Raum und Gesellschaft e.V.

Hoffmeyer-Zlotnik, Jürgen H. P. 1986b: Eingliederung ethnischer Minoritäten - unmöglich? S. 15-55 in Hoffmeyer-Zlotnik 1986a.

Holahan, Charles J. 1977: Effects of Urban Size and Heterogeneity on Judged Appropriateness of Altruistic Responses: Situational vs. Subject Variables. Sociometry 40: 378-382.

Hollingshead, A. B. 1961: A Re-examination of Ecological Theory. S. 108- 114 in: Theodorson 1961. (zuerst 1947 in: Sociology and Social Research 31: 194-204.)

Homans, George C. 1964a: Contemporary Theory in Sociology. S. 951-977 in: Faris, Robert, E. L. (Hrsg.): Handbook of Modern Sociology. Chicago: Rand Mc Nally. (dt. in Homans 1972: Grundfragen soziologischer Theorie. Opladen: Westdeutscher Verlag. S. 9-43.)

Homans, George C. 1964b: Bringing Men Back In. American Sociological Review 29: 809-818.

Homans, George C. 1978a: Was heißt soziale "Struktur"? S. 56-66 in: Blau 1978.

Homans, George C. 1978b: Theorie der sozialen Gruppe. 7. Auflage, Opladen: Westdeutscher Verlag. (dt. zuerst 1960, engl. zuerst 1950.)

Hottes, Karl Heinz & Meyer, Uwe 1977: Siedlungsstrukturelle Auswirkungen der Verteilung von Ausländern in Gemeinden. S. 283-435 in: "Siedlungswesen" 1977.

House, James S. & Wolf, Sharon 1978: Effects of Urban Residence on Interpersonal Trust and Helping Behavior. Journal of Personality and Social Psychology 36: 1029-1043.

Huckfeldt, Robert R. 1980: Variable Responses to Neighborhood Social Contexts: Assimilation, Conflict, and Tipping Points. Political Behavior 2, 3: 231-257.

Huckfeldt, Robert R. 1983a: Social Contexts, Social Networks and Urban Neighborhoods: Environmental Constraints and Friendship Choice. American Journal of Sociology, 89: 651-669.

Huckfeldt, Robert R. 1983b: The Social Context of Political Change: Durability, Volatility and Social Influence. American Political Science Review : 929-944.

Huckfeldt, Robert R. 1983c: The Social Context of Ethnic Politics. Ethnic Loyalties, Political Loyalties, and Social Support. American Politics Quarterly 11: 91-122.

Huckfeldt, Robert R. 1984: Political Loyalties and Social Class Ties: The Mechanisms of Contextual Influence. American Journal of Political Science 28: 399-417.

Huckfeldt, Robert R. & Sprague, John 1986: Social Influence in an Election Campaign: Dynamic Consequences of Context. (South Bend Project Working Paper April, hekt.)

Hüttner, Harry J. M. 1986: Zur Operationalisierung von Umgebungseigenschaften. Papier zur Arbeitstagung "Kontext- und Mehrebenenanalyse vom 26. 5. - 28. 5. 1986 in Mannheim (ZUMA). Nijmegen. (hekt.)

Hughes, Michael & Gove, Walter 1981: Theory and Research in a Dangerous World: Reply to Handel. Social Forces 60, 2: 589-592.

Hummell, Hans J. & Opp, Karl-Dieter 1971: Die Reduzierbarkeit von Soziologie auf Psychologie. Braunschweig.

Hummell, Hans Joachim 1972: Probleme der Mehrebenenanalyse. Stuttgart.

Hummell, Hans J. & Ziegler, Rolf (Hrsg.) 1976: Korrelation und Kausalität. Stuttgart: Enke.

INFAS, 1974: Wohn- und Lebenssituation der Ausländerhaushalte in ausgewählten Regionen. Ansprüche an kommunale Infrastruktur und räumliches Verhalten im Prozeß der Anpassung. Bonn-Bad Godesberg. (=infas 1297/5833.)

Iversen, Gudmund R. 1973: Recovering Individual Data in the Presence of Group and Individual Effects. American Journal of Sociology 79: 420-434.

Iversen, Gudmund R. 1986: Introduction to Contextual Analysis. Swarthmore. (Lectures given at ZUMA, Mannheim in September 1986, hekt.)

Jiobu, Robert M. & Marshall, Harvey H. 1971: Urban Structure and the Differentiation Between Blacks and Whites. American Sociological Review 36: 638-649.

Jones, Lancaster F. 1967: Ethnic Concentration and Assimilation: An Australian Case Study. Social Forces 45, 3: 412-423. (auch in Peach 1975: 285-301.)

Kaase, Max 1986: Das Mikro-Makro-Puzzle der empirischen Sozialforschung. Anmerkungen zum Problem der Aggregatstabilität bei individueller Instabilität in Panelbefragungen. Kölner Zeitschrift für Soziologie und Sozialpsychologie 38, 2: 209-222.

Kaminski, G. 1979: Mensch und bauliche Umwelt aus der Sicht des Psychologen. In: Bundeskriminalamt (Hrsg.) 1979: Städtebau und Kriminalität. Wiesbaden.

Katsarakis, Nicolas 1974: Probleme kultureller und gesellschaftlicher Integration griechischer Arbeitnehmer in der BRD. Exemplarische Untersuchung im Bereich des Freizeitverhaltens. Aachen.

Kelley, Harold H. 1952: Two Functions Reference Groups. S. 410-414 in: Swanson, Guy E., Newcomb, Theodore M. & Hartley, Eugene L. (Hrsg.) 1952: Readings in Social Psychology. New York: Holt.

Kelley, Jonathan & McAllister, Ian 1985: Social Context and Electoral Behavior in Britain. American Journal of Political Science 29, 3: 564-586.

Kendall, Patricia L. & Lazarsfeld, Paul F. 1950: Problems of Survey Analysis. S. 131-196 in: Merton & Lazarsfeld 1950.

Kendall, Patricia L. & Lazarsfeld, Paul F. 1950: The Relation between Individual and Group Characteristics in "The American Soldier". S. 290-296 in: Lazarsfeld & Rosenberg 1955. (zuerst in Merton & Lazarsfeld 1950: 186-196.)

Kliemann, Wolfgang & Müller, Norbert 1973: Logik und Mathematik für Sozialwissenschaftler. Grundlagen formalisierter Modelle in den Sozialwissenschaften. München: Fink. (=Uni Taschenbücher 208.)

Knoke, David 1981: Commitment and Detachment in Voluntary Associations. American Sociological Review 46, 2: 141-158.

Knoke, David & Kuklinski, James H. 1982: Network Analysis. Beverly Hills, London, New Delhi: Sage. (=Sage University Papers 28.)

Knorr-Cetina, Karin & Cicourel, Aaron V. (Hrsg.) 1981: Advances in Social Theory and Methodology: Towards an Integration of Micro and Macro Sociologies. Boston: Routledge & Kegan Paul.

Konau, Elisabeth 1977: Raum und soziales Handeln. Studien zu einer vernachlässigten Dimension soziologischer Theoriebildung. Stuttgart. (= Göttinger Abhandlungen zur Soziologie, Bd. 25.)

Korte, Charles, Ypma, Ido & Toppen, Anneke 1975: Helpfulness in Dutch Society as a Function of Urbanization and Environmental Input Level. Journal of Personality and Social Psychology 32: 996-1003.

Kremer, Manfred & Spangenberg, Helga 1980: Die Assimilation ausländischer Arbeitnehmer in der Bundesrepublik Deutschland. Königstein, Ts. : Hanstein. (=Materialien zur Arbeitsmigration und Ausländerbeschäftigung, Bd. 5.)

Kreutz, Henrik 1983: Die Begrenzung des Zuzugsalters von Gastarbeiterkindern und die Integrationsbereitschaft türkischer Jugendlicher. Angewandte Sozialforschung 11: 5-18.

Kube, E. 1978: Städtebau, Architektur und Kriminalität. Deutsche Polizei, 10: 17-23. (Zitiert nach Meier 1985: 161.)

Kuhn, Thomas S. 1976: Die Struktur wissenschaftlicher Revolutionen. 2. Auflage. Frankfurt/M.: Suhrkamp. (zuerst engl. 1962.)

Kunst, Friedemann (Hrsg.) 1982: Housing and Labour Immigrants. Problems and Policies in West-German Metropolitan Areas. Berlin: Institut für Stadt- und Regionalplanung. (=Arbeitshefte des Instituts für Stadt- und Regionalplanung, Heft 21).

Lal, Barbara Ballis 1983: Perspectives on Ethnicity: Old Wine in New Bottles. Ethnic and Racial Studies 6, 2: 154-173.

Langbein, Laura & Lichtman, A. J. 1978: Ecological Inference. Beverly Hills: Sage.

Langkau, Jochen & Mehrländer, Ursula 1976: Raumordnungspolitische Steuerung der Ausländerbeschäftigung - Alternative Steuerungskonzepte und räumliche Analyse der Ausländerbeschäftigung. Bonn.

Laponce, J. A. 1969: Ethnicity, Religion, and Politics in Canada: A Comparative Analysis of Survey and Census Data. S. 187-216 in: Dogan & Rokkan 1969.

Laska, Shirley B. & Spain, Daphne (Hrsg.) 1980: Back to the City - Issues in Neighborhood Revitalization. New York: Pergamon.

Laumann, Edward O., Marsden, Peter & Prensky, David 1983: The Boundary Specification Problem in Network Analysis. S. 18-34 in: Burt & Minor 1983.

Lazarsfeld, Paul F. & Barton, Allen H. 1951: Qualitative Measurement in the Social Sciences: Classification, Typology, and Indices. S. 155-193 in: Lerner, Daniel & Laswell, Harold (Hrsg.) 1951: The Policy Sciences: Recent Developments in Scope and Method. Stanford: University Press.

Lazarsfeld, Paul F. & Rosenberg, Morris (Hrsg.) 1955: The Language of Social Research. New York: Free.

Lazarsfeld, Paul F. & Thielens, Wagner jr. 1958: The Academic Mind, Social Scientists in a Time of Crisis. Glencoe, Ill.

Lazarsfeld, Paul F. 1959: Problems in Methodology. S. 39-78 in: Merton, Robert K. et al. (Hrsg.) 1959: Sociology Today: Problems and Prospects. New York: Basic.

Lazarsfeld, Paul F. & Menzel, Herbert 1961: On the Relation between Individual and Collective Properties. S. 422-440 in: Etzioni 1961.

Lee, Eun Sul, Forthofer, Ronald N. & Lorimor, Ronald J. 1986: Analysis of Complex Sample Survey Data - Problems and Strategies. Sociological Methods and Research 15, 1-2: 69-100.

Lee, Terence 1970: Urban Neighbourhood as a Socio-Spatial Scheme. S. 349-370 in: Proshansky, Ittelson & Rivlin 1970. (zuerst in Human Relations 21 (1968): 241-268.)

Lieberson, Stanley 1961: The Impact of Residential Segregation on Ethnic Assimilation. Social Forces 40: 52-57. (auch in Peach 1975.)

Lieberson, Stanley 1963: Ethnic Patterns in American Cities. New York.

Lieberson, Stanley & Carter, Donna K. 1982: Temporal Changes and Urban Differences in Residential Segregation: A Reconsideration. American Journal of Sociology 88: 296-310.

Lindley, D. V. & Smith, A. F. M. 1972: Bayes Estimates for the Linear Model. Journal of the Royal Statistical Society, Series B 34: 1-41.

Lipset, Seymour M., Trow, Martin A. & Coleman, James S. 1956: Union Democracy. Garden City: Anchor.

Loll, Bernd Uwe 1982a: Guest Worker Assimilation in West Germany. S. 127-139 in: Friedrichs 1982.

Loll, Bernd Uwe 1982b: Zur Assimilation von Ausländern in Hamburg und Stuttgart. Hamburg in Zahlen 9: 281-291.

Loll, Bernd-Uwe 1985: Unterschiede und Ähnlichkeiten in der Assimilation verschiedener Gruppen von Ausländern in der Bundesrepublik Deutschland. S. 118-152 in: Rosch 1985.

London, Bruce 1980: Gentrification as Urban Reinvasion - Some Preliminary Definitional and Theoretical Considerations. S. 77-92 in: Laska & Spain 1980.

Longshore, Douglas & Prager, Jeffrey 1985: The Impact of School Desegregation: A Situational Analysis. Annual Review of Sociology 11: 75-91.

Loo, Chalsa & Mar, Don 1982: Desired Residential Mobility in a Low Income Ethnic Community: A Case Study of Chinatown. Journal of Social Issues 38, 3: 95-106.

Manhart, Michael 1977: Die Abgrenzung homogener städtischer Teilgebiete. Eine Clusteranalyse der Baublöcke Hamburgs. Hamburg: Christians. (=Beiträge zur Stadtforschung, Bd. 3.)

Marsden, Peter V. & Lin, Nan (Hrsg.) 1982: Social Structure and Network Analysis. Beverly Hills, London, New Delhi: Sage.

Marshall, Harvey H. & Jiobu, Robert M. 1974: Residential Segregation in United States Cities: A Causal Analysis. Social Forces 53: 449-460.

Mason, William M., Wong, George Y. & Entwisle, Barbara 1984: Contextual Analysis through the Multilevel Linear Model. Sociological Methodology: 72-103.

Massey, Douglas & Denton, Nancy A. 1985: Spatial Assimilation as a Socioeconomic Outcome. American Sociological Review 50, 2: 94-106.

Mastekaasa, Arne & Moum, Torbjörn 1984: The Perceived Quality of Life in Norway: Regional Variations and Contextual Effects. Social Indicators Research 14, 4: 385-419.

McDill, Edward L., Rigsby, Leo C. & Meyers, Edmund D. jr. 1969: Educational Climates of High Schools: Their Effects and Sources. American Journal of Sociology 74: 567-586.

McKenzie, R. D. 1926: The Scope of Human Ecology. Publications of the American Sociological Association, Vol 20: 141-154. (Deutsch in Atteslander & Hamm: 101-112.)

Mehrländer, Ursula, Hoffmann, Roland, König, Peter & Krause, Hans-Jürgen 1981: Repräsentativuntersuchung 80 - Die Situation der ausländischen Arbeiter und ihrer Familienangehörigen in der Bundesrepublik Deutschland. Bonn. (Forschungsbericht im Auftrag des BMAS.)

Meier, Uwe 1985: Kriminalität in Neubausiedlungen: Das Beispiel Hamburg-Steilshoop. Frankfurt/M., Bern, New York, Nancy: Lang. (=Europäische Hochschulschriften: Reihe 22, Bd. 91.)

Meltzer, Leo 1963: Comparative Relationships of Individual and Average Variables to Individual Responses. American Sociological Review 28: 117-123.

Menzel, Herbert 1950: Comment On Robinson's 'Ecological Correlations and the Behavior of Individuals'. American Sociological Review 15: 674.

Merton, Robert K. & Kitt Alice S. 1950: Contributions to the Theory of Reference Group Behavior. S. 40-105 in: Merton & Lazarsfeld 1950. (auch in Merton 1957: 225-280, Kitt später: Rossi.)

Merton, Robert K. & Lazarsfeld, Paul F. (Hrsg.) 1950: Continuities in Social Research. Studies in the Scope and Method of "The American Soldier". Glencoe, Ill. : Free.

Merton, Robert K. 1957: Social Theory and Social Structure. Glencoe, Ill. : Free.

Meulemann, Heiner & Reuband, Karl-Heinz (Hrsg.) 1984: Soziale Realität im Interview. Empirische Analysen methodischer Probleme. Frankfurt/M, New York. (Beiträge zur empirischen Sozialforschung.)

Meyer, John W. 1970: High School Effects on College Intentions. American Journal of Sociology 76: 59-70.

Michael, John A. 1966: On Neighborhood Context and College Plans (II). American Sociological Review 31: 702-706. (s. Sewell & Armer 1966a.)

Milgram, Stanley 1970: The Experience of Living in Cities. Science 167: 1461-1468.

Mitchell, Clyde J. 1973: Networks, Norms and Institutions. S. 15-35 in: Boissevain, Jeremy & Mitchell, J. Clyde (Hrsg.): Network Analysis. Paris: The Hague.

Moksony, Ferenc 1985: A Kontextuális Elemzés. Budapest: A Központi Statistikai Hiratal. (= Népességtudományi Kutato Intézet Demogr. Modszertani Füzetek, Bd. 3.)

Moksony, Ferenc 1986a: Is the "Whole" more than the Sum of its Parts? The Contribution of Contextual Analysis to Macro-Sociology. Papier zur ZUMA-Arbeitstagung "Kontext- und Mehrebenenanalyse" 26. 05. - 28. 05 1986 in Mannheim. Budapest. (hekt. Manuskript.)

Moksony, Ferenc 1986b: Explaining Areal Differences in Mortality: Some Conceptual and Methodological Issues. Paper presented at the international seminar on the socio-economic aspects of differential mortality, Zamárdi, Ungarn, 9-12 September 1986. (hekt.)

Moorman, Jeanne E. 1979: Aggregation Bias. An Empirical Demonstration. Sociological Methods & Research 8, 1: 69-94.

Moos, Rudolf H. & Insel, Paul M. (Hrsg.) 1974: Issues in Social Ecology. Human Milieus. Palo Alto: National Press.

Mueller, Charles W. 1974: City Effects on Socioeconomic Achievements: The Case of Large Cities. American Sociological Review 39: 652-667.

Muller, Edward N. & Opp, Karl-Dieter 1986: Rational Choice and Rebellious Collective Action. American Political Science Review 80, 2: 471-487.

Myers, Jerome K. 1950: Assimilation to the Ecological and Social Systems of a Community. American Sociological Review 15: 367-372

Nagel, Ernest 1934: An Introduction to Logic and Scientific Method. New York.

Nagel, Ernest 1972: Über die Aussage: "Das Ganze ist mehr als die Summe seiner Teile". S. 225-235 in: Topitsch 1972. (zuerst engl. in Lazarsfeld & Rosenberg 1955: 519-527.)

Nauck, Bernhard 1986: Der Verlauf von Eingliederungsprozessen und die Binnenintegration von türkischen Migrantenfamilien. S. 56-105 in: Hoffmeyer-Zlotnik 1986a.

Nauck, Bernhard 1988: Sozial-ökologischer Kontext und außerfamiliale Beziehungen. Ein interkultureller und interkontextueller Vergleich am Beispiel von deutschen und türkischen Familien. In: Friedrichs, Jürgen (Hrsg.) 1988: Stadtsoziologie, Sonderheft 29 der Kölner Zeitschrift für Soziologie und Sozialpsychologie.

Nordrhein-Westfalen, Ministerium für Arbeit, Gesundheit und Soziales des Landes Nordrhein-Westfalen (Hrsg.) 1981: Leitlinien der Landesregierung Nordrhein-Westfalen zur Ausländerpolitik. 3. Auflage, Düsseldorf.

Opp, Karl-Dieter & Schmidt, Peter 1976: Einführung in die Mehrvariablenanalyse. Grundlagen der Formulierung und Prüfung komplexer sozialwissenschaftlicher Aussagen. Reinbek: Rowohlt. (= rororo-Studium 87.)

Opp, Karl-Dieter 1976: Methodologie der Sozialwissenschaften. Einführung in Probleme ihrer Theoriebildung. 3. Auflage, Reinbek: Rowohlt. (= rororo-Studium 91.)

Opp, Karl-Dieter 1978: Theorie sozialer Krisen. Hamburg.

Opp, Karl-Dieter 1979: Individualistische Sozialwissenschaft. Arbeitsweise und Probleme individualistisch und kollektivistisch orientierter Sozialwissenschaften. Stuttgart: Enke.

Osmay, Sevin 1982: Immigrant Workers, Housing and Integration. S. 78-88 in: Kunst 1982.

O'Brien, David J. & Roach, Mary Joan 1984: Recent Developments in Urban Sociology. Journal of Urban History: 145-170.

Pappi, Franz Urban & Wolf, Gunter 1984: Wahrnehmung und Realität sozialer Netzwerke. Zuverlässigkeit und Gültigkeit der Angaben über beste Freunde im Interview. S. 281-300 in: Meulemann & Reuband 1984.

Pappi, Franz Urban & Melbeck, Christian 1988: Die sozialen Beziehungen städtischer Bevölkerungen. In: Friedrichs, Jürgen (Hrsg.) 1988: Stadtsoziologie, Sonderheft 29 der Kölner Zeitschrift für Soziologie und Sozialpsychologie.

Parenti, Michael 1967: Ethnic Politics and the Persistence of Ethnic Identification. American Political Science Review 61: 717-726.

Park, Robert E. & Miller, Herbert A. 1921: Old World Traits Transplanted. New York: Harper & Brothers. (auch 1969.)

Park, Robert E. 1925: The Urban Community as a Spatial Pattern and Moral Order. Publications of the American Sociological Association 20: 1- 14. (deutsch in Atteslander & Hamm 1974: 90-100.)

Park, Robert E. 1936: Human Ecology. American Journal of Sociology 42: 1-15. (auch in Theodorson 1961: 22-29.)

Peach, Ceri (Hrsg.) 1975: Urban Social Segregation. London, New York 1975.

Pettigrew, Thomas F. 1985: New Black-White Patterns: How Best to Conceptualize Them? Annual Review of Sociology 11: 329-346.

Pfeil, Elisabeth 1965: Die Familie im Gefüge der Großstadt. Zur Sozialtopographie der Stadt. Hamburg.

Proshansky, Harold M., Ittelson, William H. & Rivlin, Jeanne G. (Hrsg.) 1970: Environmental Psychology, People and Their Physical Settings. New York: Holt.

Prysby, Charles L. 1976: Community Partisanship and Individual Voting Behaviour. Methodological Problems of Contextual Analysis. Political Methodology 3: 183-198.

Prysby, Charles L. & Books, John W. 1987: Modeling Contextual Effects on Political Behavior: Static versus Dynamic Models. Political Behavior 9, 3: 225-245.

Przeworski, Adam 1974: Contextual Models of Political Behavior. Political Methodology 1: 27-61.

Putnam, Robert D. 1966: Political Attitudes and the Local Community. American Political Science Review 60: 640-654.

Ramsøy, Natalie R. 1975: Assortative Mating and the Structure of Cities. S. 409-419 in: Peach 1975. (zuerst 1966.)

Raudenbush, Stephen & Bryk, Anthony S. 1986: A Hierarchical Model for Studying School Effects. Sociology of Education 59: 1-17.

Rheinland-Pfalz; Ministerium für Soziales, Gesundheit und Umwelt (Hrsg.) o. J. (1980): Eingliederung ausländischer Arbeitnehmer und ihrer Familien in Rheinland-Pfalz. Daten, Grundsätze, Maßnahmen - Programm der Landesregierung von Rheinland-Pfalz.

Rigsby, Leo C. & McDill, Edward L. 1972: Adolescent Peer Influence Processes: Conceptualization and Measurement. Social Science Research 1: 305-321.

Riley, Matilda W. 1964: Sources and Types of Sociological Data. S. 1014- 1020 in: Faris, Robert L. (Hrsg.) 1964: Handbook of Modern Sociology. Chicago: McNally.

Roberts, Karlene H. & Burstein, Leigh (Hrsg.) 1980: Issues in Aggregation. San Francisco, Washington, London: Jossey-Bass. (= New Directions to Methodology of Social and Behavioral Science, 6.)

Robinson, William S. 1950: Ecological Correlations and the Behavior of Individuals. American Sociological Review 15: 351-357.

Rogoff, Natalie 1961: Local Social Structure and Educational Selection. in: Halsey, A. H., Floud, Jean & Anderson, Arnold C. (Hrsg.) 1961: Education, Economy, and Society. Glencoe: Free Press. (Rogoff später: Ramsøy.)

Roof, Clark W. 1972: Residential Segregation of Blacks and Racial Inequality in Southern Cities: Towards a Causal Model. Social Problems 19: 393-407.

Roof, Clark W. & Van Valey, Thomas L. 1972: Residential Segregation and Social Differentiation in American Urban Areas. Social Forces 19: 87-91. Rosch, Marita (Hrsg.) 1985: Ausländische Arbeitnehmer und Immigranten: Sozialwissenschaftliche Beiträge zur Diskussion eines aktuellen Problems. Weinheim, Basel: Beltz.

Rosow, Irving 1957: The Social Effects of the Physical Environment. Journal of Marriage and Family Living 19, 3. (deutsch in Atteslander & Hamm 1974: 183-195.)

SAS, (Sozialwissenschaftliche Arbeitsgruppe Stadtforschung) 1979: Zeitbudget und Aktionsräume von Stadtbewohnern. Hamburg: Christians.

Sahner, Heinz 1970/1: Aggregations- und Kontexteffekte. Probleme bei der Analyse ökologischer Daten. Angewandte Sozialforschung 3/4: 264- 283.

Saxonhouse, Gary R. 1977: Regressions from Samples Having Different Characteristics. Review of Economics and Statistics 59: 234-237.

Schelling, Thomas C. 1972: The Process of Residential Segregation: Neighborhood Tipping. S. 157-184 in: Pascal, Anthony H. (Hrsg.) 1972: Racial Discrimination in Economic Life. Lexington, Mass. : Heath.

Scheuch, Erwin K. 1967: Entwicklungsrichtungen bei der Analyse sozialwissenschaftlicher Daten. S. 655-685 in: König, René (Hrsg.) 1967: Handbuch der empirischen Sozialforschung, Bd. I. Stuttgart.

Scheuch, Erwin K. 1969: Social Context and Individual Behavior. S. 133- 155 in: Dogan & Rokkan 1969.

Schmidt, Peter (Hrsg.) 1976: Innovation, Diffusion von Neuerungen im sozialen Bereich. Hamburg: Hoffmann & Campe.

Schnell, Rainer 1986: Missing-Data-Probleme in der empirischen Sozialforschung. Bochum: Selbstverlag. (Inaugural-Dissertation, Ruhr-Universität Bochum.)

Schöneberg, Ulrike 1985: Probleme der inhaltlichen und sprachlichen Gestaltung standardisierter Befragungsinstrumente und deren Übersetzung in Untersuchungen über Arbeitsmigranten. S. 128-156 in: Sievering 1985.

Schrader, Achim, Nikles, Bruno W. & Griese, Hartmut M. 1979: Die zweite Generation. Sozialisation und Akkulturation ausländischer Kinder in der Bundesrepublik. 2. Auflage, Königstein, Ts.

Schuleri, Ulla-Kristina 1981: Kommunale Ausländerarbeit - Ausländerpolitische und finanzielle Rahmenbedingungen. Informationsdienst zur Ausländerarbeit 1/81: 39-44.

Schuleri-Hartje, Ulla-Kristina 1982: Ausländische Arbeitnehmer und ihre Familien. Teil 1: Wohnverhältnisse. Berlin: difu.

Schuleri-Hartje, Ulla-Kristina 1985: Ausländerintegration nur ein Großstadtproblem? Informationen zur Raumentwicklung, Heft 6: 505-510.

Segal, David R. & Meyer, Marshall W. 1969: The Social Context of Political Partisanship. S. 217-232 in: Dogan & Rokkan 1969.

Selke, Welf 1974: Regionale Prognosen der Ausländerwanderung in der Bundesrepublik Deutschland und Möglichkeiten ihrer Steuerung. Informationen zur Raumentwicklung Nr. 2: 39-48.

Selke, Welf 1977: Die Ausländerwanderung als Problem der Raumordnungspolitik in der Bundesrepublik Deutschland. Eine politisch geographische Studie. Bonn. (= Bonner Geographische Abhandlungen, 55.)

Selle, Per 1984: Religion, Class, and Ecological Analysis: A Review. Acta Sociologica 27: 377-383.

Selvin, Hanan C. & Hagstrom, Warren O. 1963: The Empirical Classification of Formal Groups. American Sociological Review 28: 399-411.

Selvin, Hanan C. 1972: Durkheims "Suicide" und Probleme empirischer Forschung. S. 386-405 in: Topitsch 1972. (zuerst engl. in American Journal of Sociology 63 (1958): 607-619.)

Sewell, William H. 1964: Community of Residence and College Plans. American Sociological Review 29, 1: 24-38.

Sewell, William H. & Armer, Michael J. 1966a: Neighborhood Context and College Plans. American Sociological Review 31, 2: 159-168. (s. Boyle 1966, Michael 1966 und Turner 1966.)

Sewell, William H. & Armer, Michael J. 1966b: Reply to Turner, Michael and Boyle. American Sociological Review 31: 707-712.

Shaw, Clifford R. & McKay, Henry D. 1969: Juvenile Delinquency and Urban Areas. Chicago, London: Chicago Univ. Press. (zuerst 1942.)

Shevky, Eshref & Bell, Wendell 1961: Social Area Analysis. S. 226-235 in: Theodorson 1961. (deutsch in Atteslander & Hamm 1974: 125-139).

Shively, W. Phillips 1969: "Ecological Inference": The Use of Aggregate Data to Study Individuals. American Political Science Review 63: 1183-96.

"Siedlungswesen", Institut für Kommunalwissenschaften (Hrsg.) 1977: Siedlungs-, Wohnung-, Freizeitwesen. Integration ausländischer Arbeitnehmer. Bonn. (Studien zur Kommunalpolitik, Bd. 16.)

Sievering, Ulrich O. (Hrsg.) 1985: Arbeitsmigrantenforschung in der Bundesrepublik Deutschland: Methodenprobleme der Datenerhebung. Frankfurt/M. : Haag und Herchen. (=Arnoldshainer Texte, Bd. 35.)

Simmel, Georg 1957: The Metropolis and Mental Life. S. 635-646 in: Hatt & Reiss 1957. (zuerst dt. 1905: Die Großstädte und das Geistesleben.)

Skinner, B. F. 1974: The Social Environment. S. 497-507 in: Moos & Insel 1974. (zuerst 1953.)

Smith, Kent & Sasaki, M. S. 1979: Decreasing Multicollinearity: A Method for Models with Multiplicative Functions. Sociological Methods & Research 8: 35-36.

Smith, R. B. 1972: Neighborhood Context and College Plans. An Ordinal Path Analysis. Social Forces 51: 199-217.

Spain, Daphne 1980: Indicators of Urban Revitalization - Racial and Socioeconomic Changes in Central City Housing. S. 27-41 in: Laska & Spain 1980.

Sprague, John 1976: Estimating A Boudon Type Contextual Model: Some Practical and Theoretical Problems of Measurement. Political Methodology 3: 333-353.

Sprague, John 1982: Is There a Micro Theory Consistent with Contextual Analysis? S. 99-121 in: Ostrom, Elinor (Hrsg.) 1982: The Nature of Political Inquiry. Beverly Hills.

Stiens, Gerhard 1974: Zur infrastrukturorientierten Plafondierung der Ausländerbeschäftigung. Methodische Probleme des Infrastrukturbezugs. Informationen zur Raumentwicklung 2: 49-57.

Stinchcombe, Arthur L. 1968: Constructing Social Theories. New York, Chicago, San Francisco, Atlanta: Hartcourt, Brace & World.

Stipak, Brian 1980: Analysis of Policy Issues Concerning Social Interpretation. Policy Sciences 12: 41-60.

Stipak, Brian & Hensler, Carl 1982: Statistical Inference in Contextual Analysis. American Journal of Political Science 26, 1: 151-175.

Stouffer, Samuel A., Suchmann, Edward A., DeVinney, Leland C., Star, Shivley A. & Williams, Robin M. jr. 1949: The American Soldier: Adjustment During Army Life. Volume 1. Princeton, N.J.: Princeton Univ. Press.

Strauss, Anselm 1970: Life Stiles and Urban Space. S. 303-312 in: Proshansky, Ittelson & Rivlin 1970. (zuerst 1961.)

Swap, Walter C. (Hrsg.) 1984: Destructive Effects of Groups on Individuals. S. 69-95 in: Swap, Walter C. and Associates: Group Decision Making. Beverly Hills, London, New Delhi: Sage.

Taeuber, Karl E. & Taeuber, Alma F. 1964: The Negroes as an Immigrant Group: Recent Trends in Racial and Ethnic Segregation in Chicago. American Journal of Sociology 69: 374-382.

Taft, Ronald 1957: A Psychological Model for the Study of Social Assimilation. Human Relations 10: 141-156.

Tannenbaum, Arnold S. & Bachman, Jerold G. 1964: Structural versus Individual Effects. American Journal of Sociology 69, 6: 585-595.

Tate, Richard L. 1984: Limitations of Centering for Interactive Modells. Sociological Methods & Research, 13, 2: 251-271.

Tate, Richard L. 1985: Methodological Observations on Applied Behavioral Science. Cross-Level-Interaction in Multilevel Models. The Journal of Applied Behavioral Science 21, 2: 221-234.

Theodorson, George A. (Hrsg.) 1961: Studies in Human Ecology. Evanston, New York: Harper & Row.

Timms, Duncan W. G. 1971: The Urban Mosaic. Toward a Theory of Residential Differentiation. Cambridge.

Topitsch, Ernst (Hrsg.) 1972: Logik der Sozialwissenschaften. 8. Auflage, Köln: Kiepenheuer & Witsch.

Treiber, Bernhard 1980: Mehrebenenanalysen in der Bildungsforschung. Zeitschrift für Entwicklungspsychologie u. Pädagogische Psychologie 12, 4: 358-386.

Treiber, Bernhard 1981: Bildungseffekte in Mehrebenenanalysen individueller Schulleistungen. Zeitschrift für Entwicklungspsychologie und Pädagogische Psychologie 13, 3: 217-226.

Treinen, Heiner 1965: Symbolische Ortsbezogenheit. Eine soziologische Studie zum Heimatproblem. Kölner Zeitschrift für Soziologie und Sozialpsychologie 17: 91-97 und: 254-297.

Treudley, Margret B. 1949: Formal Organizations and the Americanization Process, with Special Reference to the Greeks of Boston. American Sociological Review 14: 44-53.

Turner, Ralph H. 1966: On Neighborhood Context and College Plans (I). American Sociological Review 31: 698-702. (s. Sewell & Armer 1966a.)

Valkonen, Tapani 1969: Individual and Structural Effects in Ecological Research. S. 69-86 in: Dogan & Rokkan 1969.

Valkonen, Tapani 1969b: Secondary Analysis of Survey Data with Ecological Variables. Social Science Information 8, 6: 33-36.

Van den Eeden, Pieter & Hüttner, Harry J. M. 1981: Some Problems of Multi- Level Research. Once Again Reconsidered: Comment on Falter's Article. Social Science Information 20, 3: 561-569. (s. a. Rejoinder by Falter a. a. O. : 570-575).

Van den Eeden, Pieter & Hüttner, Harry J. M. 1982: Multi-Level Research. Current Sociology 30, 3: 1-182.

Van den Eeden, Pieter 1986: Modelling Multilevel Effects. Papier zur ZUMA-Arbeitstagung "Kontext- und Mehrebenenanalyse" 26. 05. - 28. 05 1986 in Mannheim. (hekt. Manuskript.)

Vaskovics, Laszlo A. (Hrsg.) 1982a: Raumbezogenheit sozialer Probleme. Opladen. (=Beiträge zur sozialwissenschaftlichen Forschung, Bd. 35.)

Vaskovics, Laszlo A. (Hrsg.) 1982b: Umweltbedingungen familialer Sozialisation. Stuttgart: Enke. (= Der Mensch als soziales und personales Wesen, Bd. 6.)

Vaskovics, Laszlo A. 1982c: Reintegration durch Desegregation. S. 368- 396 in: Vaskovics 1982a.

Vaskovics, Laszlo, Buba, Hans-Peter, Franz, J. & Stoll, H. & Ueltzen, Werner 1983: Generatives Verhalten bei Ausländern und seine sozialen Folgen. München. (=Bayer. Staatsmin. f. Landesentwicklung und Umweltfragen, Mat. 22.)

Vaskovics, Laszlo, Buba, Hans-Peter, Müller, Wolfgang & Ueltzen, Werner 1984: Generatives Verhalten in gemischt-nationalen Ehen. Bamberg. (=Forschungsber. d. sozialwiss. Forschungsstelle Bamberg, Heft 17.)

Vlachos, Evangelos 1968: The Assimilation of Greeks in the United States: With Special Reference to the Greek Community of Anderson, Indiana. Athen: National Centre for Social Research.

Vos de, Henk 1986: Explaining a Contextual Effect in the Class Room Using Rational Choice Theory. (Paper presented at the 11th World Congress of Sociology 1986, New Delhi). Groningen. (hekt. Manuskript).

Waxmann, Hersholt C. & Eash, Maurice J. 1983: Utilizing Student's Perceptions and Context Variables to Analyze Effective Teaching: A Process-Product Investigation. Journal of Educational Research 76, 6: 321-325.

Weatherford, Stephen M. 1983: Evaluating Economic Policy: A Contextual Model of the Opinion Formation Process. Journal of Politics 45, 4: 866-888.

Webber, Melvin M. 1963: Order in Diversity: Community without Propinquity. S. 23-54 in: Wingu, Lowdon jr. (Hrsg.) 1963: Cities and Space: The Future Use of Urban Land. Baltimore: Johns Hopkins Univ. Press.

Wegener, Bernd 1987: Vom Nutzen entfernter Bekannter. Kölner Zeitschrift für Soziologie und Sozialpsychologie 39: 278-301.

Wegner, Eldon L. & Sewell, William H. 1970: Selection and Context as Factors Affecting the Probability of Graduation from College. American Journal of Sociology 75, 4: 665-679.

Weidacher, Alois 1981: Ausländische Arbeiterfamilien, Kinder und Jugendliche. München: DJI.

Weinberg, Abraham A. 1961: Migration and Belonging. A Study of Mental Health and Personal Adjustment in Israel. The Hague.

Weißker, Jürgen 1983: Krebs in Hamburg. Innerstädtische Regionalisierung einer Todesursache. Hamburg in Zahlen: 171-183.

Welz, R. 1979: Selbstmordversuche in städtischen Lebensumwelten. Eine epidemiologische und ökologische Untersuchung über Ursachen und Häufigkeit. Weinheim, Basel: Beltz.

White, Michael J. 1983: The Measurement of Spatial Segregation. American Journal of Sociology: 1008-1018.

Wiedenbeck, Michael & Rothe, Günter 1986: Statistische Modellansätze in der Kontextanalyse. ZUMA-Nachrichten 19: 4-14.

Wienold, Götz, Achtenhagen, Frank, Van Buer, Jürgen, Oldenburger, Hartmut A., Rösner, Hannelore, Schluroff, Michael & Welge, Pieter K. G. 1982: Lernmaterial und Lehrerverhalten in institutionalisierten Lehr-Lern-Prozessen - am Beispiel des Englischanfangsunterrichts. Zeitschrift f. Pädagogik 28, 4: 545-562.

Wiese, Wilhelm 1986: Schulische Umwelt und Chancenverteilung. Eine Kontextanalyse schulischer Umwelteinflüsse auf die statusspezifischen Erfolgsquoten in der Klasse 10 und der Oberstufe des Gymnasiums. Zeitschrift für Soziologie 15, 3: 188-209.

Wiley, Norbert F. 1970: The Ethnic Mobility Trap and Stratification Theory. S. 397-408 in: Peter I. Rose (Hrsg.) 1970: The Study of Society. 2. Aufl. New York.

Willms, Douglas J. 1986: Social Class Segregation and its Relationship to Pupil's Examination Results in Scotland. American Sociological Review 51, 2: 224-241.

Wirth, Louis 1938: Urbanism as a Way of Life. American Journal of Sociology 44: 1 -24.

Wolf, Folkwin 1982: Ausländerpolitik im ländlichen Raum - Auch "weit draußen" gibt es Probleme. Demokratische Gemeinde, H. 10: 758-759.

Wolfram, Ursel & Rohr, Hans-Gottfried von 1976: Die Ausländerbevölkerung in Nordrhein-Westfalen - Regionale Disparitäten und ihre Bedeutung für die Landesentwicklung. Essen. (=Schriftenreihe Landes- und Stadtentwicklungsforschung NRW, 1. 012.)

Wollin, Dorothy D. & Montagne, Mary 1981: College Classroom Environment. Effects of Sterility Versus Amiability on Student and Teacher Performance. Environment & Behaviour 13, 6: 707-716.

Wright, Gerald C. jr. 1977: Contextual Models of Electoral Behavior: The Southern Wallace Vote. The American Political Science Review 71: 497-508.

Yinger, Milton J. 1985: Ethnicity. Annual Review of Sociology 11: 151-180.

Zeul, Carolyn R. & Humphrey, Craig. R. 1971: The Integration of Black Residents in Suburban Neighborhoods: A Reexamination of the Contact Hypothesis. Social Problems 18: 462-474.

Zorbaugh, Harvey W. 1961: The Natural Areas of the City. S. 45-49 in: Theodorson 1961. (zuerst 1926 in: Publ. of the American Sociological Society XX: 188-197.)